Spanish Composition through Literature

FIFTH EDITION

CÁNDIDO AYLLÓN
UNIVERSITY OF CALIFORNIA, RIVERSIDE

PAUL SMITH
UNIVERSITY OF CALIFORNIA, LOS ANGELES

ANTONIO MORILLO
UNIVERSITY OF CALIFORNIA, LOS ANGELES

PEARSON
Prentice
Hall

UPPER SADDLE RIVER, NEW JERSEY 07458

Library of Congress Cataloging-in-Publication Data
Ayllón, Cándido, date-
  Spanish composition through literature / Cándido Ayllón, Paul Smith, Antonio
Morillo—5th ed.
    p. cm
  Includes index.
  ISBN 0-13-154679-1 (alk. paper)
    1. Spanish language—Composition and exercises. I. Smith, Paul, II. Morillo,
Antonio, 1932- III. Title.
PC4420 .A9 2005
808'. 0461—dc22   2005011532

Executive Editor: *Bob Hemmer*
Editorial Assistant: *Debbie King*
Executive Director of Market Development: *Kristine Suárez*
Director of Editorial Development: *Julia Caballero*
Composition/Full-Service Project Management: *Natalie Hansen and Sue Katkus, Schawk, Inc.*
Production Liaison: *Claudia Dukeshire*
Asst. Director of Production: *Mary Rottino*
Supplements Editor: *Meriel Martínez Moctezuma*
Media Editor: *Samantha Alducin*
Media Production Manager: *Roberto Fernández*
Prepress and Manufacturing Buyer: *Brian Mackey*
Prepress and Manufacturing Manager: *Nick Sklitsis*
Interior Design: *Van Mua, Schawk, Inc.*
Cover Art Director: *Jayne Conte*
Cover Design: *Bruce Kenselaar*
Director, Image Resource Center: *Melinda Reo*
Manager, Rights and Permissions IRC: *Zina Arabia*
Manager, Visual Research: *Beth Boyd Brenzel*
Manager, Cover Visual Research & Permissions: *Karen Sanatar*
Cover art or image: *Alcazar at Segovia, Mark L. Stephenson/Corbis*
Sr. Marketing Manager: *Jacquelyn Zautner*
Marketing Assistant: *William J. Bliss*
Publisher: *Phil Miller*

This book was set in 11/13 AGaramond by Schawk,
Inc. and was printed and bound by Courier Stoughton.
The cover was printed by Courier Stoughton.

ISBN   0-13-154679-1

Pearson Education Ltd., *London*
Pearson Education Australia Pty, Limited, *Sydney*
Pearson Education Singapore, Pte. Ltd.
Pearson Education North Asia Ltd., *Hong Kong*
Pearson Education Canada Ltd., *Toronto*
Pearson Educatión de México, S.A. de C.V.
Pearson Education–Japan, *Tokyo*
Pearson Education Malaysia, Ptre. Ltd.
Pearson Education, Upper Saddle River, *New Jersey*

Contents

Preface

Spanish Composition through Literature is intended as the core text for courses combining advanced composition in Spanish and beginning literary analysis. Each chapter features a selection by a modern author and contains explanations and activities for vocabulary development, comprehension, interpretation, style, translation, and free composition. All chapters also provide a thorough and systematic review of important grammar topics that pose difficulties for American students and thereby negatively affect the expression of their thoughts and ideas when they write in Spanish. The materials in each chapter are organized to allow for considerable flexibility as to how they are assigned and used. Depending on the ability of a given class, time available, and which materials are chosen for study or omitted, the textbook is suitable for a one- or two-semester course at a variety of levels.

Experience has convinced us that close analysis of outstanding, authentic literary texts provides a fruitful approach to Spanish composition by providing students with models or examples to think about before they start to write. Such careful analysis also makes students aware of the, at times enormous, differences between the artistic, literary use of Spanish and the language as used on the everyday colloquial level. As a basis for such fundamental analysis, we have selected literary passages that illustrate a variety of topics, themes, styles, and techniques. The explanatory notes and exercises are designed to encourage the student to incorporate materials from the entire chapter into his or her personal writing.

An important change in this fifth edition of **_Spanish Composition through Literature_** is the introduction of contemporary literary selections from the works of the outstanding Mexican writer Carlos Fuentes, and the immensely popular and critically acclaimed Spanish writer Arturo Pérez-Reverte. Fuentes's autobiographical "La familia" provides an affectionate and incisive glance at several generations of his forebears and reveals his fascination with his own roots and origins. His evocation of family will also suggest to students themes for writing about their own families. Pérez-Reverte's _La tabla de Flandes_, on the other hand, introduces the mystery or detective element connected to a more distant past, and in which a very old book, manuscript, or in this case, painting, holds the clue for solving a crime or mystery that had remained unsolved for centuries.

Another important change, made at the suggestion of teachers who have used this book, is the reduction in the lexical section of each chapter of English-to-Spanish translation exercises to ten in number. In the grammar section of each chapter, however, the number of error-recognition sentences has been increased to ten. Moreover, these are now more sharply focused than before on grammar points emphasized in their particular chapter. Students and teachers alike have found error-recognition exercises to be an effective, time-efficient means of creating an awareness of the grammatical accuracy that is to be desired in writing activities as well.

This fifth edition of **Spanish Composition through Literature** retains most changes and revisions that were introduced in previous editions based on suggestions by users of the textbook. In addition to the lexical notes and exercises that accompany the new literary selections, other lexical notes have been rewritten, new Spanish examples have been added, and lexical ambiguities have been removed to clarify the process of lexical choice. As for the composition process itself, we continue to witness a constant stream of new research and theory in the area of techniques for improving students' writing skills. The text has been written to provide considerable flexibility as to which materials will be presented in any given class. This flexibility also allows the teacher to introduce techniques and suggestions that he or she has found through personal experience to be helpful to students. With these goals in mind, we have retained the solid, fundamental approach to using quality literature as a point of departure for writing—an approach which also emphasizes control of language through lexical and grammatical precision that has been proven effective for many Spanish-language teachers over the years.

To the Student and Teacher

Ann Raimes points out in *Techniques in Teaching Writing* (1983) that "there is no one way to teach writing, but many ways" (p. 11). Nonetheless, no matter which approach or methodology one adopts for writing, there are, as Raimes also notes, a number of fundamental aspects with which every foreign- and second-language teacher and student must contend. These include grammar, syntax, word choice, organization, and content. Individual teachers differ in the stress they place on different elements and how they combine and sequence them to develop an approach to writing. This textbook is grounded in these fundamental aspects of writing and provides materials that can help the English-speaking student develop greater writing proficiency in Spanish. It also provides flexibility as to how they may be used. It will be helpful to keep in mind the following four points about the book's content, structure, and use.

Literature and Composition

By structuring each chapter around an authentic literary selection by an outstanding modern Spanish-American or Spanish writer, *Spanish Composition through Literature* provides discourse models of various types that can help generate engaging writing tasks. Careful reading of a literary selection, followed by class discussion of its content, ideas, language, intent, tone, and so on, will uncover many issues of interest to students. Teachers may have a preferred way of explaining these selections. However, two sets of questions are provided, one on content (**Contenido**) and one on style (**Interpretación y estilo**), to help guide students in their own analysis of the literary texts.

A composition assignment may be to write on one of the six **Temas** indicated at the end of the literary section or on a topic suggested during class discussion of the literary selection. Whether composition assignments are to be done by a free-writing approach or the process approach (which involves multiple revisions and input from the student's teacher and/or peers) is a choice each teacher will have to make. Advanced students are better able to handle free writing, while less proficient students benefit greatly from process-oriented writing. We recommend that some of each kind of writing be done in every course.

Lexical Choice

The one feature of writing in a foreign language that most affects understanding is lexical choice. Consequently, a major portion of each chapter (**Léxico: opciones**) is dedicated to the study and practice of word discrimination in Spanish. Words glossed from the literary selections become the basis on which semantic fields are established, making all the words easier to learn and recall. Contextualized examples further help students establish the boundaries of these lexical items. Appropriateness of a word in a composition is often determined not only by its semantic meaning, but by style (formal, informal, neutral, colloquial, popular) and mode (poetic, literary, humorous, etc.). At times, dialectal preference (Spanish or Spanish-American) or denotational versus connotational (i.e., attitude-related) differences between two or more synonyms will determine which word is more appropriate. These distinctions, along with the danger of false cognates, are taken into account in the notes and exercises of **Léxico: opciones** and should help create a sensitivity to words that may be reflected in the student's composition. Whenever a writing assignment is given, it is recommended that a certain number of new vocabulary items from the text be incorporated into the composition.

Grammatical Review and Composition

Although grammatical inaccuracies are less likely to affect comprehension of content or meaning than are choice of words, they nevertheless constitute serious impediments to smooth, effective writing. Some teachers may find that their students need little grammar review. Others will want to assign a few, most, or all of the grammar chapters. Many teachers who used the earlier editions of this textbook have informed us that a grammatical review of such major points as Spanish equivalents of *to be*, the subjunctive, imperfect, and preterit contributed much to student awareness of grammar in written Spanish. If grammar is to be included in a chapter, however, the composition should be assigned *only after* the grammar review has been completed. The student should then incorporate a number of its grammatical structures into his or her composition.

Use of a Dictionary

The end vocabulary contains most of the words found in the literary selections along with those needed to complete the exercises. Nevertheless for full comprehension of the literary passages, the use of a good bilingual dictionary is strongly recommended. Some teachers will also want to recommend the use of an all-Spanish dictionary. Although created for native speakers, such a dictionary can prove invaluable for determining the most appropriate word choice from among a series of words suggested by a bilingual dictionary. Familiarization with the dictionary and attention paid to words in general will further increase a student's ability to make educated guesses about the meanings of words when reading, as well as how to use them with greater accuracy and sensitivity in his or her own writing.

Acknowledgments

We express our sincere appreciation to the following friends and colleagues who generously offered help during various revisions of this book: Rubén Benítez (UCLA) and Ana María Fagundo, Philip O. Gericke, Mercedes Jiménez, William Megenney, and Kemy Oyarzún (all at UCR). Roberta Johnson, formerly of the University of Kansas, provided much needed help in obtaining permissions, and Fannie Morillo and Manena Sánchez-Blanco Smith gave constant support and encouragement. Francisco Mena-Ayllón deserves special thanks for practical solutions he provided to problems that arose during the revision process, as well as for his moral support. He also contributed in an invaluable way with the preparation of the end vocabularies.

Over the years, the observations and suggestions of many reviewers have shaped *Spanish Composition through Literature*. We appreciate the assistance of the following colleagues whose suggestions on changes and revisions have improved the book: Edmeé Fernández, Emporia State University; José B. Fernández, University of Central Florida; Roland Hamilton, San José State University; George P. Mansour, Michigan State University; and Gladys Varona-Lacey, Ithaca College.

Finally, we would like to thank those persons at Prentice Hall who contributed in various ways to the revision of this fifth edition of *Spanish Composition through Literature.*

CÁNDIDO AYLLÓN
PAUL SMITH
ANTONIO MORILLO

Text Credits

CAPÍTULO

1

La siesta del martes
GABRIEL GARCÍA MÁRQUEZ

Repaso gramatical
- *Spanish Equivalents of English **to be** (Part I)*

LA SIESTA DEL MARTES
GABRIEL GARCÍA MÁRQUEZ

El colombiano Gabriel García Márquez (1928–   ) recibió el premio Nobel de literatura en 1982 principalmente por Cien años de soledad *(1967), novela que narra la fundación e historia del mítico pueblo de Macondo. En esta obra, donde alternan realidad y fantasía, historia e invención, se nos cuenta la vida del protagonista José Arcadio Buendía y la de muchos de sus descendientes. Según Donald L. Shaw, la novela está caracterizada por la "soledad, violencia, frustración y sufrimiento, enmascarados, pero no del todo escondidos por las aventuras y las orgías sexuales. Todo termina en la muerte o en la fatalidad..."*

El concepto del "realismo mágico", que define un tipo de narración en el que la realidad descrita incluye elementos de fantasía y de magia, se aplica frecuentemente a las novelas de García Márquez, como Cien años de soledad *y* El otoño del patriarca *(1975). También se usa el término para describir las obras de otros novelistas del denominado "boom" de la novela hispanoamericana contemporánea.*

Aquí examinamos una obra temprana de García Márquez, parte del cuento "La siesta del martes", de la colección Los funerales de la mamá grande *(1962). La caracterización de la madre del ladrón muerto, Carlos Centeno Ayala, revela el gran arte del autor colombiano. La madre, con su firmeza durante la confrontación con el cura y*

1

su insistencia en ver la tumba del hijo muerto, representa la digna heroicidad de los humildes ante la desgracia.

Eran casi las dos. A esa hora, agobiado por el sopor, el pueblo hacía la siesta. Los almacenes, las **oficinas**[1] públicas, la escuela municipal, se cerraban desde las once y no **volvían a abrirse**[2] hasta un poco antes de las cuatro, cuando pasaba el tren de regreso. Sólo permanecían abiertos el hotel frente a la estación, su cantina y su salón
5 de billar, y la oficina del telégrafo a un lado de la plaza. Las casas, en su mayoría construidas sobre el modelo de la compañía bananera, tenían las puertas **cerradas**[3] por dentro y las persianas bajas. En algunas hacía tanto calor que sus habitantes almorzaban en el patio. Otros recostaban un asiento a la sombra de los almendros y hacían la siesta sentados en plena calle.

10   Buscando siempre la protección de los almendros, la mujer y la niña penetraron en el pueblo sin perturbar la siesta. Fueron directamente a la casa cural. La mujer raspó con la uña la red metálica de la puerta, esperó un instante y volvió a llamar. En el interior zumbaba un ventilador eléctrico. No se oyeron los pasos. Se oyó apenas el leve crujido de una puerta y en seguida una voz cautelosa muy cerca a la red
15 metálica: "¿Quién es?" La mujer trató de ver a través de la red metálica.

      —Necesito al padre, dijo.

      —Ahora está durmiendo.

      —Es urgente, insistió la mujer.

      Su voz tenía una tenacidad reposada.

20   La puerta se abrió sin ruido y apareció una mujer madura y regordeta, de cutis muy pálido y cabellos color de hierro. Los ojos parecían demasiado pequeños detrás de los gruesos cristales de los lentes.

      —Sigan, dijo, y **acabó de abrir**[4] la puerta.

      Entraron a una **sala**[5] impregnada de un viejo olor de flores. La mujer de la casa
25 las condujo hasta un escaño de madera y les hizo señas de que se sentaran. La niña lo hizo, pero su madre permaneció de pie, absorta, con la cartera apretada en las dos manos. No se percibía ningún ruido detrás del ventilador eléctrico.

      La mujer de la casa apareció en la puerta del fondo.

      —Dice que vuelvan después de las tres, dijo en voz muy baja. —Se acostó hace
30 cinco minutos.

      —El tren se va a las tres y media, dijo la mujer.

      Fue una réplica breve y segura, pero la voz seguía siendo apacible, con muchos matices. La mujer de la casa sonrió por primera vez.

      —Bueno, dijo.

35   Cuando la puerta del fondo volvió a cerrarse la mujer se sentó junto a su hija. La **angosta**[6] sala de espera era pobre, ordenada y limpia. Al otro lado de una baranda de madera que dividía la habitación, había una mesa de trabajo, sencilla, con un tapete

de **hule**[7] y encima de la mesa una máquina de escribir primitiva junto a un vaso con
flores. Detrás estaban los archivos parroquiales. Se notaba que era un despacho
40 arreglado por una mujer soltera.

La puerta del fondo se abrió y esta vez apareció el sacerdote limpiando los lentes
con un pañuelo. Sólo cuando se los puso pareció evidente que era hermano de la
mujer que había abierto la puerta.

—¿Qué se le ofrece? —preguntó.

45 —Las llaves del cementerio, dijo la mujer.

La niña estaba sentada con las flores en el regazo y los pies cruzados bajo el
escaño. El sacerdote la miró, después miró a la madre y después, a través de la red
metálica de la ventana, el cielo brillante y sin nubes.

—Con este calor, dijo. —Han podido esperar a que bajara el sol.

50 La mujer movió la cabeza en silencio. El sacerdote pasó del otro lado de la
baranda, extrajo del armario un cuaderno forrado de hule, un plumero **de palo**[8] y
un tintero, y se sentó a la mesa. El pelo que le faltaba en la cabeza le sobraba en las
manos.

—¿Qué tumba van a visitar? —preguntó.

55 —La de Carlos Centeno, dijo la mujer.

El padre siguió sin entender.

—Es el ladrón que **mataron**[9] aquí la semana pasada, dijo la mujer en el mismo
tono. —Yo soy su madre.

El sacerdote la escrutó. Ella lo miró fijamente, con un dominio reposado, y el
60 padre se ruborizó. Bajó la cabeza para escribir. A medida que llenaba la hoja pedía a
la mujer los datos de su identidad, y ella respondía sin vacilación, con detalles pre-
cisos, como si estuviera leyendo. El padre empezó a sudar. La niña se desabotonó la
trabilla del zapato izquierdo, se descalzó el talón y lo apoyó en el contrafuerte. Hizo
lo mismo con el derecho.

65 Todo había empezado el lunes de la semana anterior, a las tres de la madrugada
y a pocas **cuadras**[10] de allí. La señora Rebeca, una viuda solitaria que vivía en una
casa llena de cachivaches, sintió a través del rumor de la llovizna que alguien trataba
de forzar desde afuera la puerta de la calle. Se levantó, buscó a tientas en el **ropero**[11]
un revólver arcaico que nadie había disparado desde los tiempos del coronel Aurelio
70 Buendía, y fue a la sala sin encender las luces. Orientándose no tanto por el ruido en
la cerradura como por un terror desarrollado en ella por 28 años de soledad, localizó
en la imaginación no sólo el sitio donde estaba la puerta sino la altura exacta de la
cerradura. **Agarró**[12] el arma con las dos manos, cerró los ojos y apretó el gatillo. Era
la primera vez en su vida que disparaba un revólver. Inmediatamente después de la
75 detonación no sintió nada más que el murmullo de la llovizna en el techo de zinc.
Después percibió un golpecito metálico en el andén de cemento y una voz muy baja,
apacible, pero terriblemente fatigada: "Ay, mi madre." El hombre que **amaneció**[13]
muerto frente a la casa, con la nariz despedazada, vestía una franela a rayas de colores,
un pantalón **ordinario**[14] con una soga en lugar de cinturón, y estaba descalzo. Nadie
80 lo conocía en el pueblo.

—De manera que se llamaba Carlos Centeno, murmuró el padre cuando acabó de escribir.

—Centeno Ayala, dijo la mujer. —Era el único varón.

El sacerdote volvió al armario. **Colgadas**[15] de un clavo en el interior de la puerta
85   había dos llaves grandes y oxidadas, como la niña imaginaba y como imaginaba la madre cuando era niña y como debió imaginar el propio sacerdote alguna vez que eran las llaves de San Pedro. Las descolgó, las puso en el cuaderno abierto sobre la baranda y mostró con el índice un lugar en la página escrita, mirando a la mujer.

—Firme aquí.

90   La mujer garabateó su nombre, sosteniendo la cartera bajo la axila. La niña recogió las flores, se dirigió a la baranda arrastrando los zapatos y observó atentamente a su madre.

El párroco suspiró.

Cuestionario

Contenido

1. ¿Cómo encontraron la mujer y su hija el pueblo al llegar allí?
2. ¿A quién quiere ver la mujer y qué pasa cuando pregunta por esa persona?
3. ¿Cómo consigue al fin ver la mujer a esa persona?
4. Describa el cuarto donde tiene que esperar la mujer.
5. ¿Qué es lo que le pide la mujer al sacerdote? ¿Para qué se lo pide?
6. ¿Quién era Carlos Centeno Ayala y qué le había ocurrido?
7. ¿Qué pasó después de apuntar el cura el nombre de la mujer en un cuaderno?

Interpretación y estilo

1. ¿Cuál es la nota predominante que caracteriza el ambiente del pueblo a la llegada de la mujer?
2. ¿Cómo contrasta este ambiente con la situación personal de la mujer?
3. ¿Por qué cree Ud. que la madre no se sienta hasta que consigue lo que desea?
4. ¿Cómo refuerza el ambiente de la sala-despacho del cura al ambiente general del pueblo?
5. ¿Cómo interpreta Ud. el hecho de que el cura se ruborice cuando la mujer lo mira?
6. Comente Ud. la técnica descriptiva empleada por García Márquez para conseguir la simpatía del lector hacia Carlos Centeno.
7. ¿Hasta qué punto considera Ud. fatalista la actitud de la madre de Carlos Centeno? ¿Por qué?
8. ¿Cómo y con qué detalles caracteriza el autor al sacerdote?

Léxico: opciones

la oficina *office*
el despacho *office, study*
la dirección *office*
el bufete *(law) office*

la redacción *(newspaper) office*
el consultorio *(medical) office*
la consulta *(doctor's) office*
la clínica dental *dental office*

Normally, **oficina** is a place where clerical or business activities are conducted by several or more persons. **Despacho** is the private office of a single person at home or away from home. The administrative office of an institution or organization with a director is **dirección** in Spanish. **Bufete** always refers to a lawyer's office, although larger legal firms also have **oficinas** where secretarial work is done. If a physician has a private office, it's normally a **consulta**, whereas a **consultorio** is a place where several doctors work. A dentist's office is most often a **clínica (dental)** in Spanish.

Desde su **despacho**, la profesora ve las montañas.	*From her **office**, the professor can see (sees) the mountains.*
El maestro lo mandó a la **dirección.**	*The teacher sent him to the **principal's office**.*
Isabel ha abierto su **bufete** y se dedica a los asuntos de sus clientes.	*Isabel has opened her **(law) office** and devotes herself to her clients' business.*
El periódico tenía su **redacción** en la Plaza de Armas.	*The newspaper had its **office(s)** on the Plaza de Armas.*
Por las mañanas María trabaja en el hospital y por las tardes en su **consulta**.	*Mornings María works in the hospital and afternoons in her **office**.*
Mi madre era médica y directora de un **consultorio** de la Seguridad Social.	*My mother was a doctor and director of a Social Security **medical office**.*

volver a + *infinitive* *to do something again*
volver *to return, go (come) back*
regresar *to return, go (come) back*
devolver *to return (something), give back; to throw up*

English-speaking students tend to overuse the adverbs **otra vez** and **de nuevo** + *infinitive* to render in Spanish the phrase: *to do something again*. Although the former are correct,

Spanish often prefers, as illustrated in the text example, the expression **volver a + *infinitive***. **Volver** and **regresar** mean the same thing, but **volver** is the more common form in Spain and **regresar** in Spanish America. **Devolver** means *to return* something to its owner or rightful place. On a colloquial level, it's a synonym of **vomitar**. **Regresar**, an intransitive verb, should not be used as a synonym of **devolver**, although it is sometimes used this way in Mexico and elsewhere.

No **vuelvas a hacerlo**.	*Don't **do it again**.*
Volvió (Regresó) a su patria para enterrar a su padre.	*He **returned to** his country to bury his father.*
Espérame. **Vuelvo (Regreso)** dentro de cinco minutos.	*Wait for me. **I'll return** (with)in five minutes.*
Julio **ha devuelto** todo el dinero.	*Julio **has returned** all the money.*
El chico se puso enfermo y **devolvió** en plena clase.	*The boy became sick and **threw up** right in class.*

cerrar *to close, shut; to lock*	**clausurar** *to close, adjourn*
el cierre *closing, shutting*	**la clausura** *closing, adjournment*
abrir *to open*	**la apertura** *opening; musical overture*
la abertura *opening, aperture*	

Cerrar, besides *to close* or *to shut*, also means *to lock*, although in this last sense **con llave** may be added for emphasis. **Clausurar** means *to close* in a figurative or ceremonial sense. **Clausura** is likewise a ceremonial closing or adjournment, whereas **cierre** refers to the physical closing or shutting of something. **Abertura** is a physical opening or hole, while **apertura** means *opening* in a figurative or ceremonial sense.

¿**Cerraste** la puerta?	*Did you **close (lock)** the door?*
Hoy **se clausura** el Congreso del partido conservador.	*Today the Convention of the Conservative Party **is closing**.*
Mañana se celebra la **clausura** de la sesión de verano.	*Tomorrow the **closing** of the summer session is being held.*
El ministro de Hacienda ha ordenado el **cierre** de 20 bancos.	*The Secretary of the Treasury has ordered the **closing** of 20 banks.*

Han anunciado la **apertura** de negociaciones para resolver la huelga.	*They have announced the **opening** of negotiations to settle the strike.*
Cerró la **abertura** de la tienda de campaña para que no entrara la lluvia.	*He closed the **opening** of the tent so that the rain wouldn't get in.*

acabar de + *infinitive* to finish doing (something); to have (had) just done something
terminar de + *infinitive* to finish doing something

Both **acabar** and **terminar** when followed by a noun mean *to finish, complete*, or *end* something. Followed by the infinitive, however, they mean *to finish doing something*, as in the text example. But an even more common use of **acabar** is in the present or imperfect indicative followed by **de** + *infinitive* to render English *to have (had) just done something*, as in the final two examples below.

Acabaré (Terminaré) el informe la semana próxima.	*I'll finish (complete) the report next week.*
Cuando **acabó (terminó) de vestirse**, abrió la puerta del patio.	*When **he finished getting dressed**, he opened the patio door.*
Acabo de hablar por teléfono con mi hermano.	*I have just spoken to my brother on the phone.*
Cuando la llamé, **acababa de llegar**.	*When I called her, **she had just arrived**.*

la sala *living room, parlor*	**la habitación** *room*
el cuarto *room*	**el salón** *living room; large room, hull*
el aula *(fem.) classroom*	

When speaking of a house or an apartment, **sala** and **salón** both refer to a living room, sitting room, or parlor. With regard to other buildings, these words are used, usually with some qualifier, to refer to large rooms where the public gathers, such as **sala de espera**, *waiting room*, or **salón de actos (espectáculos)**, *auditorium*. **Cuarto** and **habitación** are the most common words for *room* in general. There is no real difference between them, although there may be a slight preference for **cuarto** when *room* is used in a personal or private context. **Habitación** is preferred in hotel language, especially when a room number is designated. It also refers to the rooms of a house assigned a more private use (bedroom, study, playroom) in contrast to those of a more general use (living room, dining room, bathroom). **Aula** always refers to a classroom or lecture room.

El piano es el mueble más grande del **salón** (de la **sala**).	*The piano is the largest piece of furniture in the **living room**.*
Cándido está leyendo un libro en su **cuarto**.	*Cándido is reading a book in his **room**.*
Nuestro piso tiene tres **habitaciones**, **salón**-comedor, cocina y baño.	*Our apartment has three **(bed)rooms**, a **living room**-dining area, kitchen, and bathroom.*
No cabían todos los estudiantes en el **aula**.	*There wasn't room for all the students in the **classroom**.*

---

angosto *narrow*
estrecho *narrow*

The synonyms **angosto** and **estrecho** are used everywhere in the Spanish-speaking world. However, **angosto** is the more common word in parts of Spanish America, as is **estrecho** in Spain.

En la Sierra del Cobre en México hay muchos caminos **angostos**.	*In Sierra del Cobre in Mexico there are many **narrow** roads.*
El pasillo de la casa era largo y **estre cho**.	*The hallway in the house was long and **narrow**.*

---

el hule *rubber; oilcloth*
la goma *rubber; rubber band*
el caucho *rubber*

Hule may refer to a glossy, rubberized, or waterproof fabric. It is so used in the literary example where it indicates a table-covering made of oilcloth. In most other cases, **hule** is a synonym of **goma** and **caucho**, and there is no clear distinction among these terms. However, **goma** is sometimes preferred for rubber in its softer, more flexible forms and **caucho** in its harder forms. **Goma** also means *rubber band* and is thus synonymous with **tira elástica**.

Como llovía tanto, los obreros de la carretera llevaban impermeables de **hule**.	*As it was raining so hard, the highway workers wore **rubber** raincoats (slickers).*
Mis zapatos tienen suelas de **goma**.	*My shoes have **rubber** soles.*
Los niños jugaban con una pelota de **goma**.	*The children were playing with a **rubber** ball.*
En el aeropuerto hay una acera móvil de **caucho** para el transporte de los pasajeros.	*In the airport there's a moving side-walk made of **rubber** for transporting passengers.*

de palo *wooden*	**el palo** *pole, stick; a blow with a stick*
la madera *wood*	**la leña** *(fire)wood*

Palo, which indicates a cylindrical piece of wood such as a pole, stick, or mast of a ship, is also used as an adjective (**de palo**) to mean *wooden* when the shape of the item referred to is cylindrical. In the example from the short story, it is so used in conjunction with **plumero**, a Colombian term for *pen holder*. In most other cases, *wood* is rendered as **madera**, except for firewood, which is referred to as **leña**.

El pirata Long John Silver era conocido por tener una pata **de palo**.	*The pirate Long John Silver was known for his **wooden (peg)** leg.*
Le dieron unos **palos** por ser ladrón.	*They beat him with a **stick** for being a thief.*
El cocinero insistía en usar una cuchara **de palo**.	*The cook insisted on using a **wooden** spoon.*
Añadió más **leña** al fuego en la chimenea.	*He added more **wood** to the fire in the fireplace.*

matar *to kill*
asesinar *to murder, assassinate; to kill*
rematar *to finish off*
eliminar *to wipe out, bump off*
ejecutar *to execute*

The English word *assassinate* normally means to murder an important or prominent person. The Spanish cognate **asesinar** shares this meaning, but more often is the simple equivalent of the English *to murder*, i.e., *to kill someone intentionally and with malice.* **Eliminar** is more colloquial and implies a criminal rubbing or wiping out of someone. **Ejecutar**, *to execute*, suggests capital punishment after some kind of trial or judgment. **Rematar** indicates to conclude or finish killing a seriously injured or dying person or animal.

Mató a su amigo en un accidente de caza.	*He killed his friend in a hunting accident.*
Los soldados enemigos **remataban** a los heridos.	*The enemy soldiers finished off the wounded.*
Estaba loca e intentó **asesinar** al presidente en San Francisco.	*She was crazy and tried to kill (assassinate) the president in San Francisco.*
Asesinaron al periodista cuando salía de su coche.	*They murdered (killed) the journalist while he was getting out of his car.*
Lo **ejecutaron** en la silla eléctrica y no en la cámara de gas.	*He was executed in the electric chair and not in the gas chamber.*

◆ 10 ◆

---

la cuadra *block (Sp. Am.); stable (Sp.)*   **la manzana** *block (Sp.); apple*
el establo *stable*   **el bloque** *block*

In Spanish America, **cuadra** is a block, the rectangular division of a city or town bound by consecutive streets. In Spain, **cuadra** is a horse stable, as opposed to **establo**, a stable for other animals. In Spain and in some countries of Spanish America, **manzana**, the word for *apple*, is also the word for city block, although **bloque** is sometimes used for a block of houses. **Bloque** is also the word for a large piece of a hard substance such as wood, marble, stone, and so on.

El trabajo de Andrés es mantener limpia la **cuadra**.	*Andrés' job is to keep the stable clean.*
Viven en la próxima **manzana (cuadra)**.	*They live in the next block.*
En invierno, el **establo** está lleno de vacas.	*In winter the stable (barn) is full of cows.*

11

---

el ropero *closet*
la alacena *cupboard, closet; locker*
el armario *closet*
el guardarropa *checkroom, cloakroom; clothes closet*

Ropero is a clothes closet or a small room for storing clothes. The word is more commonly used in Spanish America than in Spain, where **armario** is the standard word for *closet* in any context. **Alacena** means cupboard or closet set in a wall, most often used for storage of food and cooking utensils. **Guardarropa** indicates a public checkroom and less frequently a personal wardrobe.

Abrió el **armario** para sacar un suéter.	*He opened the **closet** to take out (get) a sweater.*
Guardamos conservas de frutas en esta **alacena**.	*We keep canned fruit in this **cupboard**.*
Antes de ir a sentarse, dejaron los abrigos en el **guardarropa**.	*Before going to sit down, they left their overcoats in the **checkroom**.*

12

---

agarrar *to take (Sp. Am.); to grasp (Sp.)*
tomar *to take*
coger *to take*

In Spain, **agarrar** means *to grasp*, as with claws or **garras**. It has come to mean *to take* in much of Spanish America, where it is a replacement for **coger**, a common word in Spain, but a taboo word in polite speech for many Spanish-Americans due to its colloquial sexual implications. **Tomar** is used both in Spain and Spanish America as a synonym for both **agarrar** and **coger**.

Yolanda **cogió (agarró)** los papeles que estaban sobre la mesa.	*Yolanda **took** the papers that were on the table.*
El niño **tomó** el dinero que le ofrecía su abuelo.	*The child **took** the money his grandfather offered him.*

13

amanecer *to dawn*
anochecer *to grow dark*
atardecer *to draw towards evening; to happen late in the afternoon*

Whereas English uses verbs indicating natural phenomena in the third person only, Spanish employs a number of these verbs in a personal way, as seen in the literary sample. There are no exact English equivalents for these verbs, but when used personally they convey the general idea of arriving or being in a particular place or condition at approximately the same time that the natural phenomenon occurs. Context sometimes requires that another verb be supplied or added to the English translation of these expressions to complete their meaning. As is typical of many words in Spanish, the infinitives above, when preceded by the masculine definite article, are also the nouns for these phenomena.

El reo **amaneció** ahorcado en su celda.	*At dawn, the prisoner was found hanged in his cell.*
Amanecimos pobres, nos tocó la lotería y **anochecimos** muy ricos.	*We got up poor, won the lottery, and went to bed very rich.*
Estaba lloviendo cuando **atardecimos** en Málaga.	*It was raining when we arrived in Málaga in the late afternoon.*
El frescor del **anochecer** penetraba en el cuarto.	*The coolness of evening (nightfall) came into the room.*
Beatriz preparó la partida para el **amanecer** del tercer día.	*Beatriz prepared her departure for dawn on the third day.*

14

ordinario *ordinary, common*
común *common*
corriente *common*

Ordinario can mean *ordinary* in the sense of plain, common, or unexceptional. It can also be used in reference to something coarse or vulgar. In the example taken from García Márquez it is used in the latter sense. To avoid confusion when referring to people, **común** or **corriente** may be employed.

Es un día **ordinario** como los demás.	*It's an **ordinary** day like the others.*
Siempre habla con la boca llena; es muy **ordinario**.	*He always talks with his mouth full; he's a very **vulgar person**.*
En esta época del año la gripe es una enfermedad **corriente (común)**.	*At this time of year, the flu is a **common** illness.*
Es un estudiante tan **corriente** que pasa desapercibido.	*He's such an **ordinary** student that he goes unnoticed.*

──────────◆ **15** ◆──────────

colgar *to hang (coll. to flunk or fail someone)* **ahorcar** *to hang*	**tender** *to hang* **pender** *to hang*

The most common Spanish equivalent for the English *to hang* is **colgar**. **Ahorcar** is *to hang by the neck in order to execute or kill someone*. Colloquially, **colgar** is sometimes used for **ahorcar**. **Tender**, literally *to spread or stretch something out*, means *to hang* as in to hang clothes to dry. **Pender** is used intransitively to mean *to hang* when something is suspended and hangs freely from a higher position.

¿Dónde vamos a **colgar** el nuevo cuadro?	*Where are we going **to hang** the new painting (picture)?*
Al oír mi voz, **colgó** el teléfono.	*On hearing my voice, **he hung up** the phone.*
Colgaron a Mario en francés.	***They flunked** Mario in French (class).*
Decidieron **ahorcar** al mensajero de las malas noticias.	*They decided **to hang** the messenger who brought the bad news.*
Yo prefiero **tender** la ropa al sol para secarla.	*I prefer **to hang** the clothes in the sun to dry them.*
La lámpara que **pendía** del techo osciló mucho durante el terremoto.	*The light that **was hanging** from the ceiling swayed a great deal during the earthquake.*

◈ Práctica

A Para cada una de las frases siguientes, elija Ud. la palabra o expresión que complete el sentido. En caso de que haya dos respuestas correctas, elija la más apropiada. Haga también cualquier cambio necesario en la palabra elegida para que la frase quede gramaticalmente correcta.

1. El cardiólogo reconoció en su _____ al enfermo (**bufete, consultorio, dirección**).

2. La abogada tiene su _____ en el centro (**clínica, bufete, consulta**).

3. Los estudiantes _____ los libros a la biblioteca al final del curso (**devolver, volver, regresar**).

4. Nosotros _____ de Buenos Aires esta mañana después de unas vacaciones inolvidables (**devolver, regresar, terminar**).

5. Ayer se celebró _____ del año escolar (**el cierre, la clausura, la abertura**).

6. En los últimos años, hemos visto _____ de muchas grandes empresas (**la clausura, el cierre, la abertura**).

7. He comprado dos butacas para _____ de la casa (**el salón, la habitación, el aula**).

8. En nuestra universidad faltan _____ para los estudiantes (**aulas, cuartos, habitaciones**).

9. El puerto de la montaña era tan _____ que sólo podía pasar un coche a la vez (**común, angosto, corriente**).

10. Los pescadores de bacalao solían llevar chaquetas y pantalones de _____ (**goma, hule, caucho**).

11. Todos los muebles de la cocina son de _____ (**madera, leña, palo**).

12. El torero _____ al toro moribundo (**ejecutar, rematar, eliminar**).

13. Si no hubieran _____ a los presidentes Lincoln y Kennedy, la historia norteamericana habría sido muy diferente (**rematar, ejecutar, asesinar**).

14. Desde mi casa hasta la Plaza de San Juan, hay tres _____ (**bloques, establos, cuadras**).

15. Antes de pasar a las butacas del teatro, dejamos las gabardinas en el _____ (**armario, ropero, guardarropa**).

16. Ella tenía más de veinte pares de zapatos en _____ (**el guardarropa, el ropero, la alacena**).

17. Durante el saldo espectacular de J.C. Penney en junio, mi padre y yo _____ todas las camisas posibles (**tomar, agarrar, pender**).

18. Durante los meses de lluvia, el resfriado es una enfermedad _____ (**ordinario, estrecho, corriente**).

19. Durante el vuelo de Iberia desde Los Ángeles hasta España, nosotros _____ en Nueva York y _____ en Madrid (**amanecer, rematar, anochecer**).

20. Si fuera un médico _____, no tendría tantos pacientes (**ordinario, corriente, estrecho**).

21. No sabíamos si _____ las cortinas de pared a pared o solamente delante de la ventana (**colgar, tender, pender**).

22. En Madrid, cuando hace buen tiempo, se suele _____ la ropa lavada en el patio para secarla (**tender, ahorcar, pender**).

23. El autor _____ publicar su primera novela (**acabar de, terminar de, volver a**).

24. Los pasajeros de este vuelo van a _____ en Barcelona a las seis horas, antes de cenar (**atardecer, amanecer, anochecer**).

25. La cadena comercial anuncia la _____ de un nuevo supermercado (**abertura, apertura, clausura**).

26. Después _____ del Senado, los senadores regresaron a sus respectivos estados (**de la clausura, del cierre, de la apertura**).

27. Mi primo se _____ en un accidente de automóvil en la autopista (**rematar, matar, ejecutar**).

28. Aquel día encontramos al periodista en _____ de *The New York Times* (**la consulta, la redacción, el bufete**).

29. Esta chimenea no usa gas, sino _____ (**palo, madera, leña**).

30. Como estaba lloviendo mucho, el campesino metió las vacas en _____ (**la cuadra, el establo, la alacena**).

B   **Traduzca al español las siguientes frases empleando el vocabulario estudiado en este capítulo.**

1. The doctor's office is near city hall.
2. His wife asked again [do not use **otra vez** or **de nuevo**] what had happened.
3. The opening of the will was a very important event.
4. Every morning he gets up at dawn [do not use **levantarse**] with a bad [use **fuerte**] headache.
5. The famous writer returned to his native country to live.
6. The narrow road went through [use **atravesar**] the thick forest.
7. There wasn't enough firewood to heat the cabin.
8. The number of people [use **personas**] murdered in large cities is alarming.
9. From the hotel to the restaurant, we had to walk twelve blocks.
10. They decided to hang the painting above the chimney.

Temas a escoger

Temas relacionados con la selección literaria

1. Describa Ud., desde la perspectiva de la mujer, la llegada al pueblo y su encuentro con el sacerdote. Incluya no sólo lo que ella ve, sino lo que pueda sentir durante su estadía en el pueblo.

2. Imagínese que Ud. es la niña y relate sus impresiones al acompañar a su madre y presenciar el encuentro con el cura.

3. Escriba este episodio desde el punto de vista del cura, comenzando con la llegada de la madre de Carlos Centeno a la casa rectoral hasta el momento en que sale esta mujer al cementerio.

Temas sugeridos por la selección literaria

1. Describa Ud. —en forma de diálogo o de ensayo— alguna confrontación o discusión que haya tenido con otra persona.

2. Describa alguna situación en la que Ud. haya sido afectado(a) por el ambiente físico-moral.

3. Relate Ud. un caso (verdadero o imaginado) de gran resignación ante una vida trágica o llena de desgracias.

❖ Repaso gramatical ❖

Spanish Equivalents of English to be *(Part I)*

Basic Statement

The two common Spanish equivalents of the English *to be* are **ser** and **estar**. **Ser** establishes or contributes to establishing identity. **Estar** indicates location as well as state or condition. When used to express state, **estar** normally indicates a change from some other state or at least the possibility of such change. **Ser**, however, indicates an essential or inherent characteristic. Two sentences which differ only in their use of **ser** and **estar** can both be grammatically correct in Spanish, and may sometimes be rendered by the same English equivalent. Nevertheless, they mean different things since **estar** indicates something that befalls the subject and **ser** what is viewed as a necessary part of it. As shown by the examples below, noun forms of these verbs also reflect this distinction.

Un **ser** humano es una cosa maravillosa.	*A human **being** is a marvelous thing.*
El **estado** del enfermo ha mejorado.	*The **condition (state)** of the patient has improved.*

The Referent with "ser" and "estar"

To equate the subject with a predicate noun or with a pronoun, **ser** is the verb used. In other words, a noun or pronoun can follow **ser**, but not **estar**. However, when the predicate is an adjective or a past participle, one must decide if the quality conveyed by the adjective or participle is perceived as a basic characteristic or as a state or condition. With **ser**, the adjective has something of the quality of a noun. **Ser** functions as an equal sign showing the subject to be one of a class of persons or things.

El marinero **es** un (hombre) borracho.   *The sailor **is** a drunk(ard).*

Carlos **es** (un muchacho) sucio.   *Carlos **is** (a) dirty (boy).*

La tierra aquí **es** (tierra) dura.   *The ground here **is** hard (ground).*

If **ser** in the previous examples is replaced by **estar**, the sentences no longer make a general, essential identification of the subject. Instead of establishing a permanent relationship between the subject and the attribute conveyed by the adjective, **estar** places the subject in the concrete world of experience or of the physical senses. **Estar** thus indicates the *state* of the subject, rather than its *essence*. It thus functions somewhat as an adverb primarily modifying the verb (i.e., the subject's state), only referring to the subject in a secondary manner.

El marinero **está** borracho.   *The sailor **is** drunk.*

Carlos **está** sucio.   *Carlos **is** dirty.*

La tierra aquí **está** dura.   *The ground here **is** hard.*

In the previous set of examples, **estar + *adjective*** does not refer to what the speaker feels to be the basic nature of the sailor, Carlos, nor the ground in question. Instead, it indicates a condition at a given time, a condition or state which may be of a short, long, or indeterminate duration. Unlike **ser**, **estar** does not unreservedly equate the subject and an attribute. With **estar**, we know nothing about the subject's fundamental traits or characteristics. The sailor, for example, may be an alcoholic, an occasional drinker, or a young man who has sampled intoxicants for the first time. Carlos may be an immaculate person, one of average neatness, or a slovenly individual. (In this last instance the use of **estar** may indicate someone's reaction to his state or the fact that he is dirtier than usual.) Similarly, **estar** may be used to indicate that the soil (which may be of a basically soft, average, or hard composition) is harder than normal, perhaps from lack of rain. It may also indicate an implied comparison with some other soil the speaker has in mind.

In short, **estar** refers to the subject's state at a given time but provides little or no information about its fundamental nature. **Ser** suggests no such temporal limitation and couples the attribute indicated by the adjective to the subject itself. In Spanish, the speaker uses **estar** with an adjective when (s)he feels there has been some perceptible change in the subject or when (s)he feels the state of the subject is likely to change.

Ser indicates that the quality is viewed as a basic, defining characteristic not normally subject to change.

Subjectivity with "estar"

Estar often indicates a personal reaction, expressing what is perceived directly through the senses. It is frequently rendered by the English *to seem, look, taste, act, and feel*, as well as by *to be*. **Estar** thus contains something of the subjective reaction as opposed to the more objective, impersonal **ser**.

Estas naranjas **son** muy dulces.	*These oranges **are** (a) very sweet (variety).*
Estas naranjas **están** muy dulces.	*These oranges **are** (taste) very sweet.*

Since **estar** indicates a personal reaction, an adjective with **estar** does not reveal what by objective standards may be considered an essential attribute of the subject. Instead, **estar** reflects a person's response to a change or to a noteworthy circumstance. **Ser** refers to what may be considered a necessary part of the subject when measured by relatively objective standards. **Estar** more often indicates the subjective reaction of the perceiver than the objective state of what (s)he perceives.

Tu abuela **está** muy joven.	*Your grandmother **looks (acts, is)** very young.*

The preceding sentence with **ser** would refer to age in actual years. **Estar**, however, conveys a personal impression of the grandmother's behavior or appearance compared to what the speaker considers normal for people of the grandmother's age group.

—¡Mario, qué alto **estás**!	*"Mario, how tall **you are**!"*
—Sí, mañana cumplo cinco años.	*"I know; I'll be five tomorrow."*
Mario **es** muy alto para su edad.	*Mario **is** very tall for his age.*

In the first example above, **estar** may reflect the speaker's reaction either to Mario's increased height since the previous time (s)he saw him or the fact that Mario is (seems) tall compared to other children his age. The example with **ser** is a more objective way of indicating that Mario is tall for a boy of five.

Point of View and Implied Contrast

It is not always easy to decide whether a given attribute is best viewed as a defining characteristic or as a state, which by its very nature is subject to change. It may nonetheless help to recall that Spanish prefers **estar** with adjectives when contrast is suggested to any degree. The contrast may be between the present and the previous states of the subject or between the subject and another member of his/her class. When a feeling of such contrast is absent, and when there is no desire to convey a personal or emotional overtone, Spanish prefers **ser**.

El cielo de Arizona **es** (un cielo) azul.	*The Arizona sky **is** (a) blue (sky).*
El cielo de Arizona **está** siempre azul.	*The Arizona sky **is** always blue.*

Few persons would bother making the first statement above. A native of Tucson residing in San Francisco, however, might very well utter the second sentence for the affective power of **estar** or to emphasize the contrast between the weather of the two cities. There is little difference in meaning, however, since the objective defining characteristic in the first sentence is subjectively viewed as a permanent state in the second. But it is clear that the connotative force of the adjective is lacking in the more trite sentence with **ser**. Examine the following sentences to see why **ser** or **estar** is used.

¡Qué verde **está** la pradera después de la lluvia!	*How green the meadow is (looks) after the rain.*
Raimundo **estaba** más gordo y calvo que el año pasado.	*Raimundo **was** fatter and balder than last year.*
El lago Tahoe **es** el lago más profundo de California, pero después de las lluvias **está** aun más profundo.	*Lake Tahoe **is** the deepest lake in California, but after the rain, **it's** even deeper.*

Since in normal social communication, the differences, contrasts, and changes in persons and things interest us much more than their well-known characteristic features, **estar** is more frequently encountered than **ser** in pairs like the following.

Veo que Luisa **es** muy trabajadora.	*I see that Luisa **is** a very hard-working person.*
Veo que Luisa **está** muy trabajadora hoy.	*I see that Luisa **is** very hard-working today.*
Rafael **está** casado.	*Rafael **is** married (neither divorced nor a bachelor).*
Rafael **es** (un hombre) casado.	*Rafael **is** (a) married (man).*
La película **está** doblada.	*The film **is** dubbed (not in the original).*
La película **es** (una película) doblada.	*The film **is** (a) dubbed (film).*

El cuarto **era** oscuro y decidí pintarlo de blanco.	*The room **was** (a) dark (room) and I decided to paint it white.*
El cuarto **estaba** oscuro y decidí encender la luz.	*The room **was** dark and I decided to turn on the light.*

There are, then, often two possibilities with adjectives. With **ser** we indicate that we view the subject as a member of a particular class or group, whereas with **estar** we offer a personal comment on the subject without relating it to that class or group. Thus we would normally refer to a friend's sudden loss of weight by saying:

Juan **está** muy delgado.	*Juan **is** very thin.*

A year later we may continue to use **estar**, thereby still comparing Juan's present and previous states. We may, however, cease to regard his thinness as a resultant state of some action or occurrence and consider it instead to be a basic identifying characteristic. The use of **ser** would indicate that we now see Juan as one of the class of thin people.

Juan **es** muy delgado.	*Juan **is** (a) very thin (person).*

It was mentioned earlier that **estar** is also used to indicate location in Spanish. Remember that all instances of indicating location, whether temporary or permanent, are rendered with **estar**, and not **ser**.

Mi abuelo **está** en el hotel.	*My grandfather **is** in the hotel.*
El museo **está** en Londres.	*The museum **is** in London.*

Finally, an often helpful device for deciding whether to use **ser** or **estar** with a particular adjective is to see if the expression *in a _____ state* (with the adjective in question inserted in the blank space) can replace the adjective without a change in meaning. If it can, then **estar** is the verb to use. If the substitution is not possible, use **ser**.

Estoy satisfecho.	***I am** satisfied.* (in a satisfied state)
Estábamos listos.	***We were** ready (prepared).* (in a ready, prepared state)
Tu coche **es** barato.	*Your car **is** cheap.* (One can't say *in a cheap state*)
Sus vecinos **eran** chinos.	*His neighbors **were** Chinese.* (One can't substitute *in a Chinese state*)

◈ Práctica

A Complete las siguientes frases con la forma correcta de *ser* o *estar*. En algunas frases es posible usar el verbo correctamente en más de un tiempo verbal. En aquellas frases donde se puede usar tanto *ser* como *estar,* explique la diferencia.

1. Mañana el riesgo de lluvia _____ limitado a Oregón y Washington.
2. El Japón _____ el país más próspero de Asia.
3. Carmen no quería ver a nadie; deseaba _____ sola.
4. _____ tan débil que no puedo continuar trabajando.
5. Recientemente los tomates han _____ muy baratos.
6. En general, el peligro de que haya incendios forestales _____ muy alto en septiembre.
7. Ayer, María _____ más alegre que otros días.
8. Normalmente sus nietos _____ muy buenos, pero ayer _____ inaguantables.
9. Nuestra compañía _____ al borde de la bancarrota.
10. Juan no _____ más trabajador que tú, pero su sueldo _____ mucho más alto.
11. En el bosque había una ermita que _____ en ruinas.
12. No podemos venderle a Ud. este coche porque ya _____ vendido.
13. Arturo _____ muy pedante pero hoy ha _____ más pedante que nunca.
14. En aquella ciudad los días _____ tan fríos como las noches.
15. ¿Por qué no me dijiste antes que _____ casado?

B Rellene los espacios en blanco usando la forma apropiada —tiempo y modo— de los verbos *ser* o *estar.*

Cuando entré en la clase aquel día _____ (1) la primera vez que la vi. _____ (2) sentada en la primera fila al lado del gran ventanal. _____ (3) la chica más hermosa que yo había visto nunca; sus cabellos _____ (4) del color del trigo maduro, y el azul de sus ojos me llevó a recordar el soleado Mediterráneo. ¡ _____ (5) mi día de suerte! A su lado había un asiento libre. Me senté a su lado y le dije quién _____ (6) yo;

le dije que _____ (7) en el tercer año de mi carrera, que yo quería _____ (8) ingeniero y que _____ (9) temporalmente en esa universidad, ya que en la mía no ofrecían ese curso en el que yo _____ (10) interesado. Le pregunté quién _____ (11). No me contestó; _____ (12) ensimismada en las palabras del profesor —hombre famoso en su especialidad— quien, en aquellos momentos, _____ (13) hablando sobre un poema de Quevedo. Le pregunté si a ella le gustaba la poesía y le dije que, a pesar de mi carrera, yo _____ (14) algo poeta, y por eso _____ (15) allí. Me miró por primera vez y me dijo si yo _____ (16) dispuesto a pasar el resto de la clase molestándola. Me pregunté si _____ (17) casada, si tendría hijos. Si no _____ (18) casada, pensé, me gustaría salir con ella, y así se lo dije. No me contestó; pareció enfadarse. En fin, hace ya veinte años que _____ (19) casados y que _____ (20) muy felices. Nunca pude pensar que aquella joven arisca llegaría a _____ (21) mi mujer. Tenemos dos hijos que _____ (22) rubios como ella, y que ahora mismo _____ (23) hablando en el cuarto de al lado sobre lo anticuados que _____ (24) los padres, dicen que nunca _____ (25) al día, y que no _____ (26) nada modernos.

C Traduzca al español las siguientes frases, usando la forma correcta de *ser* o *estar*. En algunas frases son correctos los dos verbos; explique la diferencia entre ellas.

1. In what state were his affairs when he died?
2. The lawn is wet with the night dew.
3. The lake was very deep.
4. I am sure you will be better tomorrow.
5. He is one of those persons who do not know how to be by themselves even a moment.
6. Our bedroom was very dark.
7. How beautiful the sea is tonight!
8. At that time I was very far from knowing the truth.
9. The Mississippi is the longest river in [use **de**] the United States.
10. The fruit is rotten.

D Cada una de las frases siguientes contiene un error. Teniendo en cuenta la gramática estudiada en este capítulo, identifique Ud. cuál es el error y corríjalo.

1. ¿De dónde estás tú? Yo soy de Miami pero vivo en Orlando.

2. Juanito no puede ser quieto; es un niño muy nervioso que siempre está correteando.

3. Mi nieta es una niña muy lista y para lo joven que está, habla muy bien el español y el inglés.

4. Yo estoy un poco triste porque los resultados de mi examen de matemáticas no están buenos.

5. El historiador ya está aquí y su conferencia estará a las siete en el salón de actos de la universidad.

6. Me gusta mucho Carmen porque siempre está alegre; además está muy simpática.

7. La paella valenciana está un plato muy sabroso, y esta paella es la mejor que yo he comido jamás.

8. El quinteto musical es japonés, y su música está muy original con el koto y el samisén.

9. El Museo Británico es en Londres, que es la capital de Inglaterra; estuvimos visitándolo el año pasado.

10. Mi mujer, quien es de origen noruego, está muy rubia; su piel es muy clara y sus ojos azules son muy bonitos.

ENFOQUE Preliminary Considerations

Let's start by saying that writing goes beyond a knowledge of grammatical rules and the awareness of composition techniques. To write, and to write well, it is necessary to think about the language we are going to employ and, afterward, follow certain procedures to attain our own styles. These procedures have to be combined with simplicity, precision, clarity, and originality in what we say and how we say it.

We must start the writing process by selecting a topic and by limiting our chosen topic to the requirements imposed upon us by the person (be it the professor in a class, or the editor of a magazine, etc.) for whom we write. Once we have chosen a topic, we must seek information to communicate our ideas, i.e., what we want to say. If we write about our personal experience, we must recall details about that experience, and select the most pertinent ones. If we write about something external to our experience, we must become as familiar as possible with the chosen topic. To become accomplished writers, we must develop the habit of reading in a variety of fields. We must also learn to be curious about anything and everything that happens around us (news, events, people, etc.). We must write with the desire to do the best we can, and we must learn to feel free about what we write, whether the topic has been freely chosen by us, or imposed upon us. Before starting the writing of our essay, we should make an outline with the ideas we want to develop; with this outline in hand, we can begin to give form to our text, be it narration, exposition, or analysis.

TIPS

1. Choose a topic
2. Set limits
3. Search for information
4. Accept responsibility (be willing to write)
5. Prepare an outline with ideas
6. Start to write

CAPÍTULO

La casa de los espíritus
Isabel Allende

Repaso gramatical
- *Spanish Equivalents of English **to be** (Part II)*

LA CASA DE LOS ESPÍRITUS
Isabel Allende

La chilena Isabel Allende es hoy, sin duda, la novelista hispanoamericana más leída del mundo. Nace en 1942 en Lima, Perú, donde su padre está destinado como diplomático. Isabel Allende es sobrina del Presidente Salvador Allende y abandona Chile en 1973 a consecuencia del golpe militar que derroca al gobierno e impone una dictadura.

Los libros de Isabel Allende, entre los que se encuentran De amor y de sombra *(1984),* Eva Luna *(1987) e* Hija de la fortuna *(1999), amén de* La casa de los espíritus *(1982) del cual hemos escogido la selección que sigue, han sido traducidos a más de 25 idiomas. En 1994 publica* Paula, *libro autobiográfico y extremadamente conmovedor, en el que recupera su pasado familiar. En sus obras Allende nos habla de la tragedia que refleja la historia del continente hispanoamericano, y de la esperanza de los hombres y de las mujeres que en ese continente luchan por lograr un mundo mejor.*

La casa de los espíritus es la historia de una familia marcada por el amor, la política y la tragedia. En sus páginas encontramos la crónica de los Trueba desde los años veinte hasta la década de los setenta. La acción ocurre en una república sudamericana —cuyo nombre la autora no menciona— que lucha por la democracia. En el trasfondo de la novela podemos percibir el Chile nativo de Isabel Allende, donde se destaca la recreación del golpe de estado al final de la obra.

Esteban Trueba, partiendo de la nada, ha llegado a ser un hombre muy rico y, olvidando su origen, un despiadado terrateniente. Clara, esposa de Esteban, es una mujer libre y moderna que posee la capacidad de ver el futuro. Blanca, hija de Esteban y de Clara, se enamora de Pedro Tercero, amigo de la infancia aunque considerado por el padre de ella como un ser inferior por ser mestizo y haber nacido de padres que trabajaban la tierra de los Trueba. Pedro, ahora amante de Blanca, es un revolucionario que organiza a los campesinos contra los abusos de los terratenientes como Esteban Trueba.

Encontramos en La casa de los espíritus *ciertas similaridades con* Cien años de soledad *(del colombiano Gabriel García Márquez); ambos autores se sirven del realismo mágico para mostrar que, en el continente sobre el que escriben, la realidad se diluye y se mezcla con la fantasía. Ambas obras son la historia de familias que viven una realidad cotidiana mezclada con sucesos fantásticos en los que se mueven unos personajes grotesco-realistas. Sin embargo,* La casa de los espíritus *se distingue de la novela colombiana porque centra más su atención en los personajes femeninos y, por medio de estos personajes, celebra la emancipación social de la mujer hispanoamericana.*

En la selección que aquí presentamos, vemos a Clara en uno de los momentos de realismo mágico de la novela —momento que resulta trágico para sus personajes. Clara prevé el terrible terremoto que poco después sacudirá el país y destruirá la hacienda Las Tres Marías, donde Blanca y sus padres están pasando los últimos días de sus vacaciones. Allende muestra su gran capacidad para describir las fuerzas de la naturaleza y los efectos que éstas tienen sobre edificios, campos y personas. Encontramos también digno de destacar la cura maravillosa del destrozado cuerpo de Esteban Trueba sobre quien se desploma uno de los edificios del rancho. Esta cura la hace Pedro García, un viejo ciego capaz de lograr milagrosos remedios con el toque mágico de sus dedos "antiguos".

Así transcurrieron tres años, hasta que el terremoto cambió las cosas. Al final de estas vacaciones, los mellizos regresaron a la capital antes que el resto de la familia, acompañados por la Nana, los sirvientes de la ciudad y gran parte del equipaje. Los muchachos iban directamente al **colegio**[1] mientras la Nana y los otros empleados
5   arreglaban la gran casa de la esquina para la llegada de los patrones.

Blanca se quedó con sus padres en el campo unos días más. Fue entonces cuando Clara comenzó a tener pesadillas, a **caminar**[2] sonámbula por los corredores y despertar gritando. En el día andaba como idiotizada, viendo signos premonitorios en el comportamiento de las bestias: que las gallinas no ponen su huevo diario,
10   que las vacas andan espantadas, que los perros aúllan a la muerte y salen las ratas, las arañas y los gusanos de sus escondrijos, que los pájaros han abandonado los nidos y están alejándose en bandadas, mientras los pichones gritan de hambre en los árboles. Miraba obsesivamente la tenue columna de humo blanco del volcán, escrutando los cambios en el color del cielo. Blanca le preparó infusiones calmantes y baños tibios

15 y Esteban recurrió a la antigua cajita de **píldoras**[3] homeopáticas para tranquilizarla, pero los sueños continuaron.

—¡La tierra va a **temblar**[4]! —decía Clara, cada vez más pálida y agitada.

—¡Siempre tiembla, Clara, por Dios! —**respondía**[5] Esteban.

—Esta vez será diferente. Habrá diez mil muertos.

20 —No hay tanta gente en todo el país —se burlaba él.

Comenzó el cataclismo a las cuatro de la madrugada. Clara despertó poco antes con una pesadilla apocalíptica de caballos reventados, casas arrebatadas por el mar, gente reptando debajo de las piedras y cavernas abiertas en el suelo donde se hundían casas enteras. Se levantó lívida de terror y corrió a la habitación de Blanca.

25 Pero Blanca, como todas las noches, había cerrado con llave su puerta y se había deslizado por la ventana en dirección al río. Los últimos días antes de volver a la ciudad, la pasión del verano adquiría características dramáticas, porque ante la inminencia de una nueva separación, los jóvenes aprovechaban todos los momentos posibles para **amarse**[6] con desenfreno. Pasaban la noche en el río, inmunes al frío o al

30 cansancio, retozando con la fuerza de la desesperación, y sólo al vislumbrar los primeros rayos del amanecer, Blanca regresaba a la casa y entraba por la ventana a su cuarto, donde llegaba justo a tiempo para oír cantar a los gallos. Clara llegó hasta la puerta de su hija y trató de abrirla, pero estaba trancada. Golpeó y como nadie respondió, salió corriendo, dio media vuelta a la casa y entonces vio la ventana

35 abierta de par en par y las hortensias plantadas por Férula pisoteadas. En un instante comprendió la causa del color del aura de Blanca, sus ojeras, su desgano y su silencio, su somnolencia matinal y sus acuarelas vespertinas. En ese mismo instante comenzó el terremoto.

Clara sintió que el suelo se sacudía y no pudo sostenerse en pie. Cayó de rodi-

40 llas. Las tejas del techo se desprendieron y llovieron a su alrededor con un estrépito ensordecedor. Vio la pared de adobe de la casa quebrarse como si un hachazo le hubiera dado de frente, la tierra se abrió, tal como lo había visto en sus sueños, y una enorme grieta fue apareciendo ante ella, sumergiendo a su paso los gallineros, las artesas del lavado y parte del establo. El estanque de agua se ladeó y cayó al suelo

45 desparramando mil litros de agua sobre las gallinas sobrevivientes que aleteaban desesperadas. A lo lejos, el volcán echaba fuego y humo como un dragón furioso. Los perros se soltaron de las cadenas y corrieron enloquecidos, los caballos que escaparon al derrumbe del establo, husmeaban el aire y relinchaban de terror antes de salir desbocados a campo abierto, los álamos se tambalearon como borrachos y

50 algunos cayeron con las raíces al aire, despachurrando los nidos de los gorriones. Y lo tremendo fue aquel rugido del fondo de la tierra, aquel resuello de gigante que se sintió largamente, llenando el aire de espanto. Clara trató de arrastrarse hacia la casa llamando a Blanca, pero los estertores del suelo se lo impidieron. Vio a los campesinos que salían despavoridos de sus casas, clamando al cielo, abrazándose

55 unos con otros, a tirones con los niños, a patadas con los perros, a empujones con los viejos, tratando de poner a salvo sus pobres pertenencias en ese estruendo de

ladrillos y tejas que salían de las entrañas mismas de la tierra, como un interminable rumor de fin de mundo.

Esteban Trueba apareció en el umbral de la puerta en el mismo momento en que la casa se partió como una **cáscara**[7] de huevo y se derrumbó en una nube de polvo, aplastándolo bajo una montaña de escombros. Clara **reptó**[8] hasta allá llamándolo a gritos, pero nadie respondió.

La primera sacudida del terremoto duró casi un minuto y fue la más fuerte que se había registrado hasta esa fecha en ese país de catástrofes. Tiró al suelo casi todo lo que estaba en pie y el resto terminó de desmoronarse con el rosario de temblores menores que siguió estremeciendo el mundo hasta que amaneció. En Las Tres Marías **esperaron**[9] que saliera el sol para contar a los muertos y desenterrar a los sepultados que aún gemían bajo los derrumbes, entre ellos a Esteban Trueba, que todos sabían dónde estaba, pero nadie tenía esperanza de encontrar con vida. Se necesitaron cuatro hombres al mando de Pedro Segundo, para remover el **cerro**[10] de polvo, tejas y adobes que lo cubría. Clara había abandonado su distracción angélica y ayudaba a quitar las piedras con fuerza de hombre.

—¡Hay que sacarlo! ¡Está vivo y nos escucha! —aseguraba Clara y eso les daba ánimo para continuar.

Con las primeras luces aparecieron Blanca y Pedro Tercero, intactos. Clara se fue encima de su hija y le dio un par de bofetadas, pero luego la abrazó llorando, aliviada por saberla a salvo y tenerla a su lado.

—¡Su padre está allí! —señaló Clara.

Los muchachos se dispusieron a la tarea con los demás y al cabo de una hora, cuando ya había salido el sol en aquel universo de congoja, sacaron al patrón de su tumba. Eran tantos sus huesos rotos, que no se podían contar, pero estaba vivo y tenía los ojos abiertos.

—Hay que llevarlo al pueblo para que lo vean los médicos —dijo Pedro Segundo.

Estaban discutiendo cómo trasladarlo sin que los huesos se le salieran por todos lados como de un saco roto, cuando llegó Pedro García, el viejo, que gracias a su ceguera y su ancianidad **había soportado**[11] el terremoto sin conmoverse. Se agachó al lado del herido y con gran cautela le recorrió el cuerpo, tanteándolo con sus manos, mirando con sus dedos antiguos, hasta que no dejó resquicio sin contabilizar ni rotura sin tener en cuenta.

—Si lo mueven, se muere —dictaminó.

Esteban Trueba no estaba inconsciente y lo oyó con toda claridad, se acordó de la plaga de hormigas y decidió que el **viejo**[12] era su única esperanza.

—Déjenlo, él sabe lo que hace —balbuceó.

Pedro García hizo traer una manta y entre su hijo y su nieto colocaron al patrón sobre ella, lo alzaron con cuidado y lo acomodaron sobre una improvisada mesa que habían **armado**[13] al centro de lo que antes era el patio, pero ya no era más que un pequeño claro en esa pesadilla de cascotes, de cadáveres de animales, de llantos de niños, de gemidos de perros y oraciones de mujeres. Entre las ruinas rescataron un

100 odre de vino, que Pedro García distribuyó en tres partes, una para lavar el cuerpo del herido, otra para dársela a tomar y otra que se bebió él parsimoniosamente antes de comenzar a componerle los huesos, uno por uno, con paciencia y calma, estirando por aquí, ajustando por allá, colocando cada uno en su sitio, entablillándolos, envolviéndolos en tiras de sábanas para inmovilizarlos, mascullando letanías de san-
105 tos curanderos, invocando a la buena suerte y la Virgen María, y soportando los gritos y blasfemias de Esteban Trueba, sin cambiar para nada su beatífica expresión de ciego. A tientas le reconstituyó el cuerpo tan bien, que los médicos que lo revisaron después no podían creer que eso fuera posible.

—Yo ni siquiera lo habría intentado —reconoció el doctor Cuevas al enterarse.

110 Los destrozos del terremoto sumieron al país en un largo luto. No bastó a la tierra con sacudirse hasta echarlo todo por el suelo, sino que el mar se retiró varias millas y regresó en una sola gigantesca ola que puso barcos sobre las colinas, muy lejos de la costa, se llevó caseríos, caminos y bestias y hundió más de un metro bajo el nivel del mar a varias islas del Sur. Hubo edificios que cayeron como dinosaurios
115 heridos, otros que se deshicieron como castillos de naipes, los muertos se contaban por millares y no quedó familia que no tuviera alguien a quien llorar. El agua salada del mar arruinó las cosechas, los incendios abatieron zonas enteras de ciudades y pueblos y por último corrió la lava y cayó la ceniza como coronación del castigo, sobre las aldeas cercanas a los volcanes. La gente dejó de dormir en sus casas, ate-
120 rrorizada con la posibilidad de que el cataclismo se repitiera, improvisaban carpas en lugares desiertos, dormían en las plazas y en las calles. Los soldados tuvieron que hacerse cargo del desorden y fusilaban sin más trámites a quienes sorprendían robando, porque mientras los más cristianos atestaban las iglesias clamando perdón por sus pecados y rogando a Dios para que aplacara su **ira**[14], los ladrones recorrían
125 los escombros y donde aparecía una oreja con un zarcillo o un dedo con un anillo, los volaban de una cuchillada, sin considerar que la víctima estuviera muerta o solamente aprisionada en el derrumbe. Se desató un zafarrancho de gérmenes que provocó diversas pestes en todo el país. El resto del mundo, demasiado ocupado en otra guerra, apenas se enteró de que la naturaleza se había vuelto loca en ese lejano
130 lugar del planeta, pero así y todo llegaron cargamentos de medicinas, frazadas, alimentos y materiales de construcción, que se perdieron en los misteriosos vericuetos de la administración pública, hasta el punto de que años después, todavía se podían comprar los guisos enlatados de Norteamérica y la leche en polvo de Europa, al precio de refinados manjares en los almacenes exclusivos.

Cuestionario

Contenido

1. ¿Qué hizo cambiar las cosas en la vida de los personajes de esta novela?
2. ¿Dónde veía Clara signos premonitorios?
3. ¿De qué se burlaba Esteban?

4. ¿Qué llevaba a los jóvenes a amarse con desenfreno?

5. ¿Qué le sucedió a Esteban cuando apareció en el umbral de la puerta?

6. ¿A dónde dice Pedro Segundo que hay que llevar a Esteban Trueba? ¿Por qué lo dice?

7. ¿Por qué había soportado Pedro García el terremoto sin conmoverse?

8. ¿Qué hace el mar como consecuencia del terremoto?

Interpretación y estilo

1. Según el primer párrafo de esta selección, ¿qué clase de familia vive en la gran casa?

2. ¿Qué tipo de personalidad tiene Clara?

3. ¿Cómo reaccionan los jóvenes cuando llegan los últimos días del verano? ¿Por qué?

4. Explique usted el uso de la personificación en "Y lo tremendo fue aquel rugido del fondo de la tierra, aquel resuello de gigante que se sintió largamente..."

5. Comente usted la imagen "...la casa se partió como una cáscara de huevo..."

6. ¿Por qué dice la voz narradora que Pedro García tiene "dedos antiguos"?

7. Explique usted la enumeración "...en esa pesadilla de cascotes, de cadáveres de animales, de llantos de niños, de gemidos de perros y oraciones de mujeres."

8. Explique usted la metáfora "...la naturaleza se había vuelto loca..."

Léxico: opciones

el colegio *school*   **el liceo** *high school*
la escuela *school*   **la academia** *academy, school*
el instituto *high school, institute*

The nouns above all indicate institutions of learning. **Colegio** most often indicates a primary (elementary) or middle (junior high) school. **Escuela** is the generic term for *school*. Since it may apply to any level of education, it is often qualified to avoid ambiguity. **Instituto**, in addition to rendering English *institute*, is the standard word for public high school in Spain. In some Spanish-American countries, **liceo** is used for public high school, whereas in most others the term **escuela secundaria** is more common. In Spanish, **academia** indicates a private institution above the primary school level that specializes in particular skills, subjects, or courses.

Cuando Pedrito comience a ir al **colegio** queremos que sea una **escuela** pública.	*When Pedrito starts going to **school**, we want him to go to a public **school**.*
Cuando Juanita terminó la **escuela secundaria (el instituto, el liceo)** fue a estudiar a una universidad canadiense.	*When Juanita finished **high school**, she went to study at a Canadian university.*
Ahora, en Europa, hay muchas más **academias de lenguas** para estudiar inglés que antes.	*In Europe there are now many more **language schools** for studying English than before.*

caminar *to walk*	**callejear** *to wander (to walk)*
andar *to walk*	*the streets*
ir a pie *to walk*	**deambular** *to wander, stroll*
pasear *to stroll, walk*	

Caminar and **andar** are very close synonyms and may be used interchangeably. Nonetheless, in certain parts of the Spanish-speaking world, there is a preference for one verb over the other. **Ir a pie** replaces **caminar** and **andar** to emphasize that the mode of locomotion is on foot rather than some other. **Pasear** indicates recreational walking. **Callejear** and its less common literary synonym **deambular** indicate a wandering or aimless walking in the streets.

A Roberto le gusta **andar (caminar)** desde su casa a la oficina.	*Roberto likes to **walk** from his house to his office.*
Como hoy hace tan buen tiempo, hemos decidido **ir a pie** a la universidad.	*Since the weather is so beautiful today, we have decided **to walk** to the university.*
Los domingos nos gusta **pasear** por el parque.	*On Sundays we like to **stroll** in the park.*
Cuando Manuel perdió el empleo, comenzó a **callejear (deambular)** por las calles de Buenos Aires.	*When Manuel lost his job, he began **to wander (to walk)** the streets of Buenos Aires.*

la píldora *pill*
la pastilla *tablet; cake of soap*
la tableta *tablet; pill*
el comprimido *tablet*

la gragea *small sugarcoated pill*
or colored candy pastille
la cápsula *capsule*

Spanish **píldora** indicates a small round medicinal pill. A **pastilla** tends to be larger than a **píldora**, and may be round, triangular, or square in shape; in a non-medicinal context, **pastilla** may also indicate a cake or bar of soap. **Tableta**, like its synonym **pastilla**, in its medicinal sense, tends to be small and flat. **Comprimido** renders a round-shaped pill. **Gragea**, in addition to rendering a small colored candy pastille, may also indicate a small medicinal pill.

El médico le recetó a mi padre unas **píldoras (pastillas, tabletas)** de cortisona para la artritis.

*The doctor prescribed my father cortisone **pills (tablets)** for his arthritis.*

Cuando fuimos a Manaus tuvimos que tomar unas **tabletas** de quinina para la malaria.

*When we went to Manaus, we had to take some quinine **tablets (pills)** for malaria.*

Los nuevos **comprimidos** de vitamina C son difíciles de tragar.

*The new vitamin C **tablets** are hard to swallow.*

Yo prefiero tomar el aceite de hígado de bacalao en **cápsulas** de gelatina.

*I prefer to take cod-liver oil in gelatine **capsules**.*

Para que los niños dejasen de hacer ruido, les dimos unas **grageas** de chocolate.

*So that the children would stop making noise, we gave them some chocolate **pastilles**.*

Las **grageas** que me recetó el médico eran tan pequeñas que apenas las podía coger con los dedos.

*The **pills** the doctor prescribed for me were so small that I could hardly pick them up with my fingers.*

temblar *to shake, tremble, quake*
sacudir *to shake*
estremecer(se) *to shake, shudder*
tiritar *to shiver, shake*

Temblar, an intransitive verb, has the widest range of meanings of the above words. It may indicate *to shake* from cold, an emotion, or because of some physical force.

Sacudir is a transitive verb and indicates the moving of something back and forth. **Estremecer(se)** most often means *to shake* or *to shudder* or *quiver* from horror or some other strong emotion; it is normally reflexive when used personally. **Tiritar** means *to shake* with cold or fever, etc.

Nuestros enemigos **temblaban** de odio, de envidia y de rabia.	*Our enemies were **shaking** with hatred, envy, and rage.*
En España, algunas mujeres **sacuden** el polvo de las alfombras en los balcones.	*In Spain, some women **shake out** the dust from their rugs at their balcony windows.*
La sangre hizo **estremecer** de horror a todo el mundo.	*The (sight of) blood made everyone **shudder** with horror.*
Joaquín pasó la tarde **tiritando** porque se le había olvidado el abrigo.	*Joaquín spent the afternoon **shivering** because he had forgotten his overcoat.*

responder *to answer, respond, reply*
contestar *to answer, respond, reply*
replicar *to answer (back), talk back*
objetar *to object*
contradecir *to contradict*
rebatir *to refute*

Responder and **contestar** are close synonyms, although the second one is more commonly used. **Replicar** means *to answer* in the sense of talking back to someone. The three verbs, **objetar, contradecir,** and **rebatir,** all indicate some degree of opposition in the response to what has been said.

La pregunta sorprendió a todos y nadie pudo **responderla** (**contestarla**).	*The question surprised everyone, and nobody was able **to answer** it.*
—Cuando te doy una orden, ¡no me **repliques**!	*"When I give you an order, do not **answer (talk)** back to me!"*
Mi colega no tuvo nada que **objetar** a mi propuesta.	*My colleague had nothing **to object** to in my proposal.*
Cuando el abuelo negó la existencia de Papá Noel, el nieto le **contradijo** inmediatamente.	*When the grandfather denied the existence of Santa Claus, his grandson **contradicted** him immediately.*

El líder de la oposición **rebatió** punto por punto el plan del Presidente para estimular la economía.	*The leader of the opposition **refuted** point by point the President's plan for stimulating the economy.*

amar *to love*
querer *to want, love*
enamorarse de *to fall in love with*
estar enamorado de *to be in love with*
adorar *to adore, worship*
encantar, fascinar, entusiasmar *to love*

Querer, *to want*, is also a very common synonym of **amar**, *to love*. In fact, **querer**, which is more colloquial and familiar in register than **amar**, is the more common translation equivalent of English *to love*. Nonetheless, **amar** renders *to love* when the object of that love is idealized or abstract in nature. Moreover, when the context indicates or suggests a sexual relationship, **amar** rather than **querer** is used. Note that the preposition *with* in the expression *to fall (be) in love with* is rendered by the preposition **de** in Spanish. **Adorar** indicates the highest degree of *love* of all the verbs listed. Finally, *to love* in the popular sense of a strong liking or enthusiasm for something is often rendered with verbs such as **encantar, fascinar**, and **entusiasmar** used with an indirect object, as illustrated in the last example.

Patrick Henry **amaba** la libertad por encima de todo.	*Patrick Henry **loved** freedom above all.*
María no sabe cuánto la **quiero**.	*María doesn't know how much **I love** her.*
Después de **amarse (hacer el amor)**, los jóvenes temían que sus padres se enteraran.	*After making love, the young couple feared their parents would find out.*
Cuando Carlos conoció a Isabel, **se enamoró de** ella locamente.	*When Carlos met Isabel, **he fell** madly **in love with** her.*
Luis y Teresa **estaban enamorados** desde el primer día que se conocieron.	*Luis and Teresa **were in love** from the first day they met.*
Bernardo **adoraba** a su hija pequeña.	*Bernardo **adored** his younger daughter.*
Me **encanta (fascina, entusiasma)** la música de Mozart.	***I love** Mozart's music.*

la **cáscara** *shell, thick skin*
el **caparazón** *shell (of a crustacean)*
la **corteza** *bark, rind, crust*
la **piel** *skin*
la **mondadura** *peel(ing)*

peladura *peel*
descascarillar *to hull*
cascar *to crack, split*
pelar *to peel*
mondar *to peel, pare*

Cáscara refers to the shell of shrimp, nuts, eggs, etc. and to the rind of thick-skinned fruits such as oranges, lemons, and melons. **Caparazón** indicates the thick shell of certain crustaceans like crabs and lobsters. **Corteza** indicates the thick outer covering of things such as trees, cheese, or bread. **Piel**, the natural skin of a fruit or vegetable, normally is referred to as a **peladura** or **mondadura** once it has been removed from the fruit or vegetable. **Descascarillar** means *to shell* most kinds of nuts. **Cascar** indicates the breaking of eggshells or the cracking of nutshells. **Pelar** indicates the peeling of fruit with the hands. **Mondar**, which also indicates the peeling of a fruit, suggests the use of a sharp-edged instrument. Of these two terms, **pelar** is the standard term when referring to the peeling of many fruits and vegetables (apples, potatoes, and so forth) that are ordinarily pared or peeled with a sharp instrument. However, with certain fruits, either verb may be used.

El niño tiró la **cáscara** de la sandía al suelo.	*The little boy threw the watermelon **rind** on the floor.*
La langosta estaba tan rica que dejamos limpio el **caparazón.**	*The lobster was so tasty that we picked the **shell** clean.*
La **corteza** del pan que hacemos en casa es muy rica.	*The **crust** of our homemade bread is very tasty.*
La **piel** de la patata es muy nutritiva.	*The **skin** of the potato is very nutritious.*
Dábamos las **mondaduras (peladuras)** de las verduras a los cerdos.	*We used to give the vegetable **peelings** to the pigs.*
Los muchachos pasaron la tarde **descascarillando** avellanas.	*The boys spent the afternoon **shelling** hazelnuts.*
Para hacer tortilla española para tantos invitados, hubo que **cascar** dieciocho huevos.	*To make Spanish omelette for so many guests, we had **to crack** eighteen eggs.*
—¿Has **pelado (mondado)** la fruta para el postre? —preguntó mi hermano.	*"Have you **peeled (pared)** the fruit for dessert?," asked my brother.*

reptar *to crawl*   **gatear** *to creep, crawl*
arrastrarse *to crawl*   **serpentear** *to crawl, meander*

Reptar, which means *to crawl* like a reptile, with the body touching the ground, is a literary synonym of **arrastrarse. Arrastrarse,** literally *to drag oneself,* is the standard term for *to crawl* or *to creep*. However, **gatear** normally renders English *to crawl* when the movement is on all fours as when children move before they learn to walk. **Serpentear,** like **reptar,** is literary in nature and highlights the winding or meandering nature of the motion, as with streams, rivers, or roads.

La leona **reptaba** tratando de sorprender a la cebra.	*The lioness **crawled** on her stomach trying to catch the zebra by surprise.*
El soldado tuvo que **arrastrarse** bajo las alambradas para llegar al fortín.	*The soldier had **to crawl** under the barbed wire to reach the bunker.*
Los niños son muy graciosos cuando empiezan a **gatear.**	*Children are very cute when they begin **to crawl.***
Desde lo alto de la colina veíamos **serpentear** el río por el valle.	*From the top of the hill, we saw the river as it **meandered** through the valley.*

esperar *to wait*
aguardar *to wait*
hacer cola *to wait in line*

Esperar is the more common verb for *to wait,* but it also has other meanings, *to expect* and *to hope,* that are not shared by **aguardar. Aguardar,** a common synonym of **esperar** in its meaning of *to wait (for),* is most often used when the waiting is not very long. English *to wait in line* cannot be translated literally in Spanish; instead, it is rendered by the idiomatic expression **hacer cola.**

El pueblo español **esperó** la democracia durante cuarenta años.	*The Spanish people **waited** forty years for democracy.*
Esperamos que te mejores pronto.	*We **hope** you get better soon.*
Los aviones no **aguardan** a nadie.	*Planes don't **wait** for anybody.*
Para renovar mi pasaporte tuve que **hacer cola** durante dos horas.	*To renew my passport, I had **to wait in line** for two hours.*

─────────── ◈ **10** ◈ ───────────

el cerro *hill*	**la cuesta** *slope, hill*
la colina *hill, knoll*	**la ladera** *hillside, slope*
la loma *hill*	**el acantilado** *cliff, palisade*

Although **cerro** normally indicates an isolated, rocky, or rough-surfaced hill, in the text example Isabel Allende uses it metaphorically for *montón,* which is the standard term for *pile.* Of the terms listed above, **colina** is used most frequently to render English *hill* or *knoll.* **Loma,** a low and long hill, is a word used more in Spanish America than in Spain. **Cuesta** sometimes refers to a *hill* itself, but more often refers to the slope or grade of a hill, street, road, etc. **Ladera** refers to the side of a hill rather than to the hill itself. **Acantilado** renders the English *cliff* in a marine context, and *palisade* in a river context.

Muchos castillos en España fueron construidos sobre **cerros.**	*Many castles in Spain were built on (rocky) hills.*
En medio del llano podíamos ver una **colina** cubierta de encinas.	*In the middle of the plain we could see a hill covered with scrub oak.*
Van a comprar una casa en las **Lomas** de Chapultepec.	*They are going to buy a house in Chapultepec Hills.*
La **cuesta** era tan empinada que el ciclista tuvo que subirla andando.	*The hill (grade) was so steep that the cyclist had to walk up it.*
Mi primo Emilio ha plantado manzanos en la **ladera** del monte.	*My cousin Emilio has planted apple trees on the slope of the mountain.*
El transbordador nos llevó desde Calais hasta los **acantilados** de Dover.	*The ferry took us from Calais to the cliffs of Dover.*

─────────── ◈ **11** ◈ ───────────

soportar *to endure, stand*	**aguantar** *to endure, stand, put up with*
mantener *to support, maintain*	**resistir** *to stand, withstand, bear*
apoyar *to support*	**sobrellevar** *to endure, bear*

Soportar is a false cognate of English *to support* since it renders *to endure* or *to suffer* through something. To render English *to support* in the sense of *to maintain,* one normally uses Spanish **mantener. Apoyar** is *to support* in the sense of propping or backing (up) something or someone. Other synonyms of **soportar** are **aguantar, resistir,** and **sobrellevar. Aguantar** and **resistir** are close synonyms, usually interchangeable. However, when energetic opposition to something is stressed, **resistir** is preferred. **Sobrellevar** indicates the patient endurance of a burden, difficult situation, or circumstance.

Mario no **soportaba** a su cuñado.	*Mario couldn't **stand** his brother-in-law.*
Pablo ha prometido **mantener** a su madre mientras ésta viva.	*Pablo has promised **to support** his mother as long as she lives.*
El senado no **apoyó** la propuesta del Presidente.	*The senate didn't **support (back)** the President's proposal.*
Como no podía **aguantar (resistir)** la humedad de la costa. José se fue a vivir a Nuevo México.	*Since he couldn't **stand** the humidity on the coast, José went to live in New Mexico.*
María Teresa **sobrellevó** los últimos meses de su enfermedad con gran dignidad.	*María Teresa **endured (bore)** with great dignity the last months of her illness.*

───────────────◆ 12 ◆───────────────

viejo *old*	**vetusto** *very old*
anciano *old, elderly*	**rancio** *old, rancid*
mayor *old (older, oldest)*	**antiguo** *ancient, old, former*

Viejo is used by itself to indicate someone or something old; it sometimes conveys a disparaging attitude on the part of the person using the word. When **viejo** precedes a noun referring to a person, it may also mean *old* in the sense of *long-standing*. **Anciano** is used only for people and indicates respect on the part of the speaker. **Anciano** is a common euphemism for **viejo,** which is often avoided when referring to old or older people. **Mayor** is another euphemism for **viejo** when referring to older people. It also retains its normal use as the Spanish comparative and superlative forms rendered by English *older* and *oldest*. **Vetusto** is a literary term meaning *extremely old* or *antiquated* and suggests *decaying* or *crumbling*. **Rancio,** in addition to its common meaning of *rancid,* is sometimes used as *old* to indicate that which is related to tradition, customs, ancestry, and so forth. **Rancio** can also have a positive connotation with relation to wine, ham, and bacon. **Antiguo,** applied to things, unlike **viejo,** suggests a positive evaluation. When **antiguo** precedes a noun, however, it usually is the equivalent of English *former* or *ex-*.

Sentimos una gran pena cuando vimos a aquel **viejo** tratar de cruzar la calle corriendo.	*We felt a great sorrow when we saw that **old man** trying to run across the street.*
El **anciano,** agobiado por los años, necesitaba un bastón para andar.	*The **old man (gentleman),** weighed down by his years, needed a cane to walk.*

Don Eugenio es un señor **mayor.**
Acaba de cumplir ochenta años.

*Don Eugenio is an **elderly** man. He just turned eighty.*

Carlos es **mayor** que su hermana.

*Carlos is **older** than his sister.*

Un **vetusto** caserón coronaba la loma.

*A **crumbling old** house crowned the hill.*

Mi tía Casilda hizo una sopa excelente con un poco de jamón **rancio** y unas verduras.

*My aunt Casilda made a wonderful soup with a little bit of **well-aged** ham and vegetables.*

Mis padres se casaron en una iglesia muy **antigua.**

*My parents got married in a **very old (ancient)** church.*

Cándido es un **antiguo** profesor de literatura.

*Cándido is a **former** professor of literature.*

armar *to assemble, put together, put up*
montar *to assemble, put together*
construir *to build, construct*
edificar *to build, erect*

Both **armar** and **montar** indicate the putting together, or assembling, of the parts or pieces of something. Although they are close synonyms in most cases, **montar** alone is the term for the assembling of mechanisms such as engines, motors, clocks, etc. **Construir** indicates the building or construction of anything, whereas **edificar** is restricted to construction involving masonry.

Tuvimos que **armar (montar)** la bicicleta que habíamos comprado para el niño.

*We had **to assemble (put together)** the bicycle we had bought for our child.*

A mi padre le encanta **desmontar** y **montar** el (reloj) despertador que tenemos.

*My father loves **taking apart** and **putting together** our alarm clock.*

Construimos una pequeña cabaña de troncos cerca del lago.

*We **built** a small log cabin near the lake.*

Para **edificar** la nueva oficina de correos, usaron ladrillos rojos.

*To **build** the new post office, they used red brick.*

◆ **14**

la ira *ire, wrath, anger*
el enojo *anger*
el enfado *anger, annoyance*
la rabia *rage, madness*
enojar(se) *to annoy, anger; (to become annoyed [angry])*
enfadar(se) *to annoy, anger; (to become annoyed [angry])*
rabiar *to rage, get angry*
sacar de quicio *to exasperate, drive crazy, unhinge*

Spanish **ira** indicates a very strong anger accompanied by some loss of self-control. The word is more frequently used than its literary cognate *ire* in English. **Enojo** and **enfado** are the most common translation equivalents of English *anger*. **Enfado,** however, often indicates a lesser degree of anger than **enojo** and may also be rendered by *annoyance*. **Rabia** suggests an intense, often explosive anger. The verb equivalents of these nouns also reflect these distinctions. The very common idiom **sacar de quicio** (literally *to remove from the door jamb, unhinge),* indicates something that, in addition to angering, also upsets, exasperates, or drives crazy.

Las uvas de la **ira** es la novela más famosa de John Steinbeck.	The Grapes of **Wrath** *is John Steinbeck's most famous novel.*
Causé gran **enojo** a mi padre cuando tuve el accidente con su coche.	*I* **angered** *my father very much when I had the accident with his car.*
Cuando descubrí que habían robado en casa, sentí una **rabia** enorme.	*When I discovered that they had burglarized our house, I felt tremendous* **anger.**
Eric siempre **se enfada** cuando le decimos que arregle su cuarto.	*Eric always gets* **angry (becomes annoyed)** *when we tell him to straighten up his room.*
¡Luis, me **sacas de quicio** con tus constantes quejas!	*Luis, you* **exasperate** *me with your constant complaints!*

◆ Práctica

A Para cada una de las frases siguientes, elija Ud. la palabra o expresión que complete el sentido. En caso de que haya dos respuestas correctas, elija la más apropiada. Haga también cualquier cambio necesario en la palabra elegida para que la frase quede gramaticalmente correcta.

1. Estamos muy contentos porque Pablito ya tiene seis años y puede comenzar a ir a _____ (**la academia, el liceo, el colegio**).
2. Después de terminar mi trabajo en la oficina yo iba a estudiar contabilidad en _____ (**el colegio, la academia, el instituto**).
3. José es muy mal estudiante y nunca le ha gustado ir a _____ (**la escuela, la academia, el liceo**).
4. Como había una huelga de transportes en Madrid, tuvimos que _____ hasta el hotel donde vivíamos (**callejear, pasear, ir a pie**).
5. Antonio detesta los autos y prefiere _____ a todas partes (**deambular, callejear, caminar**).
6. Amaneció un espléndido día de sol y decidimos _____ por el Bosque de Chapultepec (**pasear, deambular, callejear**).
7. Era un hotel barato y no encontramos una _____ de jabón en el cuarto de baño (**píldora, tableta, pastilla**).
8. Los niños se pusieron a jugar con las _____ de aspirina que su padre había olvidado sobre la mesa (**grageas, pastillas, píldoras**).
9. Por un descuido, rompí varias _____ de aceite de ajo y manché todo lo que había sobre la mesa (**grageas, pastillas, cápsulas**).
10. Cuando el policía se acercó a nosotros en el aeropuerto de Ankara, nos pusimos a _____ (**temblar, sacudir, tiritar**).
11. Durante el ataque de malaria, el soldado no paraba de _____ (**estremecerse, tiritar, sacudir**).
12. Al ver aquella escena de horror, Plácido no pudo menos que _____ (**estremecerse, tiritar, sacudirse**).
13. Cuando le pregunté qué hora era, Cándido me _____ que sólo eran las seis de la tarde (**rebatir, objetar, responder**).
14. Paco está en desacuerdo conmigo y no hace sino _____ a todo lo que digo (**objetar, contestar, responder**).
15. ¡No podemos estar más de acuerdo! Mario _____ que sí a todas mis propuestas (**rebatir, replicar, responder**).
16. La relación entre Pedro y Elena era solamente sensual: esto es, se _____ mucho (**adorar, querer, amar**).
17. Enrique _____ todas las mujeres que le presentan (**amar, enamorarse de, querer**).
18. Pablo _____ platónicamente a la hermana de su mejor amigo (**querer, amar, adorar**).
19. Después de cortar la _____ del melón, descubrimos que no estaba dulce y estaba lleno de semillas (**piel, cáscara, mondadura**).

20. Me gustan mucho las nueces, pero no me gusta el tener que _____ (**pelarlas, mondarlas, cascarlas**).

21. Lo que más me molestó cuando estuve en el ejército fue el tener que pasar horas _____ patatas (**cascar, pelar, descascarillar**).

22. Para poder entrar en aquella caverna subterránea, el espeleólogo tuvo que _____ sobre el estómago durante más de dos horas (**serpentear, gatear, arrastrarse**).

23. Nuestra hija tiene once meses y ya ha comenzado a _____ (**gatear, serpentear, reptar**).

24. Cuando salió el sol, la serpiente comenzó a _____ buscando algo que comer (**reptar, gatear, arrastrarse**).

25. Francisco es un hombre muy paciente y no le importa _____ mucho tiempo a sus amigos (**esperar, aguardar, hacer cola**).

26. La subida a _____ fue casi imposible por las muchas y grandes rocas que encontramos en nuestro camino (**la colina, la loma, el cerro**).

27. San Francisco es una ciudad famosa por las _____ de algunas de sus calles (**colinas, laderas, cuestas**).

28. Benito tiene muy mal genio y es muy difícil de _____ (**soportar, resistir, mantener**).

29. La Duquesa de Alba, cuya familia ya era famosa en el siglo XVI, es una mujer de _____ abolengo (**vetusto, mayor, rancio**).

30. Magdalena es muy aficionada a la mecánica y puede _____ el motor de cualquier coche (**construir, montar, armar**).

B Traduzca al español las siguientes frases empleando el vocabulario estudiado en este capítulo.

1. Because of the civil war, Antonio never went to school as a child.
2. Whenever we go to Barcelona, we love to stroll through the old streets of the Gothic quarter.
3. He was so angry that he couldn't stop trembling.
4. José grabbed Luis by the shoulders and shook him to wake him up.
5. My son does nothing but talk back to everyone.
6. The monkey peeled the banana and threw the skin at the tourist.
7. I love her so much that I would wait for her all my life.
8. The hills of the province of Jaén are covered with olive trees.

9. One could easily see that the old man who came to visit us yesterday was a gentleman.
10. The child, after breaking it, tried to put together his father's watch.

Temas a escoger

Temas relacionados con la selección literaria

1. Prepare Ud. una confrontación, en forma de diálogo, entre Blanca y su madre al descubrir ésta los amores secretos de su hija.
2. Escriba Ud. un ensayo sobre el efecto físico y psicológico del terremoto sobre los personajes descritos por Isabel Allende.
3. En un ensayo analice Ud. el lenguaje descriptivo de la autora concentrándose en las imágenes y su frecuente uso de figuras retóricas.

Temas sugeridos por la selección literaria

1. Desarrolle Ud. un ensayo en el que defienda la idea de que ciertas personas sí pueden pronosticar sucesos futuros.
2. Intente Ud. demostrar que la naturaleza, a pesar de la ocurrencia de desastres naturales como grandes terremotos y tornados, es amiga del hombre.
3. Escriba Ud. un ensayo mostrando cómo, en momentos de desgracia, los seres humanos revelan su mayor capacidad para quererse y ayudarse.

❖ Repaso gramatical ❖

Spanish Equivalents of English to be *(Part II)*

Literal and Figurative Use of Certain Adjectives with "ser" and "estar"

In the previous chapter we noted that an adjective used with **ser** categorizes its subject as a member of a given class. With **estar,** an adjective offers a personal observation (often reflecting a change or unusual circumstance) on the subject. This is one reason why an adjective's primary or more literal meaning is conveyed with **ser** and its more figurative meaning with **estar.** In the case of a limited number of adjectives (the most common of which are listed below), the meaning of the adjective often changes according to the verb with which it is used.

ADJECTIVE	SER	ESTAR
	(essential or defining) characteristic	(state or resulting) condition
aburrido	*boring*	*bored*
atento	*courteous*	*attentive*
bueno	*good*	*good-tasting, tasty*
ciego	*blind* (sightless, physically blind)	*blind* (figuratively, momentarily)
cojo	*crippled (in legs), to limp* (perm. cond.)	*lame* (with reference to legs)
consciente	*aware*	*conscious* (not asleep or knocked out)
despierto	*sharp, alert*	*awake* (not sleeping)
distraído	*absent-minded*	*distracted*
interesado	*self-seeking*	*interested*
libre	*free* (not constrained)	*free* (unoccupied)
listo	*clever*	*ready, prepared*
loco	*crazy, insane* (mentally ill)	*crazy* (acting or seeming)
nuevo	*new* (brand new, never used before)	*new* (like new in appearance or condition)
orgulloso	*haughty, proud* (negative connotation)	*proud* (of some accomplishment or person)
pálido	*pale, clear*	*pale* (from illness or fright)
rico	*rich* (possessing abundance of something)	*rich* (figuratively), *delicious* (said of food)
seguro	*safe*	*sure, certain*
sordo	*deaf* (loss of hearing)	*deaf* (figuratively, momentarily)
vivo	*sharp, alert, energetic*	*alive* (living as opposed to dead)

Este capítulo del libro **es** muy **aburrido.**	*This chapter of the book **is** very **boring.***
María **estaba aburrida** y decidió ir al cine.	*María **was bored** and decided to go to the movies.*
Joaquín **es ciego** y necesita un perro que le ayude.	*Joaquín **is blind** and needs a guide dog to help him.*
Yo **estaba ciego** pero ella me abrió los ojos.	*I **was blind** but she opened my eyes.*
Juan no sabía si **estaba** dormido o **despierto.**	*Juan didn't know if **he was** asleep or **awake.***
Ese profesor **es** terriblemente **distraído.**	*That professor **is** terribly **absent-minded.***
El título de la película **es** *Las mariposas **son libres.***	*The title of the film **is** Butterflies **are free.***
¿Está libre esta mesa?	*Is this table **free (unoccupied)?***
He dormido toda la tarde y **estoy** (como) **nuevo.**	*I've slept all afternoon and **I'm like new (a new person).***
Nos han tocado diez mil dólares en la lotería. **¡Estamos ricos!**	*We have won ten thousand dollars in the lottery. **We're rich!***
Las calles de nuestra ciudad ya no **son seguras.**	*The streets of our city **are** no longer **safe.***

Other Uses of "ser" to Render the English *to be*

To Signal Events. We mentioned earlier that location, whether permanent or temporary, is indicated in Spanish with **estar.** Some statements, however, tell where an event or activity takes place rather than where something is located or found. When such is the case, **ser** (not **estar**) renders English *to be.* In this context, **ser** is often equivalent in meaning to such expressions as **tener lugar,** *to take place,* **celebrarse,** *to be held,* **ocurrir, darse,** and so on.

El concierto **será** en el teatro esta noche.	*The concert **will be (given, held)** in the theater tonight.*
Aquí **es** donde vivió nuestro presidente.	*Here **is** where our president lived.*

La clase **es** en el aula 25.	*The class **is** (given, held) in room 25.*
La clase **está** en el aula 25.	*The class **is** in room 25.* (indicates the present location of students who make up the class)
La conferencia **es** aquí.	*The lecture **is** (being given) here.*
¿Dónde **está** mi conferencia?	*Where **is** my lecture?* (locates a physical object, such as a photocopy of the lecture)

To Tell Time and Indicate Dates

| ¿Qué hora **era** cuando llegaste? | *What time **was** it when you arrived?* |
| La batalla de Bailén, donde Napoleón sufrió su primera derrota, **fue** en el año 1808. | *The battle of Bailén, where Napoleon suffered his first defeat, **was** in the year 1808.* |

"Tener" as an Equivalent of the English *to be*

Tener + *noun* is the standard way in Spanish to render English *to be* in a number of common expressions that refer mostly to people. In some cases, **estar** or **ser + *an adjective*** (such as **cuidadoso, miedoso, talentoso**) may also translate the same idea as **tener + *noun***. However, these are little used outside of written Spanish.

Tenga Ud. cuidado.	*Be careful.* (standard)
Sea Ud. cuidadoso.	*Be careful.* (more formal)
Mariana **no tenía miedo** a nadie ni a nada.	*Mariana **wasn't afraid** of anyone or anything.*
El joven **tiene talento** pero es perezoso.	*The young man **is talented** but is lazy.*
Al terminar de correr, **teníamos hambre.**	*When we finished running, **we were hungry.***
Yo **tenía** mucho **frío** cuando estábamos en el jardín.	*I **was** very **cold** when we were in the garden.*

To express the condition or state of a part of the human body or an article of clothing, spoken Spanish normally uses **tener + *definite article + noun + adjective,*** as in the sentences below. This usage of **tener** is usually translated with the verb *to be* in English.

El mendigo **tiene el estómago vacío.**	*The beggar's **stomach is empty.***
Él **tiene las manos frías** y está tiritando.	*His hands are cold, and he's shivering.*
Lazarillo **tenía los zapatos rotos.**	*Lazarillo's **shoes were all worn.***

The above expressions with **tener** enable the speaker to associate a particular condition more closely with its subject than do the following written, more literary equivalents with **estar.**

Sus manos **estaban** frías.	*His hands **were** cold.* (almost as if the hands were a possession or object detached from the person)
Los zapatos de Lazarillo **estaban** rotos.	*Lazarillo's shoes **were** all worn.* (sees shoes as separate from Lazarillo; he's not necessarily wearing them)

Notice, too, that **tener frío** means *to be cold* in English when it indicates how a person feels. However, if we touch someone, we may express our reaction to his or her body temperature with **estar.**

El soldado **estaba** rígido y frío, y nos dio miedo tocarlo.	*The soldier **was** stiff and cold, and it frightened us to touch him.*

"Hacer" and "haber" as Equivalents of the English *to be*

The Spanish equivalent of *to be* in weather expressions is **hacer** or **haber** in the third-person singular. Some weather phenomena may be expressed with both verbs; for others, however, only one verb may be used. **Haber** often emphasizes the visual perception of a weather phenomenon or its effects. **Hacer** is the more commonly used verb. Both **hacer** and **haber** may be used with expressions concerning sun or wind; **haber** alone is used to refer to the moon. To indicate temperature or weather in broad, general terms, **hacer** is normally used.

¿No te das cuenta de que esta noche **hay luna?**	*Don't you realize that tonight **the moon is out (shining)?***
Hoy **hace (hay)** sol.	*It is sunny (the sun is shining, out) today.*

Hacía (Había) mucho viento
en Chicago.

It was very windy in Chicago.

Hace treinta grados esta tarde.

It's (The temperature is) thirty degrees this afternoon.

Aquí siempre **hace buen tiempo** en verano.

Here the weather is always good in the summer.

"Quedar" and "quedarse" as Equivalents of the English *to be*

Another common equivalent of English *to be* is **quedar(se). Estar** and **quedar(se)** both indicate a resultant state, but **quedar(se)** goes one step further than **estar.** It shows the state or condition as the direct result or consequence of a previous action. Although **quedar(se)** in this usage is especially common with the preterit and the future, it is also used with other tenses.

Me quedé atónito cuando nos lo contó.

I was astonished (astounded) when he told us.

Si usa nuestro detergente, su ropa **quedará** más blanca.

If you use our detergent, your clothes will be whiter.

Este restaurante, antes de media hora, **quedará** vacío.

This restaurant, within half an hour, will be empty.

◈ Práctica

A Complete las siguientes frases con la forma correcta de *ser, estar, hacer, haber, tener o quedar(se)*. En algunos casos, hay más de un verbo correcto para el equivalente español de "to be". En varias frases, también es posible usar más de un tiempo verbal.

1. Después de las fiebres, Luisito _____ débil.
2. Mi abuelo _____ ya muy viejo y _____ próximo a la muerte.
3. Todos los esclavos soñaban con _____ libres algún día.
4. _____ pálido, Carlos. Vete a la enfermería.
5. Anoche, Juana _____ las piernas cansadas por haber corrido tanto.
6. Han operado a la hija tantas veces que la madre _____ medio loca.
7. Aquel profesor tiene que _____ siempre el primero en hablar.

8. Tienen tres niños y compraron el Volvo porque _____ más seguro que otros coches.

9. Como el sol tardaba en salir, _____ frío en la playa y muchos bañistas volvieron a casa.

10. Por el incendio, la casa de la abuela de Eréndida _____ reducida a cenizas.

11. _____ tanto calor que me quité la camisa y los zapatos en seguida.

12. Nosotros _____ asombrados al saber la noticia de su muerte.

13. Es un hombre de negocios que tiene fama de _____ duro y seco.

14. Aunque gravemente herido, el soldado _____ todavía consciente.

15. Beethoven _____ sordo, pero la sordera no le impidió componer música maravillosa.

B **Rellene los espacios en blanco usando la forma apropiada de los verbos *ser* o *estar*.**

Mi tío _____ (1) el hombre más aburrido que yo he conocido nunca; daba la impresión de _____ (2) aburrido consigo mismo. Yo, que por naturaleza _____ (3) una persona muy atenta, no lo _____ (4) mucho el día que anunció su boda. "Eso _____ (5) muy bien" —me dije. No podía evitarlo, por más que yo trataba de ignorar la pesadez de mi tío, yo no podía _____ (6) amable con él, no _____ (7) ciego, y me daba cuenta de las cosas tan aburridas que decía. Al contrario de mi amigo Carlos que lo _____ (8) de nacimiento. El pobre, como no veía, se había caído hace unas semanas, y ahora _____ (9) cojo. Yo, en cambio, lo _____ (10) de nacimiento, ya que había nacido con los músculos de la pantorrilla izquierda atrofiados. _____ (11) consciente de que, ni el _____ (12) ciego ni cojo es un impedimento para no hacer ejercicios físicos. Se ha dicho de mí que _____ (13) muy despierto, aunque no siempre lo _____ (14), ya que me gusta dormir mucho. Sí es verdad que _____ (15) un tanto distraído, pero no lo es cuando dicen que ésa _____ (16) mi forma de ser. _____ (17) muy interesado en todo lo que ocurre alrededor de mí. Se dice también que mi generosidad no tiene límites, y es verdad, _____ (18) muy desinteresado y me esfuerzo constantemente porque todos _____ (19) contentos a mi alrededor. No _____ (20) muy listo, pero siempre lo _____ (21) cuando se trata de aprender algo. Ciertamente no _____ (22) loco aunque, a veces, lo parezca. No _____ (23) nada orgulloso, pero sí lo _____ (24) de haberme hecho a mí mismo. Vamos, que _____ (25) un personaje muy seguro y del que se pueden fiar los demás.

C Traduzca al español las siguientes frases usando los equivalentes de "to be" estudiados en este capítulo. En algunas frases hay más de una respuesta correcta.

1. He is a good person, but he is very boring.
2. It was hot, and the window was wide open.
3. Is your wrist broken? No, but my hand is swollen.
4. There is where we had the accident.
5. It was not cold yesterday, but the air was very humid.
6. He was a little lame after the accident.
7. Are you deaf? How many times do I have to tell you?
8. Will the dance be in this wing of the building or the other?
9. He knew it was windy because he saw the branches moving.
10. Where was the last meeting of the Security Council?

D Cada una de las frases siguientes contiene un error. Teniendo en cuenta la gramática estudiada en este capítulo, identifique Ud. cuál es el error y corríjalo.

1. A pesar del mucho ejercicio físico que hace, Juan siempre está débil y es sin ganas de trabajar.
2. Los limones, las naranjas y las limas están frutos cítricos muy ricos en vitamina C y son muy buenos para la salud.
3. Carlos cree que él es muy elegante, pero sus trajes siempre son pasados de moda.
4. Estuvimos pintando todo el día y por fin la casa es pintada; nos gusta mucho el nuevo color porque es muy bonito.
5. ¿De quién está el bolígrafo que estaba en el suelo?
6. Aquella noche la luna era espléndida, y la playa estaba iluminada por su brillante luz.
7. Los asientos del carro eran muy calientes porque las ventanillas del carro estuvieron cerradas mucho tiempo y hacía mucho sol.
8. Uds. son los culpables de haber llegado tarde al teatro por no haber sido puntuales a nuestra cita.
9. Antonio sabe varios idiomas y todos dicen que está muy inteligente, pero es muy aburrido y por eso no queremos estar con él.
10. Después de mi chequeo, el médico me dijo que yo era muy bien de salud, aunque estaba un poco gordo.

ENFOQUE Using the Right Register

Perhaps the best advice we can give to those who want to write in any language is to point out the differences between spoken and written language. If we are not aware of these differences, we have problems as soon as we sit down to write. Therefore, briefly, here are the main points we should consider when thinking about writing:

Spoken language is based on sounds, on the intonation patterns and pauses we use to produce the desired effect. Spoken language tends to be spontaneous, i.e., we are being "natural" when we speak and we count on a great richness of resources (gestures, insinuations, imitations, the things which surround us, etc.). Spoken language tends to be somewhat imprecise, repetitive, and seeded with "premade" expressions (we are all familiar with "you know," "like," etc.). When speaking we are right there, that is, our communication is immediate, and what we say tends to disappear immediately. We are in front of the person with whom we are speaking, and we can see, as we speak, the effect produced by our words.

When we write, we must use printed letters and punctuation signs, we must be careful to use proper spelling, and we must keep in mind accent marks (as is the case in the class for which you are using this book). It makes a poor impression on our reader if accents, or opening question or exclamation marks are missing, or words are misspelled. We must carefully develop our sentences, and they must be logical. We must be precise. Our sentences must be grammatical. What we write lasts longer than speech, and it may take some time in writing to produce the effect we are seeking, that is, the reader may have to ponder what is being said. When we write, we do not have our interlocutor in front of us. In our writing we can employ references, always remembering to provide the source of such references. Finally, we must remember not to overwhelm the reader with adjectives, and to be as concise as possible.

CAPÍTULO

3

La familia
CARLOS FUENTES

Repaso gramatical
- *Simple Tenses of the Indicative Mode*

LA FAMILIA
CARLOS FUENTES

Carlos Fuentes (1928–   ) nació en Panamá, donde su padre estaba destinado como diplomático mexicano. Fuentes hizo sus estudios en México, Estados Unidos y Suiza, y es perfectamente trilingüe en español, inglés y francés. Es un gran humanista que con sus obras de ficción y de no ficción ha hecho una importante contribución a la literatura mundial. Además de escritor, Fuentes ha sido delegado de su país ante varios organismos internacionales, embajador de México en Francia (1974–1977), y profesor de literatura en Princeton y otras universidades. Aunque es más conocido por sus novelas que por otro tipo de escritos, Fuentes es también un excelente ensayista, dramaturgo y crítico literario. Gran parte de su obra ha sido traducida a otras lenguas. En varios países ha recibido importantes honores literarios como el Premio Cervantes en España en 1987.

Ciertos temas y preocupaciones se repiten en la obra de Fuentes. Casi toda su narrativa se centra en el tema de la identidad mexicana. Artísticamente, ha creado para la novela mexicana un lenguaje nuevo, vital, exuberante, a veces barroco y salpicado de arcaísmos que, sin embargo, nunca desentonan. De la extensa obra de Carlos Fuentes aquí podemos destacar sólo algunas de sus novelas más conocidas.

Muchas veces se ha dicho que el protagonista de La región más transparente *(1958) es la ciudad de México y que esta novela ya contiene los rasgos esenciales de la obra literaria posterior del autor. Esta narrativa abarca desde la época precolonial hasta la moderna y ofrece un análisis panorámico de las diferentes clases sociales de México.*

En La muerte de Artemio Cruz *(1962), Fuentes crea un protagonista convincente como individuo y como símbolo nacional. El ambicioso y poderoso caudillo e industrial que es el protagonista de la novela es un hombre en el que se combinan el idealismo y la total falta de escrúpulos al arrasar a los que se ponen en su camino.*

Para muchos lectores de Carlos Fuentes, su obra maestra es Terra Nostra *(1975), novela larga y compleja, cuyo título alude a la percepción que existía en la España imperial de que el Nuevo Mundo le pertenecía de derecho. Como ocurre en otras obras de Fuentes,* Terra Nostra *abarca desde el México precolombino hasta la época actual, y revela otra vez la búsqueda de la verdadera identidad mexicana y de la identidad personal de los caracteres. En ella, Fuentes reinterpreta personajes históricos como Doña Marina (la Malinche), la amante indígena de Hernán Cortés, dándole un sentido positivo como símbolo de la nueva nación mexicana.*

En sus novelas y ensayos Fuentes busca las raíces y los orígenes del verdadero México e intenta comprender cómo ha llegado a ser como es. Desde luego, crea al mismo tiempo grandes obras literarias notables por la vigorosa originalidad de su prosa y por sus valores éticos.

La selección de Carlos Fuentes que sigue está sacada de "La familia", uno de los 41 ensayos que integran En esto creo *(2002), fascinante testimonio personal que el autor considera como su "autobiografía literaria".*

Mi abuelo paterno, Rafael Fuentes Vélez, era hijo de un **comerciante**[1] emigrado de las Islas Canarias, Carlos Fuentes Benítez, quien contrajo nupcias con una bellísima criolla, Clotilde Vélez, que fue asaltada en el Camino Real. El **bandido**[2] le pidió sus **anillos**[3] y, ella, rehusando entregarlos, los perdió de un bárbaro machetazo. Mi
5   abuelo creció en el Puerto *jarocho*[a] y conoció a mi abuela en las fiestas de la Candelaria en Tlacotalpan. Él tenía cuarenta años y ella diecisiete. Las fotos muestran a un hombre de baja estatura, nariz aguileña, y ojos penetrantes bajo extraordinarias cejas arqueadas como dos acentos circunflejos, que le daban un aspecto permanente de enojo y hasta diabólico. Mi abuela Emilia, en cambio, parecía una estatua gótica,
10   delgada, severa, alta, agraciada con un perfil perfecto, recto y dispuesto a darle al rostro una simetría noble y eterna.

---

[a]*jarocho(a)*, adj. — de Veracruz, México.

Tuvieron tres hijos. Carlos Fuentes Boettiger, el mayor, destacó muy pronto como poeta, **discípulo**[4] preferido de Salvador Díaz Mirón y joven galán alto, esbelto y rubio. A los veintiún años, partió a estudiar a la ciudad de México y nunca regresó.

15   Sucumbió víctima de una de esas epidemias de tifoidea que **asolaban**[5] a un México retrasado, insalubre y caótico. Pero la familia tuvo años de alegría, primero en el puerto donde mi abuelo era el gerente del Banco Nacional de México, y más tarde en Jalapa, donde ocupó el mismo puesto y vio su salud, gradualmente, deteriorarse, víctima de una parálisis progresiva que al cabo lo dejó mudo, sentado en una **silla**[6]

20   **de ruedas** y sin más expresión —como el anciano Villefort en *El Conde de Montecristo*— que la de sus extraordinarias cejas. Por mi padre sabía que este hombre anciano al que alcancé a conocer, era un voraz lector en español, francés, italiano e inglés.

Conservo de mi abuelo Rafael unas bellísimas y antiguas ediciones de Dante, de

25   Swift, de Walter Scott, impresas en el siglo XIX con una letra tan pequeña que debió necesitar lupa para ser leída. Mi padre me contaba cómo, cada mes, mi abuelo lo llevaba de la mano al puerto en espera del paquebote de Liverpool y Le Havre, que llegaba a Veracruz con las revistas ilustradas —*The London Illustrated News, La Vie Parisienne*— y las novelas de moda: Pierre Benoit, Alphonse Daudet, Pierre Loti.

30   Sin esperanza de que su marido recuperase la salud, mi empeñosa abuela Emilia Boettiger se trasladó a la ciudad de México y estableció, en los altos de la esquina de Mérida y Álvaro Obregón, una casa de huéspedes que atendía a los veracruzanos de paso por la capital. Seguían el éxodo que llevó a muchas familias afectadas por el movimiento revolucionario, de la provincia a la capital. Mujer de extraordinaria

35   energía y voluntad, mi abuela Emilia cuidaba a su marido incapacitado, **gobernaba**[7] una deliciosa cocina jarocha de manchamanteles, moros y cristianos, plátanos fritos, ropavieja y pulpos en su tinta, mientras mi tía Emilia, dominada por la fuerte voluntad de su madre, la ayudaba y se sentía —hasta su propia muerte— encargada de cuidar a sus padres más que a sí misma. Sacrificó, como en las novelas de moda, su

40   propia felicidad a los deberes filiales.

En cambio, mi padre, Rafael Fuentes Boettiger, dejó atrás la provincia de su infancia y juventud para atender una vocación que le animaba desde que, de niño, iba con mi abuelo a recibir el paquebote. Lector precoz, desde la infancia tendía a escenificar sus lecturas, apropiándose del papel de D'Artagnan[b] en adaptaciones re-

45   presentadas en el vasto gimnasio del banco en Veracruz. A los trece años, como cadete de la preparatoria militarizada de Jalapa, partió a Veracruz en defensa del puerto invadido por los "marines" norteamericanos. No llegó muy lejos; la ocupación se consumó velozmente. Tampoco llegó lejos cuando a los diecinueve años decidió unirse a la compañía teatral de Fernando Soler y Sagra del Río, saliendo de

50   Jalapa a escondidas. Mi abuelo lo esperaba en la estación de Córdoba y lo bajó del tren de una oreja.

---

[b]Uno de los tres mosqueteros que protagonizan varias novelas del autor francés Alejandro Dumas (1802–1870).

Joven abogado y maestro en la Facultad de Derecho de la universidad vera-
cruzana, a los veinticinco años, mi padre ingresó al Servicio Exterior Mexicano
como abogado de la Comisión de Reclamaciones México-Norteamericana, creada
para atender las quejas de ciudadanos de los Estados Unidos afectados por los **actos**[8]
de guerra en la frontera norte. Conoció a mi madre en uno de esos viejos y añorosos
tranvías amarillos que entonces surcaban la ciudad de México, se casaron y salieron
al primer puesto diplomático en Panamá, donde yo nací nueve meses después, el 11
de noviembre de 1928.

Formamos una familia feliz. A los ojos de Tolstoi, pues, no una familia demasiado interesante[c]. Pero ¿quién quiere ser interesante al precio de ser infeliz? Mi hermana Berta nació en México en 1932 y **pasamos**[9] la infancia en las embajadas de
México en Washington, Santiago de Chile y Buenos Aires. Seguramente nos unió la
vida andariega y mutante de la diplomacia —"gitanos con frac", decía mi padre—
pero, sobre todo, el ambiente de mutuo respeto y constante cariño de nuestra vida
en común. Alfonso Reyes dejó testimonio de mi padre: "Era un hombre esencial, sin
espuma". Ese hombre sin espuma llegó un día a la Embajada de México en Río de
Janeiro y encontró al máximo escritor mexicano contestando oficios, descifrando
cables y archivando recortes. "Yo me ocupo de la oficina, don Alfonso", le dijo mi
padre. "Usted dedíquese a escribir." Con otro gran embajador, Francisco Castillo
Nájera, enviado del gobierno cardenista en Washington, mi padre afinó su extraordinaria disciplina de trabajo y atención al detalle, **cualidades**[10] que lo distinguieron
durante sus años al frente del Protocolo en la Secretaría de Relaciones Exteriores y
luego sus embajadas en Panamá, La Haya, Roma y Lisboa. Dejar la diplomacia,
jubilado, lo mató. Buscaba, retirado en México, su chofer, sus informes, su agenda
diplomática diaria. Sin todo ello, se fue apagando, desconcertado, con una con-
movedora mirada de ausencia y nostalgia.

Le debo mi información literaria básica. Su impulso, su tácito homenaje a la
promesa incumplida del hermano muerto, me movieron desde niño. Era un hombre de humor, de ternura y puntualidad: buen ejemplo, buena maestra. Mi madre, a
su lado, vivió con él un amor sin interrupciones. El mismo día de su muerte, mi
padre hizo dos cosas. Se probó un traje nuevo y acosó sexualmente a mi madre. Ella
representó siempre la dignidad y formalidad del hogar, la certeza de que detrás de los
viajes, las necesarias adaptaciones a escuelas, lenguas, constumbres, había un principio de seriedad, rectitud y hasta impaciencia con la gente ambiciosa, arribista o
intrigante. No **carecía**[11] de humor. Excelente jugadora de póquer, la vi "despelucar"
a los generales de la revolución que, para su desgracia, apostaban contra ella en las
cenas de las embajadas. Y hasta el día de hoy, achacosa pero entera a sus noventa
años, me confiesa: "Tengo una frustración en la vida. Hubiese querido manejar un
helicóptero".

---

[c] Fuentes se refiere aquí a la famosa primera frase de la novela *Ana Karenina* (1878) de Tolstoi, en la que el
novelista ruso dice: "Todas las familias felices se parecen, pero cada familia infeliz lo es de una forma única".

Lo que manejaba maravillosamente era nuestro Buick, cada verano, desde Washington a México, soportando el calor, las discriminaciones texanas ("No se admiten perros o mexicanos") y las curvas de Tamazunchale. Esta destreza práctica compensaba con creces la disposición más soñadora y desinteresada de mi padre. Mi
95 madre es la que organizaba el hogar, disponía los horarios, tenía lista la ropa y contraía las deudas para el automóvil, la escuela, el apartamento. Miraba más al futuro que mi padre, un hombre disciplinado y **puntual**[12] al extremo, pero también —bravo por él— soñador, tierno, sin ambiciones monetarias. Podía ser enérgico e intolerante. Lo fue conmigo, desde luego: aún me duelen las cuerizas que me
100 propinó. Lo era con toda muestra de impuntualidad, indisciplina o falta de cortesía. Lo era con los políticos mexicanos corruptos o altaneros. Recuerdo aún su enfrentamiento, nariz con nariz, con el cacique potosino Gonzalo N. Santos por una falta de respeto. Recuerdo su decisión de **renunciar**[13], durante el gobierno de Abelardo Rodríguez, a la secretaría general del Distrito Federal, horrorizado ante los
105 ofrecimientos de "**mordidas**"[14] y violaciones a la ley. Duró dos meses en el puesto. Creo que pasará la eternidad en el cielo.

Cuestionario

Contenido

1. ¿Cómo revela Carlos Fuentes el fuerte carácter de su bisabuela Clotilde?
2. ¿Qué desgracia física le ocurrió a Carlos Fuentes Boettiger, el tío del autor, y por qué?
3. ¿Qué gran afición estimuló el abuelo de Fuentes en su propio hijo, el padre del autor?
4. ¿A qué actividad dedicaba su vida profesional el padre de Carlos Fuentes?
5. ¿Cómo le trataba a Carlos Fuentes su padre?
6. ¿Cómo le afectó al padre de Carlos Fuentes su forzosa jubilación?
7. ¿Cómo revela el autor la naturaleza práctica de su madre?

Interpretación y estilo

1. ¿Cómo logra Carlos Fuentes crear un memorable retrato de su abuelo paterno?
2. ¿Con qué detalles capta Fuentes el declive físico de su abuelo paterno?
3. ¿En qué aspectos es posible afirmar que se parecen la madre de Fuentes y su abuela?
4. ¿Hay elementos de humor en la presentación que hace Fuentes de la juventud de su padre? Si los hay, coméntelos.
5. ¿Le convence a Ud. la declaración de Fuentes de que su familia era una familia feliz? Explique por qué cree que sí o que no.

6. ¿Le parece objetiva o subjetiva la historia que Fuentes cuenta de su familia? ¿Por qué opina así?
7. En su opinión, ¿a quién presenta Fuentes con más cariño y afecto? ¿a su madre o a su padre? Justifique su opinión.

Léxico: opciones

el (la) comerciante *merchant, shopkeeper*
el hombre de negocios *businessman*
la mujer de negocios *businesswoman*
el (la) negociante *businessman, businesswoman*
el (la) empresario(a) *businessman, businesswoman*
el (la) mercader *merchant*
el (la) traficante *dealer, trader*

Although **comercio** and **negocio (negocios)** render English *business*, the noun **comerciante** refers to a businessman in the limited sense of someone who sells things on a small scale, such as a **tendero**, *shopkeeper*. **Hombre de negocios** is broad in meaning and can encompass a range of moneymaking activities. To indicate *businessman*, **hombre de negocios** is distinguished from **negociante**, for the latter sometimes has negative connotations since it may suggest overeagerness to earn money or a lack of integrity. More and more, the expression **mujer de negocios**, *businesswoman*, is also being used in Spanish. **Empresario** indicates a businessman at the ownership or managerial level of a substantial or important enterprise. Today **mercader** is found mostly in written Spanish as a synonym of the previously mentioned terms; in spoken Spanish it refers almost exclusively to itinerant sellers or peddlers of inexpensive merchandise. Finally, a **traficante** is someone who buys and sells a specific product, especially when such activity is shady, illegal, or otherwise questionable in nature.

El **empresario** quería negociar un nuevo convenio con los trabajadores de su fábrica.	The **businessman** (owner) wanted to negotiate a new labor agreement with the workers at his factory.
Ese **negociante** no es más que un especulador en petróleo.	That **businessman** is little more than a petroleum speculator.
Anoche la policía arrestó a dos **narcotraficantes** (**traficantes** de drogas) en la playa.	Last night, the police arrested two **drug dealers** on the beach.
Alfonso pasaba por ser un rico **hombre de negocios**, pero en realidad era un **traficante** de armas.	Alfonso passed as a rich **businessman**, but he really was an **arms dealer**.

el bandido *bandit*	**el atraco** *robbery, holdup*
el ladrón *thief, robber*	**atracar** *to hold up, rob*
el ratero, carterista *pickpocket*	**el robo** *robbery, theft*
el crimen *crime; murder*	**el asalto** *mugging, attack*
el criminal *criminal*	**asaltar** *to mug, attack, assault*
el delito *crime*	**el hurto** *theft, thievery*
el delincuente *criminal, delinquent*	**hurtar** *to steal, swipe, filch*

Bandido, like English *bandit*, suggests someone who is part of a band and who assaults victims along highways or in remote places. **Ladrón**, like English *thief*, is the most common term for someone who steals property, usually through stealth or cunning, rather than by force. A synonym of **ratero** is **carterista**, a person who steals **carteras**, *wallets*, through stealth and agility. **Crimen** in Spanish usually refers to grave crimes such as murder or rape, although it may also indicate *crime* in a general sense. English *crime* in most other instances is expressed by **delito** in Spanish, a word which embraces misdemeanors and some felonies. **Atraco (Atracar)** always implies an armed robbery or holdup. **Robo (Robar)** denotes taking another person's property, directly or indirectly. Its meanings include *burglary* and *burglarize*. **Asalto (Asaltar)** translates English *mugging (to mug)*, but in Spanish the words always imply the use of some kind of weapon. **Hurto (Hurtar)** is a synonym of **robo (robar)**, but is preferred when stealth is suggested and the objects taken are of relatively little value.

Un **ratero (carterista)** le quitó la billetera al turista en el autobús.	*A **pickpocket** stole (lifted) the tourist's billfold on the bus.*
Luis Candelas fue un famoso **bandido** madrileño en el siglo XIX.	*Luis Candelas was a famous **bandit** from Madrid during the XIX century.*
Ted Bundy cometió numerosos y horribles **crímenes**.	*Ted Bundy committed many horrible **murders**.*
En Los Ángeles hay más **atracos** a los bancos que en cualquier otra ciudad de los EE.UU.	*There are more bank **robberies** (holdups) in Los Angeles than in any other city in the U.S.*
Si se pasea por ciertas partes de Central Park por la noche, se corre el riesgo de ser **asaltado**.	*If one walks through certain parts of Central Park at night, one runs the risk of being **mugged (attacked)**.*
Todos los veranos los chicos **hurtaban (robaban)** manzanas del árbol del vecino.	*Every summer the kids would **steal** apples from the neighbor's tree.*

el anillo *ring*
la anilla *ring*
la sortija *ring*

el aro *hoop, ring*
la argolla *ring*

To render English *ring*, a circular band of varying size and material, Spanish has several words. **Anillo** indicates a ring normally worn on a finger and simple in design. **Anilla** is a ring of larger size that usually has a practical function. **Sortija** is a synonym of **anillo**, but indicates a ring that is more elaborate in design or decorated with precious or paste stones. **Aro** is a larger metal ring or hoop such as those used for making wooden barrels or, if made of plastic, used in children's games, etc. **Argolla** is a heavy metal ring to which things or animals are tied down with rope.

El **anillo** de boda de Marta es de platino.	*Marta's wedding **ring (band)** is made of platinum.*
El piso de la iglesia tenía una losa con una **anilla** de hierro.	*The church floor had a stone slab with an iron **ring** in it.*
Algunos cantantes de "rap" llevan muchas **sortijas** en los dedos.	*Some rap singers wear many **rings** on their fingers.*
Era entretenido ver jugar con un **aro** a los niños en el parque.	*It was amusing to watch the children in the park playing with a **hoop**.*
En la pared a la entrada de la casa antigua había una **argolla** de hierro para atar el caballo.	*In the wall, at the entrance of the old house, there was an iron **ring** to tie up the horse.*

el (la) discípulo(a) *disciple, pupil, student*
el (la) condiscípulo(a) *fellow student*
el (la) estudiante *student*
el (la) alumno(a) *pupil (at a school), student (at a university, etc.)*
el (la) escolar *schoolboy (girl)*
el (la) colegial(a) *schoolboy (girl)*

Discípulo, like English *disciple*, may indicate one who follows and promulgates what has been learned from a teacher. It may also render English *student* or *pupil*, in which case it suggests an affective relationship with a teacher. **Condiscípulo** stresses a shared learning experience and is similar in meaning to **compañero de clase**. **Estudiante** may refer to anyone who studies, whether independently or in any institution of learning. In colloquial speech in Spain, **la estudianta** is often heard instead of the standard form of **la estudiante**. **Alumno** stresses the belonging of a pupil or student to some institution or else a non-affective affiliation with a teacher or professor. It implies no particular age level. **El (La) escolar** is a false cognate of English *scholar*, which is normally **erudito** in Spanish. Instead, **escolar** indicates someone who attends a primary school. Likewise, **colegial** indicates someone who goes to a **colegio**, a school for elementary or middle-school students.

Ruth y Juan eran nuestros **condiscípulos** en Princeton, donde todos fuimos **discípulos** de Américo Castro.	*Ruth and Juan were our **fellow students** at Princeton, where we were all **disciples** of Américo Castro.*
Muchos **alumnos (estudiantes)** de esta universidad vienen de otros países.	*Many **students** at this university come from other countries.*
Los **colegiales** jugaban al fútbol durante el recreo.	*The **schoolboys** played soccer during recess.*

asolar *to devastate, destroy, level*
arrasar *to demolish, destroy, raze*
aniquilar *to annihilate, destroy*
destruir *to destroy*
destrozar *to destroy*

Asolar and **arrasar** are synonyms, for both indicate to completely destroy something and to leave it leveled. **Arrasar** emphasizes the deliberate flattening or razing aspect of the destruction. **Aniquilar** indicates a destruction so powerful that even the remains normally resulting from the destruction have disappeared. **Destruir** and **destrozar**, however, are the two most common verbs to indicate *to destroy* in English. **Destruir**, the higher frequency verb, can be used in almost any context, but **destrozar** may replace it to emphasize that something is broken or smashed into many pieces or left totally useless.

El terremoto **asoló (arrasó)** partes de San Francisco en 1906.	*The earthquake totally **destroyed (flattened)** parts of San Francisco in 1906.*
Nuestras tropas **aniquilaron** al ejército invasor cerca de la capital.	*Our troops **destroyed (annihilated)** the invading army near the capital.*
Tenemos que **destruir** la evidencia de nuestro delito.	*We have to **destroy** the evidence of our crime.*
Los años le han **destrozado** la salud.	*The years have **destroyed** his health.*

6

la silla de ruedas *wheelchair*
la silla *chair; saddle*
el sillín *seat (of a bicycle)*
la butaca *armchair; easy chair; seat (in theatre, etc.)*
el sillón *easy chair; armchair*
el asiento *seat*

Silla indicates the basic piece of furniture meant for sitting. It is the root word for other chairs created for a specific purpose, such as **silla eléctrica**, *electric chair*, or **(silla) mecedora**, *rocking chair*. A **butaca** is a chair with arms, but normally one which also has a padded or upholstered seat. **Sillón**, a less frequently used synonym of **butaca**, may stress the large size or soft, commodious nature of the armchair. **Asiento**, *seat*, is sometimes used as a synonym of **silla**, but most often it refers to the specific part of a chair, bench, or other place where one's body rests when sitting.

Hemos comprado una mesa y cuatro **sillas** para la cocina.	*We bought a table and four **chairs** for the kitchen.*
Siéntate en este **sillón**. Es más cómodo que ése.	*Sit down in this **easy chair**. It's more comfortable than that one.*
Para el concierto de esta noche, tenemos **asientos** en la fila ocho.	*For tonight's concert we have **seats** in the eighth row.*

7

gobernar *to run, manage; to govern*
regir *to rule, govern, manage, control*
dirigir *to direct, manage, run*
administrar *to administrate, manage, run*

The above verbs all indicate the authority or responsibility for operating or running something. Nonetheless, these verbs are mostly used in different contexts. **Gobernar**, which in the C. Fuentes text indicates *to run* or *to manage* activities within a household, also means *to govern* in the standard political sense. **Regir** also means *to govern politically*, but is used mostly in more abstract contexts: scientific, philosophical, political, moral, etc. **Dirigir** has as its object mainly things that are more concrete or specific: a school, a construction job, a business enterprise. **Administrar** also indicates running a business or government agency as part of the responsibilities of a given position or office.

Tras la revolución, la junta militar **gobernó** el país durante muchos años.	*After the revolution, the military junta **ruled (ran)** the country for many years.*

La gravitación universal **rige** los movimientos de los astros.	*Universal gravity **governs (controls)** the movement of heavenly bodies.*
Nuestras leyes **rigen** el bienestar de la patria.	*Our laws **govern (determine)** the well-being of our country.*
Carlos va a **dirigir** la nueva escuela.	*Carlos is going **to run (direct)** the new school.*
¿Quién va a **dirigir** la nueva empresa (la oficina, la construcción del hotel)?	*Who is going **to run (manage, oversee)** the new business (the office, the building of the hotel)?*
Isabel **administra** muy bien las pensiones que reciben los jubilados.	*Isabel **manages (administers)** very well the pensions received by the retired people.*

el acto *act, action*
la acción *act, deed, action*
el acta (*fem.*); **las actas** (*pl.*) *(official) record; proceedings, minutes*

Acto means *action* in the sense of an activity that is carried out. It is roughly synonymous with **el hecho**, *deed* or *act*. **Acto** also indicates the major divisions of most theatrical plays as well as public or solemn ceremonial events. **Acción** is a synonym of **acto**, but is preferred when ethical judgment or qualification are also suggested. **Acto** should not be confused with **acta**, which always indicates some kind of written record, of an official or certifying nature, regarding what has transpired, been discussed, or agreed to, etc. As the examples that follow show, **acta** is common in both singular and plural forms and its English translation equivalents vary considerably.

Las palabras de Luis son buenas pero sus **actos**, no.	*Luis's words are nice but his **deeds (actions)** aren't.*
La inauguración de un presidente es siempre un **acto** público importante.	*The inauguration of a president is always an important public **act (event)**.*
Enseñar al que no sabe es una noble **acción**.	*To teach someone who is ignorant is a noble **act (deed)**.*
Los jueces firmaron el **acta** de las elecciones.	*The judges signed the official **record** of the election.*
La secretaria ha repartido las **actas** de la última reunión.	*The secretary has distributed the **minutes** of the last meeting.*

En Boston acaban de publicar las **actas** del Congreso de Oncología que tuvo lugar el año pasado.

*In Boston they have just published the **proceedings** of the Oncology Conference that took place last year.*

9

pasar *to spend; to pass, go by*
transcurrir *to pass, go by*
mediar *to elapse; to pass; to intervene*
correr *to run; to go by (quickly)*

The above verbs are all used intransitively (i.e., without a direct object) to indicate the passing of time. Only **pasar**, however, as indicated by the text example, "**pasamos** la infancia . . ." may also be used with a direct object indicative of time, in which case it is rendered by English *to spend*. In other instances referring to time, **pasar** and **transcurrir** are close synonyms, although the latter is often accompanied by an indication of the manner in which something happened. **Mediar** is normally used to indicate the lapse of time between two events, as is suggested by its other meanings *to intervene* and *to mediate*. **Correr**, when used as a synonym of **pasar**, suggests a quicker passage of time and its use is somewhat literary.

Han pasado dos años desde que Eric se graduó.

*Two years **have passed** since Eric graduated.*

Cuando estuvimos en Puerto Rico el tiempo **transcurría** muy plácidamente.

*When we were in Puerto Rico, time **passed** very peacefully.*

Entre las dos guerras mundiales **mediaron** dos décadas.

*Between the two world wars two decades **elapsed (passed)**.*

Doris **medió** entre Juana y Carmen y ahora son amigas otra vez.

*Doris **mediated** between Juana and Carmen and now they are friends again.*

A partir de los treinta y cinco años, el tiempo **corre**.

*Beginning at 35 years of age, time **flies** by.*

10

la cualidad *quality, trait*
la característica *characteristic, quality*
el atributo *attribute, characteristic, trait*
el rasgo *feature, trait*
la calidad *quality*
la cantidad *quantity*

English *quality*, when it means *trait* or *characteristic*, is **cualidad** in Spanish. Its close synonym is **característica**. **Atributo** is also a synonym of **característica**, but whereas this latter term is used to denote both positive and negative traits, **atributo** refers only to positive ones. **Atributo**, in addition to indicating characteristics inherent in someone or something, is used for ascribed traits as well. **Rasgo**, another synonym, is used mainly for physical traits or facial features. **Calidad** also renders English *quality* but carries an implicit judgment about the comparative superiority or inferiority of whatever is being considered. Note, too, the spelling of the single Spanish word that exists for English *quantity*, **cantidad**.

La **cualidad (característica)** que me desagrada en él es su terquedad.	*The **quality (trait)** that I dislike in him is his stubbornness.*
Uno de los muchos **atributos** de Ricardo es su generosidad.	*One of Ricardo's many **qualities (attributes)** is his generosity.*
Juana tiene los mismos **rasgos** que su madre.	*Juana has her mother's **features**.*
El profesor explicó los **rasgos** (las **características**) arquitectónicos(as) del templo griego.	*The professor explained the architectural **features** of the Greek temple.*
La carne que comimos la semana pasada fue de mejor **calidad** que ésta.	*The meat we ate last week was of better **quality** than this (meat).*
Compra una **cantidad** de arroz suficiente como para hacer tres paellas grandes.	*Buy a **quantity** of rice sufficient to make three large paellas.*

11

---

carecer de *to lack*
faltar *to lack, not to have*
necesitar *to need*
no tener *not to have, lack*
escasear *to be scarce, be in meager supply*

The above verbs all indicate the non-existence or deficiency of something. **Carecer de** and **faltar** are almost identical in meaning. **Faltar** (used in the third person and preceded by an indirect object) is of higher frequency use while **carecer** is both more literary and more common in written Spanish. Since *to lack* frequently implies *to need*, **necesitar** is often a synonym of **faltar**. The verb **escasear** indicates that something exists but in an insufficient amount or quantity.

Los habitantes de la isla son tan pobres que **carecen de (les falta)** lo más elemental.	*The inhabitants of the island are so poor that **they lack** the bare essentials.*
Esta ciudad **carece de (no tiene)** [a esta ciudad **le falta**] un buen sistema de transporte público.	*This city **lacks (doesn't have)** a good public transportation system.*
Me falta (No tengo, Necesito) dinero para comprar mis libros de texto.	*I lack (I don't have, I need) money to buy my textbooks.*
Después de la guerra, **escaseaba** la comida en todo el país.	*After the war, food was **in short supply (scarce)** throughout the country.*

12

---

puntual *punctual; precise; detailed, reliable*
puntualizar *to specify; to detail*
informal *unreliable, untrustworthy; imprecise*

The adjective **puntual** shares its English cognate's meaning of arriving or doing things at exactly the appointed time. It has, however, other meanings lacking in English *punctual*, for it can denote being reliably precise or exact in nature or very complete in detail. The verb **puntualizar** shares these meanings. An antonym of **puntual** in the sense of being *unreliable* or *casual* in one's behavior is **informal**, which of course also means *informal* in the English sense of *natural, unassuming, unceremonious*, etc.

Nuestro profesor de español es muy **puntual**; siempre llega a la clase a las 9:00 en punto.	*Our Spanish professor is very **punctual (reliable)**; he always gets to class at exactly 9:00 o'clock.*
Han entregado un informe **puntual** sobre los efectos de la nueva ley.	*They have turned in a **precise (detailed)** report on the effects of the new law.*
Tienes que **puntualizar** más sobre las causas del accidente.	*You have to be more **exact** (give more detailed information) about the causes of the accident.*
Enrique es una buena persona, pero es muy **informal** y no debes depender de él.	*Enrique is a good person, but he is very **unreliable** and you shouldn't depend on him.*

──────────────────◆13◆──────────────────

renunciar (a) *to resign, quit*
la renuncia *resignation*
dimitir (de) *to resign*
la dimisión *resignation*
dejar (abandonar) *to quit, leave*
resignarse a *to resign oneself to*

Renunciar has a broader meaning than **dimitir**, for it means *to give up* voluntarily a job, position, or anything else one has a legal right to possess. It is followed by the preposition **a** when the thing given up is specified. **Dimitir** always indicates *resigning* or *quitting a position or job*, especially when some formal or official notification is involved. In most other cases, *to quit* or *to leave a job* is rendered by **dejar** or **abandonar**. Be careful not to confuse **resignarse** with these other verbs. It means *to resign* only in the sense of passively accepting something that is inevitable or that one is unable to change.

El rey **renunció** al trono para casarse con una divorciada norteamericana.	*The king **gave up (renounced)** the throne to marry an American divorcée.*
Juan **renunció a** parte de la fortuna dejada por su abuelo.	*Juan **renounced** part of the fortune left by his grandfather.*
Ha dimitido el Ministro de Hacienda.	*The Secretary of the Treasury has **resigned**.*
Dimitió de su cargo porque quería ganar más dinero.	*He **resigned from** his position because he wanted to earn more money.*
Voy a **dejar (abandonar)** este trabajo para volver a la universidad en septiembre.	*I'm going **to quit (leave)** this job to go back to the university in September.*
Después de su derrota, el político al fin **se resignó** a su suerte.	*After his defeat, the politician finally **resigned himself** to his fate.*

──────────────────◆14◆──────────────────

la mordida *bribe*
el soborno *bribe(ry)*
el cohecho *bribe(ry)*
tapar la boca *to bribe*
sobornar *to bribe*
cohechar *to bribe*

In colloquial speech, la **mordida**, from **morder**, *to bite*, refers to the money offered as a bribe, especially when smaller amounts are involved. This term is less frequent in Spain, but is quite common in parts of Spanish America. **Soborno** is the generally used word to denote a *bribe*, while **cohecho** is the preferred term when referring to a bribe offered to a public official such as a judge, etc. **Tapar la boca** implies to buy someone's silence by covering his or her mouth with money.

Acusaron al juez de haber aceptado **cohechos (sobornos)**.	*They accused the judge of having accepted **bribes**.*
El policía aceptó la **mordida** y no les puso una multa.	*The policeman accepted the **bribe** and didn't give them a ticket (a fine).*
El director de la corporación **tapó la boca** de los testigos pagándoles mucho dinero.	*The corporation's director **bought off (bribed)** the witnesses with lots of money.*

◈ Práctica

A **Para cada una de las frases siguientes, elija Ud. la palabra o expresión que complete el sentido. En caso de que haya dos respuestas correctas, elija la más apropiada. Haga también cualquier cambio necesario en la palabra elegida para que la frase quede gramaticalmente correcta.**

1. Leona Helmsley era una _____ que acabó en la cárcel por sus abusos en el hotel que dirigía en Nueva York (**traficante, mercader, empresario**).

2. Lee Iacoca fue el _____ que salvó a Chrysler de la bancarrota cuando consiguió un préstamo del gobierno federal (**comerciante, hombre de negocios, mercader**).

3. El banco fue _____ por unos bandidos enmascarados (**hurtar, atracar, asaltar**).

4. Murieron dos clientes durante el _____ en la joyería Roch de Barcelona (**hurto, delito, robo**).

5. Algunos malos estudiantes _____ libros de la biblioteca de la universidad (**atracar, hurtar, robar**).

6. A Carmen le había regalado su novio un(a) _____ de plata (**anillo, aro, argolla**).

7. Querían comprar aquel(la) _____ de oro con muchos diamantes, pero era demasiado caro(a) (**anillo, anilla, sortija**).

8. Aunque Pedro nunca ha ido a ninguna escuela, se le considera un buen _____ de idiomas (**discípulo, alumno, estudiante**).

9. Después de haber sido _____ en muchas clases de la universidad, Pablo y yo hemos mantenido una buena amistad durante años (**escolar, colegial, condiscípulo**).

10. Los _____ de los grandes profetas religiosos extendieron sus enseñanzas por el mundo entero (**alumnos, estudiantes, discípulos**).

11. Debido a que era muy juguetón, su madre siempre le decía que se portaba como un _____ (**estudiante, colegial, discípulo**).

12. Atila, rey de los hunos, _____ los pueblos que conquistaba (**destrozar, aniquilar, asolar**).

13. La economía del país quedó arruinada cuando esa industria fue _____ por la competencia china (**asolar, arrasar, destruir**).

14. El criminal trató de _____ toda evidencia de su crimen (**asolar, aniquilar, destruir**).

15. Nuestro nuevo coche tiene _____ de cuero rojo (**sillines, asientos, sillones**).

16. Mi abuelo tenía una _____ favorita muy cómoda donde dormía largas siestas después de comer (**mecedora, butaca, silla de ruedas**).

17. En el comedor de nuestra casa nos sentábamos en _____ alrededor de la mesa para comer (**sillón, butaca, silla**).

18. Hay unas normas morales que deben _____ cualquier país democrático (**administrar, regir, gobernar**).

19. El dictador Francisco Franco, durante casi cuarenta años, _____ España con mucha dureza (**regir, gobernar, administrar**).

20. El (La) _____ del juramento del Presidente fue firmado(a) por un juez del Tribunal Supremo (**acto, acta, acción**).

21. En un(a) _____ claramente antigubernamental, los manifestantes quemaron coches y rompieron escaparates (**acto, acta, acción**).

22. Juan dice que a María no la envejece el _____ de los años (**mediar, transcurrir, pasar**).

23. Desde que me enamoré, me parece que el tiempo no _____ sino que vuela (**mediar, transcurrir, correr**).

24. No se puede negar que el rey Carlos III era un Borbón porque tenía como _____ la mandíbula de esa familia (**cualidad, atributo, característica**).

25. Una (Uno) de las (los) _____ del cuadro *Guernica*, de Picasso, es que está pintado sólo con los colores gris, negro y blanco (**característica, atributo, calidad**).

26. El compositor Antonio Salieri tenía como _____ su envidia por Mozart (**atributo, característica, rasgo**).

27. Después de la Guerra Civil, _____ tanto la gasolina que apenas había coches por las calles de Madrid (**carecer, faltar, escasear**).

28. Ricardo solía olvidarse de las citas con los amigos, por lo que tenía fama de ser muy _____ (**informal, puntual, delincuente**).

29. No se sabe si el Ministro de Agricultura seguirá en el cargo o si _____ (**resignarse, cesar, dimitir**).

30. Por más que el abogado ofreció un(a) _____ al juez, no consiguió que éste fallara el caso a su favor (**mordida, soborno, cohecho**).

B **Traduzca al español las siguientes frases empleando el vocabulario estudiado en este capítulo.**

1. Our family had a modest business, and my father had always been a merchant.
2. The bandits held up the bank and also demanded the customers' money.
3. María ran the visa section of the consulate with great efficiency.
4. It's a crime to try to bribe a judge.
5. During the war, the bombing [use **bombardeo**] flattened the center of the city.
6. Unfortunately, our city lacks a quality library.
7. My wife bought a ring with an enormous diamond, but later she was the victim of a pickpocket.
8. My grandfather prefers his old leather armchair.
9. It is not easy to manage a large company with hundreds of workers.
10. The three judges signed the minutes of the electoral college.

Temas a escoger

Temas relacionados con la selección literaria

1. Escriba sobre la relación entre los padres de Carlos Fuentes, interpretándola según los criterios de su época y de su cultura y, si Ud. quiere, según criterios más modernos también.
2. Describa la cultura literaria a través de tres generaciones de la familia Fuentes.
3. Escriba sobre la alegría y la tristeza en la historia de la familia Fuentes.

Temas sugeridos por la selección literaria

1. Haga una descripción de un(a) familiar querido(a) que haya tenido una influencia importante en su vida.
2. Escriba un breve diálogo entre una abuela tradicional y su nieta, enfocado sobre el papel de la mujer en el mundo moderno.
3. Escriba sobre un periodo de su vida en el cual Ud. haya sido muy feliz o infeliz.

❖ Repaso gramatical ❖

Simple Tenses of the Indicative Mode

Basic Statement

In contrast to compound tenses, simple tenses are formed by a single word composed of a stem (which indicates meaning) + an ending (which indicates person, number, tense, and mode). The indicative is one of two common modes or moods in Spanish. It is (in contrast to the subjunctive) the mode used to indicate that an action is viewed by the speaker as an objective fact. In this chapter we review the five *simple* (or one-word) tenses of the *indicative* mode in Spanish: Present, Imperfect, Preterit, Future, Conditional.

Present

The simple present in Spanish is approximately equivalent in meaning to the simple present in English. It is most often used to indicate events that occur in a habitual or timeless present, but which are not actually in progress right now.

María **habla** inglés. *María **speaks** English.*

Nonetheless, the simple present in Spanish is sometimes also equivalent in meaning to the two other forms of the English present.

1) María **habla** inglés ahora. *María **is speaking (speaks)** English now.*

2) María **habla** inglés muy bien. *María **does speak (speaks)** English very well.*

Far more often, however, the two preceding forms of the English present are not expressed by the Spanish simple present. Instead, the progressive or continuous form of the present in Spanish (**estar + *gerund***) is used to indicate that an action is *in progress* at the moment the utterance is being made. Sometimes, verbs of motion (**ir, venir, andar**) replace **estar** in this progressive construction.

María **está hablando** inglés ahora. *María **is speaking** English now.*

No puedo salir porque **está lloviendo** a cántaros. *I can't go out because **it's raining** cats and dogs.*

La senadora **va saludando** a toda la gente que está en la calle. *The senator **is (goes about) greeting** everyone who is in the street.*

To indicate the emphasis conveyed by the words *do* or *does* used with the English simple present, or conveyed in English by raising the voice, Spanish places the particle **sí** before the simple present.

La materia no desaparece pero **sí** **cambia** de forma.	*Matter doesn't disappear, but it **does** change its form.*
Aquellas chicas **sí** que **son** simpáticas.	*Those girls **are** indeed nice.*

Although there may not be in every case a significant difference in meaning between the simple present and its progressive equivalent in Spanish, it is still best not to identify certain progressive forms in English with progressive forms in Spanish, especially when the action is not in progress at the present time.

Los hermanos **trabajan** en una fábrica de zapatos.	*The brothers **are working (work)** in a shoe factory.*
Creo que el autor **escribe** una nueva novela.	*I believe the author **is writing** a new novel.*
Viven ahora en Lisboa.	*They **are living (live)** in Lisbon now.*

Imperfect and Preterit

English has one simple past form, whereas Spanish has two: the imperfect and the preterit. Even though common terminology refers to the imperfect and preterit (also spelled preterite) as tenses, the difference between them is really one of aspect rather than of tense. Past events can be looked at as having a beginning, a middle, and an end, which may be considered in linguistic terms as their initiative, imperfective, and terminative aspects, respectively. Aspect, then, is that verbal characteristic that shows an action as imperfective (i.e., going on or still incomplete) in the past or as perfective (i.e., complete or finished) in the past. In Spanish, the imperfect forms of a verb indicate the imperfective aspect, and the preterit forms indicate the perfective aspect.

In English, the simple past is marked only for time; it does not show aspect. For instance, the English utterance in the simple past *he studied* is ambiguous with regard to the feature of aspect. It could be the equivalent of either **estudió** or **estudiaba**. Correct translation into Spanish of *he studied* would require, therefore, a decision about which aspect was implied by the English verb. This would in turn require an examination of the context in which the verb was used. For instance, contrast the two sentences below to see why the first would require **estudió** and the second **estudiaba** in Spanish.

He studied the lesson yesterday.

He studied the lesson whenever he had the chance.

Clearly, in the first example the action is seen as completed within a given past time, while in the second it is shown as repetitive or ongoing in the past. In short, because the English simple past is invariable in form, it cannot signal aspect. In Spanish, however, the speaker makes a choice as to aspect every time he or she chooses the imperfect or preterit.

It is true, however, that the imperfective aspect is expressed in certain English forms such as the progressive *he was studying* and *he used to study*, which would be translated by the Spanish imperfect.

The Spanish imperfect is used, then, to describe a state or an action not completed in the past within a given fixed or determinate period of time. The imperfect is used for events that are viewed as incomplete at the time of the utterance. The preterit, in contrast, is used when an action in the past has been initiated or, more commonly, completed or accomplished within a given fixed or determinate period of time.

The imperfect shows the continuity of an action going on during a certain period of time in the past. It does not indicate that the action began or ended during that time, either because its beginning or ending, or both, are outside the temporal framework of the utterance or because the speaker has no desire to indicate or emphasize the aspect of completion. The imperfect is therefore the past aspect that enables us to relive an event by transferring us to the past to witness it as if it were taking place before our eyes. It is as if the past were impinging on the present. The preterit, in contrast, views a past situation (or even a series of past events) as a completed, unified whole that is part of a historical past. It shows an action or state as it began or ended, or both, within a given time frame. Obviously, in many cases it is not the nature of a past situation itself that determines whether the verb will be in the imperfect or preterit, but the way the speaker chooses to view it.

It may be helpful to draw an analogy to a film one has seen and is retelling to someone else. To narrate events that advanced the plot, activities that were completed within the film itself, one would use the preterit. Scenery, music, unresolved actions, background states, and so on, would all be described in the imperfect. It may be helpful to examine the following English sentence with its simple, one-word past tense verb which bears, of course, no indication of aspect. We can, however, imagine for it two contexts that would imply an imperfective and a perfective aspect, respectively.

La película **era** muy buena. ⎫
                                     *The picture (film) **was** very good.*
La película **fue** muy buena. ⎭

The Spanish example with **era** implies a state of indefinite duration in the past and indicates that the film was of an inherently high quality. With **fue**, however, we indicate that a personal judgment on or reaction to the film was made at a specific time in the past.

La lección **era** difícil de explicar.

*The lesson **was** difficult to explain.*

La lección **fue** difícil de explicar.

In the examples immediately above, **era** suggests that the lesson, because of its nature, was always hard to explain. With **fue**, the perfective aspect, there is reference to a specific moment in the past when someone experienced difficulty in actually attempting to explain the lesson.

Se levantaba todos los días a las seis.

***She got up** every morning at six o'clock.*

Se levantó todos los días a las seis.

A context of repeated action in an unspecified past period would make **se levantaba** the Spanish equivalent of *got up* as expressed above. Indeed, we can even rephrase the English as *she used to get up*, a clear indication of the imperfective aspect. But it is also possible to view these repeated occurrences as constituting one single, unified, completed action or experience in the past, perhaps when the subject was on vacation, traveling, or at summer camp. In this case, the preterit **se levantó** would be appropriate.

Two sentences that are identical in Spanish, except for the use of the imperfect and preterit, are often rendered differently in English in order to do justice to their difference in aspect.

Un guardaespaldas **acompañaba** al millonario.

*A bodyguard **(always) accompanied** **(went around with)** the millionaire.*

Un guardaespaldas **acompañó** al millonario.

*A bodyguard **accompanied** the millionaire (on this one occasion).*

We have seen, then, that the imperfect indicates continuity and process, whereas the preterit shows the beginning, end, or completion of an action or state. A small number of Spanish verbs acquire different meanings (which are also reflected in their English equivalents) according to the aspect used. The same Spanish verb must sometimes be rendered by different English verbs when used in the imperfect and preterit. In reviewing the following forms, remember that the Spanish imperfect shows a state or process already in force, whereas the preterit indicates something that happened and achieved completion during the past.

INFINITIVE	IMPERFECT	PRETERIT
conocer (yo)	*I knew, was acquainted with*	*I met* (for the first time), *made the acquaintance of*
haber (third person singular only)	*there was, there were (there existed)*	*there was, there were* (there befell, there took place)
poder (yo)	*I could, was able to (I was in a position to)*	*I was able to* (I managed to)
no poder (yo)	*I was not able to, could not (was not in a position to)*	*I could not, wasn't able to* (although I tried)
querer (yo)	*I wanted to, desired to*	*I tried to, I started to*
no querer (yo)	*I didn't want to*	*I refused to* (wouldn't)
saber (yo)	*I knew* (was aware that, had knowledge that)	*I found out* (learned, heard, realized)
tener (yo)	*I had* (possessed)	*I had* (received, got)
tener que (yo)	*I had to* (but did not necessarily do it)	*I had to* (and did do it)

Cuando **conoció** al jefe, ella ya **sabía** la verdad.

*When **she met** the boss, she already **knew** the truth.*

Cuando yo era niño, **había** dos robles delante de la casa.

*When I was a boy, **there were** two oak trees in front of the house.*

¡Qué espantosa tormenta **hubo** aquella noche!

*What a terrible storm **there was** that night!*

Aquí tienes un libro sobre la guerra; es el mejor que **pude** encontrar.

*Here's a book about the war; it's the best one **I could find (I found)**.*

Por la niebla, no **podía** ver la casa.

*Because of the fog, **I was unable** to see the house.*

Quise abrir la puerta pero estaba cerrada con llave.

***I tried (attempted)** to open the door but it was locked.*

Juan **tenía** el coche de su hermano cuando **tuvo** el accidente.	*Juan **had** his brother's car when **he had** the accident.*
Ayer, **tuve** una tarjeta postal de María.	*Yesterday **I got (had, received)** a post card from María.*
Al mudarse a Los Ángeles, **tuvo** que cambiar de universidad.	*When he moved to Los Angeles, **he had** to change universities.*

Future

The straight future tense (formed by the *infinitive + personal endings*) is not the most common way of expressing a future action or state in spoken Spanish. Indeed, the future tense is used less than such standard English equivalents as *he will* or *he'll + verb*. One reason for this less frequent use of the straight future is its replacement by the periphrastic **ir + a + *infinitive*** to convey a future action or state. This construction enables the speaker to psychologically bring the future action or state closer to the present.

Voy a escribirle una carta.	*I'm going to write him a letter.*
Vas a ser muy feliz en Buenos Aires.	*You are going to be very happy in Buenos Aires.*

Another reason for the diminished use of the future is its replacement by the simple present. Indeed, the Spanish present indicative often replaces the future in informal language to refer to events that are in the immediate or near future. This substitution of present for future is almost always accompanied by some adverb or other expression of time.

Lo **hago** en seguida.	*I'll do it immediately.*
¿Le **sirvo** el café ya?	*Shall I serve you coffee now?*
Te **llamo** esta noche.	*I'll call you tonight.*

Despite the frequency with which the present substitutes for the future in sentences such as **Te llamo esta noche**, there is no absolute difference between that utterance and **Te llamaré esta noche**. However, the example with **llamo** implies a greater degree of certainty that the call will take place than does the one with **llamaré**. Note that for predictions, however, the simple present cannot substitute for the future, as in the following examples.

La economía **mejorará** pronto.	*The economy **will improve** soon.*
Creo que **tendrás** éxito con el negocio.	*I believe **you will be** successful with the business.*

Remember too that the future in Spanish is also employed by a speaker to indicate conjecture or probability. This suppositional future is more common in Spain than in Spanish America. Brevity is one reason why this future of probability is used more than a number of semantically equivalent expressions.

¿Quién **será** aquella mujer tan alta?	*Who **can** that tall woman **possibly be**?* (I wonder who that tall woman is)
Luisa ha comprado un Mercedes. **Tendrá (Probablemente tiene, Debe de tener)** mucho dinero.	*Luisa has bought a Mercedes. **She must have (probably has)** a lot of money.*

Note that the simple present of **querer** + *infinitive* (not the future tense) renders English *will you* + *verb* in questions regarding willingness to do something.

¿Quieres ayudarle con la tarea?	***Will you help him*** *with his homework?*
¿Quién **quiere abrir** la ventana?	Who **will open** the window?

Conditional

The denomination *conditional* is, of course, most appropriate for this tense in its use in sentences that express a condition, i.e., an indication that one event is dependent on another, such as *I would go, if I had money*. In Chapter 8, where we review conditionality and the subjunctive mood, we focus on the primary use of the conditional in Spanish. However, the conditional has other uses not associated with conditional sentences.

English *would* + *verb* and infrequently *should* + *verb* are equivalent to the Spanish conditional. However, the imperfect and not the conditional is used for *would* when the reference is to a past habitual action, as in the second example below.

Le dije que **iría**.	*I told him **I would go**.*
Siempre que Carlos la **veía**, la **saludaba**.	*Whenever Carlos **would see (saw)** her, he **would greet (greeted)** her.*

The conditional in Spanish also indicates probability, conjecture, or supposition in the past. This use parallels that of the future of probability in the present, and it, too, is preferred to certain semantically equivalent constructions because of its brevity.

Aquel día **andaríamos** diez kilómetros.	*That day **we probably (must have) walked** ten kilometers.*

Serían las cinco cuando llegué.

Probablemente eran las cinco cuando llegué.

Debían (de) ser las cinco cuando llegué.

} *It was probably (must have been) five o'clock when I arrived.*

❖ Práctica

A Complete las siguientes frases con la forma correcta del verbo en uno de los tiempos simples del indicativo. En algunos casos, es posible usar más de un tiempo. A veces una forma progresiva es preferible al tiempo simple.

1. Joaquín _____ las lágrimas mientras _____ el poema de Gabriela Mistral (**secarse; leer**).
2. Después, Elena _____ en el maravilloso conservatorio de Viena (**ingresar**).
3. Mis amigos me dicen que yo _____ rápidamente (**envejecer**).
4. Algún día, Hispanoamérica también _____ un Mercado Común (**tener**).
5. Yo _____ un pequeño accidente y me torcí el pie derecho (**tener**).
6. Julián _____ estudiar derecho, la carrera que su padre había hecho pero nunca _____ (**querer; ejercer**).
7. Hoy _____ el primer aniversario de su boda (**cumplirse**).
8. El año pasado, en febrero, Carlos y su esposa _____ (**divorciarse**).
9. ¿Qué personaje histórico te _____ conocer si eso fuera posible (**gustar**)?
10. Nuestra economía _____ más este año que el año pasado (**crecer**).
11. Yo _____ amigo de un anciano que _____ en la casa de la esquina (**hacerse; vivir**).
12. Yo nunca _____ mis días de estudiante en la UNAM [Universidad Nacional Autónoma de México] (**olvidar**).
13. A partir del próximo julio, _____ prohibido lavar con manguera los coches (**estar**).
14. Iremos a la plaza porque todos los sábados _____ en un mercado para los turistas (**convertirse**).
15. Julio César _____ más batallas que Marco Antonio (**ganar**).

B **Rellene los espacios en blanco usando la forma apropiada del verbo entre paréntesis.**

Yo _____ (decir) (1) que María _____ (hablar) (2) inglés. Eso _____ (estar) (3) bien porque, en el mundo de los negocios, hoy día _____ (ser) (4) necesario _____ (hablar) (5) ese idioma.

María _____ (estudiar) (6) ese idioma desde _____ (hacer) (7) varios años, y se _____ (poder) (8) decir que lo _____ (dominar) (9) a la perfección. Cuando _____ (comenzar) (10) a estudiar, no le _____ (gustar) (11) nada, pero pronto _____ (descubrir) (12) que _____ (ser) (13) muy agradable _____ (hablar) (14) con los turistas americanos o ingleses que _____ (entrar) (15) en nuestro comercio. Ella les _____ (atender) (16), cómo no, en inglés. Ellos _____ (sonreír) (17) y _____ (comprar) (18) más de lo que _____ (pensar) (19) comprar. Una vez, mi hermana me _____ (decir) (20) que un turista _____ (pedir) (21) algo que no _____ (tener) (22) nosotros entonces en la tienda. Inmediatamente, ella _____ (encargarse) (23) de pedir ese producto al fabricante, quien nos lo _____ (enviar) (24) por correo ultra-rápido. El cliente _____ (quedar) (25) muy contento y _____ (volver) (26) muchas veces.

C **Traduzca al español las siguientes frases. Emplee en cada frase uno de los tiempos verbales estudiados en este capítulo. En algunas de las frases hay más de una forma verbal correcta.**

1. Did you know that he is thinking about getting married?
2. During the Spanish Civil War, there was an important battle near the Jarama River.
3. Did you know Consuelo before?
4. The old man no longer comes to see us; he must be very sick.
5. It was probably midnight when they found the car.
6. We explained to her that it would be necessary to send more letters of recommendation.
7. Although he promised to clean [use **lavar**] the windows, now he will not do it.
8. John doesn't earn much money, but he does know how to spend it.
9. The husband washed the car while his wife prepared lunch.
10. What shall I do now? Everything is lost.

D. Cada una de las frases siguientes contiene un error. Teniendo en cuenta la gramática estudiada en este capítulo, identifique Ud. cuál es el error y corríjalo.

1. Mi padre se enfadó mucho porque fueron las cinco de la madrugada cuando llegué a casa.

2. Mientras yo desayunaba esta mañana, el teléfono sonaba pero no pude contestar a tiempo.

3. Todos los años mi familia va de vacaciones a la playa, pero el año pasado íbamos a los Pirineos.

4. Todos los hermanos trabajamos en una fábrica muy grande y eran muy apreciados por sus jefes.

5. ¡Qué nevada había anoche! Esta mañana toda la ciudad está blanca por la nieve.

6. La carretera estaba muy peligrosa porque era en reparaciones después de las fuertes lluvias de abril.

7. Cuando yo era niño, habían dos robles y un pino grande delante de la casa de mi familia.

8. Mañana todos los estudiantes llegarían a clase una hora antes de lo acostumbrado.

9. El año pasado, cuando nos conocíamos en la escuela secundaria, María tenía apenas quince años.

10. No estoy muy seguro, pero creo que la semana pasada andábamos diez kilómetros antes de ver las torres de la catedral.

ENFOQUE Selecting a Topic

For any writer, an essay topic is the most important first step. When you finally decide on a topic, you should ask yourself if your knowledge of it is sufficient to present a clearly written essay for your readers. This does not imply that you must be experts on your chosen topic, but that you must feel confident in your knowledge of it. Your chosen subject should interest you. Otherwise, how can you expect to interest your reader? Your essay will fall short, then, when either your knowledge or interest in the subject is lacking.

Writing in one's native language is difficult enough; writing in a foreign one is even more difficult. When you find yourself in this situation, you should choose a topic that you can manage and organize easily. There are a number of topics from which you may choose. Keep in mind, however, that a topic is only a point of departure. If you find the chosen topic too limiting, then by all means find a new approach or technique with which to handle it. If, after careful consideration, the prospective topic still does not seem to develop, it may be better to abandon it for another. Above all, you should have confidence in your ability as a writer. Nevertheless, do not hesitate to ask for help and guidance from others—even the best writers seek help from other sources.

TIPS

1. Select a topic.
2. Know the topic.
3. Are you interested in your prospective topic?
4. How can you organize it?
5. Is your topic too limiting? Is it too broad?
6. Ask yourself if you need help.
7. Start writing!

CAPÍTULO

4

Viaje a la Alcarria
Camilo José Cela

Repaso gramatical
- *Compound Tenses of the Indicative Mode
(and Related Verbal Forms)*

---◆---

Viaje a la Alcarria
Camilo José Cela

El español Camilo José Cela (1916–2002), ganador del Premio Nobel en 1989 y del premio Cervantes en 1995, figura entre los grandes escritores de la literatura española contemporánea. Es, sin duda, el más conocido y el más leído entre los autores de la posguerra.

Sus novelas La familia de Pascual Duarte *(1942) y* La colmena *(1951), con las que estableció el llamado "estilo tremendista" (en el que se acentúa lo grosero, brutal o repelente, pero donde también se encuentran notas de ternura y de lirismo), han sido llevadas al cine y gozan de popularidad internacional.*

En la selección que sigue, tomada de Viaje a la Alcarria *(1952), Cela, para hacer más objetiva la narración, relata en tercera persona sus viajes a pie en pleno verano por la Alcarria, región en la provincia española de Guadalajara. En este fragmento del libro de viajes más popular de Cela, donde aparece como experto escritor costumbrista, la acción tiene lugar cuando el narrador se encuentra con un adolescente en el camino. Podemos observar la fina ironía en la conversación entre el "niño redicho" y el viajero (Cela), y al mismo tiempo presenciamos una escena que, si no estuviera escrita con un tono de ternura, podría inspirar cierta repugnancia cuando Cela "le alarga la mano" al niño para despedirse.*

—¿Me permite usted que le acompañe unos hectómetros?

Y el viajero, que siente una admiración sin límites por los niños redichos, le había respondido:

—Bien; te permito que me acompañes unos hectómetros.

5   Ya en la carretera, el viajero se para en un regato, a lavarse un poco. El agua está **fresca**[1], muy limpia.

—Es un agua muy cristalina, ¿verdad?

—Sí, hijo; **la mar de**[2] cristalina.

El viajero descuelga la mochila y se desnuda de medio cuerpo.

10 El niño se sienta en una piedra a mirarle.

—No es usted muy **velludo**[3].

—Pues, no... Más bien, no.

El viajero se pone en cuclillas y empieza por refrescarse las manos.

—¿Va usted muy lejos?

15 —Psche...; regular. Dame el jabón.

—El niño **destapa**[4] la jabonera y se le acerca. Es un niño muy obsequioso.

—¡Pues, anda, que, como vaya usted muy lejos, con este calor!...

—A veces hace más. Dame la toalla.

El niño le da la toalla.

20 —¿Es usted de Madrid?

El viajero, mientras se seca, decide pasar a la ofensiva.

—No, no soy de Madrid. ¿Cómo te llamas?

—Armando, para servirle. Armando Mondéjar López.

—¿Cuántos años tienes?

25 —Trece.

—¿Qué estudias?

—Perito.

—¿Perito... qué?

—Pues, perito... perito.

30 —¿Qué es tu padre?

—Está en la Diputación.

—¿Cómo se llama?

—Pío.

—¿Cuántos hermanos tienes?

35 —Somos cinco: cuatro niños y una niña. Yo soy el mayor.

—¿Sois todos rubios?

—Sí, señor. Todos tenemos el **pelo**[5] rojo; mi papá también lo tiene.

En la voz del niño hay como una vaga cadencia de tristeza. El viajero no hubiera querido preguntar tanto. Piensa un instante, mientras guarda la toalla y el jabón y 40 saca de la mochila los tomates, el **pan**[6] y una **lata**[7] de "foie gras", que se ha pasado de rosca preguntando.

—¿Comemos un poco?

—Bueno; como usted guste.

El viajero trata de hacerse amable, y el niño, poco a poco, vuelve a la alegría de
45 antes de decir: "Sí, todos tenemos el pelo rojo; mi papá también lo tiene". El viajero
le cuenta al niño que no va a Zaragoza, que va a darse una vueltecita por la Alcarria;
le cuenta también de dónde es, cómo se llama, cuántos hermanos tiene. Cuando le
habla de un primo suyo, **bizco**[8], que vive en Málaga y que se llama Jenaro, el niño
va ya muerto de risa. Después le cuenta cosas de la guerra, y el niño escucha atento,
50 emocionado, con los ojos muy abiertos.

—¿Le han dado algún tiro?

El viajero y el niño se han hecho muy amigos y, hablando, hablando, llegan
hasta el camino de Iriépal. El niño **se despide**[9].

—Tengo que volver; mi mamá quiere que esté en casa a la hora de **merendar**[10].
55 Además, no le gusta que venga hasta aquí; siempre me lo tiene dicho.

El viajero le alarga la mano, y el niño la rehuye.

—Es que la tengo sucia, ¿sabe usted?

—¡Anda, no seas tonto! ¿Qué más da?

El niño mira para el suelo.

60 —Es que me ando hurgando siempre con el dedo en la nariz.

—¿Y eso qué importa? Ya te he visto. Yo también me hurgo, algunas veces, con
el dedo en la nariz. Da mucho gusto, ¿verdad?

—Sí, señor; mucho gusto.

El viajero echa a andar y el niño se queda mirándole, al **borde**[11] de la carretera.
65 Desde muy lejos, el viajero se vuelve. El niño le dice adiós con la mano. **A pleno
sol**[12], el pelo le brilla como si fuera de fuego. El niño tiene un pelo hermoso, lumi-
noso, lleno de encanto. Él cree lo contrario.

> Armando Mondéjar López
> es un niño preguntón;
70 > tiene el pelo colorado
> del color del pimentón.
>
> (La naranja ya está seca,
> amarillo está el limón.
> La sandía está llorando,
75 > está riendo el melón.)
>
> Armando Mondéjar López
> se queda parado al sol;
> su pelambrera rebrilla
> como arde su corazón,

80 y en su mirada se enciende,
poco a poco la ilusión.
Tiene el pelo colorado
del color del pimentón.

Poco más adelante, el viajero se sienta a comer en una vaguada, al pie de un
85 **olivar**[13]. Bebe después un trago de vino, desdobla su manta y se tumba a dormir la
siesta bajo un árbol. Por la carretera pasa, de vez en cuando, alguna bicicleta o algún
coche oficial. A lo lejos, sentado a la sombra de un olivo, un pastor canta. Las ovejas
están apiñadas, inmóviles, muertas de calor. Echado sobre la manta, el viajero ve de
cerca la vida de los insectos, que corren veloces de un lado para otro y se detienen de
90 golpe, mientras mueven acompasadamente sus largos cuernos, delgaditos como un
pelo. El campo está verde, bien cuidado, y las florecitas **silvestres**[14] —las rojas
amapolas, las margaritas blancas, los cardos de flor azul, los dorados botones del
botón de oro— **crecen**[15] a los bordes de la carretera, fuera de los sembrados.
Pasan unas muchachas que se adornan el amplio sombrero de paja con ramitos
95 de aciano; llevan unas batas de cretona y andan sueltas, ligeras, graciosas como
corzas. El viajero las ve marchar y cierra los ojos. El viajero prefiere dormir bajo el
recuerdo de una última sensación agradable: una cigüeña que vuela, un niño que se
chapuza en el restaño de un arroyo, una abeja libando la flor del espino, una mujer
joven que camina, al nacer del verano, con los brazos al aire y el pelo suelto sobre los
100 hombros.
El viajero, de nuevo sobre la carretera, recién descansado, piensa en las cosas en
las que no pensó en muchos años, y nota como si una corriente de aire le diese
ligereza al corazón.

Cuestionario

Contenido

1. Describa Ud. al niño con el que se encuentra el viajero.
2. ¿Cómo es el viajero?
3. ¿Cómo se siente el viajero por haber hecho tantas preguntas al niño?
4. ¿Por qué no se atreve el niño a dar la mano al viajero?
5. ¿Qué hace el viajero después de despedirse del niño?
6. Describa Ud. el lugar donde se sienta el viajero.
7. ¿Cómo son las muchachas que ve pasar el viajero?

Interpretación y estilo

1. ¿Qué técnicas narrativas emplea Cela en este fragmento literario?
2. ¿Desde qué perspectivas presenciamos las experiencias del viajero?

3. Explique Ud. por qué el narrador considera "redicho" al niño.

4. ¿Por qué cree Ud. que el niño tiene una "vaga cadencia de tristeza" en la voz al contestar al viajero?

5. ¿Cómo se manifiesta la ironía de Cela en el diálogo entre el viajero y el niño?

6. Explique Ud. algunos de los momentos líricos de esta selección literaria.

7. Comente Ud. el significado del último párrafo.

Léxico: opciones

fresco *cool, coolish, chilled; fresh*
natural *natural; fresh*
el agua dulce *fresh water*

The adjective **fresco** has several meanings, including that of a temperature that is cool but not excessively cold. With regard to beverages, **fresco** may connote, in addition to temperature, the quality of being refreshing. With reference to food, however, **fresco** conveys the idea of *fresh*, i.e., that which has been recently made, picked, or caught as opposed to that which is canned or frozen. **Natural** is a synonym of **fresco** in this last meaning when speaking of fruits and vegetables. Like English *fresh*, **fresco** can also indicate *impudent, disrespectful, sassy*. Note, too, that *fresh* water as opposed to *salt* water (**agua salada**) is **agua dulce** in Spanish.

Acabo de pescar estas truchas; están muy **frescas**.	*I've just caught these trout; they are very **fresh**.*
Pablo siempre hace la sopa con verduras **frescas (naturales)** porque no se fía de la comida enlatada.	*Pablo always makes soup with **fresh** vegetables because he doesn't trust canned food.*
Cuando hace mucho calor, me gusta tomar una gaseosa bien **fresca**.	*When it's very hot, I like to have a nice **cool (refreshing)** soft drink.*
Por su buena ventilación, esta casa es muy **fresca** en verano.	*On account of its good ventilation, this house is very **cool** in summer.*
El salmón nace en **agua dulce** pero se desarrolla en agua salada.	*Salmon are born in **fresh water** but develop in salt water.*

el mar *sea, ocean*   **la mar de** *a great deal of, lots of*
la mar *sea*   **un mar de** *a great deal of, lots of*
el océano *ocean, sea*

Both **la mar de** and **un mar de**, when followed by a noun, phrase, or adjective (such as in the text example), mean *a great deal* of something and are colloquial substitutes for forms of **mucho** or **muy**. In the Cela example, **la mar de cristalina** may be expressed as *very clear* in English. Seafaring people usually refer to the sea as **la mar**. This feminine form is also employed in poetic or artistic usage. **El mar**, however, is the standard form and must be used when a specific body of water is named or understood: **el mar Amarillo, el mar Caribe**, and so on. Note that **océano**, *ocean*, is used in Spanish only to refer to a specifically named ocean. In other instances, what would be *ocean* in English is rendered by Spanish **mar**.

Tengo **la mar (un mar) de** proyectos para este verano.

*I have **a great many** projects for this summer.*

Hoy vendrá **la mar de** gente a bañarse en el río.

*Today **lots of** people will come to swim in the river.*

Tienen una casita al lado del **mar** Mediterráneo.

*They have a little house next to the Mediterranean **Sea**.*

El mar cubre tres cuartas partes del planeta Tierra.

***The ocean (sea)** covers three fourths of the planet Earth.*

velludo *hairy*   **peludo** *hairy (with reference to*
narigudo *large-nosed*   *the head)*
concienzudo *conscientious* **sesudo** *brainy*

The adjective ending **-udo** combines with certain noun stems to indicate an abundant or excessive degree of some trait or quality. Adjectives ending in **-udo** often (but not always) have a negative connotation.

Sancho Panza es el **panzudo** más famoso de la literatura española.

*Sancho Panza is the most famous **big-bellied (paunchy)** man in Spanish literature.*

El caballo de Don Quijote, Rocinante, era un caballo **huesudo**.

*Don Quijote's horse, Rocinante, was **a bag of bones**.*

destapar *to remove the lid from, uncover*
deshacer *to undo, unmake*
desobedecer *to disobey*
desatar *to untie*

The prefix **des-** functions to invert or negate the meaning of many verbs in Spanish. **Des-** is often rendered in English by the prefix *un-* or *dis-*, as seen in the following examples.

¿Quién va a **deshacer** las maletas?	*Who is going **to unpack** the bags (suitcases)?*
La chica apareció y en seguida **desapareció**.	*The girl appeared and then **disappeared**.*

el pelo *hair*	**rubio** *blond*
el cabello *hair*	**pelirrojo** *redhead*
el vello *hair*	**castaño** *brown, auburn*
las canas *gray or white hair*	**calvo** *bald*

Pelo indicates *hair* in most contexts, human or animal. **Cabello** (sometimes used in the plural with a singular meaning) is in most Spanish-speaking areas a bit more elevated in tone and normally refers to hair on the head. **Cabello** is often used in literary Spanish and for advertising purposes. Note that **vello** is used only for certain kinds of body hair.

Carlos tiene el **pelo** rizado pero su hermano lo tiene liso.	*Carlos has curly **hair** but his brother's hair is straight.*
La muchacha tenía largos **cabellos castaños**.	*The teenager (girl) had long, **brown (auburn) hair**.*
El **vello rubio** de los brazos le brillaba al sol.	*The **blond hair** on his arms shone in the sun.*
Aunque Carlos era joven, ya tenía algunas **canas**.	*Although Carlos was young, he already had some **gray hair** (a few **gray hairs**).*

el pan *bread, loaf of bread*   **la lechuga** *lettuce, head of lettuce*
el mueble *piece of furniture*   **el rayo** *bolt of lightning*

Although Spanish has an equivalent for the English counterword for *loaf*, **hogaza**, this word is uncommon in the spoken language. Instead, **pan** conveys in Spanish the idea of both *bread* and *loaf of bread*. Similarly, numerous Spanish words like those listed above lack a separate equivalent for the English counterword.

Compré dos **panes** de centeno en la panadería.

*I bought two **loaves** of rye bread in the bakery.*

Esta receta requiere medio kilo de carne y dos **coles** enteras.

*This recipe requires half a kilo of meat and two whole **heads of cabbage**.*

Esta silla es un **mueble** muy antiguo.

*This chair is a very old **piece of furniture**.*

la lata *can; annoyance, bother*   **el tarro** *jar*
el bote *can*   **el envase** *package, container*

The main difference between **lata** and **bote** is the shape. A **lata** normally indicates a can that is flat, low in height, or rectangular in shape. A **bote** is a can that is round or cylindrical in shape, or one that is taller than it is wide. Note the colloquial meaning of **lata** as *annoyance*.

Para la ensalada, abrimos una **lata** de atún.

*For the salad, we opened a **can** of tuna fish.*

Es una **lata** tener que pagar tantos impuestos.

*It's a **pain in the neck** to have to pay so many taxes.*

Vete a la tienda y compra un **bote** de zumo de tomate y un **tarro** de mostaza.

*Go to the store and buy a **can** of tomato juice and a **jar** of mustard.*

bizco *cross-eyed*   **ciego** *blind*
miope *nearsighted, myopic*   **tuerto** *one-eyed*
présbita *farsighted*   **daltónico** *color-blind*

The adjective **miope** is common for *nearsighted* (persons who see well nearby objects but not distant ones). However, the adjective **présbita**, meaning *farsighted*, is not commonly used. It is normally replaced in spoken Spanish by the expression **tener la vista cansada**. Note, too, that *color-blind* in Spanish is **daltónico**, an adjective derived from Dalton, the name of the English physician who scientifically described the condition of color blindness.

El Mr. Magoo de los dibujos animados es extremadamente **miope**.	*Mr. Magoo of the cartoons is extremely **nearsighted**.*
Después de tantos años de estudio, Joaquín acabó con **la vista cansada**.	*After so many years of studying, Joaquín ended up **farsighted**.*
Le es difícil conducir porque es **daltónico**.	*It's difficult for him to drive because he's **color-blind**.*

9

---

despedirse (de) *to say good-bye (farewell) to; to take leave of*
despedir a *to send (see) someone off; to fire*
la despedida *good-bye, farewell, send-off*

Despedirse (de) is the more common equivalent of **decir adiós**. **Despedir**, without the pronoun **se** means both *to see someone off* and *to fire or dismiss* someone. In the second meaning, it is synonymous with the more popular **echar**.

No olvides **despedirte de** tu abuela antes de salir.	*Don't forget **to say good-bye to** your grandmother before you leave.*
Fuimos al aeropuerto a **despedir a** su hermano.	*We went to the airport **to see** his brother **off**.*
Lo **despidieron (echaron)** porque no trabajaba bien.	***They fired (dismissed)** him because his work wasn't satisfactory.*
Cuando se jubiló Ricardo, le dimos una gran fiesta de **despedida**.	*When Ricardo retired, we gave him a big **farewell** party.*

10

---

la merienda *snack*	**merendar** *to have a snack, snack*
la comida *meal, main meal; food*	**comer** *to eat*
el almuerzo *lunch*	**almorzar** *to lunch, have (a light) lunch*
la cena *supper, dinner*	**cenar** *to have supper or dinner, to dine*
el desayuno *breakfast*	**desayunar(se)** *to have breakfast*

Merienda is a snack normally taken in the afternoon to stay the appetite until supper, which in Spain is served at an hour that is quite late by American standards. In Spain, **la comida**, the main meal of the day, is served from approximately 2 p.m. onward. **Almuerzo** in Spain refers to a much lighter meal, a lunch served at an earlier hour. It may replace **la comida**, especially in rural areas or among industrial workers who do not return home to eat. In some Spanish-American countries, however, **almuerzo** is the standard word for the main, midday meal. Although **desayunar** was originally used as a reflexive verb, nowadays, by analogy with **cenar** and **almorzar**, it is used without the reflexive pronoun in most Spanish-speaking countries. Note, too, that **tomar**, used with the name of a specific meal, often replaces the verb that means to eat that same meal. Finally, the verbs **desayunar, almorzar**, and **cenar** can be used transitively to indicate specifically what one is eating at a particular meal.

Los campesinos **almorzaban** **(tomaban el almuerzo)** a las 11:00 y volvían a casa a las 5:00.	*The farm workers **ate lunch** at 11:00 and returned home at 5:00.*
En España, la **cena** suele ser más ligera que la **comida**.	*In Spain, **dinner** is usually lighter than the main (afternoon) **meal**.*
Mañana vendrán a **desayunar** **(tomar el desayuno)** con nosotros.	*Tomorrow they will come **to eat (have) breakfast** with us.*
Vamos a **desayunar** huevos fritos, tostadas con mermelada y café con leche.	*We are going **to eat (have) for breakfast** fried eggs, toast with jam, and café au lait.*

◆ **11** ◆

Borde *edge, border, rim, brim*
la frontera *border, frontier*
el límite *limit, edge*
la linde *limit, boundary*
lindar *to border, adjoin (especially common for real estate)*
limitar *to limit; to border (common in geographic designations)*

Borde in Spanish most often refers to the edge of physical things. **Frontera** indicates the line that separates two countries, i.e., an international border. **Límite** has a broader range of meanings, for it may refer to that which separates what is material or immaterial from similar things in its class. **Linde** (more common in the feminine form than in its masculine equivalent) is very common when referring to property lines and boundaries.

Lléname la taza hasta el **borde**.	*Fill my cup up to the **brim**.*
Gloria estaba sentada en el **borde** de la piscina.	*Gloria was sitting on the **edge** of the pool.*

Era imposible cruzar la **frontera** en invierno.	*It was impossible to cross the **border** in winter.*
He llegado al **límite** de mi paciencia.	*I've reached the **limit (come to the end)** of my patience.*
Nos paseamos hasta el **límite** de la ciudad.	*We walked to the **edge** of the city (to the city **limits**).*
Su propiedad **lindaba** con la nuestra.	*His (Her) property **adjoined** ours.*
Suiza **limita** con cinco países.	*Switzerland **borders** on five countries.*

12

---

a pleno sol *in the full sun*
a la sombra *in the shade*
pleno *full*
lleno *full*
en pleno + ***noun*** *in the heart (middle) of + noun*

Because the Spanish preposition **en** can indicate physical presence in or on the designated place, **al sol** and **a la sombra** render *in the sun* and *in the shade*, respectively. **Pleno** and **lleno** both mean *full*; however, **lleno** is the more common word and refers to *full* in a material or physical sense. **Pleno** means *full* in the sense of complete or total. It is used with a noun to convey what in English is expressed by the idea of *in the middle, midst, heart or center of, at the height of,* or *in broad + noun*.

En las corridas de toros, los asientos **a la sombra** son los más caros.	*At bullfights, the seats **in the shade** are the most expensive.*
Me dio **plenos** poderes para firmar el contrato.	*He (She) gave me **full** power to sign the contract.*
El vaso está **lleno** hasta los bordes.	*The glass is **full** up to its brim.*
El tranvía va **lleno**; tendremos que esperar otro.	*The streetcar is **full**; we'll have to wait for another one.*
Nuestra hija nació **en plena guerra**.	*Our daughter was born **right in the middle of the war**.*

─────────────────────────────◆ 13 ◆─────────────────────────────

el **olivar** *olive grove*   la **oliva** *olive*
el **manzanar** *apple orchard*   la **aceituna** *olive*
el **olivo** *olive tree*   la **manzana** *apple*
el **manzano** *apple tree*

Spanish regularly forms the words for a particular kind of orchard or grove, the corresponding tree, and its fruit through the use of a stem and the endings **-ar (-al)**, **-o**, and **-a**, respectively. **Huerto**, *orchard,* and **árbol**, *tree,* are seldom used for these functions. There are a few exceptions to this **-ar, -o,** and **-a** pattern. For instance, *pear* is **pera** but *pear tree* is **peral** and *pear orchard* is **peraleda**. Also, when the base word for the fruit does not end in **-a**, the noun for the tree often bears a different ending: **limón, limonero, limonar**. Finally, there are two words for *olive*; **oliva** is now used almost exclusively in the expression **aceite de oliva**. But it has been replaced in almost every other context by the word **aceituna**, which is related to the basic word for *oil*, **aceite**, in Spanish. However, the words for olive tree and olive grove are still formed on the base of **oliva**.

Los árboles más típicos de España   *The most typical trees of Spain are the*
son el **naranjo** y el **olivo**.   ***orange tree** and the **olive tree**.*

Este **melocotonero** da muchos   *This **peach tree** produces (yields) many*
melocotones.   ***peaches**.*

En California y en la Florida hay   *In California and Florida there are*
extensos **naranjales**.   *extensive **orange groves**.*

─────────────────────────────◆ 14 ◆─────────────────────────────

silvestre *wild*
salvaje *wild (not domesticated); savage, uncivilized*
fiero *fierce, ferocious, wild*
la **fiera** *wild animal (beast)*

Silvestre, said of plants, means *uncultivated* or *growing in a natural state*. It may also be applied to animals that live in a wild state but are of no danger to humans. **Salvaje** is used for animals, people, and land. Notice the special meaning of **la fiera**, which is used for animals that, in a wild state, are dangerous to humans.

En los Póconos comíamos moras   *In the Poconos, we used to eat **wild***
silvestres.   *blackberries.*

El bosque está lleno de animales   *The forest is full of **wild** animals.*
salvajes.

En el alto Amazonas hay todavía mucha tierra **salvaje**.	*In the upper Amazon basin, there is still lots of **wild** land.*
La isla de Borneo estuvo habitada por **salvajes** cazadores de cabezas.	*The island of Borneo was inhabited by **wild** headhunters.*
Las **fieras** del circo estaban en grandes jaulas.	*The **wild animals** at the circus were in large cages.*

◆ **15**

crecer *to grow*
cultivar *to grow, raise*
criar *to bring up, raise (animals); to rear or raise (children)*

The intransitive verb **crecer** indicates the natural increase in size of plants, animals, or people. **Cultivar** is a transitive verb that means *to grow* or *to raise plants*. **Criar**, also transitive, is used for both animals and people.

En este clima **crecen** muy bien los cactos.	*In this climate cactuses **grow** very well.*
Juan **cultiva** rosas en su jardín.	*Juan **grows** roses in his garden.*
Emilio **cría** gallinas (cerdos) en la granja.	*Emilio **is raising** chickens (hogs) on his farm.*
Cuando los niños quedaron huérfanos, los abuelos los **criaron**.	*When the children became (were left) orphans, their grandparents **raised (reared)** them.*

◈ Práctica

A   Para cada una de las frases siguientes, elija Ud. la palabra o expresión que complete el sentido. En caso de que haya dos respuestas correctas, elija la más apropiada. Haga también cualquier cambio necesario en la palabra elegida para que la frase quede gramaticalmente correcta.

1. El pescado que comimos ayer estaba muy _____ (**natural, salvaje, fresco**).

2. Para una persona, es siempre más fácil flotar en agua _____ (**fresca, dulce, salada**).

3. En el verano, la gente toma más bebidas _____ que en el invierno (**calientes, frescas, naturales**).

4. El año próximo, tomaremos las vacaciones en una playa de _____ Caribe (**la mar, el mar, el océano**).

5. Son hermanos pero no lo parecen porque Juan es chato y Andrés es _____ (**peludo, narigudo, cabezudo**).

6. Eduardo es un estudiante muy aplicado, y tal vez el más _____ de la clase (**orejudo, velludo, concienzudo**).

7. Marilyn Monroe llegó a ser una superestrella del cine con el cabello _____ (**pelirrojo, rubio, castaño**).

8. Ayer compré patatas, huevos y un _____ de mayonesa para hacer ensaladilla rusa (**bote, envase, tarro**).

9. Para el aperitivo, compraron _____ de mejillones en escabeche (**un bote, una lata, un tarro**).

10. Ahora la leche fresca se vende normalmente en _____ cuadrados plastificados (**botes, envases, tarros**).

11. A las diez de la noche o más tarde, Eduardo suele servir _____ en su casa en Madrid (**la cena, el almuerzo, la comida**).

12. Cuando trabajábamos los veranos en la granja de la familia, _____ a las 10:45 de la mañana (**cenábamos, almorzábamos, desayunábamos**).

13. De niño, me gustaba _____ por la tarde pan con mermelada y leche (**almorzar, merendar, cenar**).

14. El explorador, por un flechazo en el ojo derecho, quedó _____ (**daltónico, miope, tuerto**).

15. Al terminar el invierno en Minnesota, los lagos se _____ (**deshacer, deshelar, destapar**).

16. El camión está lleno de comida congelada, y lo tenemos que _____ en seguida (**descongelar, descargar, destapar**).

17. No se considera de buen gusto llenar las tazas y los vasos hasta _____ (**el límite, el borde, la linde**).

18. El Río Grande es parte _____ entre los Estados Unidos y México (**del límite, de la linde, de la frontera**).

19. Esa valla indica _____ entre nuestra propiedad y el rancho del vecino (**el borde, la linde, la frontera**).

20. España _____ al oeste con Portugal y al norte con Francia (**bordear, limitar, lindar**).

21. En _____ invierno, Napoleón tuvo que retirarse de Rusia (**fresco, pleno, lleno**).

22. Durante las horas punta, el metro de Madrid va siempre _____ (**en pleno, pleno, lleno**).

23. Puede ser peligroso comer hongos y setas _____ (**silvestres, salvajes, naturales**).

24. Desafortunadamente, algunas fieras _____ van quedando totalmente eliminadas por el hombre (**salvajes, silvestres, naturales**).

25. En mi jardín, yo _____ geranios, gladiolos, rosas y claveles (**cultivar, criar, crecer**).

26. A los niños se les puede inculcar el sentido de la responsabilidad dejándoles _____ un gatito o un perrito (**crecer, cultivar, criar**).

27. Para robar fruta, el muchacho trepó a _____ (**la manzana, el manzano, el manzanar**).

28. Nos gusta preparar la ensalada con un buen aceite español de _____ (**aceituna, oliva, olivo**).

29. Su hija necesita gafas porque es _____ (**tuerta, daltónica, miope**).

30. Tendremos que cortar _____ al lado del garaje porque ha crecido demasiado (**la pera, el peral, la peraleda**).

B Traduzca al español las siguientes frases empleando el vocabulario estudiado en este capítulo.

1. Bolivia borders Argentina, Chile, Peru, Paraguay, and Brazil, but it has no outlet to the sea.

2. They already have many pieces of furniture purchased for the new house.

3. Antonio grew up amid [use **en**] the hunger and misery of the Spanish Civil War.

4. He untied the mules, and we set out on the road to Sigüenza.

5. With all that noise, he must have awakened in the middle of the night.

6. The students bought a head of lettuce, two cans of sardines, and a loaf of bread for lunch.

7. We like to observe the wild animals and birds that come to feed [use **comer**] in our garden.

8. After a snack, we took leave of our friends.

9. After the cat had raised her kittens, we gave them away [use **regalar**].

10. His lack of credit with the bank is causing him lots of [do not use **muchos**] problems.

Temas a escoger

Temas relacionados con la selección literaria

1. Vuelva a escribir el diálogo entre el niño y el viajero pero con Ud. como viajero-protagonista.

96   *Capítulo 4*

2. Desde el punto de vista del niño, cuente a su familia el encuentro con el viajero.

3. Recree Ud. el campo visto por el viajero en esta parte de sus andanzas por la Alcarria.

Temas sugeridos por la selección literaria

1. Recree Ud. una conversación que Ud. haya tenido con un niño.

2. Describa Ud. el campo o el desierto en primavera o verano.

3. Haga Ud. algunas observaciones sobre la vida de algún insecto.

◈ Repaso gramatical ◈

Compound Tenses of the Indicative Mode (and Related Verbal Forms)

Basic Statement

Parallel to the five *simple* or one-word tenses of the indicative mode (reviewed in Chapter 3), Spanish has five *compound* or two-word tenses. These are normally made up of the auxiliary or helping verb **haber**, *to have* (in one of the five simple tenses) + ***the past participle***, which in most cases ends in **-ado** or **-ido**. In these compound tenses (also known as the "perfect tenses" in English), the auxiliary verb is always **haber** and the participle is invariable in its ending: **-o**. A small number of common **-er** and **-ir** verbs do have irregular participles since they do not end in **-ido**. These include:

abrir abierto	**morir** muerto
decir dicho	**poner** puesto
(d)escribir (d)escrito	**romper** roto
(des)cubrir (des)cubierto	**ver** visto
hacer hecho	**volver** vuelto

There is also a small group of Spanish verbs with two past participles. The regular participle, which ends in **-ado** or **-ido**, combines with **haber** to form the compound tenses; the other, irregular participle, is used as an adjective only. Some of the verbs with two participles include:

bendecir *to bless*	**bendecido**	**bendito**
maldecir *to curse*	**maldecido**	**maldito**

confundir *to confuse*	**confundido**	**confuso**
despertar *to awaken*	**despertado**	**despierto**
imprimir *to print*	**imprimido**	**impreso**
soltar *to loosen*	**soltado**	**suelto**

El obispo **ha bendecido** la nueva iglesia.   *The bishop **has blessed** the new church.*

El niño me **ha soltado** el perro y ahora anda **suelto** por las calles.   *The boy **has unleashed** my dog and now he's running **loose** through the streets.*

The formation of these compound tenses, then, is **haber** (conjugated in one of the five simple tenses) + ***participle***.

FORMATION	ENGLISH NAME OF COMPOUND TENSE
1. Present of **haber** + participle	*Present Perfect*
2. Imperfect of **haber** + participle	*Pluperfect*
3. Preterit of **haber** + participle	*Preterit Perfect*
4. Future of **haber** + participle	*Future Perfect*
5. Conditional of **haber** + participle	*Conditional Perfect*

The above Spanish forms with their English equivalents are:

1. **He hablado.**	*I have spoken.*
2. **Habías comido.**	*You had eaten.*
3. **Hubo llegado.**	*He (She) had arrived.*
4. **Habrán descrito.**	*They will have described.*
5. **Habría muerto.**	*He (She) would have died.*

We will now review in turn each of the five compound tenses, as well as other verbal forms that English-speaking students sometimes associate or confuse with these compound tenses.

Present Perfect

When English uses *have (has) + participle*, Spanish almost always uses the present perfect.

Han instalado más parquímetros en Madrid.	*They have installed more parking meters in Madrid.*
El mes de julio **ha sido** sumamente caluroso en Sevilla.	*The month of July has been exceedingly hot in Seville.*
No **han llamado** todavía.	*They haven't called yet.*

Often, however, the Spanish present perfect is used where the proper equivalent in English is the simple past, i.e., what would normally be the preterit in Spanish. This is true when an event has occurred in the recent past, or when any past event is viewed as relevant to the present or still having some effect at the present moment.

No sé quién **ha roto** este espejo.	*I don't know who **broke** this mirror.*
¿Me **has oído**?	*Did you hear me?*
He visto a tu hermano esta mañana.	*I saw (have seen) your brother this morning.*
¿**Has contestado** la carta de Enrique?	*Did you answer (Have you answered) Enrique's letter?*
Mi amigo **se ha casado** el verano pasado.	*My friend (got) married last summer.*

Spanish-American usage (as opposed to that of Spain, and especially of Madrid) would prefer the simple preterit (**contestaste, se casó**) to the present perfect in the examples above.

¿**Te ha gustado** la película esta tarde? (Spain)	*Did you like the film this afternoon?*
¿**Te gustó** la película esta tarde? (Spanish America)	*Did you like the film this afternoon?*

Other Present Constructions Instead of the Present Perfect

The Spanish and English present perfect tenses normally indicate an action that was completed in the recent past or a past event that still impinges on the present moment. In both cases, they indicate the perfective or terminative aspect, i.e., that an action or event has been completed. Other constructions in English that involve a specific time unit and *have (has) + participle* are often confused by English-speaking students with the present perfect in Spanish. Nonetheless, these constructions indicate an action that began in the past but has not yet terminated.

We have worked for two hours.

We have been working for two hours.

The perfective aspect of the first example above implies that the two hours is viewed as a period of time that ended in the recent past. The second example gives no indication that the period of work has ended; indeed, the work is still going on at the present moment. For the first English example, the Spanish present perfect would be used. For the second, a construction with a present tense (either a simple or progressive form) is used in Spanish.

There are several patterns into which such constructions with a simple or progressive present, rather than a present perfect, can fall. They are appropriate whenever the English expression includes an indication of time + *have (has)* + the participle *been* + gerund (i.e., the verbal form ending in *-ing*).

A. **hace** + time unit + **que** + present (simple or progressive form)

> **Hace + media hora + que espero**   *I have been waiting for half an hour.*
> **(estoy esperando).**

B. present (simple or progressive form) + **desde hace** + time unit

> **Espero (Estoy esperando) + desde**   *I have been waiting for half an hour.*
> **hace + media hora.**

C. present (simple or progressive form) + **desde** + date

> **Espero (Estoy esperando) +**   *I have been waiting since yesterday*
> **desde + ayer (lunes).**   *(Monday).*

D. **llevar** (in simple present) + time unit + gerund

> **Llevo + media hora + esperando.**   *I have been waiting for half an hour.*

A common variant of the pattern in the previous example D. omits the gerund and replaces it with an adverbial expression. In these cases, the verb **llevar** is used figuratively to mean *to be*.

> **llevar** (simple present) + time unit + adverb

> **Llevo + tres meses + aquí.**   *I have been here for three months.*

Although sentences of the type patterned in the previous example A., which express an action or state beginning in the past and continuing into the present, require the present tense when affirmative, when negative they can take either the present or the present perfect after **no**.

Hace tres años que trabajo con Carlos.	*I have been working with Carlos for three years.*
Hace tres años que no trabajo (he trabajado) con Carlos.	*I haven't been working (haven't worked) with Carlos for three years.*

Pluperfect

In most cases, the pluperfect is used in Spanish as in English. As its name (more than "perfect" or "complete") suggests, the pluperfect shows that a past event or state preceded another event or state, and is felt to have some relevance to it.

Cuando llegué, ya **habían salido**.	*When I arrived, **they had** already **gone out**.*
Juan le **había dicho** que no podríamos ir.	*Juan **had told** him that we couldn't go.*

The imperfect is also used in four constructions related to the pluperfect in the same way the present is related to the present perfect, as we have seen in the previous section on the present perfect. These constructions show that an action or state was still in progress or continuing at a given moment in the past.

A. **hacía** + time unit + **que** + imperfect

> **Hacía + media hora + que + esperaba.**   *I had been waiting for half an hour.*

B. imperfect + **desde hacía** + time unit

> **Esperaba + desde hacía + media hora.**   *I had been waiting for half an hour.*

C. imperfect + **desde** + date

> **Esperaba + desde + mayo de 1985.**   *I had been waiting since May 1985.*

D. **llevar** (in the imperfect) + time unit + gerund

> **La poeta llevaba + un mes +**   *The poet had been working on her*
> **trabajando en su poema.**   *poem for a month.*

A common variant of the pattern in example D. above is the omission of the gerund and its replacement by an adverbial expression. In these cases, the verb **llevar** is used figuratively to mean *to be*.

> **Llevábamos + dos años + en Buenos**   *We had been (living) in Buenos Aires*
> **Aires cuando estalló la guerra.**   *for two years when the war broke out.*

Preterit Perfect

The preterit perfect (also called the anterior preterit) is used to indicate that one past event immediately followed another event. It is used after a limited number of conjunctions, which include **apenas** (*hardly*), **después que, cuando, en cuanto** (as soon as), **luego que** (*after*), and **una vez que** (*once*). Except after the conjunction **apenas**, the preterit perfect is used almost exclusively in literature, being replaced in spoken Spanish by the preterit.

> Apenas **hubo salido** Ana, cuando   *Hardly **had** Ana **left** when it began to*
> empezó a llover.   *rain.*

> Una vez que **hubo pagado** la cuenta,   *Once **he (she) had paid** the bill, they*
> volvieron a casa.   *returned home.*

Future Perfect and Conditional Perfect

These tenses are used in Spanish in the same way as in English. The conditional perfect is especially common in contrary-to-fact sentences (see: Subjunctive, p. 214). Like the future and conditional of probability, the future perfect and conditional perfect can also be used to express conjecture and probability, as in the examples that follow.

> Andrés **habrá salido** ya.   *Andrés **has probably (must have)***
>   ***gone** already.*

> ¡Cómo **se habría reído** la gente de él!   *How people **must have laughed** at him!*

Some Final Observations on the Compound Tenses

Sometimes, when the activities indicated by two compound tenses are of the same order or are conceptually related, **haber** is omitted with the second participle. This results in a sentence with two participles dependent on a single auxiliary verb.

Por la mañana, **había cortado** el césped y **regado** el jardín.	*In the morning **he had cut** the grass and **watered** the garden.*

The rule that **haber** + *participle* in any compound tense may not be separated by an adverb or any other word, is sometimes violated in written or literary style. However, students of Spanish should not imitate this variant usage, but always treat **haber** + *participle* as an inviolate unit.

Tal vez **habrá llegado** ya.	*Perhaps **he has** already **arrived**.* (normal usage)
Habrá tal vez **llegado** ya.	*Perhaps **he has** already **arrived**.* (variant usage)

Finally, **tener**, the standard word for *to have* or *to possess*, is sometimes also used as an auxiliary of the participle. Instead of indicating the completion of an action, however, **tener** indicates the state of completion resulting from a past action. The participle is thus used as an adjective and agrees with the word modified, unlike the true perfect tense with **haber**, in which the participle is invariable in its **-o** ending. Contrast the following pairs of sentences to observe this difference.

He lavado las ventanas.	*I have washed the windows.*
Ya **tengo** las ventanas **lavadas**.	*I already **have** the windows **washed**.*
¿**Has terminado** tus informes, Juan?	*Did you finish your reports, Juan?*
¿**Tienes terminados** tus informes, Juan?	*Do you have your reports **finished**, Juan?*

❖ Práctica

A En cada una de las siguientes frases, use el verbo indicado entre paréntesis en (1) el tiempo compuesto correcto o (2) otra construcción verbal estudiada en este capítulo.

1. Mariano ＿＿＿＿＿＿＿＿ a una edad en la que tenía la salud completamente perdida (**llegar**).

2. Pablo _____ desde hace 25 años en la misma escuela secundaria (**enseñar**).

3. De no haber sido arquitecta, Elena _____ médica (**ser**).

4. El novelista Gabriel García Márquez _____ muchos años viviendo en México cuando le dieron el premio Nobel (**llevar**).

5. Apenas _____ de la cárcel cuando atracó otro banco (**salir**).

6. Cuando llegamos a casa de los abuelos, ya tenían _____ la comida (**preparar**).

7. ¿A qué hora te _____ esta mañana (**despertar**)?

8. Antes de firmar el acuerdo, el Presidente ya _____ el apoyo del Congreso (**conseguir**).

9. Esteban no _____ noticias de Víctor desde hacía varios meses (**tener**).

10. En la última década nosotros _____ muchos cambios políticos en el mundo (**presenciar**).

11. Andrés ha _____ el perro esta mañana y todavía está _____ (**soltar**).

12. José _____ los billetes antes de llegar nosotros (**comprar**).

13. Hace muchos años que ellos _____ una casa buena y barata (**buscar**).

14. Cuando el profesor le hizo la pregunta, Carmen ya tenía _____ la respuesta (**pensar**).

15. _____ los libros que pediste la semana pasada (**llegar**).

B **Rellene los espacios en blanco usando la forma apropiada del verbo en paréntesis. Recuerde usar las formas verbales compuestas en los casos necesarios.**

Hace quince años, apenas _____ (terminar) (1) mi carrera, _____ (buscar) (2) trabajo. ¡Qué inocente _____ (ser) (3) yo en aquellos tiempos! Yo _____ (estudiar) (4) derecho, pero esa carrera no me serviría para nada porque yo no _____ (aprender) (5) idiomas, y es necesario saberlos para poder encontrar algo en el mercado laboral. Así que yo _____ (matricularse) (6) en la Escuela Oficial de Idiomas y hoy _____ (poder) (7) decir que _____ (aprender) (8) tres: inglés, francés e italiano. Ahora _____ (trabajar) (9) en un bufete que se dedica a casos internacionales; ayer mismo _____ (presentar) (10) un caso ante el tribunal de la Haya. Creí que _____ (hacer) (11) un buen trabajo, pero ahora mismo _____ (darse cuenta de) (12) que no _____ (estar) (13) bien preparado. Yo _____ (cometer) (14) demasiados errores y los jueces no me _____ (prestar) (15) mucha atención. La próxima vez, antes de aparecer ante un tribunal tan importante, _____ (prepararse) (16) con más atención, y así no _____ (perder) (17) el caso. El jefe me _____ (decir) (18) que si no _____ (volver) (19) a cometer tales errores, _____ (tener) (20) un buen futuro en su bufete. ¿Qué _____ (creer) (21) ustedes? La verdad es que, hasta hace unos días yo _____ (ser) (22) muy inocente. Mis padres me _____ (decir) (23) que, si sigo mejorando, ellos me _____ (dar) (24) la oportunidad que otros no _____ (tener) (25). No _____ (saber) (26) qué pensar de esta oferta; a mí me gusta pensar que lo que tengo me lo _____ (ganar) (27) por mi propio esfuerzo.

C Traduzca al español las siguientes frases, usando en cada frase una forma verbal estudiada en este capítulo.

1. This book has been out of print for a long time.
2. The teacher had been preparing the lesson for two hours when the phone rang.
3. Emilia is a good friend of mine, but I haven't seen her for a long time.
4. Hardly had he learned to ski, when he broke his leg.
5. He has not come around here [use **por aquí**] for a long time [use **hacer**].
6. I had to do it or he would have failed me in French.
7. Although Jorge Luis Borges had gone [use **quedarse**] blind, he continued writing.
8. I already have ten exams read and corrected.
9. Don't invite Rosario, for she has probably seen the movie already [do not translate *probably* as a separate word].
10. She would have preferred to buy a smaller car.

D Cada una de las frases siguientes contiene un error. Teniendo en cuenta la gramática estudiada en este capítulo, identifique Ud. cuál es el error y corríjalo.

1. Al ver la cara de enfado del camarero, se nos ocurrió que no le hubo gustado la propina que le dejamos.
2. Llevo dos años que he vivido en esta ciudad, pero preferiría vivir en una más pequeña.
3. Durante toda nuestra niñez iremos a México de vacaciones porque teníamos familia allí.
4. María me ha prometido por la mañana que ella terminó la tarea dentro de poco tiempo.

5. Luisa y Carmen no hemos llamado todavía a nuestra casa porque el teléfono no funciona.

6. Hacía mucho tiempo que Elena no se divertirá tanto con las películas de Charlot.

7. Ricardo nos pedirá dinero prestado, pero nosotros se lo hemos negado.

8. El profesor hubo estado preparando la lección durante dos horas; quería que la comprendiesen todos los alumnos.

9. Tan pronto como hubo aprendido a esquiar, se rompía la pierna en su primer descenso por la montaña.

10. Jamás habré conocido a nadie como tú, Sofía, y quiero pasar el resto de mi vida contigo.

ENFOQUE Developing an Approach

After choosing an interesting topic, you should develop an approach and employ a variety of techniques to successfully complete your essay. Carefully consider the strengths and weaknesses of the ideas you might have for it. Remember: these ideas should be presented in such a way as to interest your readers.

There are no fixed rules to developing an approach to writing. No one has ever found the ideal method (other than through hard work) to develop a topic. Indeed, experienced writers tell us that developing an approach to writing often becomes a goal in itself. Frequently, and much to the writer's surprise, the writing process takes on a life of its own and goes in unexpected directions. It is imperative that you, as a writer, learn to look at your work objectively from the outside, as if your work had been written by someone else. Only then can you begin to determine its strengths and weaknesses.

Inspiration. Whether it comes to you from staring at empty space or by free association of thoughts with the environment that surrounds you, inspiration is a technique you should work to develop. Keeping your goal in mind, let your thoughts flow freely and you will encounter many new and interesting ideas.

Recommendations. Write down all the ideas that come to you while thinking about your topic. Consider these ideas from different perspectives and, again, write down whatever occurs to you. We strongly suggest that you write all these ideas in Spanish. Even if you have only jotted down single words or short sentences, you will find them invaluable as cues for writing your essay.

Do not worry at first about a definite order for the words, opinions, or ideas you are writing down, but this step—brainstorming—is mandatory if you want to create a successful essay. Again, do not analyze too much whatever you are writing down during this first stage; even if you do not believe a word, opinion, or idea is pertinent, do write it down. You can always discard it later. You can be pleasantly surprised by finding out how much material previously considered unnecessary, becomes valuable when it comes time to develop the topic or theme.

After you have written two or three pages of source material, do something else for a while. Take a rest from your topic; when you return to it, you may find it easier to organize all the gathered material.

Remember: writing is an art. It should be practiced with devotion and diligence.

TIPS

Develop an approach that will:

1. find the strengths and weaknesses of your ideas.
2. allow your thoughts to flow freely.
3. help you write down anything and everything—that is, brainstorm.
4. give you the flexibility to look at your work objectively from the outside.
5. allow you to take a break every so often.

CAPÍTULO

Nada
CARMEN LAFORET

Repaso gramatical
- *Other Verbal Forms*

NADA
CARMEN LAFORET

Carmen Laforet (1921–2004) nace en Barcelona, pero pasa su juventud en las Islas Canarias. Al terminar la Guerra Civil Española (1936–1939), regresa a su Barcelona natal. Tiene sólo veintitrés años al publicarse su primera novela, Nada *(1944), que se convierte en un auténtico éxito literario y por la cual Laforet recibe el primer* Premio Nadal *en 1945. El libro es la dura historia de una adolescente en la Barcelona de la posguerra y en ella Laforet revela la fluidez narrativa que caracteriza toda su obra.*

Carmen Laforet es autora de sólo cinco novelas, cuatro publicadas durante su vida, y una, Al volver la esquina, *que se descubre y se publica póstumamente en 2004. Cuatro de las novelas de Laforet tienen protagonistas femeninas y parecen en gran parte autobiográficas. Por motivos que se desconocen del todo, pero tendrán que ver con el desengaño, la timidez y la salud, no escribe ninguna novela después de los años sesenta, cuando efectivamente abandona la literatura. Pero* Nada *sigue vendiéndose bien hoy en día y figura como libro clave del "tremendismo" y del "existencialismo" que dominan el panorama literario español y europeo en los años cuarenta. La escritora Josefina Aldecoa dice de* Nada *que es una novela "claramente existencialista. El vacío, el desconsuelo, el caminar sin rumbo, 'el ser para la nada', están ahí, en las páginas de su novela".*

Según el fino crítico Gonzalo Sobejano, el tema único de Carmen Laforet puede enunciarse así: "un alma capaz de comprensión y de entusiasmo, lucha por salvarse y por salvar a otros de la confusión del vivir, pero el resultado de aquella lucha viene a ser, por regla general, el desencanto". Se puede añadir que su estilo es realista y a veces de gran crudeza, pero siempre templado por una gran ternura emotiva aunque sin hacer concesiones a la situación de los personajes.

Andrea, la protagonista de Nada, llega a Barcelona para estudiar en la universidad. Se aloja con unos parientes y tiene que luchar para no dejarse vencer por la atmósfera hostil y anormal en la que vive. Encuentra momentos de alivio entre los amigos universitarios y al fin logra su independencia apartándose de su triste y neurótica familia. El fragmento de la novela que reproducimos a continuación revela su creciente resistencia a Angustias, su tía frustrada y amargada, en contraste con el descanso que Andrea encuentra entre sus compañeros en la universidad.

No sé a qué fueron debidas aquellas fiebres, que pasaron como una ventolera dolorosa, removiendo los **rincones**[1] de mi espíritu, pero barriendo también sus nubes negras. El caso es que desaparecieron antes de que nadie hubiera pensado en llamar al médico y que al cesar me dejaron una extraña y débil sensación de bienes-
5 tar. El primer día que pude levantarme tuve la impresión de que al tirar la manta hacia los pies quitaba también de mí aquel **ambiente**[2] opresivo que me anulaba desde mi llegada a la casa.

Angustias, examinando mis zapatos, cuyo **cuero**[3] arrugado como una cara **delataba**[4] su vejez, señaló las **suelas**[5] rotas que rezumaban humedad y dijo que yo
10 había cogido un enfriamiento por llevar los pies mojados.

—Además, hija mía, cuando se es pobre y se tiene que vivir **a costa de**[6] la caridad de los parientes, es necesario cuidar más las prendas personales. Tienes que andar menos y pisar con más cuidado... No me mires así, porque te **advierto**[7] que sé perfectamente lo que haces cuando estoy en mi oficina. Sé que te vas a la calle
15 y vuelves antes de que yo llegue, para que no pueda **pillarte**[8]. ¿Se puede saber adónde vas?

—Pues a ningún sitio concreto. Me gusta ver las calles. Ver la ciudad...

—Pero te gusta ir sola, hija mía, como si fueras un golfo. Expuesta a las impertinencias de los hombres, ¿es que eres una criada, acaso...? A tu edad, a mí no me
20 dejaban ir sola ni a la puerta de la calle. Te advierto que **comprendo**[9] que es necesario que vayas y vengas de la Universidad..., pero de eso a andar por ahí **suelta**[10] como un perro vagabundo... Cuando estés sola en el mundo haz lo que quieras. Pero ahora tienes una familia, un hogar y un nombre. Ya sabía yo que tu prima del pueblo no podía haberte inculcado buenos hábitos. Tu padre era un hombre
25 extraño... No es que tu prima no sea una excelente persona, pero le falta refinamiento. A pesar de todo, espero que no irías a corretear por las calles del pueblo.

—No.

—Pues aquí mucho menos. ¿Me has oído?

Yo no insistí, ¿qué podía decirle?

De pronto se volvió, espeluznada, cuando ya se iba.

—Espero que no habrás bajado hacia el puerto por las Ramblas.

—¿Por qué no?

—Hija mía, hay algunas calles en las que si una señorita se metiera alguna vez perdería para siempre su reputación. Me refiero al **barrio chino**[11]. Tú no sabes dónde comienza.

—Sí, sé perfectamente. En el barrio chino no he entrado... pero ¿qué hay allí?

Angustias me miró furiosa.

—Perdidas, ladrones y el brillo del demonio, eso hay.

(Y yo, en aquel momento, me imaginé el barrio chino iluminado por una chispa de gran belleza.)

El momento de mi lucha con mi tía Angustias **se acercaba**[12] cada vez más, como una **tempestad**[13] inevitable. A la primera conversación que tuve con ella supe que nunca íbamos a entendernos. Luego, la sorpresa y la tristeza de mis primeras impresiones habían dado una gran ventaja a mi tía. "Pero —pensé yo, excitada después de esta conversación— este período se acaba". Me vi entrar en una vida nueva, en la que dispondría libremente de mis horas y sonreía a Angustias con sorna.

Cuando volví a reanudar las clases de la Universidad me pareció fermentar interiormente de impresiones acumuladas. Por primera vez en mi vida me encontré siendo expansiva y anudando amistades. Sin mucho esfuerzo **conseguí**[14] relacionarme con un grupo de muchachas y muchachos compañeros de clase. La verdad es que me llevaba a ellos un afán indefinible que ahora puedo concretar como un instinto de defensa: sólo aquellos seres de mi misma generación podían **respaldarme**[15] y ampararme contra el mundo un poco fantasmal de las personas maduras. Y verdaderamente, que yo en aquel tiempo necesitaba este apoyo.

Comprendí en seguida que con los muchachos era imposible el tono misterioso y reticente de las confidencias, al que las chicas suelen ser aficionadas, el encanto de desmenuzar el alma, el roce de la sensibilidad almacenada durante años... En mis relaciones con la pandilla de la Universidad me encontré hundida en un cúmulo de discusiones sobre problemas generales en los que no había soñado antes siquiera y me sentía descentrada y contenta al mismo tiempo.

Pons, el más joven de mi grupo, me dijo un día: —Antes, ¿cómo podías vivir, siempre huyendo de hablar con la gente? Te advierto que nos resultabas bastante cómica. Ena se reía de ti con mucha gracia. Decía que eras ridícula: ¿qué te pasaba?

Me encogí de hombros un poco dolida, porque de toda la juventud que yo conocía Ena era mi preferida.

Aun en los tiempos en que no pensaba ser su amiga, yo le tenía simpatía a aquella muchacha y estaba segura de ser correspondida. Ella se había acercado algunas veces para hablarme cortésmente con cualquier pretexto. El primer día de curso me había preguntado que si yo era parienta de un violinista célebre. Recuerdo que la pregunta me pareció absurda y me hizo reír.

No era yo solamente quien sentía preferencia por Ena. Ella constituía algo así como un centro atractivo en nuestras conversaciones, que presidía muchas veces. Su malicia y su inteligencia eran proverbiales. Yo estoy segura de que si alguna vez me había tomado como blanco de sus burlas, realmente debería haber sido yo el
75 hazmerreír de todo nuestro curso.

Cuestionario

Contenido

1. ¿Qué efectos tuvieron las fiebres sobre la protagonista, Andrea?
2. ¿Por qué insiste Angustias en que Andrea cuide más las prendas personales?
3. ¿Por qué le disgusta a Angustias que Andrea ande sola por las calles?
4. ¿En qué pensaba Andrea al sonreír con sorna a Angustias?
5. ¿Por qué se sentía Andrea atraída a sus compañeros de clase?
6. ¿Por qué cree Andrea que con los muchachos es imposible el tono confidencial?
7. ¿Cómo es Ena, la amiga preferida de Andrea?

Interpretación y estilo

1. Explique Ud. la metáfora "barriendo también sus nubes negras" en la primera frase del fragmento.
2. ¿Desde el punto de vista de quién se narra este episodio y qué efecto produce?
3. ¿Qué recursos literarios emplea Laforet para crear la tensión dramática entre Angustias y Andrea?
4. ¿Cómo nos revela la autora el mal genio de Angustias?
5. ¿Por qué cree Ud. que se imagina Andrea el barrio chino iluminado por una "chispa de gran belleza"?
6. ¿Qué diferentes actitudes sociales se perciben en este fragmento literario?
7. Comente Ud. algunas características del estilo de Laforet en la selección tales como lenguaje, imágenes, estructura de frases, uso del tiempo y caracterización.

Léxico: opciones

el rincón *corner*   **el ángulo** *angle, corner*
la esquina *corner*   **la comisura** *corner*

Rincón normally renders English *corner* when referring to an inside corner or angle, or a remote or out-of-the-way place. **Esquina** refers to an external or outside corner of something, such as a box or table. **Esquina** also indicates *street corner*. **Ángulo** is largely a mathematical or literary term meaning *angle* or any kind of *corner*, internal or external. Finally, **comisura** refers to the corner of the lips or mouth. In written Spanish it may also refer to the corner of the eye, which in standard speech, however, is **rabillo del ojo**.

Vamos a poner esa silla en ese **rincón**.	*Let's put that chair in that **corner**.*
Están pasando las vacaciones en un pintoresco **rincón** de Irlanda.	*They are spending their vacation in a picturesque **corner** of Ireland.*
Para doblar las sábanas, hay que cogerlas por las **esquinas**.	*To fold sheets, you have to hold them by the **corners**.*
Nos veremos en Correos en la **esquina** de la Calle de Alcalá y el Paseo del Prado.	*We'll meet in the post office at the **corner** of the Calle de Alcalá and the Paseo del Prado.*
El arpa estaba en un **ángulo** oscuro del salón.	*The harp was in a dark **corner** of the hall.*
Siempre tenía un cigarrillo en la **comisura** de los labios (la boca).	*He always had a cigarette in the **corner** of his mouth.*
El maestro nos observaba con el **rabillo del ojo**.	*The teacher was watching us out of the **corner of his eye**.*

───────────────◆**2**◆───────────────

el ambiente *environment, atmosphere*
la atmósfera *atmosphere*
el medio ambiente *environment*

Ambiente in Spanish refers to the air around us as well as all the things and conditions that surround us. However, **atmósfera** translates English *atmosphere* when it refers to the gases around any star or planet. When English *atmosphere* is used to refer to the surroundings of a place or the general feeling or spirit it creates, **ambiente** is its Spanish equivalent. **Medio ambiente** is used when the context implies a total environment, whether it is physical, social, political, or any combination of these.

El ruido de la discoteca creó un **ambiente** muy desagradable.	*The noise of the discotheque created a very unpleasant **atmosphere**.*
El humo de los cigarrillos hacía irrespirable el **ambiente** del bar.	*Cigarette smoke made the **air (atmosphere)** of the bar unbreathable.*

No sabemos cómo es la **atmósfera**
del planeta Plutón.

*We don't know what the **atmosphere**
of the planet Pluto is like.*

Los problemas del **medio ambiente**
dificultan la vida en Los Ángeles.

*Problems of the **environment** make life
difficult in Los Angeles.*

La contaminación del **medio ambiente**
es ahora un problema mundial.

*The contamination of the **environment**
is now a world problem.*

el cuero *leather; hide*	**la piel** *skin; leather; fur*
la tez *complexion*	**estar en cueros** *to be stark-naked*
el cutis *skin*	**salvar el pellejo** *to save one's own hide (skin)*

Cuero is standard for leather or hide. When leather refers to a soft or supple material, it is usually rendered by **piel: guantes de piel**, *leather gloves*. **Piel** is also the basic word for the skin of a person, animal, vegetable, fruit, etc. **Tez** is *complexion*, and it refers to the skin's natural color, appearance, and texture. **Cutis** is used almost exclusively for the skin of the human face, although technically it refers to the epidermis that covers the human body. **Estar en cueros**, in contrast with **estar desnudo**, *to be nude, undressed*, is strongly colloquial and somewhat pejorative in tone. In the final expression above, **pellejo** is a synonym of **piel**, and replaces it on a more colloquial or familiar level of speech.

Las botas de los vaqueros se hacen de
cuero grueso.

*Cowboy boots are made of thick
leather.*

Para su cumpleaños, Carmen le regaló
una cartera de **piel** de cerdo.

*For his birthday, Carmen gave him a
gift of a pig-**skin** wallet.*

Muchas mujeres están boicoteando los
abrigos de **pieles**.

*Many women are boycotting **fur** coats.*

La **piel** de muchas frutas es rica en
vitaminas y fibra.

*The **skin** of many kinds of fruit is rich
in vitamins and fiber.*

La palidez de su **tez** delataba la
reciente enfermedad de Elisa.

*The paleness of her **skin (complexion)**
revealed Elisa's recent illness.*

A pesar de sus años, la actriz tenía el
cutis de una joven.

*In spite of her years, the actress had
the **skin** of a young woman.*

Afortunadamente, en este país hay
pocas playas donde se puede **estar en
cueros**.

*Fortunately, in this country there are
few beaches where people can **go
around stark-naked**.*

En el momento de mayor peligro, Mario sólo pensaba en salvar la **piel** (el **pellejo**).	*At the moment of greatest danger, Mario only thought about saving his own **skin (hide)**.*

4

delatar *to reveal, give away; to inform on*
denunciar *to denounce, report (a crime)*
traicionar *to betray*
revelar *to reveal, give away*

When used with physical things, as in Laforet's text, **delatar** indicates mainly a natural revealing of some circumstance or situation. **Delatar**, however, has another common meaning, which is *to betray* a person by purposely revealing his or her secrets, crimes, behavior, and so on to a third party. **Denunciar** is sometimes translated as *to denounce* in English. Most often, however, it corresponds to the English *to report* a crime or a violation of some ordinance to the proper authority. **Traicionar**, equivalent to the English *to betray*, indicates an act of disloyalty, treachery, or unfaithfulness to a person, institution, or nation. **Revelar**, as opposed to the verbs listed above, is a more neutral word and a standard term for *to reveal, uncover, or show something*.

El aire inquieto del contrabandista le **delató** al aduanero.	*The smuggler's restless manner **gave** him **away** to the customs inspector.*
El soplón **delató** a sus compañeros a la policía.	*The stool pigeon **informed on** his pals to the police.*
El inquilino **denunció** al propietario por no mantener el edificio en buenas condiciones higiénicas.	*The tenant **reported** the landlord for not keeping the building in proper sanitary condition.*

5

la suela *sole*	**el lenguado** *sole*
la planta (del pie) *sole*	**el alma** *(fem.) soul*

The English homonyms *sole* have three different translation equivalents in Spanish, according to whether the referent is a shoe (**suela**), the foot (**planta**), or a fish (**lenguado**). The homophone *soul* is **el alma** (*pl.* **las almas**) in Spanish.

El mendigo tenía agujeros en las **suelas** de los zapatos.	*The beggar had holes in the **soles** of his shoes.*
Me duelen las **plantas de los pies** de tanto andar.	*The **soles of my feet** hurt from walking so much.*

Compra un kilo de **lenguado** fresco.   *Buy a kilo of fresh **sole**.*

Rezaron por el **alma** de los difuntos.   *They prayed for the **souls** of the
                                                deceased.*

a costa de *at the expense of*   **la costa** *cost*
a toda costa *at any cost*   **las costas** *costs, expenses*
el coste *cost*   **el coste de la vida** *the cost of living*
el costo *cost*   **costear** *to pay for, pay the cost of*

Costas, used mostly in the plural, implies the costs, in monetary or other terms, of some event, such as an accident or trial. **El coste** and **el costo** are synonyms, but **coste** is the more common word. It is roughly equivalent to **precio**, *price*. **Costo** is sometimes preferred to **coste** when larger amounts of money are involved. Note that **costear** is not followed by a preposition in Spanish, but directly by a noun.

Las **costas** de mi accidente las paga   *The **cost (expenses)** of my accident are
el seguro.   being paid by the insurance (policy).*

El **costo de la vida** sube   *The **cost of living** is going up
constantemente.   constantly.*

El **costo** de la presa hidroeléctrica   *The **cost** of the hydroelectric dam
sobrepasa los 500 millones de dólares.   exceeds 500 million dollars.*

El **coste (costo, precio)** del piso es   *The **cost** of the apartment is more than
más de lo que habíamos esperado.   we had expected.*

Sus padres le ayudaron a **costear**   *His parents helped him **to pay the
su educación.   costs of** his education.*

advertir *to warn, notify, alert*   **avisar** *to inform, let know, notify*
aconsejar *to advise*   **asesorar** *to advise*
el consejero *adviser*   **el asesor** *adviser*

Advertir means *to call a person's attention* to something he or she should know or realize. Note that **avisar** does not mean *to advise* but *to inform or notify* in Spanish; it is a synonym of **informar**. **Aconsejar** is the standard word for *to advise* or *to give advice*. **Asesorar** is a synonym of **aconsejar**, but suggests expertise in legal, economic, or political matters.

Le **advertí** que era peligroso conducir borracho.	*I **warned** him it was dangerous to drive (while) drunk.*
Hay que **avisar (informar)** del robo a la policía.	*We must **inform** the police of the robbery.*
Mis padres siempre me **aconsejaron** bien.	*My parents always **gave** me good **advice**.*
Marta reside en Washington, donde es **asesora** económica del Presidente.	*Marta lives in Washington where she is the President's economic **adviser**.*

pillar *to catch*	**agarrar** *to catch; to grasp, grab*
coger *to catch*	**atrapar** *to catch, trap*
asir *to catch, grasp*	

The above verbs all possess areas of meaning that enable them to render certain instances of English *to catch*. **Pillar**, for example, often indicates the unexpected catching of someone who is doing what he or she should not be doing. **Coger**, which means *to catch* in many contexts, is a taboo word in parts of Spanish America, where **agarrar** and **tomar**, *to take*, often replace it. **Agarrar** in Spain means *to grasp* or *to grab*, often with force. **Atrapar** also means *to catch*, especially after a pursuit or as a result of cunning or entrapment, physical or figurative. **Asir** means *to catch* or *to grasp* something that has a handle, such as a pot, an umbrella, or a weapon.

Pilló al niño en una mentira.	*He **caught** the child in a lie.*
¿Dónde **se coge** el tren para Guadalajara?	*Where **does one catch** the train for Guadalajara?*
El poeta **asió** una pluma y se puso a escribir.	*The poet **grasped** a pen and started to write.*
Cogieron (Pillaron, Agarraron) a los muchachos robando fruta.	*They **caught** the boys stealing fruit.*
La policía nunca pudo **atrapar** a Jack el Destripador.	*The police were never able **to catch** Jack the Ripper.*
El granjero **atrapó** el zorro que le había estado matando las gallinas.	*The farmer **caught (trapped)** the fox that had been killing his hens.*

comprender *to understand, comprehend; to comprise*
entender *to understand*

In most cases it is not possible to distinguish clearly between the above verbs. **Entender**, however, is much more common than **comprender** in both spoken and written Spanish. **Entender** alone means *to understand* in the sense of being intelligible with regard to the means of communication. **Comprender** may sometimes suggest a deeper or more complete understanding of something. But in most other cases no attempt is made to differentiate between the two verbs. Note, too, that the separate meaning of **comprender**, *to comprise*, includes *embrace*.

No es cosa de no **entender** su español, es que no lo **comprendo** a él.	*It's not a question of not **understanding** his Spanish; it's that **I** don't **understand** him.*
Los adolescentes no **entienden** **(comprenden)** por qué la vida se ha complicado tanto.	*Adolescents don't **understand** why life has become so complicated.*
Pronto el Mercado Común **comprenderá** muchos más países.	*Soon the Common Market will **comprise** many more countries.*

suelto *loose, free (not confined)*
soltar *to let loose, let go of; to free*
apretado *tight*

flojo *loose, slack (not tight); lazy*
aflojar *to loosen, slacken*
apretar *to tighten*

The verb **soltar** has two participles: **soltado**, used with **haber** to form compound tenses, and **suelto**, used as an adjective. The English *loose* is **suelto** when referring to something that is not constricted by being bound, tied down, or confined. **Flojo** normally renders English *loose* in the sense of not tense or tight. In some Spanish-American countries, **flojo** also renders English *lazy*. **Apretado**, *tight*, is the opposite of both **suelto** and **flojo**. It conveys the idea of overcrowding or overfilling a particular space, or of excessively closing or tightening physical things or objects.

Han soltado las cobayas del laboratorio.	***They have let loose (freed)** the guinea pigs in the laboratory.*
Los cables del teléfono han quedado **flojos** por la tormenta.	*The telephone wires are **loose** on account of the storm.*
La ropa **suelta** está muy de moda ahora.	***Loose-fitting** clothes are very much in style now.*

A ciertas horas el metro va muy **apretado**.

*At certain hours (times) the subway is **tightly (jam-) packed**.*

Apreté demasiado los tornillos y ahora tengo que **aflojarlos**.

*I **tightened** the screws too much and now I must **loosen them**.*

11

---

el barrio chino *the red-light district; Chinatown*
el barrio *district, quarter, neighborhood, section (of a city)*
el distrito *district*
la zona *zone, district, area*
el suburbio *suburb; outlying slum*
las afueras *outskirts, suburbs*

In Barcelona and in some other port cities, **barrio chino** designates a seamy area of town characterized by cheap bars, prostitution, etc. It is akin to the tenderloin district in some American cities. In certain cities (mostly outside the Spanish-speaking world) that have a concentrated Chinese population living in a single neighborhood, **barrio chino** refers to that area. **Barrio** refers to any of the specific areas or neighborhoods defined along ethnic, socioeconomic, or similar lines. **Zona** is a synonym of **barrio** sometimes used to designate commercial, industrial, or residential use. **Distrito** shares an area of meaning with **zona** but reflects established administrative or governmental divisions. **Suburbio** has traditionally designated the outlying slum area of cities. In more recent times, however, at least in some Spanish-speaking countries, the term has come to designate newer middle-class or upper-class residential areas. Probably the safest interpretation in Spanish of the English term *suburbs*, is **afueras** rather than **suburbios**.

En San Francisco siempre visitamos el **barrio chino**.

*In San Francisco we always visit **Chinatown**.*

Los Ángeles tiene un **barrio** coreano grande.

*Los Angeles has a large Korean **neighborhood (district)**.*

Vivimos en el mismo **distrito** postal.

*We live in the same postal **district**.*

Han comprado una casa en una nueva **zona** (un nuevo **barrio**) residencial.

*The have bought a home in a new residential **district**.*

La **zona** portuaria de Los Ángeles está en San Pedro.

*The port **area** of Los Angeles is in San Pedro.*

Las condiciones de las viviendas en los **suburbios** son muy desagradables.

*Housing conditions in the **slum areas** are very unpleasant.*

Ahora viven en las **afueras** de la capital.

*Now they live in the **suburbs (outskirts)** of the capital.*

12

---

acercarse(se) *to bring near; to approach*
aproximar(se) *to bring near; to approach, draw near*
arrimar(se) *to bring close(r); to draw up to*
alejar(se) *to move away*

Acercar, its synonyms **aproximar** and **arrimar**, and its antonym **alejar**, are used reflexively to indicate that a subject is moving toward or away from something or someone. **Arrimar** suggests a closer degree of proximity (or even physical contact) than **acercar** and **aproximar**. All four verbs are also used non-reflexively to indicate that someone is moving something (or someone) toward or away from a particular place.

Se acercaban (aproximaban) a Jalapa, capital del estado de Veracruz.	*They were approaching Jalapa, capital of the state of Veracruz.*
¿Quieres **acercar (aproximar)** la lámpara un poco más?	*Will you please **move** the lamp a little **closer**?*
El niño **se arrimó** a su madre buscando protección.	*The child **snuggled up** to his mother seeking protection.*
Arrimé la escalera a la pared.	*I put the ladder against the wall.*
El tren ya había comenzado a **alejarse** cuando llegamos.	*The train had already begun **to pull away** when we arrived.*
Ella me **alejó** por completo de su vida.	*She **put** me completely **out** of her life.*

13

---

la tempestad *storm*	**la tormenta** *storm*
el temporal *storm*	**el aguacero** *shower, storm*
la lluvia *rain*	**el chubasco** *squall, shower, storm*
la llovizna *drizzle*	**el chaparrón** *shower, downpour*

Tempestad indicates a rainstorm accompanied by strong winds, thunder, and lightning. In the selection from *Nada*, **tempestad** is used figuratively. In most cases, **tormenta** is a close synonym of **tempestad**, but it may also indicate a storm without rain. **Temporal** is longer in duration and may last several days; it is at times similar to a storm front. **Aguacero, chubasco**, and **chaparrón** all indicate sudden, brief, and heavy rainstorms. **Chubasco**, however, is most often associated with storms at sea and is characterized by very strong winds.

Desde el balcón, veíamos la **tormenta** que se acercaba.	*From the balcony we could see the **storm** that was approaching.*

Ese año un **temporal** arrasó grandes zonas de Inglaterra, Francia y Holanda.	*That year a **storm** devastated large areas of England, France, and Holland.*
El **aguacero** destruyó la cosecha de uvas.	*The **rainstorm** destroyed the grape harvest.*
Tuvimos que cambiarnos de ropa porque un **chaparrón** nos sorprendió en el parque.	*We had to change our clothes because a **storm (downpour)** surprised us in the park.*

conseguir *to get, obtain; to succeed in + gerund*
lograr *to get, obtain, achieve; to succeed in + gerund*
alcanzar *to reach, overtake, obtain; to manage to + infinitive*
obtener *to obtain, get*

Conseguir and **obtener** both indicate a person's obtaining or successfully doing what he or she desires. **Alcanzar** stresses the arrival at some physical destination and, figuratively, indicates reaching other types of goals through effort. Both **conseguir** and **lograr** are followed directly by the infinitive when they mean *to succeed in doing something*, but **alcanzar**, when followed by the infinitive, also requires the preposition **a**. Finally, **obtener** is followed by a direct object (never by an infinitive) and implies to obtain by effort.

Hemos conseguido el dinero para comprar la casa.	***We have gotten (obtained)** the money to buy the house.*
Logró sacar el dinero antes de que quebrara el banco.	***He (She) succeeded in** taking out his (her) money before the bank failed.*
Nuestro equipo **ha logrado** el campeonato este año.	*Our team **won (achieved)** the championship this year.*
No **alcanzó a** comprender por qué lo habían despedido.	***He** never **managed to** understand (grasp) why they had fired him.*
Lo **alcanzamos** cuando estaba a punto de entrar en su casa.	***We caught up with** him when he was about to enter his house.*
Alfredo por fin **alcanzó** el puesto que deseaba.	*Alfredo finally **got (obtained)** the position he wanted.*
Gabriela Mistral **obtuvo** el premio Nobel de literatura en 1945.	*Gabriela Mistral **got** the Nobel Prize in Literature in 1945.*

◆ 15 ◆

respaldar *to back; to endorse*   **ayudar** *to help*
apoyar *to support, back; to lean* **socorrer** *to help, aid*
amparar *to shelter, protect*   **auxiliar** *to help, aid, assist*
proteger *to protect*

Respaldar is *to protect or help* someone by offering a personal guarantee of support; it is a synonym of **proteger**. It can also mean *to endorse* in a political sense. **Apoyar** is *to help* someone by backing or standing behind him or her; it also means *to lean*. In the sense of helping someone, **apoyar** implies a lesser degree of personal commitment than **respaldar**. **Amparar** implies protection in the form of physical or spiritual shelter for someone in need or in danger. **Socorrer** suggests urgency or immediate aid to someone in danger or need. **Auxiliar** is a general term with a meaning broad enough to encompass all the preceding terms. The noun forms corresponding to these verbs are: **respaldo, apoyo, amparo, protección, ayuda, socorro,** and **auxilio**. They reflect the same semantic distinctions as the corresponding verbs.

Para empezar el negocio, mi tío me **respaldó** con el dinero necesario.	*My uncle **backed** me **(up)** with enough money to start the business.*
En la guerra, el presidente no contaba con el **apoyo** del pueblo.	*During the war, the president didn't have the **support (backing)** of the people.*
Durante la tormenta, los monjes **ampararon** al peregrino.	*The monks **sheltered** the pilgrim during the storm.*
Debemos **socorrer** en seguida a las víctimas del terremoto.	*We must immediately **help** the victims of the earthquake.*
Después del incendio, la Cruz Roja **auxilió** a los sin casa.	*After the fire, the Red Cross **helped (assisted)** the homeless.*
El muchacho fue a la ciudad a buscar **ayuda (auxilio)**.	*The young man went to the city to get **help (assistance)**.*

◈ Práctica

A Para cada una de las frases siguientes, elija Ud. la palabra o expresión que complete el sentido. En caso de que haya dos respuestas correctas, elija la más apropiada. Haga también cualquier cambio necesario en la palabra elegida para que la frase quede gramaticalmente correcta.

1. Planchado el mantel, Tomás lo dobló cogiéndolo por _____ (**los rincones, las esquinas, las comisuras**).

2. El mejor lugar para esta mesilla es _____ del dormitorio (**el rincón, la esquina, el ángulo**).

3. Durante el verano, la contaminación del aire crea _____ irrespirable en Los Ángeles (**un ambiente, un medio ambiente, una atmósfera**).

4. Mi hermana siempre come _____ de las manzanas y de las peras (**la piel, el pellejo, el cuero**).

5. El cómplice del asesino lo _____ al detective (**delatar, denunciar, traicionar**).

6. Me pican las _____ de los pies (**plantas, comisuras, suelas**).

7. _____ de los daños y perjuicios del último terremoto no se puede(n) calcular todavía (**Las costas, El precio, El costo**).

8. Su mujer le había _____ que no comiese tanto anoche (**advertido, avisado, asesorado**).

9. El hijo llamó por teléfono al número 911 para _____ que su padre había sufrido un ataque al corazón (**aconsejar, avisar, advertir**).

10. ¿Dónde se _____ el autobús para Valencia (**coger, pillar, atrapar**)?

11. Los Estados Unidos _____ cincuenta estados (**comprender, entender, costear**).

12. Debido al fuego en la cárcel, tuvieron que _____ a los prisioneros (**aflojar, soltar, apretar**).

13. Chamberí es un _____ típico de Madrid (**barrio, distrito, suburbio**).

14. Habiendo estudiado muchos años, Isabel pudo por fin _____ el título de psiquiatra (**alcanzar, lograr, obtener**).

15. Nuestro partido no _____ la propuesta para cambiar la ley (**apoyar, amparar, auxiliar**).

16. El visón es uno de los animales más apreciados por su _____ (**cuero, piel, pellejo**).

17. Humphrey Bogart casi siempre tenía un cigarrillo en _____ de la boca (**el ángulo, la esquina, la comisura**).

18. Ayer, antes de salir del cuarto, Alejandro _____ los libros que estaban sobre la mesa (**coger, atrapar, pillar**).

19. Mis padres me _____ que el tren estaba a punto de salir (**asesorar, aconsejar, avisar**).

20. En la antigua ciudad imperial de Toledo hay un _____ judío de gran valor artístico (**distrito, barrio, suburbio**).

21. El perro respiraba con dificultad y tuvimos que _____ el collar (**apretarle, aflojarle, soltarle**).

22. Durante el aguacero, _____ al edificio para resguardarnos de la lluvia (**arrimarse, acercarse, aproximarse**).

23. En la granja de mis tíos se _____ patos y conejos (**cultivar, criar, crecer**).

24. Sir Edward Hillary fue el primero en _____ la cima del monte Everest (**lograr, alcanzar, conseguir**).

25. Los mexicanos _____ muchos tipos de maíz (**crecer, criar, cultivar**).

26. Las huellas en la tierra húmeda _____ el paso del ciervo (**denunciar, traicionar, delatar**).

27. La Armada Invencible fue destruida por _____ en la costa del norte de Irlanda (**un chubasco, un aguacero, una tempestad**).

28. Miguel es políglota porque se _____ en Suiza (**cultivar, criar, crecer**).

29. En los países de clima húmedo y templado, es más fácil mantener el _____ suave (**pellejo, cutis, cuero**).

30. Mi mujer se niega a comprar zapatos hechos con _____ de cocodrilo (**piel, cuero, tez**).

B **Traduzca al español las siguientes frases empleando el vocabulario estudiado en este capítulo.**

1. The shoemaker put rubber soles on [use **a**] my old shoes.
2. The employee informed on his boss for not having paid all his taxes.
3. The guard caught the thief opening the safe.
4. Help came when we needed it the most.
5. This storm will last at least three days.
6. The handle became so hot that he let go of the frying pan.
7. On speaking, the general's words betrayed his anger.
8. He paid the cost [use one word] of the orphan's education in a good school.
9. Her work as a movie star has taken her to the most remote corners of the world.
10. The burning of great forests is changing the environment of our planet.

Temas a escoger

Temas relacionados con la selección literaria

1. Suponga que Ud. es Angustias y discuta con una amiga íntima la presencia de Andrea en casa.

2. Escriba Ud. un diálogo en el que Andrea revela a Ena su situación familiar.

3. Caracterice Ud. a Andrea desde el punto de vista del grupo estudiantil al que acaba integrándose.

Temas sugeridos por la selección literaria

1. Analice Ud. la falta de comprensión entre personas de diferentes generaciones.

2. Escriba Ud. sobre la reputación de una familia.

3. Escriba Ud. un diálogo dramático entre un hijo y uno de sus padres o parientes.

❖ Repaso gramatical ❖

Other Verbal Forms

The Infinitive

The infinitive sometimes functions as a noun. As such, it may be 1) the subject of a clause, 2) the object of a verb, or 3) the object of a preposition. Although any infinitive may be used as a noun, several common Spanish nouns are in fact infinitives preceded by an article.

> **el amanecer** *the dawn*
> **un deber** *a duty*
> **el parecer** *the opinion*
> **un poder** *a power*

A. In initial position, the infinitive used as a noun subject normally takes an article and is rendered in English by the gerund, a verb form with an *-ing* ending. When the article is omitted in initial position in Spanish, the construction corresponds more closely to the infinitive in English.

El viajar por el interior del país es peligroso.	***Traveling*** *through the interior of the country is dangerous.*
El tener que callarlo me parece injusto.	***Having*** *to be quiet about it seems unjust to me.*
Viajar por el interior del país es peligroso.	***To travel*** *through the interior of the country is dangerous.*
Tener que callarlo me parece injusto.	***To have*** *to be quiet about it seems unjust to me.*

The two previous sentences without the article in front of the infinitive would more commonly be expressed in Spanish with the following word order.

Es peligroso **viajar** por el interior del país.	*It's dangerous **to travel** through the interior of the country.*
Me parece injusto **tener que** callarlo.	*It seems unjust to me **to have** to be quiet about it.*

B. An infinitive dependent on another verb may be thought of as the object of that verb, even though both obviously share the same subject. This is true even if the infinitive itself is followed by another infinitive. Among the higher-frequency verbs that govern infinitives in this way when there is no change of subject are: **poder, saber, querer**, and **pedir**. A number of other verbs, because of their meaning, cannot indicate a change of subject and are always followed by the infinitive. These include: **acabar de, empezar a, atreverse a, aparentar**, and **ofrecer**.

No queríamos **salir**.	*We didn't want **to go out**.*
Carlos pidió **hablar** con su jefe.	*Carlos asked **to speak** with his boss.*
No puedes **evitar enfrentar** ese problema tarde o temprano.	*You can't **avoid facing** that problem sooner or later.*
Él esperaba **ver aparecer** a María de un momento a otro.	*He expected **to see** María **appear** at any moment.*
Él ofreció **acompañarme** hasta la estación.	*He offered **to accompany me** to the station.*

C. The infinitive is the verbal form that follows a preposition in Spanish. In this construction, the infinitive is sometimes rendered in English by the infinitive and sometimes by the gerund -*ing*.

Para tener éxito, hay que trabajar.	***In order to be*** *successful, one must work.*
Juan se empeñaba **en hablar** con el paciente.	*Juan insisted **on talking** with the patient.*
Al terminar, él se sentó.	***Upon finishing***, *he sat down.*
Francisco pasó delante de nosotros **sin vernos**.	*Francisco walked in front of us **without seeing us**.*

D. **Sin + *infinitive***, in addition to its standard meaning of *without + gerund* (illustrated in the preceding example), has another common use. It is used to modify a preceding noun or pronoun to indicate that something is in an incomplete or unfinished state. It is rendered in English by *un- + participle*.

Mi marido dejó los platos **sin fregar**.	*My husband left the dishes **unwashed**.*
En esta ciudad muchas calles están todavía **sin pavimentar**.	*In this city many streets are still **unpaved**.*

E. ***Por + Infinitive** versus Gerund*. One of the most common errors English-speaking students make in Spanish is to misuse the construction **por + *infinitive***. The preposition **por** has, of course, many meanings. But the meaning that is indicated when **por** is followed by the infinitive is always *because, on account of*, or *due to*. But **por** followed by the infinitive never means *by + gerund*. To express English *by + gerund*, a construction indicating the means by which something is done, Spanish uses the gerund without any preposition whatsoever.

Por correr (haber corrido) tanto, José llegó muy cansado.	***Because*** *José **ran (had run)** so much, he arrived very tired.*
Corriendo hasta la esquina, Luisa logró coger el autobús.	***By running*** *to the corner, Luisa managed to catch the bus.*
Por decir la verdad, Elena perdió el empleo.	***Because she told*** *the truth, Elena lost her job.*
El diputado se escapó **saltando** por la ventana.	*The congressman escaped **by jumping** out the window.*

The Past Participle

General Statement. The past participle *participates* in the qualities of both verb and adjective. With the auxiliary **haber**, it functions as a verb (always retaining the masculine singular **-o** ending) to form compound tenses. But when used with any verb other than **haber**, the participle is adjectival and, like any adjective, must agree in gender and number with the word it modifies.

Pilar **ha pintado** treinta acuarelas para la exposición.	*Pilar **has painted** thirty watercolors for the exhibit.*
Veinte cuadros **fueron pintados** por Pilar.	*Twenty pictures **were painted** by Pilar.*
Nos hemos cansado mucho esta tarde.	*We have gotten very **tired** this afternoon.*

Estábamos muy **cansados** esta tarde.	*We were very **tired** this afternoon.*
El lanzador **había ganado** veinte partidos.	*The pitcher **had won** twenty games.*
Veinte partidos **habían sido ganados** por el lanzador.	*Twenty games **had been won** by the pitcher.*

In the example immediately above, **haber** is not the auxiliary verb of the participle **ganados**, but an auxiliary of the main verb **ser**, on which the participle depends. **Ganados** thus agrees with **partidos** in gender and number instead of ending in **-o**. The forms of the past participle and the formation of compound tenses were reviewed in Chapter 4. Here, let us point out that there are several participial forms (recognized by their **-ado** and **-ido** endings) that are used exclusively as adjectives and do not combine with **haber** to form compound tenses. These include:

controvertido *controversial*
descarado *shameless*

Absolute Constructions

The past participle may be used adjectivally without a verb in an *absolute* participle phrase that is syntactically independent of the main clause. This construction is in large part a literary one, and it is used to indicate an action or state previous in time to the time of the main clause. Its rendering in English varies, as may be seen in the following examples.

Concluida su tarea, Juan se sentó a mirar la televisión.	*His homework **finished** (**Having finished** his homework), Juan sat down to watch television.*
Hechos los preparativos, partieron para Roma.	*Preparations **having been made** (**When** the preparations **were made**), they departed for Rome.*
Después de **echada** la carta, recordé que no la había firmado.	*After the letter **had been mailed**, I remembered that I hadn't signed it.*

The Gerund

The Spanish gerund ends in **-ando** or **-iendo**, and has both simple and compound forms. The simple form indicates time corresponding closely to that of the verb, whether past or present. The compound form (with **haber** in the gerund) always refers to time previous to that of the main verb and is used exclusively to refer to past events.

Viajando por México, vimos muchos pueblos pintorescos.	*While (When) traveling in Mexico, we saw many picturesque towns.* (contemporaneous events)

Habiendo dimitido el primer ministro, se disolvió su gabinete.	*After the prime minister **resigned** (The prime minister **having resigned**), his cabinet was dissolved. (resignation preceded dissolution of cabinet)*

In Spanish, the gerund can modify verbs but not nouns. Thus a verbal modifier ending in *-ing* in English may correspond to the Spanish gerund. The *-ing* modifier referring to a noun in English, however, should not be rendered with the gerund in Spanish.

Major Uses of the Gerund

A. *As an adverb that directly modifies another verb*:

El año pasó **volando**.	*The year flew by (passed **flying**).*
Carlos entró **corriendo**.	*Carlos ran in (came in **running**).*
Cruzamos el río **nadando**.	*We swam across (crossed by **swimming**) the river.*

B. *To indicate the means or method by which something is done or achieved.* (This usage has already been referred to under *Infinitive,* p. 125). In these constructions, the Spanish gerund is rendered by the English gerund *-ing* with the preposition *by* either expressed or understood.

Estudiando más, podrás aprobar inglés.	***By studying** more, you'll be able to pass English.*
El obispo empezó la jornada **asistiendo a** una misa.	*The bishop began the day **(by) attending** a mass.*
Guillermina se hizo rica **comprando** y **vendiendo** oro.	*Guillermina became rich **(by) buying** and **selling** gold.*

C. *With **ser** and **estar**, to relate a state of the subject to an action expressed in the main clause.* In this construction, the gerund is rendered in English by *when* or *while* + *finite verb*.

Estando yo en Europa, estalló la guerra.	***While (When) I was** in Europe, war broke out.*
Se conocieron **siendo** Carlos estudiante en Ohio.	*They met **while** Carlos **was** a student in Ohio.*

D. *As a replacement for a relative clause that functions as an adjective after verbs of perception* (**mirar, ver, observar, oír, sentir**) *and verbs of representation* (**pintar, describir, representar, imaginarse, mostrar, enseñar**). Such verbs convey the impression of something going on or in progress, which is the very essence of the gerund.

Mirábamos a dos niños **que jugaban** en la playa.	*We watched two children **who were playing** on the beach.*
Mirábamos a dos niños **jugando** en la playa.	*We watched two children **playing** on the beach.*

The second example with the gerund presents an action with greater immediacy. The construction with **jugando** may itself be replaced by an infinitive construction, as shown below, which represents a loss of immediacy in conveying a sense of an action in progress.

Mirábamos **jugar** a dos niños en *la playa.*	*We watched two children **play** on the beach.*

Since the gerund never loses its aspect of verbal continuity, it may not be used in Spanish as an adjective to modify a contiguous noun directly. (In English, the gerund always takes the place of a noun. It is the English present participle [see next section] that modifies a noun.) An adjective or some other circumlocution must often be used in Spanish to render an English present participle.

un lechero madrugador *an early-rising milkman*

un pueblo pescador *a fishing village*

unas palabras lisonjeras *some flattering words*

una máquina para barrer las calles *a street-sweeping machine*

un estudiante de habla francesa *a French-speaking student*

The Present Participle

Adjectives ending in -**ante** or -**(i)ente** are present participles in Spanish. Unlike the past participle, which may function as both verb and adjective, the present participle is only an adjective, for it is not used to form compound tenses. Often times, when the Spanish present participle corresponds to an English adjective ending in *-ing*, English-speaking students mistakingly render it with the Spanish gerund. Finally, unlike -**ado** and -**ido**, the suffixes -**ante** and -**(i)ente** may not be appended at will to any verb, but are found only in forms sanctioned by actual use. On the following page are several present participles used as adjectives.

ausente *absent*

conveniente *proper, suitable*

corriente *running*

creciente *growing*

chispeante *sparkling*

durmiente *sleeping*

interesante *interesting*

obediente *obedient*

pendiente *hanging; dependent*

sonriente *smiling*

sorprendente *surprising*

tocante *concerning*

Su mirada era totalmente **carente** de expresión **interrogante**.

*His glance was completely **lacking** in any **questioning** expression.*

Es una situación muy **preocupante**.

*It's a very **troubling** situation.*

Many present participles that were originally adjectives have also become nouns through their use with the definite article. The endings -**ante** and -**(i)ente** are, of course, not marked for gender and it is the use of **el** or **la** that indicates the gender of the referent.

el (la) asistente *assistant*

el (la) creyente *believer*

el (la) dependiente *clerk*

el (la) estudiante *student*

el (la) pariente *relative*

el (la) presidente *president*

el (la) sirviente *servant*

A few of the above words also include in modern Spanish a purely feminine form marked for gender by the -**a** ending. However, acceptance or rejection of these newer forms varies considerably throughout the Spanish-speaking world.

la asistenta

la parienta

la presidenta

la sirvienta

Reflexive Verbs

A. A verb is used reflexively in Spanish to show that the subject performs an action on itself (i.e., it does something to or for itself). In order to constitute a truly reflexive construction in Spanish, 1) the subject must be animate (i.e., a person or an animal) and 2) the verb must be transitive (capable of taking a direct or indirect object). The verb must, of course, also be accompanied by a reflexive pronoun: **me, te, se, nos, os, se**. In the first sentence of each of the following pairs of examples, the action reflects directly on the subject as a whole, and in the second sentence of each pair it reflects back on a specific part of the subject.

Me corté esta mañana.	*I cut myself this morning.*
Me corté la mano esta mañana.	*I cut my hand this morning.*
Víctor **se rascaba** porque le había picado un mosquito.	*Víctor was scratching himself because a mosquito had bitten him.*
Víctor **se rascaba el brazo** porque le había picado un mosquito.	*Víctor was scratching his arm because a mosquito had bitten him.*
Carlos **se lastimó** al caerse de la escalera.	*Carlos hurt himself when he fell from the ladder.*
Carlos **se lastimó la pierna** al caerse de la escalera.	*Carlos hurt his leg when he fell from the ladder.*

Notice, too, how the English equivalent of the second Spanish example in each of the above pairs uses the possessive adjective rather than a reflexive construction. This leads many English-speaking students to mistakenly use the possessive adjective instead of the reflexive pronoun in these structures, an error that should be guarded against.

B. There are many transitive verbs in English which, unlike the transitive verbs in the Spanish examples in section A. above, regularly omit the reflexive pronoun even though a reflexive meaning is clearly intended. Unlike English, Spanish never omits the reflexive pronoun in these constructions.

No me afeité esta mañana.	*I didn't shave this morning.*
¿Dónde **se escondieron** los niños?	*Where did the children hide?*
La niña no quiere **lavarse**.	*The little girl doesn't want to wash (herself).*
No puedo **concentrarme** con tanto ruido.	*I can't concentrate with so much noise.*
Nos hemos helado esperando el autobús en la esquina.	*We froze while waiting for the bus on the corner.*

C. The pronouns **me, te, se, nos, os, se** may also be used non-reflexively with transitive verbs that have inanimate subjects.

Se rompió la lámpara del comedor.	*The dining-room lamp broke.*
Se abrieron las puertas.	*The doors opened.*

Se ha parado el motor del nuevo coche.	*The motor of the new car **has stopped**.*

Obviously, the inanimate objects **lámpara, puertas**, and **motor** did not perform an action on themselves. Indeed, the above constructions with the reflexive pronouns suggest, at least linguistically, the accidental nature of the occurrence, i.e., that the person concerned with or affected by the specified action was not directly responsible for its happening.

D. The pronouns **me, te, se, nos, os, se** are also used with a small number of intransitive verbs in a non-reflexive way to show that an action is of great concern to the subject, and to express the completeness or totality of an action. This image is much more common in colloquial than in written Spanish.

Yo sé lo que **me hago**.	*I know what **I'm doing**.*
El tío de Carlos **se ha muerto**.	*Carlos's uncle **has died**.*
Los niños **se comieron** el helado.	*The children **ate (up)** the ice cream.*
Se fumaron todos los cigarrillos.	***They smoked** all the cigarettes.*

The Passive Voice

The passive voice permits the same episode or action to be viewed from a different perspective or frame of reference than the active voice. Indeed, the passive voice, which always requires a transitive verb, changes the subject (normally the performer of an action) into the object of an action. In Spanish, the true passive is rendered with **ser + past participle**, with an agent either expressed or implied. The essence of the passive voice is that it stresses the action itself as it affects what in English is normally the subject. When, however, we refer to the state resulting from an action rather than the action itself, **estar, quedar**, or some other verb is used rather than the passive with **ser**. This is clear in the two sets of contrasting examples below.

Esta ventana **fue rota** ayer.	*This window **was broken** yesterday.*
Esta ventana **estaba rota** ayer.	*This window **was (already) broken** yesterday.*
El castillo **fue destruido** durante la guerra.	*The castle **was destroyed** during the war.*
El castillo **estaba destruido** cuando lo vi.	*The castle **was (already) destroyed** when I saw it.*

The Agent in the Passive Voice

Whenever the agent is expressed in a sentence with the verb in the passive voice, it is introduced by the preposition **por**. (**De** may replace **por** when the passive verb stresses a mental or emotional attitude—**temer, odiar, aborrecer, amar**, etc. Even in this context, however, **por** is used more often than **de**.)

El cuadro fue pintado **por** Andrés.	*The picture was painted **by** Andrés.*
Fernando VII fue odiado **de (por)** muchos españoles.	*Fernando VII was hated **by** many Spaniards.* (**por** suggests a more intense hatred)

Deletion of Agent with Reflexive Construction

A device commonly used in Spanish to remove any external agent from an action is to replace the passive voice with a reflexive substitute. This construction is very frequent in Spanish and is preferred over the true passive when there is no need to indicate an agent. But both the true passive and the reflexive substitute are rendered in English by the passive voice, which is one reason English-speaking students tend to overuse the passive voice in Spanish.

Se lavó la ropa ayer.	*The clothes **were washed** yesterday.* (not **fue lavada**)
Yo creo que **se solucionarán** sus problemas.	*I believe your problems **will be resolved**.*
Los funerales del presidente **se celebraron** ayer.	*The President's funeral **was held** yesterday.*

Reflexive Verbs with Causative Meaning

Certain verbal expressions with reflexive pronouns, such as **cortarse el pelo, operarse, retratarse, hacerse una fotografía**, clearly cannot have a true reflexive meaning. They are used instead with the causative meaning of *to have something done for or to oneself.*

Mañana tengo que **cortarme el pelo**.	*Tomorrow I must have **my hair cut**.*
Yo **me hago** dos trajes al año.	***I have** two suits **made (for myself)** each year.*
Luis fue a Boston a **operarse** de unas cataratas.	*Luis went to Boston **to have** his cataracts **operated on**.*

◈ Práctica

A Para cada una de las siguientes frases, elija Ud. la forma verbal que la complete correctamente.

1. El presidente de *El Tiempo* quedó herido _____ una bomba cerca del hotel (**estallando, estallada, al estallar**).

2. _____ tanto con poca luz hace daño a los ojos (**Leída, Leyendo, El leer**).

3. El niño _____ tres veces al día (**lava, se lava, está lavando**).

4. Elena no ha conseguido nada con _____ un préstamo al banco (**pidiendo, pedir, pedido**).

5. Una vez _____ los pantalones, me los puse (**planchando, planchado, planchados**).

6. No pude evitar _____ con Leandro (**hablando, hablar, hablado**).

7. La gripe que tengo _____ con este nuevo medicamento (**se cura, está curada, cura**).

8. La situación económica _____ al terminar la guerra (**normalizada, se normaliza, normalizándose**).

9. Nosotros _____ en la piscina del club (**estamos bañados, somos bañados, nos bañamos**).

10. Su hija _____ ayer por una serpiente venenosa (**se mordió, está mordida, fue mordida**).

11. Raquel es una persona que tiene prisa por _____ emociones nuevas (**viviendo, vividas, vivir**).

12. Pablo mandó _____ la casa vieja (**pintando, pintada, pintar**).

13. _____ yo conductor de autobús tuve un accidente en la autopista de Madrid (**Siendo, Haber sido, Ser**).

14. Mi hermano cruzó _____ el parque para llegar al colegio a tiempo (**corriente, corriendo, corrido**).

15. Su hija ha _____ por quemar la bandera (**sido detenida, sido detenido, estado deteniéndose**).

B Rellene los espacios en blanco usando la forma apropiada de la palabra entre paréntesis. Use los tiempos verbales compuestos cuando sea apropiado.

La verdad, ahora no _____ (saber) (1) qué me _____ (pasar) (2) aquel día. También ahora _____ (darse) (3) cuenta de que entonces

_____ (tener) (4) fiebre. No, no _____ (estar) (5) enferma aquel día, solamente _____ (tener) (6) algo de fiebre, pero nunca _____ (pensar) (7) en llamar al médico. La fiebre, al _____ (pasar) (8) me _____ (dejar) (9) con la sensación de que alguien me _____ (haber) (10) dado una paliza. De cualquier forma, ese día _____ (levantarse) (11) a _____ (examinar) (12) mis zapatos, por si _____ (estar) (13) rotos o sucios, y me los _____ (poner) (14).

Al verme, mi tía me _____ (decir) (15) que yo _____ (tener) (16) fiebre, porque _____ (agarrar) (17) un catarro el día anterior al mojarme por andar descalza sobre el suelo frío. Me _____ (decir) (18) también que yo _____ (tener) (19) que tener más cuidado. A mi tía, le _____ (gustar) (20) mucho dejarme saber que yo _____ (vivir) (21) gratis con ella, pero eso no _____ (ser) (22) verdad, porque mi padre _____ (enviar) (23) dinero todos los meses para pagar mis gastos. Ella _____ (creer) (24) que yo no _____ (estar) (25) enterada de eso.

C **Traduzca al español las siguientes frases, usando las formas verbales estudiadas en este capítulo.**

1. "This continual living in doubt is killing me," said Juanita.
2. The child seemed to want to know what they were doing.
3. The two companions separated at the door.
4. She ran upstairs to look for her son.
5. They locked him up for having falsified some documents.
6. My uncle washed and dressed and then went to his office.
7. The strike in Bilbao is still unsettled.
8. Sleeping well is necessary for good health.
9. The prince will be crowned in May of 2008.
10. We watched the players drying the sweat from their foreheads with their handkerchiefs.

D **Cada una de las frases siguientes contiene un error. Teniendo en cuenta la gramática estudiada en este capítulo, identifique Ud. cuál es el error y corríjalo.**

1. Esta ventana estuvo rota por mi hermano y sus amigos durante un partido de béisbol.
2. Juan frotó los ojos con las manos y miró la hora en el despertador.

3. Bailando y paseando son los ejercicios preferidos de mucha gente, especialmente en los pueblos pequeños.

4. Por caminando tan deprisa, llegamos con una hora de anticipación a la cita que teníamos en el parque.

5. Marcos se compró un nuevo bañador no sabiendo que no fue su talla.

6. Todos los días, al saliendo del colegio, mi hermano iba a comprarse un helado.

7. Esta película estuvo estrenada el lunes pasado en un cine de la Gran Vía.

8. Durante tres días estábamos vistando el hermoso pueblo de Sigüenza, y visitamos varias veces su hermosa catedral.

9. Pasaron delante de todos sin mirar a nadie porque están muy orgullosos.

10. Todos esos cuadros estuvieron pintados por Picasso durante su período azul.

ENFOQUE Evaluating the First Draft

Experience has proven that a first draft is rarely the definitive version of an essay. It is sometimes necessary, therefore, to write more than one draft. Ideas and style often become clearer during this revision process.

Often, writers mention an "instinctive sensibility" which guides them through the revision of their work. It is possible to develop such sensibility, but you should recognize that when writing in a foreign language it is much more difficult to do so. Furthermore, it takes years of practice to develop such instinctive familiarity with writing. You should evaluate your first draft, then, by employing other helpful techniques.

TIPS

To aid you in revising a draft, consider the following questions:

1. Is the topic meaningful and interesting enough to develop a strong essay?

2. Is the thesis appropriate for the goal of the essay?

3. Besides your teacher, who else might be interested in this essay? (You must always keep these other readers in mind while preparing your drafts.)

4. Is the first draft well organized?

5. Are the paragraphs well constructed?

6. Do you have an introductory paragraph? Is it interesting enough?

7. Do you have a concluding paragraph? Could you in any way improve it?

8. Do you have enough material, examples, and reasons to support your ideas?

9. Have you employed all possible resources?

10. Have you carefully revised the language—grammar, vocabulary, tone—so that it enhances the style of the essay?

CAPÍTULO

6

La ciudad y los perros
MARIO VARGAS LLOSA

Repaso gramatical
- *The Subjunctive Mood (Part I)*

LA CIUDAD Y LOS PERROS
MARIO VARGAS LLOSA

La publicación de La ciudad y los perros *(1963), primera novela del peruano Mario Vargas Llosa (1936–   ) constituyó un acontecimiento literario en los países de habla española. Traducida a quince lenguas, esta valiosa obra del llamado "boom" hispanoamericano colocó al Perú en el mapa para los lectores de la literatura contemporánea mundial. Entre las obras más destacadas de Vargas Llosa figuran también* La casa verde *(1966), cuyo escenario es el Perú amazónico, y la novela socio-política* Conversación en la catedral *(1969). Después ha publicado* Pantaleón y las visitadoras, *sátira de la burocracia militar peruana,* La tía Julia y el escribidor, *que contiene elementos autobiográficos del autor, e* Historia de Mayta, *acertado análisis de la psicología de un revolucionario.*

La acción de gran parte de La ciudad y los perros *tiene lugar en el Colegio Militar Leoncio Prado, en Lima, microcosmos de la sociedad peruana. Los cadetes de este colegio proceden de todas las clases sociales del país y son admitidos en él por especial favor del Estado, por vocación militar o por castigo de sus padres. Los "perros" a los que el título se refiere, son los cadetes novatos que sufren, a manos de los cadetes mayores, humillantes y crueles ritos de iniciación en el proceso de hacerse hombres. También, como muestra Vargas Llosa, vemos que la educación que se pretende inculcar en los estudiantes para que lleguen a ser oficiales del ejército peruano sólo consigue matar en ellos toda sensibilidad y todo sentido de moralidad.*

Para el novelista y crítico mexicano Carlos Fuentes, La ciudad y los perros *es "la más extraordinaria novela de la adolescencia que se ha escrito entre nosotros". Un personaje central en la novela, y uno de sus varios narradores, es el cadete Alberto, cuyo padre lo ha mandado al Colegio para quitarle de en medio de una situación familiar difícil creada por la infidelidad matrimonial del mismo padre. En el fragmento literario reproducido aquí, en una de las pocas escenas ubicadas fuera de los muros del Colegio, Alberto visita a su madre, una mujer neurótica que vive separada del marido.*

Bajó del autobús en el **paradero**[1] de Alcanfores y recorrió a largos trancos las tres cuadras que había hasta su casa. Al **cruzar**[2] una calle vio un grupo de chiquillos. Una voz irónica dijo, a su espalda: "¿Vendes chocolates?" Los otros se rieron. Años atrás, él y los muchachos del barrio gritaban también "chocolateros" a los cadetes del Cole-
5 gio Militar. El cielo estaba plomizo, pero no hacía frío. La Quinta de Alcanfores parecía deshabitada. Su madre le abrió la puerta. Le besó.

—Llegas tarde —le dijo— ¿Por qué, Alberto?

—Los tranvías del Callao siempre están repletos, mamá. Y pasan cada media hora.

10 Su madre se había apoderado del maletín y del quepí y lo seguía a su cuarto. La casa era pequeña, de un **piso**[3] y brillaba. Alberto se quitó la guerrera y la corbata; las **arrojó**[4] sobre una silla. Su madre las levantó y las dobló cuidadosamente.

—¿Quieres almorzar de una vez?

—Me bañaré antes.

15 —¿Me has **extrañado**[5]?

—Mucho, mamá.

Alberto se sacó la camisa. Antes de quitarse el pantalón se puso la bata; su madre no lo había visto **desnudo**[6] desde que era cadete.

—Te plancharé el uniforme. Está lleno de tierra.

20 —Sí —dijo Alberto. Se puso las zapatillas. Abrió el cajón de la cómoda, sacó una camisa de cuello, ropa interior, medias. Luego, del velador, unos zapatos negros que relucían.

—Los lustré esta mañana —dijo su madre.

—Te vas a malograr las manos. No debiste hacerlo, mamá.

25 —¿A quién le importan mis manos? —dijo ella, suspirando—. Soy una pobre mujer abandonada.

—Esta mañana **di un examen**[7] muy difícil —la interrumpió Alberto—. Me fue mal.

—Ah —repuso la madre—. ¿Quieres que te llene la tina?

30 No. Me ducharé, mejor.

—Bueno. Voy a preparar el almuerzo.

Dio media vuelta y avanzó hasta la puerta.

—Mamá.

Se detuvo, en medio del vano. Era menuda, de piel muy blanca, de ojos hundi-
35 dos y lánguidos. Estaba sin maquillar y con los cabellos en desorden. Tenía sobre la
falda un delantal ajado. Alberto recordó una época relativamente próxima: su madre
pasaba horas ante el espejo, borrándose sus arrugas con afeites, agrandándose los
ojos, empolvándose; iba todas las tardes a la peluquería y cuando se disponía a salir,
la elección[8] del vestido precipitaba crisis de nervios. Desde que su padre **se marchó**[9]
40 se había transformado.

—¿No has visto a mi papá?

Ella volvió a suspirar y sus mejillas se sonrojaron.

—Figúrate que vino el martes —dijo—. Le abrí la puerta sin saber quién era.
Ha perdido todo escrúpulo, Alberto, no tienes idea cómo está. Quería que fueras a
45 verlo. Me ofreció plata otra vez. Se ha propuesto matarme de dolor. —Entornó los
ojos y bajó la voz.

—Tienes que resignarte, hijo.

—Voy a darme un duchazo —dijo él—. Estoy **inmundo**[10].

Pasó ante su madre y le acarició los cabellos, pensando: "no volveremos a tener
50 un centavo". Estuvo un buen rato bajo la ducha; después de jabonarse minuciosa-
mente se frotó el cuerpo con ambas manos y alternó varias veces el agua caliente y
fría. "Como para quitarme la borrachera", pensó. Se vistió. Al igual que otros sábados, las ropas de civil le parecían extrañas, demasiado **suaves**[11], tenía la impresión de
estar desnudo: la piel añoraba el áspero contacto del dril. Su madre lo esperaba en el
55 comedor. Almorzó en silencio. Cada vez que terminaba un pedazo de pan, su madre
le alcanzaba la panera con ansiedad.

—¿Vas a salir?

—Sí, mamá. Para hacer un encargo a un compañero que está consignado.
Regresaré pronto.

60 La madre abrió y cerró los ojos varias veces y Alberto temió que **rompiera a**[12]
llorar.

—No te veo nunca —dijo ella—. Cuando sales, pasas el día en la calle. ¿No
compadeces a tu madre?

—Sólo estaré fuera una hora, mamá —dijo Alberto, incómodo—. Quizá
65 menos.

Se había sentado a la mesa con hambre y ahora la comida le parecía insípida e
interminable. Soñaba toda la semana con la salida, pero apenas entraba a su casa se
sentía irritado; la abrumadora obsequiosidad de su madre era tan mortificante como
el encierro. Además, se trataba de algo nuevo, le costaba trabajo acostumbrarse.
70 Antes, ella lo enviaba a la calle con cualquier pretexto para **disfrutar a sus anchas**[13]
con las amigas innumerables que venían a jugar canasta todas las tardes. Ahora, en
cambio, se aferraba a él, exigía que Alberto le dedicara todo su tiempo libre y la
escuchara lamentarse horas enteras de su destino trágico. Constantemente caía
en trance: invocaba a Dios y **rezaba**[14] en voz alta. Porque también en eso había

75 cambiado. Antes, olvidaba la misa con frecuencia y Alberto la había sorprendido varias veces cuchicheando con sus amigas contra los curas y las beatas. Ahora iba a la iglesia casi a diario, tenía un guía espiritual, un jesuita a quien llamaba "hombre santo", asistía a toda clase de novenas y, un sábado, Alberto descubrió en su velador una biografía de Santa Rosa de Lima. La madre levantaba los platos y recogía con su

80 mano las migas dispersas sobre la mesa.

—Estaré de vuelta antes de las cinco —dijo él.

—No te demores, hijito —repuso ella—. Compraré **bizcochos**[15] para el té.

Cuestionario

Contenido

1. ¿De dónde venía Alberto?
2. ¿Por qué llegó tarde a casa de su madre?
3. ¿Qué es lo primero que quiere hacer Alberto?
4. ¿Por qué no quería Alberto que su madre le limpiara los zapatos?
5. Describa Ud. el aspecto físico de la madre de Alberto.
6. ¿De qué se quejaba la madre de Alberto respecto a su marido?
7. Comparada con su actitud anterior, ¿cómo había cambiado la actitud de la madre hacia Alberto?

Interpretación y estilo

1. ¿Desde qué diferentes perspectivas está presentada esta selección literaria?
2. ¿Qué efectos produce en el lector el alternarse narración y diálogo?
3. ¿Por qué cree Ud. que la madre está tan deseosa de hacer tantas cosas por su hijo?
4. ¿Por qué se considera la madre de Alberto una mujer resignada y abandonada?
5. ¿Qué actitud revela Alberto ante las quejas de su madre contra su padre?
6. ¿Por qué cree Ud. que Alberto tiene tantas ganas de salir?
7. ¿Qué cambio psicológico parece haber experimentado la madre de Alberto?

Léxico: opciones

la parada *stop*
el paradero *stop; whereabouts*
ir a parar *to end up*
la escala *stop; scale*
hacer escala *to stop at (in); to call at*

Vargas Llosa uses **paradero** as a synonym for **parada**, the standard term for *stop* in Spain and most of Spanish America when referring to public ground transportation. **Paradero** is common, however, in colloquial Spanish to indicate the whereabouts or location of persons or things. **Ir a parar** is its verbal equivalent. **Escala**, most commonly a scale for measurement (as on a thermometer), also means a *stop* when referring to air or sea transportation. It is most often used with **hacer**.

Su hijo desapareció y nadie sabe su **paradero**.	*Their son disappeared, and nobody knows his **whereabouts**.*
Si sigues así, vas a **ir a parar** a la cárcel.	*If you continue to behave like that, you'll **end up** in jail.*
La carta que enviamos a Nueva York **fue a parar** a Miami.	*The letter we sent to New York **ended up** in Miami.*
El autobús número 5 tiene una **parada** en la Plaza de la Independencia.	*Bus No. 5 has a **stop** on Independence Square.*
Este avión **hace escala** en Nueva York, las Azores y Lisboa.	*This plane **stops** in New York, the Azores, and Lisbon.*

cruzar *to cross*
atravesar *to cross; to penetrate, go through*
el cruce *cross; crossing, crossroads*
la cruz *cross*

Cruzar is the standard word for *to cross*, i.e., to go from one side of something to another. **Atravesar** is a common synonym of **cruzar** in this sense. However, **atravesar** also means *to cross* when that verb conveys the idea of penetrating or passing through something, whether material or intangible. In this latter sense, it is often rendered by English *to go through* or *to pass through*. **Cruce**, in addition to *crossroad* or *intersection*, also renders *cross* when it refers to mixing of different breeds of animals or plants. **Cruz**, of course, means *cross* when referring to a structure made of lines or bars intersecting at right angles.

Le atropelló un coche, al **cruzar** **(atravesar)** la calle.	*He was run over by a car as **he was crossing** the street.*
El accidente ocurrió en el **cruce** de las calles Serrano y Goya.	*The accident occurred at the **intersection** of (the **crossing** at) Serrano and Goya streets.*

Ese país **está atravesando** una crisis económica.	*That country **is going through** an economic crisis.*
Las balas **atravesaron** las paredes de la casa.	*The bullets **went through (penetrated)** the walls of the house.*
La nectarina es un **cruce** entre el melocotón y la ciruela.	*The nectarine is a **cross** between a peach and a plum.*
La **Cruz** Roja se originó en Suiza.	*The Red **Cross** originated in Switzerland.*

3

el piso *story, floor, level; apartment*
el apartamento, departamento *apartment*
la planta *story, floor*
el suelo *floor; soil*
la vivienda *dwelling, housing*

In Vargas Llosa's text, **piso** means *story* or *floor*, because Alberto's mother lives in a single-story house. This meaning of *floor* is the most common one for **piso** in Spanish America. In Spain, **piso** shares this meaning, but is also the standard word for *apartment* or *flat*. In most of Spanish America, however, **apartamento** or **departamento** is used instead of **piso** to translate *apartment*. **Planta** can mean *floor* when referring to the number of levels or stories in a building, or to a single floor in architectural terms. **Suelo**, which means *soil*, can also indicate the finished, inside floor of a building or other structure. **Vivienda**, although sometimes rendered by English *dwelling*, is a collective noun in Spanish and, in most instances, means *housing*. It is occasionally also used to indicate individual housing.

Eduardo va a comprar un **piso** en Lisboa.	*Eduardo is going to buy an **apartment** in Lisbon.*
El edificio tiene siete **plantas** y yo vivo en el segundo **piso**.	*The building has seven **stories**, and I live on the second **floor**.*
Después de la fiesta, tuvimos que limpiar el **suelo (piso)** de la sala.	*After the party, we had to clean the **floor** of the living room.*
En muchas ciudades la **vivienda** se ha encarecido mucho.	*In many cities **housing** has become very expensive.*

arrojar *to throw, toss, hurl*
tirar *to throw; to throw out (away)*
echar *to throw, toss; to put; to fire*
lanzar *to throw, hurl*
botar *(Sp. Am. colloquial) to throw out (away); to fire; to bounce*

The verbs above all render *to throw*. Often, especially in written Spanish, no careful distinction is made among them. **Arrojar** normally indicates an intensive type of action, revealing violence, emotion, or impulsiveness. **Tirar** is *to throw away* something no longer wanted or useful. It may also indicate *to throw* something with the intent of doing some damage. **Echar**, in addition to *to throw*, may indicate a much gentler putting or tossing of something. **Echar** may further mean *to throw out* in the sense of evicting, and is also synonymous with the more formal **despedir**, *to fire, dismiss*. **Lanzar**, a synonym of **tirar**, suggests the idea of throwing something a certain distance. **Botar** is common in some parts of Spanish America to indicate *to throw away*. It also means *to fire* or *to evict* someone. Finally, **botar** is used everywhere in the Spanish-speaking world for *to bounce*.

Pedro quedó tan enfadado que **arrojó** la carta a la papelera.	*Pedro became so angry that he **threw** the letter in(to) the wastebasket.*
Los romanos **arrojaron** muchos cristianos a los leones.	*The Romans **threw** many Christians to the lions.*
El poeta se suicidó **tirándose** **(arrojándose)** desde el puente.	*The poet committed suicide **by throwing himself** from the bridge.*
No **tires** el periódico antes de que yo lo lea.	***Do** not **throw out** the newspaper before I (can) read it.*
El muchacho **tiraba** piedras a la estatua del dictador.	*The boy **threw** stones at the dictator's statue.*
Elisa **se echó** un suéter sobre los hombros.	*Elisa **threw (tossed)** a sweater over her shoulders.*
Lo **echaron** del piso por no pagar el alquiler.	*They **evicted** him for not paying the rent.*
La atleta **lanzó** la jabalina 50 metros.	*The athlete **threw (hurled)** the javelin 50 meters.*
Le multaron por **botar (tirar)** papeles desde la ventanilla del auto.	*They fined him for **throwing** papers out the car window.*

Si sigues llegando tarde, te van a **botar (despedir, echar)** del empleo.

If you keep on arriving late, they are going to fire you from your job.

Botando la pelota entre sus piernas, el jugador pasó la defensa del equipo contrario.

By bouncing the ball between his legs, the player went through the other team's defense.

extrañar *to miss; to surprise*
echar de menos *to miss*

añorar *to long for, miss*
perder *to miss*

In Spanish America and parts of Andalucía, **extrañar** means *to miss*, i.e., to feel the absence of something or someone. It is also a synonym of **sorprender**, *to surprise*. In most of Spain, **echar de menos** is the standard expression for *to miss*. **Añorar** is a more literary synonym and connotes a certain feeling of nostalgia. *To miss*, in the sense of not arriving on time or failing to understand, is **perder**.

Extraño (Echo de menos) a mis amigos.

I miss my friends.

Me **extraña** que hables así.

I am surprised you are talking that way.

El poeta **añoraba** los días de su juventud.

The poet missed (longed for) the days of his youth.

He perdido lo que ha dicho el profesor.

I missed what the professor has said.

No queríamos **perder** el avión.

We didn't want to miss the plane.

desnudo *bare, naked, nude*
estar en cueros *to be stark-naked*
descalzo *barefoot*
descalzarse *to take one's shoes off*
nudo *nude, bare*
el nudista (desnudista) *nudist*
desnudarse *to undress, get undressed, take one's clothes off*
desvestirse *to undress, get undressed, take one's clothes off*

Desnudo, *naked* or *nude*, follows the pattern of **descalzo**, *barefoot*. The adjective **nudo**, without the prefix **des-**, also exists but is very literary. Expressions with **en cueros** are colloquial in nature. Both **nudista** and **desnudista** render English *nudist*, but the first word is more common. Likewise, **desnudarse** and **desvestirse** may indicate *to undress* totally or partially; however, **desnudarse** is the more popular word.

Para vivir en un campamento de **nudistas**, hay que ir **desnudo** y **descalzo**.	*To live in a **nudist** camp, you have to go around **naked** and **barefoot**.*
¡Tápate! Te enfriarás yendo **en cueros** por la casa.	*Cover yourself! You'll catch a cold going about the house **stark-naked**.*
Para bañar al niño, la madre lo **desnudó**.	*The mother **undressed** the child to bathe him.*
El cura **se desvistió** en la sacristía.	*The priest **undressed** in the vestry.*

dar un examen *to take an exam*
sufrir un examen *to take an exam*
examinarse de *to take an (the) exam in*
aprobar (pasar) un examen *to pass an exam*
suspender *to fail*

Dar un examen is used in Spanish America for *to take an exam*. This expression is not used in Spain. In Spanish, **sufrir un examen** does not necessarily imply *suffering*. It is simply a more learned equivalent of **tener un examen**. The most common equivalent of English *to take an exam* is **examinarse**, followed by **de** to introduce the subject matter of the test. *To fail* or *to flunk* an exam is rendered in Spanish with **suspender + *a personal direct object***. In English, this direct object becomes the grammatical subject of the sentence (see the final example below).

Los estudiantes **sufrieron (tuvieron) un examen** en latín.	*The students **had an exam** in Latin.*
Este otoño **me examinaré de** matemáticas.	*This fall, **I'll take an exam** in math.*
He aprobado cuatro asignaturas pero **me han suspendido** en dos.	*I passed four subjects, but I failed two.*

8

---

la elección *choice, election*
escoger *to choose, select*
optar por *to opt for, choose*

elegir *to choose, elect, select*
seleccionar *to select*

The above verbs all indicate making some kind of choice and are often used interchangeably without much difference in meaning. **Escoger** and **elegir** are both high-frequency verbs, but **escoger** has the broader range of meaning. It implies choosing or selecting the best from whatever is being considered. Its synonym **elegir** is narrower in focus and indicates expressing a clear preference for one or a relatively small number of persons or things under consideration. Also note its specific meaning of *to elect*, whether in a political or other context. **Seleccionar**, like English *to select*, implies care and comparison in choosing the most suitable persons or things from among a large number or group. **Optar por** suggests a choice or preference expressed as a decision.

Le pasé la caja entera de bombones para que **escogiera** lo que le gustara.	*I passed him the whole box of candy so **he could choose** whatever he liked.*
Hoy tenemos que **elegir** entre los dos sofás que nos gustaron ayer en la mueblería.	*Today we have **to choose** between the two sofas we liked yesterday at the furniture store.*
Creo que volverán a **elegirle** presidente de la nación.	*I believe they will **elect him** president of the nation again.*
Algunos países **seleccionan** la mejor fruta para la exportación.	*Some countries **select** the best fruit for export.*
El presidente la **seleccionó** para servir en el Tribunal Supremo.	*The president **selected** her to serve on the Supreme Court.*
Lo pasaron tan bien que **optaron por** quedarse unos días más en las montañas.	*They had such a good time that **they opted** to stay a few more days in the mountains.*

9

---

marcharse *to leave, go away*
salir *to leave, go out*
abandonar *to leave, abandon*

irse *to leave, go away*
dejar *to leave (behind)*

Marcharse and **irse** are synonyms, but **marcharse** is more common in Spanish America than in Spain. Both words indicate leaving a place, especially when a destination is neither mentioned nor implied. **Salir** is *to leave* when that verb means *to exit* or *to go out (of)*. **Dejar** and its more literary synonym **abandonar** mean *to leave* something or someone behind. **Abandonar** also shares the meaning of English *to abandon*.

Se marcharon (fueron) sin despedirse.	***They left (went away)*** *without saying good-bye.*
El autobús **sale** a las siete de la tarde.	*The bus **leaves** at 7:00 P.M.*
El tren **salió** del túnel envuelto en humo.	*The train **came out** of the tunnel in a cloud of smoke.*
Carmen **dejó (abandonó)** el hotel porque no le gustaba el servicio.	*Carmen **left** the hotel because she didn't like the service.*
Tuvimos que **abandonar (dejar)** el coche averiado en la carretera.	*We had **to abandon (leave)** the disabled car on the road.*

10

cochino *filthy*	**sucio** *dirty, filthy*
puerco *filthy*	**inmundo** *unclean, filthy, dirty*
asqueroso *disgusting, filthy*	**mugriento** *filthy, greasy*

The above adjectives mean basically the same thing, although there are regional preferences for certain terms. There are also differences in social register that dictate the selection of one word over another. Note that **cochino** and **puerco** are nouns meaning *pig* and are used colloquially as adjectives for *filthy*. Other words for *pig* (such as **marrano** or **cerdo**) are similarly used.

Tienes las manos **cochinas**; lávatelas antes de comer.	*Your hands are **filthy;** wash them before you eat.*
Como Marcos no se bañaba, siempre tenía un aspecto muy **puerco**.	*Since Marcos never bathed, he always had a **dirty (filthy)** appearance.*
Era una cocina **asquerosa** llena de cucarachas.	*It was a **disgusting (filthy)** kitchen full of cockroaches.*

◆ **11** ◆
---

suave *smooth, soft, gentle*   **mullido** *soft*
blando *soft*   **muelle** *soft*

In Spanish, **suave** indicates that which is smooth to the touch or does not have a rough surface. By extension, it is also used to describe what is pleasing to the senses and in such cases is rendered by the English *soft*. However, *soft*, in its primary meaning of that which it is not hard and yields easily to pressure, is **blando** in Spanish. **Mullido** and **muelle** are synonyms of **blando**, but suggest physical comfort or ease. **Mullido** is used mostly for physical objects and **muelle** for both physical things and circumstances.

La superficie de la mesa es muy **suave**.	*The surface of the table is very **smooth**.*
La seda es **suave** al tacto.	*Silk is **smooth (soft)** to the touch.*
No puedo dormir en una cama **blanda (mullida, muelle)**.	*I can't sleep on a **soft** bed.*
El millonario llevaba una vida **muelle**.	*The millionaire led a **soft (easy)** life.*

◆ **12** ◆
---

romper a + *infinitive to start + gerund*
echar(se) a + *infinitive to start + gerund*
empezar a + *infinitive to start or to begin + infinitive*
comenzar a + *infinitive to start or to begin + infinitive*

Romper a + *infinitive* may be used instead of **empezar (comenzar)** + *infinitive* to indicate the precipitousness or suddenness with which an action begins. **Echar a** + *infinitive* indicates *to begin* with verbs of motion. **Echar(se) a** + *infinitive* is a synonym of **romper a**, but it is used with verbs of emotion. The standard **empezar (comenzar)**, although usable in all circumstances, lacks the special emphasis implicit in its synonyms.

Los niños **rompieron a gritar** al mismo tiempo.	*The children **began to shout (burst out shouting)** at the same time.*
Cuando vio al perro, el cartero **echó a correr**.	*When he saw the dog, the mailman **began to run**.*
Al recibir la mala noticia, Juan José **se echó a llorar**.	*When he heard the bad news, Juan José **began (started) to cry**.*
Las corridas de toros siempre **empiezan (comienzan)** a las cinco de la tarde.	*Bullfights always **begin** at 5:00 PM.*

13

disfrutar a sus anchas *to enjoy freely, have a good time*
disfrutar de *to enjoy*
gozar de *to enjoy*

In the literary selection, Vargas Llosa uses **disfrutar a sus anchas** to indicate that Alberto's mother wanted to be unincumbered to enjoy herself freely with her friends. Normally, **disfrutar** and its synonym **gozar** are followed by the preposition **de** + *noun*. Sometimes, however, this preposition is omitted before the noun. **Gozar** is preferred when the subject experiences a real pleasure or joy from something. **Disfrutar** is preferred when *to enjoy* indicates *to have use of* or *to benefit from* something (such as privileges, advantages, comforts, and so on). These distinctions tend to disappear in written Spanish.

Antonio **disfruta (goza) de** una salud estupenda.	*Antonio **enjoys** wonderful health.*
Millones de franceses **disfrutaron** sus vacaciones bajo el sol español.	*Millions of French people **enjoyed** their vacations under the Spanish sun.*

14

rezar *to pray*
orar *to pray, orate*
el rezo *prayer*
hacer una oración *to say a prayer*
la plegaria *prayer*

Rezar is the standard word for *to pray*, and often indicates to pray aloud. **Orar**, a more formal and literary term, may indicate either *to pray aloud or silently*. Of the corresponding nouns, however, **oración** is more common than **rezo**. **Plegaria** indicates a prayer in which a special request or favor is sought.

No he dejado de **rezar** ni un solo día por su alma.	*I've not failed **to pray** for his soul a single day.*
Mi tía **rezaba** un rosario todos los días.	*My aunt **prayed (said)** a rosary every day.*
Al llegar a la capilla, el peregrino **oró** ante la Virgen de Guadalupe.	*On arriving at the chapel, the pilgrim **prayed** before the Virgin of Guadalupe.*
Los campesinos hacían **plegarias** para que lloviera.	*The farmers said **prayers** so that it would rain.*

Muchos niños **rezan (hacen una oración)** antes de acostarse.

*Many children **say a prayer** before going to bed.*

Las monjas de clausura se dedican principalmente al **rezo**.

*Cloistered nuns dedicate themselves mainly to **prayer**.*

───────────◆ **15** ◆───────────

el bizcocho *cake*
el pastel *pastry; pie (Sp. Am.)*
la tarta *cake, pie*

The words that designate types of pastries and cakes vary enormously throughout the Spanish-speaking world. Nonetheless, in many cases **bizcocho** is used to indicate a cake similar to sponge or pound cake. **Pastel** in the singular refers to a large pastry or cake; in the plural, it refers to small, individual pastries similar to cream puffs, fruit tarts, eclairs, or petits fours. **Pastel** may also refer to pastries with a meat, fish, or vegetable filling. **Tarta** in Spain is the standard word for cake of one or more layers; it is also used to refer to large fruit pies.

Para hacer un **bizcocho** se necesitan seis huevos y mucha mantequilla.

*To make a **pound cake** one needs six eggs and lots of butter.*

Hemos comprado un **pastel de queso** para el cumpleaños de papá.

*We have bought a **cheesecake** for Dad's birthday.*

El perro se comió los **pasteles** que había traído mamá.

*The dog ate the **pastries** that Mom had brought.*

Mi hermana hizo una **tarta** de chocolate (de manzana) para la fiesta.

*My sister made a chocolate **cake** (apple pie) for the party.*

◈ Práctica

A　Para cada una de las frases siguientes, elija Ud. la palabra o expresión que complete el sentido. En caso de que haya dos respuestas correctas, elija la más apropiada. Haga también cualquier cambio necesario en la palabra elegida para que la frase quede gramaticalmente correcta.

1. Nuestro tren tiene _____ en Tarancón, Cuenca, Requena y Valencia (**paradero, parada, escala**).
2. Nadie sabe _____ del famoso cuadro que desapareció del museo (**la parada, la escala, el paradero**).

3. El botánico trataba de _____ la rosa roja con una blanca
   (**atravesar, cruzar, lanzar**).

4. Vivíamos en un edificio grande con más de doscientos(as) _____
   (**plantas, suelos, pisos**).

5. _____ de esta huerta es muy fértil y produce buenas sandías
   (**El piso, El suelo, La planta**).

6. Los marineros se _____ al mar para escapar del barco que se
   hundía (**arrojar, botar, echar**).

7. Después de un mes de llegar siempre tarde, _____ a David de la
   fábrica (**lanzar, tirar, echar**).

8. El perro estaba cansado y se _____ a los pies de su amo (**tirar,
   lanzar, echar**).

9. Estos pantalones están tan rotos que los voy a _____ (**lanzar, tirar,
   arrojar**).

10. El lanzador cubano de las Medias Rojas de Boston _____ la pelota
    a 95 millas por hora (**echar, arrojar, tirar**).

11. No puedo ir a Venezuela porque he _____ el pasaporte (**añorar,
    extrañar, perder**).

12. Cuando vayas a la universidad, _____ a tus padres (**añorar, echar
    de menos, perder**).

13. Antes de entrar en una casa japonesa, es costumbre _____ en la
    puerta (**desvestirse, frotarse, descalzarse**).

14. Jorge consiguió el diploma después de _____ geografía y física
    (**suspender, aprobar, extrañar**).

15. Los chicos repitieron el trimestre porque los _____ en inglés,
    historia y español (**examinar, aprobar, suspender**).

16. Cuando llegamos a casa de los tíos, éstos ya habían _____ de la
    casa (**dejar, salir, gozar**).

17. Como el dictador era tan odiado, tuvo que _____ su país
    (**marcharse de, dejar, examinar**).

18. Se suele dormir bien en una cama _____ (**muelle, inmunda,
    desnuda**).

19. Nombraron una comisión para _____ los mejores vinos del país
    para la Feria Internacional (**seleccionar, optar por, escoger**).

20. Los socios tienen que _____ un nuevo presidente del club
    (**seleccionar, elegir, escoger**).

21. Joaquín ha _____ una jubilación anticipada por motivos de salud
    (**seleccionar, escoger, optar por**).

22. Era difícil escalar la montaña porque el granito estaba muy _____
    (**blando, mullido, suave**).

23. El sultán gozaba de una vida _____ y alegre (**blanda, mullida, muelle**).

24. Al oír el chiste, todos _____ a reír (**salir, romper, ir**).

25. Las enfermeras del hospital _____ a trabajar a las siete en punto de la mañana (**romper, echar, empezar**).

26. La pensión de Rafael le permitirá _____ una vida desahogada (**atravesar, disfrutar de, abandonar**).

27. Toda mi familia _____ por mí porque saliera bien de la operación (**rezar, orar, añorar**).

28. Desde el pórtico de la catedral, oíamos _____ de la anciana por la salud de su marido (**la oración, el rezo, la plegaria**).

29. "Empanada" es el nombre que se da a _____ de carne o de pescado (**una tarta, un bizcocho, un pastel**).

30. En el banquete de la boda de mi hermana, sirvieron _____ de vainilla con fresas (**un bizcocho, un pastel, una tarta**).

B Traduzca al español las siguientes frases empleando el vocabulario estudiado en este capítulo.

1. We miss Carlos very much, and we have no idea of his whereabouts.

2. When John finished reading the magazine, he threw it away.

3. When the bus driver said that he couldn't smoke, Victor angrily threw his cigarette on the floor.

4. Refugees almost always miss [do three ways] their native land.

5. My son took the examination in physics twice, but he didn't pass.

6. They left last year, but we don't know where they ended up.

7. It's incredible that at such a tender age Carlitos uses such filthy language.

8. My parents still haven't chosen the place they want to live when they retire.

9. After many years of hard work, Juan didn't enjoy the easy life his money had bought him.

10. When my friend was very sick, I prayed for him every day.

Temas a escoger

Temas relacionados con la selección literaria

1. Haga Ud. un retrato físico-psicológico de la madre de Alberto.

2. Imagínese Ud. cómo Alberto ve a cada uno de sus padres y la relación entre ellos.

3. Describa Ud. el cambio en la personalidad de la madre de Alberto.

Temas sugeridos por la selección literaria

1. Describa Ud. la vida de un adolescente en una academia militar.
2. Describa Ud. las consecuencias de la separación de los padres en los hijos.
3. Describa Ud. la transformación psicológica en una persona producida por la separación o el divorcio de su cónyuge.

◈ Repaso gramatical ◈

The Subjunctive Mood (Part I)

The Subjunctive in English

One should distinguish between the spoken and the written language when referring to the subjunctive mood in English. Mood, or mode, is the indication of a speaker's attitude towards some action or condition through the use of distinctive verbal forms. The three verbal moods in English are the indicative (reviewed in Chapters 3 and 4), the subjunctive, and the imperative. In English, the use of the subjunctive has diminished steadily over time, especially in the spoken language. In the written language, however, it is more alive, although restricted to a limited number of uses.

In most Indo-European languages (including English and Spanish), the subjunctive has verb forms clearly distinct from those of the indicative. These forms are used to express wishes, commands, exhortations, and hypothetical events. But in English, most verbs are identical in the subjunctive and indicative, with the exception of the third-person singular forms. Thus, in most English utterances, a verb in the subjunctive cannot be recognized by its form alone. However, when the subjunctive occurs in the third-person singular, a form that normally requires a special inflection in the indicative, it is detectable by the lack of that inflection. If we contrast the following two sentences,

*Charles **thinks** for himself.*

*It is important that Charles **think** for himself.*

we observe that in the first, the verb is marked by **-s**, the normal third-person singular inflection of the indicative mood. It is the absence of this **-s** in the second example that marks *think* as a subjunctive rather than an indicative form.

The one English verb whose present subjunctive forms are discernible from those in the present indicative is the verb *to be*. All forms of the present subjunctive are *be*, and contrast with all the present indicative forms listed on the following page.

INDICATIVE		**SUBJUNCTIVE**	
I am	*we are*	*I be*	*we be*
you are	*you are*	*you be*	*you be*
(s)he is	*they are*	*(s)he be*	*they be*

In the past tense of the verb *to be*, only some of the forms of the indicative contrast with those of the subjunctive. In English, the past subjunctive is more frequently used than the present subjunctive.

INDICATIVE		**SUBJUNCTIVE**	
I was	*we were*	*I were*	*we be*
you were	*you were*	*you were*	*you be*
(s)he was	*they were*	*(s)he were*	*they be*

Examples of the English Subjunctive

The subjunctive is used in clauses (introduced by *that* . . .) after 1) impersonal expressions such as *it is (was, will be) necessary, probable, important*, etc., and 2) such verbs as *to advise, ask, demand, recommend*, and *suggest*.

*It is important that either you or I **be** here early.*

*It was a pity that he **lost** his job.*

*I recommend that she **work** harder.*

*I suggest that they **work** harder.*

Only in the third example above would it be possible to contrast the subjunctive verb, *she work*, with an indicative equivalent, *she works*. Indeed, in popular speech, some speakers might use in the first example above the indicative *are* instead of the subjunctive *be*. But in the remaining examples, the subjunctive and indicative forms would be identical. This situation explains why many native English speakers are only vaguely aware of the existence of the subjunctive mood.

Two other common uses of the subjunctive in English are 1) in clauses after the verb *to wish*, and 2) in contrary-to-fact conditional clauses. Nonetheless, as shown by the following examples, and especially in the spoken language, many native speakers of English would use the indicative *was* (in parentheses in the examples) instead of the grammatically correct subjunctive *were*.

> *I wish this game **were (was)** over.*

> *We wished that he **were (was)** here.*

> *If John **were (was)** younger, he would take the trip.*

> *He speaks as if he **were (was)** satisfied.*

Finally, although some native speakers would not recognize them as such, the subjunctive mood is also used in a number of fixed expressions such as:

> *Heaven forbid.*

> *Come what may.*

> *If need be.*

> *So be it.*

> *Be that as it may.*

The Subjunctive in Spanish

The subjunctive mood is used much more in Spanish than it is in English. Indeed, if one fails to acquire a reasonable control over the forms and uses of the subjunctive, accurate communication in Spanish becomes difficult. Since most English speakers have little awareness of the subjunctive in their native language, they often fail to realize its vital importance when they study Spanish. English speakers frequently use indicative forms when using the Spanish language, rather than the required subjunctive.

Whereas the use of the indicative mood asserts the independent existence of a statement, the subjunctive (which is the mood with which to express subjectivity) reveals that a statement is dependent on another expression, often one of attitude. Because of this dependence, the Spanish subjunctive is used primarily in subordinate clauses introduced by the conjunction **que.**

The subjunctive mood often reveals that the speaker has doubts concerning the validity of an assertion or about the possibility of something being done or happening. The subjunctive reflects the contingency inherent in almost all future events. It also gives known facts the color of subjectivity or personal feeling. In short, the subjunctive deals with the realms of subjectivity, mental reservation, and uncertainty, in sharp contrast to the reality, independence, and objectivity of the indicative. Unlike English, in which the verbal forms of the subjunctive are in many cases identical to those of the indicative, in Spanish all the forms of the subjunctive are different from those of the indicative, thus formally marking the difference in function between the two moods.

Time Sequence and the Four Subjunctive Tenses

As the following contrastive table indicates, the subjunctive has only four tenses, whereas the indicative has ten (also see table on page 156). The two simple subjunctive tenses cover (in a different mood) the same ground as the five simple indicative tenses. Similarly, the two compound subjunctive tenses cover that of the five indicative compound tenses.

INDICATIVE	SUBJUNCTIVE
Present ⎫ Future ⎭	Present
Preterit ⎫ Imperfect ⎬ Conditional ⎭	Imperfect
Present Perfect ⎫ Future Perfect ⎭	Present perfect
Pluperfect ⎫ Preterit Perfect ⎬ Conditional Perfect ⎭	Pluperfect

After determining that the subjunctive, rather than the indicative, is the correct mood to use in a given sentence, one must decide which subjunctive form is the appropriate one. The *sequence of tenses* is a useful guide for making the correct choice in most cases. The *sequence of tenses* refers to the general correspondence between the tense of a subjunctive verb in the subordinate clause and that of the main-clause verb on which it depends. Usually, 1) the present subjunctive follows a verb in the present tense of the indicative, and 2) the imperfect (i.e., the past) subjunctive follows a verb in one of the past simple tenses of the indicative. In these contexts, *present* refers to the present, the future, and their compound tenses; *past* indicates imperfect, preterit, conditional, and their compound tenses. Let us examine the first case, that of the present, the future, and their compound tenses producing a present subjunctive in the subordinate clause.

Le digo a Carlos que **venga** hoy.	*I am telling Carlos **to come** today.*
Le diré a Carlos que **venga** hoy.	*I'll tell Carlos **to come** today.*
Le he dicho a Carlos que **venga** hoy.	*I've told Carlos **to come** today.*

The Indicative and Subjunctive Tenses

INDICATIVE

	Simple		*Compound*
Present	hablo, -as, -a	**Present Perfect**	he, has, ha — hablado
Imperfect	hablaba, -as, -a	**Pluperfect**	había, -ías, -ía — hablado
Preterit	hablé, -aste, -ó	**Preterit Perfect**	hubo, hubiste, hubo — hablado
Future	hablaré, -ás, -á	**Future Perfect**	habré, -ás, -á — hablado
Conditional	hablaría, -ías, -ía	**Conditional Perfect**	habría, -ías, -ía — hablado

SUBJUNCTIVE

	Simple		*Compound*
Present	hable, -es, -e	**Present Perfect**	haya, -as, -a — hablado
Imperfect	hablara, -as, -a	**Pluperfect**	hubiera, -as, -a — hablado
		or	
	hablase, -es, -e		hubiese, -es, -e — hablado

Now let us examine the second case, that of the imperfect, preterit, or conditional (or their compounds) in the first part of a sentence producing the imperfect subjunctive in the subordinate clause.

Le decía ⎤
Le dije ⎬ que **viniera.**
Le diría ⎦

I was telling him ⎤
I told him ⎬ **to come.**
I would tell him ⎦

Le había dicho ⎤
⎬ que **viniera.**
Le habría dicho ⎦

I had told him ⎤
⎬ **to come.**
I would have told him ⎦

When a compound subjunctive tense is required in the subordinate clause, it normally corresponds to the same compound tense in English.

No creo que Vicente **haya venido**.   *I don't believe Vicente **has come**.*

Yo no creía que él **hubiera venido**.   *I didn't believe he **had come**.*

No podré creer nunca que él **haya escrito** ese informe.   *I shall never be able to believe that he **has written** that report.*

No podría creer nunca que él **hubiera escrito** ese informe.   *I would never be able to believe that he **had written** that report.*

There are, however, instances in which the sequence of tenses does not hold in Spanish. In these cases, the tense of the subjunctive is *not* determined by (i.e., is not in sequence with) that of the previous verb, on which it depends grammatically. Instead, the subjunctive verb is used without reference to the time of the verb in the independent clause, and is related to the time of the actual event. Thus, examples such as the following are exceptions to the sequence of tenses.

No creo que Carlos **viniera** ayer.   *I don't believe that Carlos **came** yesterday.*

Te dije que lo **hagas** mañana.   *I told you **to do** it tomorrow.*

In the examples above, it is clear that the speaker is drawn more to an event (the action of the first example is in the past and that of the second in the future) than to the tense of the preceding verb in the independent clause. Nonetheless, in the second example above, the speaker also had the option to follow the sequence of tenses and use the imperfect subjunctive after the verb **dije**. Indeed, the more common way of rendering the idea expressed in that sentence would be:

Te dije que lo **hicieras** mañana.   *I told you **to do** it tomorrow.*

In short, because each of the ten indicative tenses can have an approximate temporal equivalent in one of only four subjunctive tenses, the boundaries of the subjunctive are, timewise, broader and less precise. It is because of this general lack of temporal definition that the native speaker of Spanish will occasionally adapt the subjunctive to a time circumstance different from that of the verb on which it depends. Nonetheless, in most cases, the sequence of tenses is the norm to determine the correct verbal form when a subjunctive is needed.

From the table (p. 156) it is evident that there are two forms of the imperfect subjunctive distinguished by their -**ra** and -**se** suffixes. In Spanish America, the -**ra** form is by far the more common in the spoken language. It is also the standard form in the written language, although the -**se** form is sometimes encountered. In Spain, the -**ra** and -**se** forms are both commonly used in written and spoken Spanish.

In Spain and Spanish America, one occasionally finds in literature and journalistic writing what at first glance appears to be the **-ra** subjunctive, although the context does not require the use of the subjunctive. These **-ra** forms are actually being used as pluperfect indicatives, and should be interpreted as such. The Latin ancestor of the Spanish **-ra** forms was actually a pluperfect indicative before its Spanish descendent became the grammatical equivalent of the imperfect subjunctive. The original imperfect subjunctive, in Latin, had the **-se** ending.

<table>
<tr><td>Por aquel mismo camino que le **llevara** a la capital, Antonio volvió a Isaba.</td><td>*Along that same road that **had taken** him to the capital, Antonio returned to Isaba.*</td></tr>
</table>

The Subjunctive and Impersonal Expressions

By way of introduction to the Spanish subjunctive, and to focus attention on the review of verbal forms, the exercises at the end of this section will treat only the use of the subjunctive after impersonal expressions. In Chapters 7 and 8, we will review the subjunctive in noun, adjective, and verbal clauses, which is the order in which the subjunctive mood is traditionally presented.

An impersonal expression in English has a meaningless *it* that anticipates the true subject that follows. The Spanish equivalent of *it* is found in the verb itself. An impersonal expression may be followed by an infinitive or by a subordinate clause. After an impersonal expression that does not indicate certainty, Spanish normally uses a subjunctive verb in the subordinate clause. When an impersonal expression in English is followed by an infinitive, a parallel construction (i.e., *impersonal expression + infinitive*) is used in Spanish. But when in English the impersonal expression and the infinitive are separated by an indirect object, the Spanish equivalent of the construction will require a subordinate clause introduced by **que** followed by the verb in the subjunctive mood. That is, the English indirect object becomes the subject of the verb in Spanish. Among the adjectives (and nouns) that follow the verb **ser** to form an impersonal expression in Spanish are **necesario, preciso, menester, inevitable, posible, imposible, cierto, seguro, penoso, una lástima, una pena, mejor, peor, maravilloso, peligroso, (in)justo, bueno, malo**, and **mentira**.

<table>
<tr><td>Es bastante **leer** el resumen.</td><td>*It is sufficient (enough) **to read** the summary.*</td></tr>
<tr><td>Basta que **leas** el resumen.</td><td>*It is sufficient (enough) for **you to read** the summary.*</td></tr>
<tr><td>Será necesario **terminar** en seguida.</td><td>*It will be necessary **to finish** immediately.*</td></tr>
<tr><td>Será necesario que Ud. **termine** en seguida.</td><td>*It will be necessary for **you to (that you) finish** immediately.*</td></tr>
</table>

Sería conveniente **ir** mañana.	*It would be a good idea **to go** tomorrow.*
Sería conveniente que **fuéramos** mañana.	*It would be a good idea for **us to (that we) go** tomorrow.*
Pablo ha tomado tres cafés y es lógico que **esté** nervioso.	*Pablo has had three cups of coffee, and it is logical for him **to be** nervous.*
Es (parece) absurdo que un muchacho **necesite** tomar píldoras para dormir.	*It is (seems) absurd for a boy **to have to** take pills in order to sleep.*
Sería mejor que no **te metieras** en los asuntos de los demás.	*It would be better for **you** not **to meddle** in other people's affairs.*

The preceding examples illustrate how in Spanish a clause, never a preposition, renders the English *for one to be* or *to do* following an impersonal expression. However, after impersonal expressions that affirm certainty, Spanish normally uses the indicative mood in the subordinate clause.

Es cierto que la **acompañó** al Museo del Prado.	*It is certain (true) that **he accompanied** her to the Prado Museum.*
No es cierto que la **acompañara** a su casa.	*It is not certain (true) that **he accompanied** her home.*

Note that **fácil** and **difícil** do not mean *easy* and *difficult* when used in impersonal expressions followed by a dependent clause, but *likely* and *unlikely*.

Es **fácil (difícil)** que Felipe **venga**.	*It is **likely (unlikely)** that Felipe **is coming**.*

But in other cases, they do retain their normal meanings of *easy* and *difficult*.

Le es **fácil (difícil)** venir.	*It is **easy (difficult)** for him to come.*

In summary, an impersonal expression in Spanish is followed by the infinitive when 1) no specified subject follows, and 2) the logical subject can be expressed as an indirect object pronoun.

Es importante **acabarlo** ahora.	*It is important **to finish it** now.*
Te importa **acabarlo** ahora.	*It is important for you **to finish it** now.*

◈ Práctica

A Para cada una de las frases siguientes con expresión impersonal, elija Ud. la forma verbal que la complete.

1. Es aconsejable que Eric _____ sus estudios de medicina antes de casarse (**termina, termine, terminaría**).

2. Es cierto que Andrés no _____ muy bien (**cocine, haya cocinado, cocina**).

3. Sería justo que Mariano _____ su parte de los gastos (**pagará, pagara, paga**).

4. Fue injusto que el novelista _____ el premio literario (**ganó, ganara, gane**).

5. No era cierto que el presidente _____ dicho la verdad (**había, ha, hubiera**).

6. Sería aconsejable que tú _____ a ver a ese señor (**irás, vas, vayas**).

7. Es dudoso que Pablo _____ una casa en Barcelona (**compró, compra, compre**).

8. Es imposible que tus amigos _____ llegado a las siete (**han, hayan, habían**).

9. A José le será fácil _____ a bailar (**que aprenda, que aprende, aprender**).

10. Es penoso que un hombre inocente _____ en la cárcel tantos años (**estuvo, ha estado, haya estado**).

11. Es menester que los estudiantes se _____ para cada asignatura (**matriculen, matriculan, matricularan**).

12. Para estar bien de salud es necesario _____ menos grasas (**comiendo, comer, comamos**).

13. Ha sido obligatorio que ellos _____ al médico (**fueron, han ido, fueran**).

14. Habría sido mejor que ellos _____ hecho el trabajo ellos mismos (**hayan, hubieran, habían**).

15. Mañana será fácil que _____ (**llover, lloverá, llueva**).

B Rellene los espacios en blanco usando la forma apropiada del verbo entre paréntesis. Recuerde lo estudiado en este capítulo.

Recuerdo que, cuando yo _____ (ser) (1) niño, mi madre no _____ (querer) (2) que yo _____ (comer) (3) antes de las horas indicadas. Yo, como todos los niños con buena salud, no _____ (pensar) (4) sino en que ella me _____ (hacer) (5) postres deliciosos, pero ella no _____ (hacer) (6) sino pedirme que yo _____ (comer) (7) mis espinacas, y que _____ (beber) (8) leche. Me decía que quería que yo _____ (ser) (9) el chico más fuerte del barrio; también _____ (querer) (10) que yo _____ (estudiar) (11) mucho, pero a mí me _____ (gustar) (12) más jugar. Constantemente me _____ (pedir) (13) que no _____ (salir) (14) tanto a la calle para jugar con los otros chicos. Yo no le _____ (hacer) (15) caso y me _____ (escapar) (16) por la ventana de mi cuarto, eso sí, procurando que ella no _____ (oír) (17) ningún ruido porque si _____ (enterarse) (18) me _____ (regañar) (19). Yo _____ (ir) (20) a quedar castigado sin poder salir durante dos semanas. Ahora que yo _____ (tener) (21) hijos, me gusta que ellos _____ (estudiar) (22) y que _____ (aprender) (23) todo lo que _____ (poder) (24), así _____ (poder) (25) llegar a ser lo que _____ (querer) (26) en la vida.

C Traduzca al español las siguientes frases usando las formas gramaticales estudiadas en este capítulo.

1. It was evident that he had not finished the task.
2. It is a shame that her son acted that way.
3. It was surprising that the flight took only six hours.
4. It was astonishing that the governor pardoned the owner of the savings bank.
5. It's incredible that help arrived so soon after the accident.
6. It would be preferable for him to study elsewhere.
7. It is obligatory for everyone to use the seat belt in his/her car.
8. It would be easy for Carlos to play football.
9. It is absurd that the player should ask for so much money.
10. It was a pity that it rained the day of the picnic.

D Cada una de las frases siguientes contiene un error. Teniendo en cuenta la gramática estudiada en este capítulo, identifique Ud. cuál es el error y corríjalo.

1. Es natural que él tiene sueño; ha estado trabajando toda la noche.
2. Juan tiene un examen importante mañana; nosotros deseamos que él tiene mucha suerte.
3. Pues, él niega que Juan y Marta se casarán el próximo verano.
4. Era muy peligroso que Roberto comía pescado de ese río sucio.
5. Será necesario que tú terminas ese trabajo lo antes posible.

6. —Sería conveniente que iríamos mañana a ver al médico; no tienes buena cara —me dijo mi padre.

7. Es posible que Cándido y Paco vienen con nosotros a ver la exposición de cuadros de Juan Gris.

8. Es cierto que Alejo haya llegado temprano; casi siempre lo hace.

9. No creo que Roberto tiene bastante dinero para comprar un nuevo auto.

10. Me era imposible creer que él hubo venido buscando trabajo; todos sabemos lo poco que le gusta trabajar.

ENFOQUE Revising the First Draft

To revise a first draft effectively, evaluate it carefully and decide what changes are necessary. Examine these changes both individually and in the context of your draft. Revise your work until you are honestly satisfied with its final form.

In the final version of an essay, the changes made on previous drafts should not be obvious (i.e., avoid the *patched* look in your final version). Revising an essay means *seeing it again.* You can be more successful with your essay when you rewrite a draft by introducing the necessary changes to improve it.

To revise your draft successfully, develop an objective attitude towards your work. As stated in the previous **Enfoque,** we recommend that if at all possible, before you revise your written work, you take a breather. When you return to your writing, you may have a new outlook on it. Another strategy is to read aloud what you have written. On hearing your words, you may gain a new perspective, not only with regard to the essay's content but to its organization as well. Still another useful technique is to read your paragraphs in reverse order, by starting with your conclusion and ending with the introductory paragraph.

While revising your work, focus your attention on the direction you want your ideas to take. Leave final corrections of grammatical aspects of writing—syntax, spelling, punctuation—for your last revision.

TIPS

1. **Adding**. See if any new words, phrases, and/or paragraphs will enhance the essay's meaning and organization.

2. **Pruning**. Eliminate anything that is unnecessary to your topic or anything that may be redundant.

3. **Substituting**. Substitute words, phrases, and/or paragraphs with more effective ones if necessary.

4. **Changes**. Change the organization of sentences and/or paragraph sequence if the order of your ideas does not evolve logically.

CAPÍTULO

7

La rama seca
ANA MARÍA MATUTE

Repaso gramatical
- *The Subjunctive Mood (Part II)*

LA RAMA SECA
ANA MARÍA MATUTE

La española Ana María Matute nació en Barcelona en 1926. La crítica española y extranjera la considera una de los mejores novelistas de su generación. Matute es autora de unas nueve novelas y de numerosas colecciones de cuentos. Entre sus novelas más conocidas son Fiesta al Noroeste *(1953) —Premio Café Gijón;* Los hijos muertos *(1958) —Premio Nacional de Literatura; y* Primera memoria *(1960) —Premio Nadal. Entre sus libros de cuentos más destacados figuran* Los niños tontos *(1956) e* Historias de la Artámila *(1961), de donde hemos tomado la parte del cuento "La rama seca" que se reproduce a continuación.*

Los protagonistas de Matute son, con frecuencia, niños o adolescentes que se mueven en un mundo al que no comprenden y que, a su vez, abusa de ellos. Estos personajes son, a menudo, enfermos o físicamente deformes y sufren de la soledad y de la falta de comprensión de los demás. A veces, como para escapar de una vida que les resulta cruel e intolerable, intentan huidas físicas o imaginativas. Otras veces mueren sin razón aparente.

En la selección de "La rama seca" que reproducimos, la protagonista es una niña enferma de apenas seis años. "Pipa" es el nombre que la niña da a su muñeca, hecha por ella misma, con una ramita seca, un trocito de tela y mucha imaginación. La niña pasa largas horas a solas con Pipa mientras sus padres están trabajando en el campo y su hermano mayor, Pascualín, está jugando en la calle.

Doña Clementina, vecina, y mujer del médico del pueblo, se encariña con la niña. Cuando Pascualín le quita Pipa a su hermana, doña Clementina le compra una muñeca preciosa para reemplazarla.

Matute, en "La rama seca", como en otras muchas obras suyas, enfrenta con gran maestría la incomprensión que separa el mundo de los adultos del de los niños.

—Hola, pequeña —dijo doña Clementina—. ¿Cómo estás?

La niña empezó a llorar de un modo suave y silencioso. Doña Clementina se agachó y contempló su carita amarillenta, entre las trenzas negras.

—Sabe usted —dijo la niña—, Pascualín es malo. Es un bruto. Dígale usted
5 que me devuelva a "Pipa", que me aburro sin "Pipa"...

Seguía llorando. Doña Clementina no estaba acostumbrada a hablar a los niños, y algo extraño agarrotaba su garganta y su corazón.

Salió de allí, en silencio, y buscó a Pascualín. Estaba sentado en la calle, con la espalda apoyada en el **muro**[1] de la casa. Iba descalzo y sus piernas morenas,
10 desnudas, brillaban al sol como dos piezas de cobre.

—Pascualín —dijo doña Clementina.

El muchacho **levantó**[2] hacia ella sus ojos desconfiados. Tenía las pupilas grises y muy juntas y el cabello le crecía abundante como a una muchacha, por encima de las orejas.

15 —Pascualín, ¿qué hiciste de la muñeca de tu hermana? Devuélvesela.

Pascualín lanzó una blasfemia y se levantó.

—¡Anda! ¡La muñeca, dice! *¡Aviaos* estamos!

Dio media vuelta y se fue hacia la casa, murmurando.

Al día siguiente, doña Clementina volvió a visitar a la niña. En cuanto la vio,
20 como si se tratara de una cómplice, la pequeña le habló de "Pipa":

—Que me **traiga**[3] a "Pipa", dígaselo usted, que la traiga...

El llanto levantaba el pecho de la niña, le llenaba la cara de lágrimas, que caían despacio hasta la manta.

—Yo te voy a traer una muñeca, no llores. Doña Clementina dijo a su marido,
25 por la noche:

—Tendría que bajar a Fuenmayor, a unas compras.

—Baja —respondió el médico, con la cabeza hundida en el periódico.

A las seis de la mañana doña Clementina tomó el auto de línea, y a las once bajó en Fuenmayor. En Fuenmayor había tiendas, mercado y un gran bazar llamado "El

30 ideal". Doña Clementina llevaba sus pequeños ahorros envueltos en un pañuelo de seda. En "El Ideal" compró una muñeca de cabello crespo y ojos redondos y fijos, que le pareció muy hermosa. "La pequeña va a alegrarse de veras", pensó. Le costó más cara de lo que imaginaba, pero pagó de buena gana. Anochecía ya cuando llegó a la aldea. Subió la escalera y, algo avergonzada de sí misma, notó que su corazón

35 **latía**[4] fuerte. La mujer Mediavilla estaba ya en casa, preparando la cena. En cuanto la vio alzó las dos manos.

—¡Ay, *usté*, doña Clementina! ¡Válgame Dios, ya disimulará en qué trazas la recibo! ¡Quién iba a pensar...!

Cortó sus exclamaciones.

40 —Venía a ver a la pequeña: le traigo un juguete...

Muda de **asombro**[5] la Mediavilla la hizo pasar.

—Ay, cuitada, y mira quién viene a verte...

La niña levantó la cabeza de la **almohada**[6]. La llama de un candil de aceite, clavado en la pared, temblaba, amarilla.

45 —Mira lo que te traigo: te traigo otra "Pipa", mucho más **bonita**[7].

Abrió la caja y la muñeca **apareció**[8], rubia y extraña.

Los ojos negros de la niña estaban llenos de una luz nueva, que casi embellecía su carita fea. Una sonrisa se le iniciaba, que se enfrió enseguida a la vista de la muñeca. Dejó caer de nuevo la cabeza en la almohada y empezó a llorar despacio y

50 silenciosamente, como acostumbraba.

—No es "Pipa" —dijo—. No es "Pipa".

La madre empezó a **chillar**[9]:

—¡Habráse visto la tonta! ¡Habráse visto, la desgraciada! ¡Ay, por Dios, doña Clementina, no se lo tenga usted en cuenta, que esta moza nos ha salido

55 **retrasada**[10]...!

Doña Clementina parpadeó. (Todos en el pueblo sabían que era una mujer tímida y solitaria, y le tenían cierta compasión.)

—No importa, mujer —dijo con una pálida sonrisa—. No importa. Salió. La mujer Mediavilla cogió la muñeca entre sus manos rudas, como si se tratara de una

60 flor.

—¡Ay, madre, y qué cosa más preciosa! ¡Habráse visto la tonta ésta...!

Al día siguiente doña Clementina recogió del huerto una ramita seca y la envolvió en un retal. Subió a ver a la niña:

—Te traigo a tu "Pipa". La niña levantó la cabeza con la viveza del día anterior.

65 De nuevo, la tristeza subió a sus ojos oscuros.

—No es "Pipa".

Día a día, doña Clementina confeccionó "Pipa" tras "Pipa", sin ningún resultado, y el caso llegó a oídos de don Leoncio.

—Oye, mujer: que no sepa yo de más **majaderías**[11] de ésas... ¡Ya no estamos, a

70 estas alturas, para andar siendo el hazmerreír del pueblo! Que no vuelvas a ver a esa **muchacha**[12]: se va a **morir**[13], de todos modos...

—Pues claro, ¡qué remedio! No tienen posibilidades los Mediavilla para pensar en otra cosa... ¡Va a ser mejor para todos!

En efecto, apenas iniciado el otoño, la niña se murió. Doña Clementina sintió
75 un pesar grande, allí dentro, donde un día le naciera tan tierna curiosidad por "Pipa" y su pequeña madre.

Fue a la primavera siguiente ya en pleno deshielo, cuando una mañana, **rebuscando**[14] en la tierra, bajo los ciruelos, apareció la **ramita**[15] seca, envuelta en su pedazo de percal. Estaba quemada por la nieve, y el color rojo de la tela se había
80 vuelto de un rosa desvaído. Doña Clementina tomó a "Pipa" entre sus dedos, la levantó con respeto y la miró, bajo los rayos pálidos del sol.

—Verdaderamente —se dijo. ¡Cuánta razón tenía la pequeña! ¡Qué cara tan hermosa y triste tiene esta muñeca!

Cuestionario

Contenido

1. ¿De qué manera combatía la niña la soledad?
2. ¿Qué pidió la niña que hiciera doña Clementina?
3. Cuando no pudo recuperar la muñeca, ¿qué hizo doña Clementina para la niña?
4. ¿Qué reacción tuvo la niña cuando doña Clementina le regaló la muñeca?
5. ¿Cómo reaccionó la madre de la niña ante el comportamiento de ésta con doña Clementina?
6. ¿Qué pensaba el marido de doña Clementina de sus atenciones para con la niña?
7. ¿Qué encontró doña Clementina en la tierra y cómo la afectó este hallazgo?

Interpretación y estilo

1. ¿Por qué cree Ud. que se siente tan sola la niña?
2. ¿Cómo afecta el uso del diálogo al impacto emotivo de este cuento?
3. ¿Qué actitudes de la autora percibimos en su retrato de doña Clementina?
4. ¿Cómo caracterizaría Ud. a la madre de la niña?
5. Comente Ud. el lenguaje usado por los diferentes personajes.
6. ¿Por qué razones cree Ud. que ha muerto la niña?
7. ¿Cómo interpreta Ud. el que doña Clementina, al hallar a Pipa, la encuentre también hermosa y triste?

Léxico: opciones

el muro *wall*
la muralla *wall*
la pared *wall*
el paredón *wall*

la tapia *wall*
el tabique *wall, partition*
el malecón *sea wall*

Muro is the masonry wall, of variable thickness, of a building or fortress. **Muralla** is a very large defensive or protective wall of masonry. **Pared** is the standard word for wall (inside or outside) in most other contexts. **Paredón** refers to the part of a thick wall that remains standing among ruins. It also refers to the wall against which prisoners are shot or are executed by firing squad. **Tapia** is an outside masonry wall, usually of adobe, brick, or stucco, used to enclose a garden or cemetery. **Tabique** indicates a very thin wall or partition made of any kind of material. **Malecón** refers to a sea wall, dike, or breakwater that sometimes has a promenade or road on it.

A fines de 1989 empezaron a desmantelar el **muro** de Berlín.

*Towards the end of 1989, they began to dismantle the Berlin **wall**.*

Desde el camino, se veían las **murallas** de la vieja ciudad.

*From the road, the **walls** of the old city were visible.*

Después del terremoto, salieron muchas grietas en las **paredes** del comedor.

*Many cracks appeared in the dining room **walls** after the earthquake.*

Las **tapias** de nuestro jardín están cubiertas de buganvillas.

*The **walls** of our garden are covered with bougainvillea.*

A través del **tabique**, se oye jugar a los niños.

*Through the **(thin) wall**, one can hear the children play.*

levantar *to raise, lift*
alzar *to raise, lift*
elevar *to raise, lift*

izar *to raise, lift*
erguir *to raise up, straighten*

The basic verb to indicate physically moving something from a lower to a higher position is **levantar. Alzar** is a common literary synonym of **levantar. Elevar**, another synonym of

levantar, is frequently used in the language of mechanics and physics. In other cases, it is a more learned synonym for **levantar**. **Izar** replaces **elevar** when an object such as a flag, banner, or sail is raised or lifted by means of a rope or cable device. **Izar** is especially common in military language. **Erguir** is to lift or raise something, often the body or part of the body, such as the head or neck, to an upright or erect position.

Pesa tanto la maleta que no la puedo **levantar**.	*The suitcase weighs so much that I can't **lift** it.*
El estudiante **alzó (levantó)** la mano para hacer una pregunta.	*The student **raised** his hand to ask a question.*
Usaron una polea para **elevar** el piano hasta el quinto piso.	*They used a pulley **to raise (hoist)** the piano up to the fifth floor.*
Todas las mañanas **izan** la bandera delante de correos.	*Every morning **they raise** the flag in front of the post office.*
Los soldados **se irguieron** al acercarse el teniente.	*The soldiers **straightened up** when the lieutenant approached.*
La torre del reloj **se yergue** sobre la plaza del pueblo.	*The bell tower **rises up** over the town square.*

traer *to bring*	**venir** *to come*
llevar *to take, carry*	**ir** *to go*

In Spanish, both **traer** and **venir** indicate motion towards the speaker. **Llevar** and **ir** indicate motion away from the speaker. Although in most cases the same directions are implied in the English equivalents of these Spanish verbs, in some cases they are not.

¿Qué regalo quieres que te **traiga** de Guadalajara?	*What gift do you want me to **bring** you from Guadalajara?*
Le he **llevado** un hermoso regalo.	*I have **brought (taken)** her a beautiful gift.*
Vengo ahora de México donde pasé tres semanas.	*I'm **coming** now from Mexico where I spent three weeks.*
¿Piensas **ir** a la fiesta el sábado?	*Do you intend **to go (come)** to the party on Saturday?*

Cuando llamaron a la puerta, la mujer gritó: —Ya **voy**.

*When they knocked at the door, the woman yelled out "**I'm coming.**"*

latir *to beat*
batir *to beat*

pegar *to beat*
ganar *to win, beat*

Latir indicates the heart's normal beating or pulsating. **Batir** is *to beat* in the sense of mixing or beating ingredients or materials. **Batir** is sometimes used to refer to the heart; in those cases it implies a more vigorous beating than **latir**. **Batir** also means *to beat* or *to break* a record in the competitive sense. **Pegar** means *to beat* in the sense of *to strike* in order to injure; **ganar** indicates *to beat* someone or *to win* in a game or contest.

La música de la corrida hizo **batir** todos los corazones.

*The music of the bullfight made everyone's heart **beat** faster.*

Para hacer este postre, primero hay que **batir** las yemas y luego las claras.

*In order to make this dessert, first you must **beat** the egg yolks and then **whip** the whites.*

Mark Spitz **batió** muchos records mundiales en los Juegos Olímpicos de 1972.

*Mark Spitz **broke** many world records in the Olympic Games of 1972.*

El asaltante le **pegó** tan fuerte que lo dejó medio muerto.

*The mugger **beat** him so hard that he left him half dead.*

Le **gané** en una partida de ajedrez.

*I **beat** him in a game of chess.*

el asombro *astonishment, amazement*
asombrar *to astonish, amaze*
pasmar *to astound, leave speechless, stun*
maravillar *to astonish, amaze, fill with wonder*
sorprender *to surprise*

The verb forms corresponding to Spanish nouns indicating astonishment or surprise (**asombro, pasmo, maravilla, sorpresa**) are more commonly used than their nouns. **Asombrar**, **pasmar**, and **maravillar** all convey the idea of *to astonish* or *to amaze*. They are often used with the reflexive pronoun and **de** or another preposition to express *to be amazed* or *to be astonished at* (or *by*) something. **Asombrar** can render *to amaze* in almost all cases. **Pasmar**, however, indicates an intense state of amazement or astonishment. It implies being left stunned, speechless, or unable to react. Both verbs may refer to unpleasant or pleasant circumstances. **Maravillar**, however, indicates a positive reaction of awe or wonderment to something beautiful or admirable.

Nos **asombran** los últimos avances de la medicina.	*The latest advances in medicine **astonish** us.*
Me asombré de lo viejo que estaba nuestro antiguo profesor.	*I was **astonished (surprised)** at how old our former professor looked.*
El cartero jubilado se quedó **pasmado** al saber que su banco había quebrado.	*The retired mailman was **astonished (stunned, shocked)** when he learned his bank had failed.*
El inmigrante **se maravilló** de los rascacielos de Nueva York.	*The immigrant **was awed** by the skyscrapers of New York.*

6

la almohada *pillow*	**el almohadón** *pillow, cushion*
la almohadilla *pillow, cushion*	**el cojín** *cushion, pillow*

Almohada normally indicates a bed-pillow or a pillow for resting one's head. **Almohadilla** can indicate a small cushion; it also refers to the plastic or leather pads used to cover seats at sporting events and the like. **Almohadón** and **cojín** are often used synonymously and are equivalents of English *cushion* or *pillow*. Nonetheless, there exists a tendency to use **cojín** for smaller cushions or pillows and **almohadón** for larger ones.

En el avión le pedí a la azafata una **almohada** para descansar la cabeza.	*On the plane I asked the flight attendant for a **pillow** to rest my head.*
En el estadio alquilamos **almohadillas** para los asientos.	*At the stadium we rented **cushions** for our seats.*
Mucha gente en la fiesta se sentaba sobre **almohadones** en el suelo.	*Many persons at the party sat on **(large) pillows** on the floor.*
La mujer rezaba en la iglesia arrodillada sobre un **cojín** de pana.	*The woman, kneeling on a corduroy **cushion**, was praying in the church.*

7

bonito *pretty*	**lindo** *pretty; beautiful*
hermoso *beautiful*	**guapo** *handsome; beautiful*
bello *beautiful*	

Bonito, like the English *pretty*, applies to that which gives immediate but some-times superficial pleasure to the senses. **Hermoso** applies to that which provides deeper pleasure and is also capable of stirring the emotions. **Bello**, a synonym of **hermoso**, is the term preferred to refer to the arts and to moral and spiritual beauty, as opposed to physical beauty. **Lindo** is a synonym of **bonito** in Spain, but in Spanish America, where it is used far more than in Spain, it has the force of **hermoso**. **Guapo(a)**, *handsome*, is applied not only to men but to women; in the latter case, it corresponds more closely in meaning to *beautiful* than to *handsome*.

Le compramos unos regalos muy **bonitos** para su santo.	*We bought her some very **pretty** gifts for her saint's day.*
Hedy Lamarr era una mujer muy **hermosa**.	*Hedy Lamarr was a very **beautiful** woman.*
Se quedó maravillado de los cuadros tan **bellos** del Museo del Prado.	*He was awed by the **beautiful** paintings in the Prado Museum.*
La niña tenía una cara muy **linda**.	*The child had a very **pretty** face.*
¡Qué **linda** vista tenemos desde esta montaña!	*What a **lovely (beautiful)** view we have from this mountain!*
Según Shakespeare, Cleopatra era una mujer muy **guapa**.	*According to Shakespeare, Cleopatra was a very **beautiful** woman.*

8

aparecer *to appear*	**comparecer** *to appear*
asomarse a *to appear at*	

The English *to appear*, in its meaning of *to come into sight*, is **aparecer** in Spanish. In the sense of *to appear* before some legal body or judicial board, the English *to appear* corresponds to Spanish **comparecer**. **Asomar(se)** is a synonym of **aparecer**, and com-monly replaces it in the context of *to appear at* or *to be at* some opening (door, window, and so on) for the purpose of looking in or looking out. As the examples below reveal, no fixed translation equivalents exist for **asomarse a** and **estar asomado a**.

Nunca sabemos cuándo David va a **aparecer** por aquí.	*We never know when David is going **to appear** around here.*
El ministro de Hacienda **compareció** ante la comisión de relaciones exteriores.	*The Secretary of the Treasury **appeared** before the foreign relations committee.*
A ver si **se asoma** pronto.	*Let's see if **he appears (pops up, shows up)** soon.*

Al oír el ruido en la calle, saltó de la cama y **se asomó** a la ventana.	*On hearing the noise in the street, he jumped out of bed and **looked out** the window.*
Cuando el carcelero **se asomó**, encontró la celda vacía.	*When the jailer **looked in**, he found the cell empty.*
Los pasajeros **estaban asomados a** las ventanillas del tren.	*The passengers were **looking out** the windows of the train.*

chillar *to shriek, screech, scream, shout loudly*	**ladrar** *to bark*
gritar *to shout, scream, cry out*	**maullar** *to meow*
alborotar *to make a racket*	**mugir** *to moo*
vocear *to shout or cry out publicly*	**ronronear** *to purr*

Chillar, besides indicating the shrill noises corresponding to the English *to shriek* and *to screech*, also means *to shout very loudly*. **Gritar** is the most common Spanish verb to indicate *to shout* or *to scream* and is used when a verbal message is to be communicated to someone distant from the speaker. **Alborotar** connotes the considerable noise or racket (vocal or otherwise) often associated with troublemaking or a public disturbance. The two principal uses of **vocear** are as synonyms of **gritar**, *to shout*, and **pregonar**, *to announce or advertise aloud*.

No me gusta que me **chilles**.	*I don't like **you to scream** at me.*
Juan tuvo que **gritar** para que le oyeran desde la esquina.	*Juan had **to shout** so that they could hear him from the corner.*
Al salir del estadio, los aficionados **alborotaron** tanto que no se podía dormir.	*When they left the stadium, the fans **made** so much **noise (racket)** that one couldn't sleep.*
Los domingos, los vendedores ambulantes **vocean** sus frutas y verduras en la calle.	*On Sundays, the hucksters **hawk (peddle)** their fruits and vegetables in the street.*
A veces me desespero cuando **ladra** sin cesar el perro del vecino.	*At times I despair (become exasperated) when the neighbor's dog **barks** incessantly.*
Mi gata **ronronea** cuando alguien la acaricia.	*My cat **purrs** whenever someone pets her.*

10
---

retrasar *to retard, delay*
atrasar *to slow down, delay*

demorar *to delay*
retardar *to retard, slow down; to postpone*

Retrasar and **atrasar** are synonymous in almost all their meanings. Both indicate a delay or lateness in arriving or in doing something. Nonetheless, there are uses in which these verbs are distinguishable. **Retrasar** (and not **atrasar**), as in Matute's example, indicates mental retardation. **Demorar** is more common in written than in spoken Spanish; it is much used in administrative language. **Retardar**, a transitive verb, indicates a voluntary or non-voluntary decrease in the speed with which someone or something moves. **Retardar** also means *to put off* or *to postpone* something.

Atrasamos (Retrasamos) la compra de la casa hasta que nazca el niño.

We are delaying the purchase of the house until the baby is born.

Nuestro avión viene **atrasado (retrasado)** media hora.

*Our plane is **delayed** half an hour.*

Demoraron tres días más en entregar los documentos.

They delayed three more days in delivering the documents.

La nevasca **retardó** la marcha del ejército hacia Moscú.

*The blizzard **delayed (slowed down)** the army's advance towards Moscow.*

Tuvimos que **retardar** nuestra partida para poder asistir a la boda.

*We had **to postpone** our departure in order to be able to attend the wedding.*

11
---

la majadería *foolish act or statement*
el disparate *nonsensical act or statement*
la tontería *foolish act or statement*
la estupidez *stupid act or statement*
la locura *crazy or insane act or statement*

The above and many similar nouns are often used instead of **cosa** or **algo** + *the corresponding adjective* to indicate that someone has done or said something foolish, stupid, crazy, and so forth.

Ismael siempre dice **tonterías**.

*Ismael is always saying **foolish things**.*

Has hecho una **locura**, Julio.

*You've done **something crazy,** Julio.*

Fue una **estupidez** que le prestaras tanto dinero.	*It was a **stupid thing** for you to lend him so much money.*

el (la) muchacho(a) *boy (girl), young person*	**el bebé** *infant, baby*
el (la) chaval(a) *young person, youth*	**el (la) joven** *young person*
el (la) niño(a) *young child, child*	**el (la) infante(a)** *heir to the Spanish throne*
el (la) nene(a) *baby*	**el (la) adolescente** *adolescent, teenager*
el (la) chico(a) *child, youngster*	

As in English, the Spanish terms for young people tend to be imprecise in establishing chronological boundaries. There is also considerable personal and regional variation in the way some of these words are used. For instance, **muchacho(a)** may refer to any young boy or girl, but it is most common for an adolescent or teenager. **Joven** and **adolescente** are also common to refer to the teenage years. **Niño(a)** may refer to any child up to the age of puberty. **Chico(a)** is a common synonym of both **niño(a)** and **muchacho(a)**. **Chaval(a)**, used mostly in Spain, may also refer to a **niño(a)** or **muchacho(a)**. **Nene(a)** and **bebé** both render *baby* in Spanish, but the latter is preferred for the nursing or infant stage. Finally, **infante(a)** is a false cognate of the English *infant*. It is used in modern Spanish as a title for the heirs to the Spanish throne.

El domingo había varios **chicos (muchachos)** jugando al béisbol en el parque.	*On Sunday there were several **boys** playing baseball in the park.*
Todas las mañanas Rubén lleva a los **niños** al colegio.	*Every morning Rubén takes his **children** to school.*
Carlos y Javier son dos **chavales** estupendos.	*Carlos and Javier are two wonderful **young men**.*
Mañana el **nene** cumple dos años.	*Tomorrow the **baby** is two years old.*
Hace sólo tres meses que nació nuestro **bebé**.	*Our **baby** was born only three months ago.*

morir *to die*	**expirar** *to expire, die*
fallecer *to die, decease*	**estirar la pata** *to kick the bucket*
perecer *to die, perish*	

Morir, *to die*, is often used reflexively, as in the selection from Matute. The use of the reflexive pronoun indicates a greater emotional involvement on the part of the speaker, whereas **morir** by itself indicates an objective, unemotional reporting of the death. Primary among the other Spanish terms for *to die* is **fallecer**, a euphemism used in careful, respective speech when referring to the dead. It has all but replaced **morir** in death notices, obituaries, and legal documents. **Perecer**, like the English *to perish*, indicates *to die* in a violent or untimely manner. **Expirar**, like the English *to expire* (i.e., *to breathe one's last breath*) is a euphemism focusing on the very last moments of life. A humorous substitute for **morir** is **estirar la pata** (literally *to stretch one's leg*), which conveys the idea and tone of English *to kick the bucket*.

Ha fallecido en el hospital el rector de la universidad.	*The president of the university **has died** in the hospital.*
Veinte civiles **perecieron** en el ataque terrorista.	*Twenty civilians **perished (died)** in the terrorist attack.*
El anciano **expiró** en el hospital a la una de la madrugada.	*The old man **died (expired)** in the hospital at 1:00 in the morning.*
El día menos pensado, ese pobre vagabundo va a **estirar la pata**.	*When we least expect, that poor tramp is going **to kick the bucket**.*

14

---

rebuscar *to search, look closely (for)*
rellenar *to refill, fill (in the blanks)*
recorrer *to go through or over an area*
reatar *to re-tie*
rehacer *to redo, remake, do over again*

The verbal prefix **re-** in Spanish has two main functions. In verbs such as **rebuscar**, it serves as an intensifier to indicate a more careful, vigorous, or thorough activity than the base verb itself. In many other cases, **re-** indicates a repetition or doing something over again.

Recorrimos todo el barrio hasta dar con la casa.	*We went all over (through) the neighborhood before finding the house.*
En seguida el camarero me **rellenó** la taza de café.	*The waiter immediately **refilled** my cup with coffee.*

◇ **15** ◇

la ramita *small branch, twig*	**el charco** *puddle*
la rama *branch*	**la charca** *pool*
el ramo *branch*	**el leño** *log*
el gorro *cap, bonnet*	**la leña** *firewood*
la gorra *cap (usually with visor)*	**el gimnasio** *gymnasium*
	la gimnasia *gymnastics*

Spanish has many pairs of nouns that differ only in their **-o** and **-a** endings. In many (but not all) instances, the **-a** form indicates the larger entity. In other cases, the distinction is not one of size but of different, although related, meanings.

Una enorme **rama** del roble cayó sobre el camino.	*An enormous **branch** from the oak tree fell onto the road.*
En Semana Santa, se hacen cruces con **ramos** de palmera.	*During Easter Week people make crosses from palm **branches (fronds)**.*
El coche, al pasar por el **charco**, nos salpicó a todos.	*The car, on going through the **puddle**, splashed all of us.*
Después de las lluvias, el campo quedó hecho una **charca**.	*After the rains, the countryside became (was like) a **lake**.*

◈ Práctica

A Para cada una de las frases siguientes, elija Ud. la palabra o expresión que complete el sentido. En caso de que haya dos respuestas correctas, elija la más apropiada. Haga también cualquier cambio necesario en la palabra elegida para que la frase quede gramaticalmente correcta.

1. Vamos a pintar de azul _____ del dormitorio del nene (**los muros, las paredes, las tapias**).
2. Cuando vayas a Asia, no dejes de visitar _____ de la China (**el Gran Malecón, el Gran Paredón, la Gran Muralla**).
3. Cada noche en Mazatlán dábamos un hermoso paseo por _____ al lado del mar (**la tapia, la muralla, el malecón**).
4. Juana mandó construir _____ de estuco alrededor del jardín (**un tabique, una tapia, un paredón**).
5. Lo primero que hicimos al salir del puerto fue _____ las velas del barco (**erguir, izar, levantar**).

6. El peregrino _____ los ojos hacia la estatua de Cristo que había encima de la montaña (**erguir, izar, alzar**).

7. Para edificar el rascacielos, era necesario usar unas enormes grúas para _____ los materiales de construcción hasta los pisos de arriba (**izar, erguir, elevar**).

8. Cuando vayas a Barcelona este verano, debes de _____ unos zapatos cómodos contigo (**traer, llevar, recorrer**).

9. Le dieron a Esteban una medalla de oro por haber _____ el record de la escuela en salto de altura (**pegar, batir, ganar**).

10. El cardiólogo le dijo que no se preocupara porque su corazón _____ normalmente (**latir, batir, pegar**).

11. Cuando me enteré de que mi profesor se había carbonizado en el incendio, _____ (**maravillarse, pasmarse, sorprenderse**).

12. Los turistas _____ ante la majestuosidad de las cataratas del Niágara (**sorprenderse, maravillarse, asomarse**).

13. Mi mujer acaba de comprar _____ nuevos(as) para nuestra cama (**cojines, almohadones, almohadas**).

14. Pablo ha comprado un _____ juguetito para su sobrino (**guapo, hermoso, bonito**).

15. La novena sinfonía de Beethoven es una de sus obras más _____ (**guapo, bonito, bello**).

16. Después del accidente de coche, tuve que _____ ante el juez (**comparecer, aparecer, asomarse**).

17. El entrometido del barrio _____ la ventana cada vez que salía alguien a la calle (**aparecer en, comparecer en, asomarse a**).

18. El chaval que se fugó de casa _____ un año después en Los Ángeles (**comparecer, aparecer, asomarse**).

19. Cuando los Beatles aparecían en público, muchas jóvenes _____ con frenesí (**alborotar, gritar, vocear**).

20. Se suspendió el mitin político porque los manifestantes entraron en el auditorio y _____ tanto que estorbaron el orden público (**vocear, alborotar, gritar**).

21. Cuando yo era niño, los chicos _____ los periódicos en las calles de Nueva York (**alborotar, gritar, vocear**).

22. El filántropo estableció una escuela para niños _____ en Boston (**retardados, retrasados, atrasados**).

23. Debido al papeleo burocrático, la decisión va a _____ seis meses más (**retrasarse, retardarse, demorarse**).

24. Debido al apagón, todos los relojes eléctricos de nuestro edificio se _____ quince minutos (**atrasar, retardar, demorar**).

25. Fue una _____ asesinar al rey (**locura, majadería, tontería**).

26. Entonces Andrés era todavía un _____ que empezaba a gatear (**bebé, nene, infante**).

27. Acabo de leer en los obituarios del periódico de hoy que ha _____ el director del museo (**fallecer, expirar, estirar la pata**).

28. _____ todos los pasajeros al estrellarse el avión contra la montaña (**perecer, expirar, estirar la pata**).

29. La persona que vivía en el apartamento ya no lo ocupa; tendré que _____ (**reanimarlo, realquilarlo, rellenarlo**).

30. Cuando el aduanero terminó de inspeccionar las cajas, tuvimos que _____ (**rellenarlas, realquilarlas, reatarlas**).

B **Traduzca al español las siguientes frases empleando el vocabulario estudiado en este capítulo.**

1. The mirror on the wall was broken.
2. The medieval walls that surround the Spanish city of Ávila are still in almost perfect condition.
3. When they heard the door open, the students rose [do two ways] to see who was entering the room.
4. The taxi took us all to the airport and then brought me back home.
5. My heart never beat more violently than at that moment.
6. The nation was stunned by the sudden and unexpected resignation of the president.
7. As the parade moved down [use **pasar**] the avenue, all the residents were looking out of their windows.
8. Ana is very nervous and she always screams when she argues with someone.
9. His appointment as federal judge was delayed in the Senate.
10. In the obituaries I read that the composer died [do not use **morir**] of natural causes.

Temas a escoger

Temas relacionados con la selección literaria

1. Escriba Ud. sobre las dos mujeres del cuento: la madre de la niña y doña Clementina.
2. Describa Ud. la falta de lazos afectivos en la familia de la niña.
3. Analice Ud. la importancia de la muñeca en la vida de la niña.

Temas sugeridos por la selección literaria

1. Escriba Ud. de lo que hace para combatir la soledad en su propia vida.
2. Describa Ud. un ejemplo de crueldad sufrida por Ud. o hecha por Ud. a otra persona.
3. Describa Ud. una muñeca, un animalito o un juguete que Ud. consideraba un amigo cuando era niño o niña.

❖ Repaso gramatical ❖

The Subjunctive Mood (Part II)

The Subjunctive in Noun Clauses

A clause is a group of words that has its own subject and predicate (a predicate being that part of the clause that expresses what the subject is doing or experiencing). For instance, *the child* is the subject of the two sentences that follow. But in the first, the verb *ran* is the predicate, while in the second, *ran to the corner* is the predicate.

*The child **ran**.*

*The child **ran to the corner**.*

Clauses are divided into two kinds: main, or principal, clauses (which in some cases may constitute independent sentences by themselves); and dependent, or subordinate, clauses that can never stand alone, but must depend on a previous main clause. These subordinate clauses function grammatically as nouns, adjectives, or adverbs to complete the meaning of the main clause. In English, subordinate clauses are introduced either by subordinating conjunctions such as *that* and *which* or by relative pronouns such as *who*. Compare the subordinate clauses in the following sentences:

*The doctor said **that he would be in his office the next day**.*

*I know the man **who is standing on the corner**.*

*The mechanic fixed the car **so that we could leave on our trip**.*

In the three preceding sentences, the first subordinate clause functions as a noun, the second as an adjective, and the third as an adverb. Although they are occasionally used in the verb of an independent clause expressing doubt, most Spanish subjunctives are found in subordinate clauses of the kind illustrated above. In this chapter, we treat the first of these types: noun clauses.

The verb of a subordinate noun clause in Spanish is subjunctive when it depends on a verb expressing necessity, (un)desirability, ignorance, doubt, emotion, or (im)possibility. It is important to bear in mind that the conjunction **que** introduces the noun clause with the subjunctive verb, and that only rarely is there a subjunctive without both **que** and a change of subject between the main clause and the subordinate one. The use of the subjunctive in noun clauses is found after expressions of: a) Volition, Desire; b) Doubt, Denial, Negation; c) Emotion; and d) Impersonal Expressions.

Volition, Desire

The merest indication that one person wants another person to do or not to do something, or wants something to happen or not to happen, requires a subjunctive in the subordinate clause. In such constructions the subjunctive will follow expressions indicating any degree of volition (command, desire, approval, opposition, preference, advisability, suggestion, persuasion, and so on).

Le aconsejó que **pensara** en otra cosa.	*He advised her **to think** about something else.*
Tengo ganas de que **sea** domingo otra vez.	*I want it **to be** Sunday again.*
La madre se opuso a que su hija **se casara** con un extranjero.	*The mother opposed her daughter's **marrying** a foreigner.*
Prefiero que no **llames** al abogado hasta el lunes.	*I prefer that **you** not **call** the attorney until Monday.*
Te ruego que **olvides** lo que te dije.	*I beg you **to (that you) forget** what I said to you.*
Me gustaría que mi hija **fuese** juez como su padre.	*I would like my daughter **to be** a judge like her father.*
El policía mandó que el conductor **bajara** del coche.	*The policeman ordered the driver **to get out** of the car.*
Las Naciones Unidas querían evitar que la guerra **continuase**.	*The United Nations wanted to prevent the war from **continuing**.*
Yo sugeriría que **fueras** a disculparte con Gonzalo.	*I would suggest that **you go** apologize to Gonzalo.*

Verbs of communication may express either factual information or volition (commands, orders, and so forth). In the first case they require an indicative and in the second a subjunctive in the subordinate clause.

Le dije (telefoneé) a Miguel que **vendríamos** pronto.	*I told (telephoned) Miguel that **we would come** soon.*
Le dije (telefoneé) a Miguel que **viniera** pronto.	*I told (telephoned) Miguel **to come** soon.*

An infinitive construction may be substituted for certain noun clauses with a subjunctive after an expression of volition. A limited number of verbs that indicate ordering, allowing, prohibiting, and advising are often followed by the infinitive rather than a clause with a subjunctive. This is most common when the subject of the subordinate clause is a pronoun, in which case the pronoun becomes the indirect object of the main verb. Among the common verbs that may take either a subjunctive or an infinitive construction are **mandar, ordenar, hacer, dejar, permitir, aconsejar, prohibir, proponer**, and **impedir** (but not **pedir**).

No nos dejaron **ir** a la fiesta.	*They didn't let us **go** to the party.*
Te aconsejo **salir** mañana.	*I advise you **to leave** tomorrow.*
Le prohibió **gastar** más dinero.	*He prohibited her **from spending (to spend)** more money.*
Hizo **estudiar** más a su hija.	*He made his daughter **study** more.*

The preceding sentences in Spanish may, of course, also be expressed with the subjunctive in a subordinate clause.

No dejaron que **fuéramos** a la fiesta.

Aconsejo que **salgas** mañana.

Prohibió que **gastara** más dinero.

Hizo que su hija **estudiara** más.

Spanish, like English, often prefers the more economical means of expression whenever such a choice exists. This explains why the infinitive construction is more common than its subjunctive equivalent, especially in colloquial Spanish.

Doubt, Denial, Negation

Nuance and connotation are important when dealing with the subjunctive and verbs that indicate doubt, denial, and uncertainty. For example, the indicative in the following sentence stresses the speaker's conviction that Juan has actually eaten. The second sentence with the subjunctive indicates that uncertainty or doubt still exists in the speaker's mind.

Sospecho que Juan **ha cenado**.	*I suspect that Juan **has dined**.*
Sospecho que Juan **haya cenado**.	*I suspect that Juan **has (may have) dined**.*

In brief, the connotative range of the verb in the main clause as well as the nuance intended by the speaker will determine whether the verb in the subordinate clause will be subjunctive or indicative. Generally, verbs of negation, doubt, or uncertainty produce the subjunctive. But when the element of negation, doubt, or uncertainty is weakened and the verb leans toward affirmation, the indicative is used. The predominant nuance of a verb, not any fixed meaning, determines the mood of the verb in the subordinate clause.

No rule can include all possibilities. However, verbs such as **dudar** and **negar** leave little margin for affirmation and are only infrequently followed by the indicative. **No creer, sospechar**, and similar verbs usually result in a subjunctive but also have a range of meaning broad enough to permit their use with the indicative to express affirmation. Verbs like **creer, suponer**, and **presumir** ordinarily signal a greater degree of certainty and are therefore normally followed by an indicative verb. In general, any verb in the main clause that is used to reveal genuine doubt or absolute denial takes the subjunctive in its subordinate clause. Any verb used to indicate affirmation or conviction takes the indicative.

The following sentences illustrate a few of the many possibilities on a scale ranging from certainty-belief to uncertainty-negation. Some of the above are borderline examples that could also have taken the verb of the subordinate clause in the other mood.

Afirmo que **viene**.	*I say that **he is coming**.*
Sé que **viene**.	*I know that **he is coming**.*
Creo que **viene**.	*I believe that **he is coming**.*
Es que **viene**.	*It's that **he is coming**.*
No dudo que **viene**.	*I don't doubt that **he is coming**.*
No es que **venga**.	*It isn't that **he is coming**.*
No creo que **venga**.	*I don't believe **he is coming**.*
Dudo que **venga**.	*I doubt that **he is coming**.*
Niego que **venga**.	*I deny that **he is coming**.*

A question to which the speaker expects an answer confirming his or her own opinion takes the indicative. However, a question that indicates real doubt on the part of the speaker requires the subjunctive.

¿No cree Ud. que **está** enamorado?	*Don't you believe **he is** in love?* (I certainly do.)
¿Cree Ud. que **esté** enamorado?	*Do you believe **he is (may be)** in love?* (I'm not sure.)

An independent clause after adverbs that take the subjunctive when they indicate uncertainty (**acaso, tal vez, quizá[s]**) will take the indicative when the sense of futurity is stronger than the sense of uncertainty, or when the latter is absent or weak.

El cielo está muy oscuro. Acaso **llueva** esta tarde.	*The sky is very dark. Perhaps **it will rain** this afternoon.*
Quizá pronto **podamos** viajar a ese planeta.	*Perhaps soon **we'll be able** to travel to that planet.*
Tal vez **venga** hoy.	*Maybe **he is coming** today.*
Tal vez **vino** ayer.	*Perhaps **he came** yesterday.*
Quizás nuestro amigo **llama** hoy.	*Perhaps our friend **will call** today.*

Finally, whereas most noun clauses require a change of subject for the subordinate verb to be in the subjunctive, expressions of doubt and uncertainty take the subjunctive without such a change of subject.

No creo que **vaya** a verle.	*I don't believe that **I am going** to see him.*
Carlos duda que **tenga** bastante dinero.	*Carlos doubts that **he (Carlos) has** enough money.*

Emotion

The subjunctive is used in a subordinate clause following expressions that indicate any degree of emotion or feeling: fear, anger, joy, sadness, shame, relief, surprise, and so forth.

Me sorprendió que les **hablase** así.	*It surprised me that **he spoke** to them that way.*

Temo que nos **estén engañando**.	*I fear **they are deceiving** us.*
La madre se alegró (de) que su hijo **aprobara** todos sus exámenes.	*The mother was happy that her son **passed** all his exams.*
Me entristece que **haya muerto** nuestra profesora.	*I am saddened that our professor **has died**.*
Nos enfada que **hayas usado** el coche sin permiso.	*It angers us that **you have used** the car without permission.*

Notice the difference in the following two sentences. In the first, **que** subordinates the verb **llover** and makes it dependent on an expression of emotion. Thus it requires the subjunctive. In the second sentence, **pero** coordinates two independent statements, hence no subordination and no subjunctive.

Siento que **esté lloviendo**.	*I am sorry that **it is raining**.*
Lo siento, pero **está lloviendo**.	*I am sorry, but **it is raining**.*

Temer, *to fear*, and **esperar**, *to hope*, may express expectation or futurity rather than feeling. The indicative follows these verbs when they are so used. The first example with **temer** may indicate that the speaker feels certain that an acquaintance has returned for yet another handout.

Temo que **ha venido** a pedirme otro favor.	*I am afraid **he has come** to ask another favor of me.*
Espero que te **pagarán** bien.	*I expect (hope) **they will pay** you well.*

When the subject doesn't change after an expression of emotion or feeling, the following verb is normally in the infinitive form and no clause with a subjunctive is required.

Me alegro de **estar** con Uds.	*I am glad **to be (that I am)** with you.*
Tiene miedo de **hablar** con el jefe.	*He is afraid **to speak** with the boss.*

Impersonal Expressions

In Chapter 6, we reviewed the use of the subjunctive after certain impersonal expressions in Spanish. Here we want to point out that although both the indicative and subjunctive may follow an impersonal expression, the subjunctive is more common. This is because most impersonal expressions in Spanish express subjective value judgments.

But the smaller number of impersonal expressions that establish a fact or make an assertion rather than express a value judgment are followed by the indicative in Spanish.

Es lógico que **estés** cansado.	*It's logical that **you are (for you to be)** tired.*
Es importante que Juanjo **hable** con Matilde.	*It's important that Juanjo (for Juanjo to) **speak** with Matilde.*
Ocurre que ya **ha comprado** los billetes para el teatro.	*It happens that **he has** already **bought** the tickets for the theater.*
Es seguro que **vamos a ganar** el campeonato.	*It's certain that **we are going to win** the championship.*

Nonetheless, the impersonal expressions that are normally followed by the indicative are followed by the subjunctive when used in the negative.

Es evidente que **tiene** mucha plata.	*It's evident that **he has** lots of money.*
No es evidente que **tenga** mucha plata.	*It isn't evident that **he has** lots of money.*

◈ Práctica

A **En cada una de las siguientes frases, sustituya el infinitivo entre paréntesis por la forma correcta del subjuntivo o del indicativo.**

1. Me molesta que mi hija _____ tanto (**fumar**).
2. Será necesario que Uds. _____ después de llegar al hotel (**descansar**).
3. Siento que tú no _____ aceptar nuestra invitación anoche (**poder**).
4. No quiero que te _____ si llegamos tarde (**enfadar**).
5. A sus padres no les gustó que Juan _____ con Elena (**casarse**).
6. A sus padres no les gustó, pero Juan _____ con Elena (**casarse**).
7. Yo no le aconsejaría a nadie que _____ aquel museo (**visitar**).
8. Era evidente que el vecino no _____ a poder pagar la hipoteca (**ir**).
9. Le prohibieron al preso _____ con los otros prisioneros (**hablar**).
10. Prohibieron al preso que _____ con los otros prisioneros (**hablar**).
11. El padre le dijo al hijo que _____ (**callarse**).

12. Es seguro que este verano Mayte _____ a México de vacaciones (**ir**).

13. No es seguro que este verano Mayte _____ a México de vacaciones (**ir**).

14. Fue una lástima que nosotros no _____ la verdad antes (**saber**).

15. La enfermedad impidió que Santiago _____ de la casa (**salir**).

B **Rellene los espacios en blanco usando la forma apropiada del verbo entre paréntesis. Recuerde lo estudiado en los Capítulos 6 y 7.**

Hace años, mis padres me _____ (aconsejar) (1) repetidamente que _____ (estudiar) (2) todo lo que yo _____ (poder) (3). A mí no me _____ (gustar) (4) demasiado los libros, porque yo _____ (querer) (5) ser pintor. _____ (Tener) (6) siempre ganas de que _____ (ser) (7) domingo para así poder visitar el Museo del Prado. Mis padres _____ (creer) (8) que yo me _____ (pasar) (9) las horas estudiando; ellos se _____ (oponerse) (10) a que yo _____ (malgastar) (11) el tiempo, como ellos _____ (decir) (12). La verdad es que yo no los quería _____ (engañar) (13), pero ellos no me _____ (dar) (14) otra alternativa. Me _____ (dar) (15) poco dinero para que no _____ (poder) (16) salir con los amigos; ni siquiera me _____ (dar) (17) para que yo _____ (poder) (18) ir al cine de vez en cuando. Siempre _____ (temer) (19) que yo los _____ (estar) (20) engañando porque yo casi nunca _____ (aprobar) (21) mis exámenes. "¡Es imposible —decía mi padre— que tú _____ (estudiar) (22) tanto y que no _____ (aprobar) (23)!" "Yo quiero que tú _____ (ser) (24) —me _____ (decir) (25) él— un hombre de provecho". Bueno, mañana se inaugura una exposición de mis cuadros en la galería más importante de Madrid. Mi padre _____ (venir) (26) conmigo a verla.

C **Traduzca al español las siguientes frases usando el verbo en subjuntivo o indicativo, según sea apropiado.**

1. Luis insists that you go up to the park with him.

2. The poor criminal can't conceive that they want to hang him.

3. I am glad that you have waited for her.

4. I asked to see the soldier.

5. He defends me and will not let anyone hurt me.

6. The doctor suggested to him that he contact a specialist.

7. I have never believed that it is a sin to tell the truth.

8. I believe they will win the championship. Don't you believe they will win it?

9. His parents were unhappy, but he got divorced anyway.

10. I never suggested that they get married.

D **Cada una de las frases siguientes contiene un error. Teniendo en cuenta la gramática estudiada en este capítulo, identifique Ud. cúal es el error y corríjalo.**

1. Mi esposa me dijo que yo la esperaba a la salida de su oficina esta tarde a las siete.

2. Nos apena mucho que el artista ha muerto tan joven.

3. Prefiero que Eduardo no viene a la fiesta con nosotros porque es capaz de decir alguna barbaridad.

4. Lamento que tu madre no ha podido asistir a tu graduación; era algo que ella deseaba mucho.

5. A Pablo le molesta que sus amigos fuman tanto porque es muy alérgico al humo.

6. Me gustaría que tú siempre llegabas a tiempo a nuestras citas.

7. Nos enfada que ayer Carlos usaba nuestra computadora sin tener permiso.

8. El aduanero nos pidió amablemente que mostrábamos los pasaportes.

9. Tengo mucho miedo de que Ud. perderá el avión.

10. Les aconsejamos que no fueron a la selva amazónica sin vacunarse primero contra la malaria.

ENFOQUE Narration

A narrative technique is employed when the writer wants to tell what is happening or has happened. With it, events are usually presented in a chronological sequence. The writer tries to present everything in such a way that any reader may see, hear, and, in other ways, experience the event. While writing a narrative, the writer employs memory as a resource; however, this memory is used selectively. When you choose a narrative technique, remember to select only those details which will convey to your readers exactly what you want them to see, hear, and experience.

If your narrative is limited to a short chronological expanse (i.e., the time frame or sequence of events is compressed), you may be forced to condense everything, employing generalizations. You may only be able to mention events rather than show—through a few carefully chosen details—what makes them noteworthy.

Remember that a narrative is truly successful only if it grasps the reader's attention and holds it throughout. The following questions may be useful when you write a narrative essay.

1. Are you accurately recreating the scene or experience for your readers? Are you including enough details and descriptions so that the readers may see, hear, and experience everything in your narration? Is the meaning of your narration clear? What impression(s) are you trying to form in your readers?

2. What techniques have you employed to develop the narration? Which words, sentences, and/or paragraphs stand out? Is your narrative tone consistent throughout?

3. Are your descriptions precise? Is there anything you can eliminate from your narrative without taking away from its impact? Is there anything you might add to strengthen it?

Remember that as you ask yourself these questions, you should keep an objective eye on your work. Look at it as if someone else has written it.

CAPÍTULO

8

Con los ojos cerrados
Reinaldo Arenas

Repaso gramatical
- *The Subjunctive Mood (Part III)*

CON LOS OJOS CERRADOS
Reinaldo Arenas

Reinaldo Arenas (Cuba, 1943–Nueva York, 1990), fue uno de los más innovadores escritores de la literatura hispanoamericana; sus novelas y cuentos han sido traducidos a más de ocho idiomas. Hasta su adolescencia, Reinaldo Arenas vivió muy humildemente y entre grandes privaciones. Llevado por su idealismo juvenil se unió desde sus principios a la revolución castrista. Estudió Filosofía y Letras en la Universidad de la Habana. Hasta 1980 residió en Cuba. Desengañado por la persecución que el gobierno de Fidel Castro había iniciado desde mediados de los años 60 contra los homosexuales, escapó de la isla y se estableció en Nueva York. A partir de ese momento aumentó notablemente su producción literaria, que abarca todos los géneros literarios: novelas, cuentos, teatro, poesía, ensayos y artículos periodísticos. Para Reinaldo Arenas, la literatura era la forma de expresar su sentido de la libertad y su rebelión contra todo tipo de dogmatismos ideológicos. Cuando murió, Arenas había escrito nueve novelas, dos de las cuales se publicaron póstumamente en 1991.

Su novela más conocida, El mundo alucinante, *1969, es la biografía imaginada de un personaje histórico: Fray Servando Teresa de Mier, fraile del México colonial. El protagonista de esta obra viaja por varios países de Europa y América tratando de*

escapar de la persecución a la que es sometido por tener ciertas ideas que sus superiores
consideran heréticas; en sus viajes, sufre innumerables sufrimientos, persecuciones y
encarcelamientos. Sus aventuras, reflejadas por medio del realismo mágico, hacen de
Reinaldo Arenas uno de los precursores de este movimiento literario. Según el crítico
Félix Lugo Nazario, el principio poético que unifica la producción novelística de
Reinaldo Arenas es el de la alucinación: "La alucinación logra, de este modo, en la obra
de Reinaldo Arenas, captar y aprehender la ansiedad que tortura la mente de los asedia-
dos, y en su producción novelística todos los protagonistas son asediados, en su deseo y
afán por escapar de una realidad que los estrangula".

El cuento "Con los ojos cerrados", que originalmente fue publicado en 1964, está
recogido en el libro Termina el desfile *(1981). Este cuento recoge parte de la vida de un*
muchacho de ocho años quien cierra los ojos para escapar de la cruel realidad y para
percibirla, ya con los ojos cerrados, totalmente cambiada. Al hacer esto, paga el precio de
sufrir un grave accidente que le lleva a un hospital, desde donde nos hace la narración.

A USTED sí se lo voy a decir, porque sé que si se lo cuento a usted no se me va a reír
en la cara ni me va a regañar. Pero a mi madre no. A mamá no le diré nada, porque
de hacerlo no dejaría de pelearme y de regañarme. Y, aunque es casi seguro que ella
tendría la razón, no quiero oír ningún consejo ni advertencia.

5   Por eso. Porque sé que usted no me va a decir nada, se lo digo todo.

Ya que solamente tengo ocho años voy todos los días a la escuela. Y aquí
empieza la tragedia, pues debo levantarme temprano —cuando el pimeo que me
regaló la tía Grande Ángela sólo ha dado dos voces— porque la escuela está bastante
lejos.

10   A eso de las seis de la mañana empieza mamá a pelearme para que me levante y
ya a las siete estoy sentado en la cama y estrujándome los ojos. Entonces todo lo
tengo que hacer corriendo: ponerme la ropa corriendo, llegar corriendo hasta la
escuela y entrar corriendo en la **fila**[1] pues ya han tocado el **timbre**[2] y la maestra está
parada en la puerta.

15   Pero ayer fue diferente ya que la tía Grande Ángela debía irse para Oriente y
tenía que coger el tren antes de las siete. Y se formó un alboroto enorme en la casa.
Todos los vecinos vinieron a despedirla, y mamá se puso tan nerviosa que se le cayó
la olla con el agua hirviendo en el piso cuando iba a pasar el agua por el colador para
hacer el café, y se le quemó un pie.

20   Con aquel escándalo tan insoportable no me quedó más remedio que desper-
tarme. Y, ya que estaba **despierto**[3], pues me decidí a levantarme.

La tía Grande Ángela, después de muchos besos y abrazos, pudo marcharse. Y
yo salí en seguida para la escuela, aunque todavía era bastante temprano.

Hoy no tengo que ir corriendo, me dije casi sonriente. Y eché a andar bastante
25 despacio por cierto. Y cuando fui a cruzar la **calle**[4] me tropecé con un gato que

estaba acostado en el contén de la acera. Vaya **lugar**[5] que escogiste para dormir —le
dije—, y lo toqué con la **punta**[6] del pie. Pero no se movió. Entonces me agaché
junto a él y pude comprobar que estaba muerto. El pobre, pensé, seguramente lo
arrolló[7] alguna máquina, y alguien lo tiró en ese rincón para que no lo siguieran
30   aplastando. Qué lástima, porque era un gato grande y de color amarillo que seguramente no tenía ningún deseo de morirse. Pero bueno: ya no tiene remedio. Y seguí
andando.

     Como todavía era temprano me llegué hasta la dulcería, porque aunque está
lejos de la escuela, hay siempre dulces frescos y sabrosos. En esta dulcería hay tam-
35   bién dos viejitas de pie en la entrada, con una jaba cada una, y las manos extendidas,
pidiendo limosnas ... Un día yo le di un medio a cada una, y las dos me dijeron al
mismo tiempo: "Dios te haga un santo". Eso me dio mucha risa y cogí y volví a
poner[8] otros dos medios entre aquellas manos tan arrugadas y pecosas. Y ellas
volvieron a repetir "Dios te haga un santo", pero ya no tenía tantas ganas de reírme.
40   Y desde entonces, cada vez que paso por allí, me miran con sus caras de pasas pícaras
y no me queda más remedio que darles un medio a cada una. Pero ayer sí que no
podía darles nada, ya que hasta la peseta de la merienda la gasté en tortas de chocolate. Y por eso salí por la puerta de atrás, para que las viejitas no me vieran.

     Ya sólo me faltaba cruzar el puente, caminar dos cuadras y llegar a la escuela.

45   En ese puente me paré un momento porque sentí una algarabía enorme allá
abajo, en la orilla del río. Me arreguindé a la baranda y miré: un coro de muchachos
de todos tamaños tenían acorralada una rata de agua en un rincón y la **acosaban**[9]
con gritos y pedradas. La rata corría de un extremo a otro del rincón, pero no tenía
escapatoria[10] y soltaba unos chillidos estrechos y desesperados. Por fin, uno de
50   los muchachos cogió una vara de bambú y golpeó con fuerza sobre el lomo de la
rata, reventándola. Entonces todos los demás corrieron hasta donde estaba el animal
y tomándolo, entre saltos y gritos de triunfo, la arrojaron hasta el centro del río.
Pero la rata muerta no se hundió. Siguió flotando bocarriba hasta perderse en la
corriente.

55   Los muchachos se fueron con la algarabía hasta otro rincón del río. Y yo también eché a andar.

     Caramba —me dije—, qué fácil es caminar sobre el puente. Se puede hacer
hasta con los ojos cerrados, pues a un lado tenemos las rejas que no lo dejan a uno
caer al agua, y del otro, el contén de la acera que nos avisa antes de que pisemos la
60   calle. Y para comprobarlo cerré los ojos y seguí caminando. Al principio me sujetaba
con una mano a la baranda del puente, pero luego ya no fue necesario. Y seguí caminando con los ojos cerrados. Y no se lo vaya usted a decir a mi madre, pero con
los ojos cerrados uno ve muchas cosas, y hasta mejor que si los lleváramos abiertos ...
Lo primero que vi fue una gran nube amarillenta que brillaba unas veces más fuerte
65   que otras, igual que el sol cuando se va cayendo entre los árboles. Entonces apreté los
párpados bien duros y la nube rojiza se volvió de color azul. Pero no solamente azul,
sino verde. Verde y morada. Morada brillante como si fuese un arco iris de esos que
salen cuando ha llovido mucho y la tierra está casi ahogada.

70 Y, con los ojos cerrados, me puse a pensar en las calles y en las cosas, sin dejar de andar. Y vi a mi tía Grande Ángela saliendo de la casa. Pero no con el vestido de bolas rojas que es el que siempre se pone cuando va para Oriente, sino con un vestido largo y blanco. Y de tan alta que es parecía un palo de teléfono envuelto en una sábana. Pero se veía bien.

Y seguí andando. Y me tropecé de nuevo con el gato en el contén. Pero esta vez, 75 cuando lo rocé con la punta del pie, dio un salto y salió corriendo. Salió corriendo el gato amarillo brillante porque estaba vivo y se asustó cuando lo desperté. Y yo me reí muchísimo cuando lo vi desaparecer, desmandado y con el lomo erizado que parecía soltar chispas.

Seguí caminando, con los ojos desde luego bien cerrados. Y así fue como llegué 80 de nuevo a la dulcería. Pero como no podía comprarme ningún dulce pues ya me había gastado hasta la última peseta de la merienda, me conformé con mirarlos a través de la vidriera. Y estaba así, mirándolos, cuando oigo dos voces detrás del mostrador que me dicen: "¿No quieres comerte algún dulce?" Y cuando alcé la cabeza vi que las dependientes eran las dos viejitas que siempre estaban pidiendo 85 limosnas a la entrada de la dulcería. No supe qué decir. Pero ellas parece que adivinaron mis deseos y sacaron, sonrientes, una torta grande y casi colorada hecha de chocolate y de almendras. Y me la pusieron en las manos. Y yo me volví loco de alegría con aquella torta tan grande y salí a la calle.

Cuando iba por el puente con la torta entre las manos, oí de nuevo el escándalo 90 de los muchachos. Y (con los ojos cerrados) me asomé por la baranda del puente y los vi allá abajo, nadando apresurados hasta el centro del río para salvar una rata de agua, pues la pobre parece que estaba enferma y no podía nadar.

Los muchachos sacaron la rata temblorosa del agua y la depositaron sobre una piedra del arenal para que se oreara con el sol. Entonces los fui a llamar para que 95 vinieran hasta donde yo estaba y comernos todos juntos la torta de chocolate, pues yo solo no iba a **poder**[11] comerme aquella torta tan grande.

Palabra que los iba a llamar. Y hasta levanté las manos con la torta y todo encima para que la vieran y no fueran a creer que era mentira lo que les iba a decir, y vinieron todos corriendo. Pero entonces, "puch", me pasó el camión casi por arriba 100 en medio de la calle que era donde, sin **darme cuenta**[12], me había parado.

Y aquí me ve usted: con las piernas blancas por el esparadrapo y el yeso. Tan blancas como las paredes de este cuarto, donde sólo entran mujeres vestidas de blanco para darme un pinchazo o una pastilla también blanca.

Y no crea que lo que le he contado es mentira. No vaya a pensar que porque 105 tengo un poco de fiebre y a cada rato me quejo del **dolor**[13] en las piernas, estoy diciendo mentiras, porque no es así. Y si usted quiere comprobar si fue verdad, vaya al puente, que seguramente debe estar todavía, toda desparramada sobre el asfalto, la torta grande y casi colorada, hecha de chocolate y almendras, que me **regalaron**[14] sonrientes las dos viejitas de la dulcería.

Cuestionario

Contenido

1. ¿Qué sabemos del niño que narra este cuento?
2. ¿Qué relación tiene el niño con su madre?
3. Según el niño, ¿por qué fue "ayer" diferente a los otros días?
4. ¿Qué encuentra el niño en el camino a la escuela?
5. ¿Qué observa el niño desde el puente cuando mira hacia el río?
6. ¿Qué ocurre entre el protagonista de este cuento y las dos viejitas?
7. ¿Por qué acaba el niño en el hospital?

Interpretación y estilo

1. Comente Ud. el título del cuento.
2. ¿Cómo se refleja en el cuento el que el narrador sea un niño?
3. ¿Cómo usa Reinaldo Arenas la imaginación como recurso literario en este cuento?
4. ¿Cómo se justifica el estilo claro, directo y sencillo de este cuento?
5. Comente Ud. el uso de imaginación y realidad en esta narración.
6. ¿Qué nos revela de la psicología del niño su transformación imaginativa de la realidad?
7. Comente Ud. el final del cuento.

Léxico: opciones

la fila *line, row*	**el renglón** *(written) line*
la hilera *string, line, row*	**la raya** *stripe, line*
la línea *line*	**la cola** *tail, line*
alinear *to line up, arrange in a line*	**hacer cola** *to stand (wait) in line*

Fila indicates a *straight line* or *row of people* lined up in an orderly way, such as soldiers marching, or standing in rank, etc. Although **hilera** is a synonym of **fila**, it is especially common with reference to trees, shrubs, and inanimate objects. The most common equivalent of English *line* is **línea** in Spanish. In the context of *written line*, in contrast to the lines actually printed or drawn on a page (**líneas** or **rayas**), **renglón** is often used in Spanish. **Raya**, *line* or *stripe*, is also used in the sense of that which establishes *guidelines* or *limits*. **Cola**, *tail*, also indicates *line* as a number of persons waiting one behind the other.

Ningún estudiante quiere sentarse en la primera **fila**.

*No student wants to sit down in the first **row**.*

Para abrirnos paso por la selva, tuvimos que andar en **fila** india.

*To make our way through the jungle, we had to walk in a single **line**. (single file)*

Por la orilla del río había una **hilera** de sauces.

*Along the river bank there was a **row** of willow trees.*

La distancia más corta entre dos puntos es una **línea** recta.

*The shortest distance between two points is a straight **line**.*

En cada página caben veinte **renglones**.

*On each page there is space for twenty **lines**.*

El árbitro indicó que el jugador había pisado la **raya** blanca.

*The referee indicated that the player had stepped on the white **line**.*

Carlos prefiere escribir en papel **rayado**.

*Carlos prefers to write on **lined** paper.*

Pablo llevaba dos horas **haciendo cola** para sacar las entradas.

*Pablo had been **waiting in line** for two hours to get the tickets.*

el timbre *bell, buzzer*
el cascabel *bell*
la campana *bell*

el cencerro *(cow)bell*
la campanilla *bell, handbell*

The English word *bell* encompasses a wide variety of sound- or music-producing devices. **Timbre** renders *bell* when referring to a spring or electrically operated device, such as a bicycle bell or a doorbell. **Cascabel** refers to a small, hollow, and roundish device with a metal ball inside. It produces a jingling or tinkling sound and may be used on a cat's collar, as jingle bells, sewn on clothing, etc. **Campana** indicates a larger, cup-shaped instrument made of bronze and found in churches, convents, etc. **Campanilla** is a smaller bell of the same shape such as a *handbell*. A **cencerro** is hung around the neck of certain farm animals for the purpose of locating them more easily.

Toqué repetidamente el **timbre** de la puerta, pero no contestó nadie.

*I rang the **doorbell** repeatedly, but no one answered.*

Para el nuevo gato, hemos comprado un collar con un **cascabel**.

*For the new cat, we have bought a collar with a **bell**.*

Las **campanas** de la iglesia nos avisaron que la boda había terminado.

*The church **bells** let us know that the wedding had ended.*

En los barcos suelen anunciar la hora de comer con una **campanilla**.

*On ships they usually announce mealtime with a **bell**.*

A la cabeza del rebaño, con el pastor, iban dos cabras que llevaban (un) **cencerro**.

*At the head of the flock, with the shepherd, there were two goats that had **bells** on them.*

3

despierto *awake, wide awake, sharp*
(d)espabilado *wide awake, alert*

listo *bright, clever, sly*
vivo *bright, sharp, clever, sly*

Despierto with the verb **estar** is the antonym of **estar dormido**, *to be asleep*. The above adjectives, when used with **ser**, are all partial synonyms of **inteligente**; as illustrated in the examples, they indicate different states of mental ability. With **estar**, they have different meanings. Notice, too, that **listo** and **vivo** can have negative connotations of being *too clever*, or being *tricky*, or *untrustworthy*.

Mariano es el chico más **(d)espabilado** de la clase.

*Mariano is the **sharpest (most wide awake)** kid in the class.*

María es muy **lista** y comprende todo en seguida.

*María is very **clever** and understands everything right away.*

Ricardo no está muy **despierto** todavía.

*Ricardo isn't very much **awake** yet.*

Pepito es muy **vivo** y siempre está haciendo preguntas.

*Pepito is very **bright** and he's always asking questions.*

Entonces mi abuelo estaba **vivo** todavía.

*At that time my grandfather was still **alive.***

Ten mucho cuidado con Felipe porque es muy **vivo**.

*Be very careful with Felipe because he's very **sharp (clever).***

4

la calle *street*
la carretera *highway*
la autovía *freeway*
el carril *lane*
el peaje *toll*

la autopista *freeway*
la autopista de peaje *toll road*
el camino *road, path*
la vía *lane*

Calle indicates a public *thoroughfare* in a city or town. **Carretera** may indicate a *highway* or any major road. **Autopista** corresponds closely to the concept of *freeway* or *turnpike*, that is, a highway without stoplights or stop signs intended for rapid, mostly long-distance travel. **Autovía**, a newer term, is often used as a synonym of **autopista**, especially when referring to a newer freeway with more lanes than a **carretera**. The preferred word for *lane* in reference to streets and highways is **carril** in Spain but **vía** in many parts of Spanish America.

En las **autopistas** californianas hay un límite de velocidad de 65 o 70 millas por hora.	*On California **freeways** there is a speed limit of 65 or 70 miles per hour.*
Evitamos ir por esa **autovía** porque siempre tiene mucha circulación.	*We avoid using that **freeway** because it always has lots of traffic.*
En las **calles** de algunas ciudades hay **carriles** reservados para autobuses y taxis.	*On the **streets** of many cities there are **lanes** reserved for buses and taxis.*
Hay muchos puentes de **peaje** en el este de los Estados Unidos.	*There are many **toll** bridges in the eastern part of the United States.*

el lugar *place, spot*	**el local** *place, premises*
el sitio *place, spot*	**la localidad** *place, town*
el paraje *place, spot*	

Lugar and **sitio**, close synonyms, are appropriate to render English *place* in most contexts. Nonetheless, to refer to a place that is the customary location where something is kept or found, **sitio** is preferred. **Paraje**, sometimes used in the plural but with a singular meaning, most often connotes a secluded, deserted, or remote location. **Local** indicates a place indoors, usually the location or premises of a business establishment. **Localidad** is a very common synonym of **lugar** and **sitio**; it is also often used in the sense of "town."

Estábamos buscando un **lugar (sitio)** para dejar el coche.	*We were looking for a **place** to leave the car.*
Manuel es muy ordenado y le gusta dejar cada cosa en su **sitio**.	*Manuel is very orderly and he likes to keep everything in its **place**.*
Al poeta Antonio Machado le gustaban los **parajes** solitarios.	*The poet Antonio Machado liked solitary **places**.*

| El sastre ha tenido mucho éxito en su nuevo **local.** | *The tailor has been very successful in his new **locale (premises).*** |
| Isaba es una **localidad** pirenaica muy agradable. | *Isaba is a very pleasant **place (town)** in the Pyrenees.* |

6

---

la punta *point, tip*
el punto *point*
en punto *sharp*
a punto *on time*
estar a punto de + *infinitive* *to be about to do something*
poner a punto *to tune up, adjust, get (something) ready*

Punta, *point*, refers to the sharp-pointed or projecting end of things, and by extension, to that which is comparable in shape. **Punto**, the most common equivalent of English *point*, may indicate a moment in time or a point in space or in an argument, discussion, etc. Notice that **a punto** is used with a variety of verbs to indicate *on time* or *punctually*. If a specific hour is indicated, however, **en punto** is used.

Este lápiz no tiene **punta.**	*This pencil has no **point.***
Punta Arenas es un puerto en Chile.	***Point** Arenas is a port in Chile.*
No veo el **punto** del informe del presidente.	*I don't see the **point** of the president's report.*
Al llegar a ese **punto** de la carretera, pudimos ver el río.	*On reaching that **point** in the highway, we saw the river.*
En ese **punto** de su vida, Eduardo tuvo que separarse de su mujer.	*At that **point** in his life, Eduardo had to separate from his wife.*
Si queremos oír todo el concierto, tenemos que llegar **a punto.**	*If we want to hear the entire concert, we have to arrive **promptly (on time).***
Las corridas de toros normalmente empiezan a las cinco **en punto** de la tarde.	*Bullfights normally begin at five o'clock **sharp** in the afternoon.*
Llevé el coche al mecánico para que lo pusiera **a punto.**	*I took the car to the mechanic so that he could **give it a tune-up.***

—————————————— **7** ——————————————

arrollar *to roll (over), crush*
atropellar *to run over; to knock down*
aplastar *to crush*
aniquilar *to annihilate*

Arrollar, as used in the text, is a synonym of **atropellar**, *to run over*. More commonly, **arrollar** indicates physically rolling over something with force. By extension, it means *to crush* or *to defeat* an opponent. **Atropellar** is *to run* violently *into*, or *over*, a person or animal with a vehicle. **Aplastar**, the most common verb for *to crush* or *to flatten* something, is also a synonym of **arrollar** in the sense of crushing a defeated opponent. **Aniquilar** is *to destroy* totally something or someone.

En fútbol, el Brasil **arrolló** 7 a 0 al equipo de Bolivia.	*In soccer, the Brazilian team **rolled over (routed)** the Bolivian team 7 to 0.*
En el año 1926 al gran arquitecto español Antonio Gaudí le **atropelló** un tranvía en Barcelona.	*In the year 1926, the great Spanish architect Antonio Gaudí was **run over** by a streetcar in Barcelona.*
Al pasear por el parque **he aplastado** sin querer varios caracoles.	*While walking in the park, I accidentally **crushed** several snails.*
Los romanos **aniquilaron** a los cartagineses en la tercera guerra púnica.	*The Romans **annihilated** the Carthaginians in the third Punic war.*

—————————————— **8** ——————————————

poner *to put*
meter *to put, insert*
colocar *to place, put*
introducir *to put in, insert, introduce*

Poner is the basic word for *to put* or *to place*, but it is sometimes replaced by **meter** as well as by **colocar**. **Meter** indicates *to put* something or someone within or inside of something else. **Introducir**, in turn, sometimes replaces **meter**, particularly in written Spanish and especially when something passes through or goes into a small, narrow place, such as a key into a lock, a coin into a slot, or a letter into an envelope or mailbox. **Colocar** is preferred over **poner** to indicate that something is being put or placed in its appropriate location or order, often with special care.

Pusieron (Metieron) el coche en el garaje.	*They put the car in(side) the garage.*

Metieron todos los calcetines en un cajón grande.	***They put*** *all the socks in a large drawer.*
Metieron al banquero en la cárcel.	***They put*** *the banker in jail.*
La llave estaba torcida y no pude **introducirla** en la cerradura.	*The key was twisted and I couldn't **get it** into the lock.*
El marido **colocó** todos los cubiertos sobre la mesa.	*The husband **put** the place settings on the table.*

9

acosar *to harass*
perseguir *to pursue*
importunar *to annoy*
molestar *to annoy, bother, pester*
hostigar *to lash, harass*

Acosar indicates the persistent or continuous pursuing of a person or animal (**acoso sexual** renders English *sexual harassment*). **Perseguir**, like **acosar**, indicates a high degree of intensity but may have both people or goals as its direct object. It lacks the negative connotation of **acosar** and it is semantically neutral. **Importunar** is more common than its English cognate *to importune* to indicate *to annoy*. **Molestar** is the standard Spanish verb to indicate *to annoy, to bother,* or *to pester*. The primary meaning for **hostigar** is physical, *to lash* or *to whip* a person or animal. However, by extension, it is often used in the sense of **acosar**, *to harass* or *to pursue relentlessly*.

El jefe de la oficina **acosaba** a la nueva empleada.	*The office manager **harassed** the new employee.*
El gobierno **perseguía** a los terroristas.	*The government **pursued** the terrorists.*
El niño **importunaba** tanto al padre que éste no podía trabajar.	*The child **pestered (bothered)** his father so much that he couldn't work.*
El ruido de la calle **molesta** a los inquilinos del edificio.	*The noise from the street **bothers** the tenants in the building.*
El vaquero **hostigaba** al ganado para que cruzase el río.	*The cowboy **whipped** the cattle so they would cross the river.*
La empresa **hostigó** a los empleados para que produjeran más.	*The company **pressured (pressed)** the workers to produce more.*

───────────────────────── ◆10◆ ─────────────────────────

la escapatoria *getaway*   **la huida** *flight, escape*
escapar(se) *to escape, flee*   **huir** *to flee, escape*
la fuga *flight, escape*   **la evasión** *escape, evasion*
fugarse *to flee, escape, run away* **evadirse** *to escape, avoid*

Escapatoria, as illustrated in the example, can refer to the *getaway* or *escape route*, as well as the actual act of escaping. **Fuga (Fugarse)**, like **huida (huir)**, stresses the rapidity of the escape, and **fuga** is almost always used with an indication of the place "escaped from." The words **evasión (evadirse)**, although synonymous with the other words in their meaning of *escape*, often add the notion of avoidance or concealment of some action.

La **escapatoria** de los novios sorprendió a los padres.

*The **elopement** of the couple surprised their parents.*

Algunos criminales **escapan** de las consecuencias de sus crímenes.

*Some criminals **escape** the consequences of their crimes.*

La **evasión** de capitales es un fenómeno contemporáneo.

*Capital **flight** is a contemporary phenomenon.*

Al salir de las Cortes, el diputado **evadió** a los periodistas.

*On leaving the Parliament, the congressman **avoided** the reporters.*

La **Fuga** de Segovia es una película española sobre presos políticos.

*The **Escape** from Segovia is a Spanish film about political prisoners.*

Varios famosos jugadores de béisbol **se han escapado** de Cuba.

*Several famous baseball players **have escaped** from Cuba.*

La **huida** del fugitivo es el origen de una entretenida película.

*The **escape (flight)** of the fugitive gave rise to an entertaining movie.*

Los habitantes **huyeron** de la costa al oír que se acercaba un huracán.

*The inhabitants **fled** the coast on hearing that a hurricane was coming.*

──────────◆ 11 ◆──────────

poder *to be able, can*
el poder *power*
la potencia *power*
la fuerza *power, force*

The verb **poder**, *to be able*, when used as a noun with a preceding masculine definite article, becomes one of the nouns that expresses the *power* or the *ability* to do something. **Poder** is *power* in the sense of the capacity to act or to do something of a personal, social, or political nature. **Poder** can also have a legal connotation, referring to power of attorney. **Potencia** renders English *power* in the sense of measurable mechanical or electrical energy. It also translates English *power* when referring to a nation as a political, economic, or military force. **Fuerza** indicates *power* as the strength, physical or otherwise, to realize or accomplish something.

¿Vas a **poder** ayudar a Juan?	*Are you going **to be able** to help Juan?*
La China está adquiriendo un gran **poder** económico.	*China is acquiring great economic **power**.*
Nuestro abogado tiene plenos **poderes** para vender nuestro negocio.	*Our lawyer has full **power** of attorney to sell our business.*
El motor de este coche tiene una **potencia** de 200 caballos.	*The motor in this car has 200 **horsepower**.*
El Japón todavía es una gran **potencia** industrial.	*Japan is still a great industrial **power**.*
El público quedó convencido por la **fuerza** del argumento del senador.	*The public was convinced by the **power** (force) of the senator's argument.*

──────────◆ 12 ◆──────────

darse cuenta de *to realize*
caer en la cuenta *to realize*
realizar *to realize*

Darse cuenta de renders English *to realize* in the sense of *to become aware* of something. **Caer en la cuenta**, a less commonly used synonym, stresses the suddenness of one's perception. **Realizar** renders English *to realize* only in its meaning *to accomplish* or *to achieve* something.

No **me daba cuenta de** que tú creías
en la astrología.

*I didn't **realize** that you believed
in astrology.*

Nada más ver la cara de Pablo, **caí
en la cuenta** de que quería algo.

*The moment I saw Pablo's face,
I **realized** he wanted something.*

Al fin el matrimonio **realizó** su sueño
de tener casa propia.

*The couple finally **realized** their
dream of having their own home.*

el dolor *pain, ache*
doler *to ache, hurt*
el sufrimiento *suffering*
sufrir *to suffer*

el padecimiento *suffering*
padecer *to suffer*
pasar + *certain nouns* *to suffer*

The noun **dolor + de + *noun*** is used to indicate a pain or ache in a specific part of the body. The verb **doler** can similarly be used with indirect object constructions, as in the examples below. **Sufrimiento (Sufrir)** and **padecimiento (padecer)** are synonyms and refer to both physical or mental suffering. When the suffering is chronic, or of relatively long duration or severity, **padecer (padecimiento)** are the more common words. **Sufrir** sometimes suggests *to suffer* or *to endure* without complaint, with patience and resignation. **Pasar** may also render *to suffer* or *to endure* when used in conjunction with such nouns as **hambre, sed, dolor, angustias, calor**, etc.

Tengo **dolor** de cabeza (de espalda).

*I have a head**ache** (back**ache**).*

Me **duele** la cabeza (espalda).

*My head (back) **aches**.*

Falleció después de muchos años de
sufrimientos (padecimientos).

*He passed away after many years
of **suffering**.*

Luis **ha sufrido** un terrible accidente
de automóvil.

*Luis **has suffered** a terrible car
accident.*

Millones de personas **padecen**
malnutrición en nuestro planeta.

*Millions of people **suffer** malnutrition
on our planet.*

Durante la guerra civil, los habitantes
de Madrid **pasaron** mucha **hambre**.

*During the civil war, the
inhabitants of Madrid **endured**
great **hunger**.*

regalar *to give (as a gift or a present)*
hacer un regalo *to give a gift*
el regalo *gift, present*
el don *gift*

el presente *gift*
el obsequio *gift*
el donativo *gift, donation*
la dádiva *gift*

Regalar, and its equivalent **hacer un regalo**, are the most common terms to indicate *to give a gift*. Similarly, **regalo** is the most general term for *gift* or *present*, and its meaning includes those of the other nouns listed above. As seen in the examples, the nouns for *gift* combine with various other verbs to indicate the action of giving a gift. **Don** is a *natural gift* or *talent*. **Presente** is a word of low frequency in Spanish, and usually indicates a modest gift that is ceremonial or formal in nature. **Obsequio** is a *token gift* or a *gift* meant to gain or keep the favor of the recipient. **Donativo** is a *private gift* of money to some entity or institution. **Dádiva** implies something given disinterestedly and freely, especially for the benefit of someone of lesser social position.

Tuvimos que **regalar** un sillón de cuero a nuestro jefe.	*We had to **give a gift** of a leather armchair to our boss.*
Cándido recibió muchos **regalos** el día de su cumpleaños.	*Cándido received many **gifts** on his birthday.*
Mario es un artista que no aprovecha los **dones** que tiene.	*Mario is an artist who doesn't make good use of the **gifts (talents)** he has.*
El maestro recibió un libro como **obsequio** de sus alumnos.	*The teacher received a book as a **(token) gift** from his students.*
En la tienda, la dependienta nos dio un frasquito de perfume como **obsequio.**	*In the store, the salesperson gave us a tiny bottle of perfume as a **gift.***
Los Reyes Magos llevaron **presentes** al Niño Jesús.	*The Wise Men took **gifts** to the Christ child.*
El emigrante volvió de América e hizo un importante **donativo** para construir un hospital.	*The emigrant returned from America and made an important **donation (gift)** for building a hospital.*
La amnistía a los prisioneros fue una **dádiva** por el cumpleaños del rey.	*The amnesty for the prisoners was a **gift** on account of the king's birthday.*

EJERCICIO ESPECIAL

En el cuento "Con los ojos cerrados", Reinaldo Arenas emplea en numerosas
ocasiones el subjuntivo. Ya que Ud. ha repasado muchos usos del modo subjuntivo,
identifique los verbos en este modo empleados por Arenas, y explique, cuando
pueda, su uso.

◈ Práctica

A **Para cada una de las frases siguientes, elija Ud. la palabra o expresión
que complete el sentido. En caso de que haya dos respuestas correctas,
elija la más apropiada. Haga también cualquier cambio necesario en la
palabra elegida para que la frase quede gramaticalmente correcta.**

1. Al estudiante se le había olvidado escribir algunos(as) _____ en
   las últimas páginas del informe (**línea, hilera, renglón**).
2. Había un(a) _____ de hormigas subiendo por la pared (**cola,
   renglón, hilera**).
3. Si quieres tomar el próximo autobús, tendrás que esperar en _____
   (**cola, fila, hilera**).
4. En la fábula, los ratones decidieron ponerle un(a) _____ al gato
   (**campanilla, timbre, cascabel**).
5. "*Por quién doblan _____*" es una famosa novela de Ernest
   Hemingway sobre la Guerra Civil española (**las campanillas, los cascabeles,
   las campanas**).
6. El niño era muy _____ y no se le podía engañar (**despierto, vivo,
   despabilado**).
7. El zorro es un animal muy _____ (**listo, vivo, despabilado**).
8. Había demasiados semáforos en la _____ (**autopista, carretera,
   calle**).
9. En Pensilvania hay una famosa _____ de peaje (**carretera, autovía,
   autopista**).
10. Por la tormenta, tuvimos que detenernos en un _____ remoto, del
    cual ni conocíamos el nombre (**local, paraje, sitio**).
11. La farmacia se ha trasladado a un(a) nuevo(a) _____ (**paraje,
    localidad, local**).
12. Saqué _____ al lápiz porque apenas se podía escribir con él
    (**punto, punta, pico**).

13. Un taxi _____ a María cuando ésta cruzaba el bulevar Wilshire; afortunadamente, no le causó mucho daño (**aniquiló, atropelló, aplastó**).

14. El camión _____ al conejo en la carretera y lo dejó completamente aplanado (**aplastar, aniquilar, atropellar**).

15. Como hacía mucho frío, Enrique se _____ las manos en los bolsillos (**colocar, situar, meter**).

16. El filatelista _____ los sellos en su nuevo álbum (**introducir, colocar, meter**).

17. Al llegar a su cuarto, Juan _____ la maleta encima de la cama (**meter, poner, introducir**).

18. Hoy en día, si alguien está _____ sexualmente a otra persona, está cometiendo un delito (**hostigar, importunar, acosar**).

19. Indiana Jones, con su látigo, _____ a sus enemigos (**molestar, hostigar, acosar**).

20. En el laberinto del minotauro no había _____ (**huida, escapatoria, fuga**).

21. Cuando el ladrón vio al policía, _____ tan rápidamente como pudo (**evadirse, huir, fugarse**).

22. La familia real inglesa ya no tiene mucho(a) _____ (**potencia, fuerza, poder**).

23. Al ciclista le falta _____ para terminar de subir la cuesta (**potencia, fuerza, poder**).

24. Los (Las) grandes _____ no son tan agresivos(as) como durante la Guerra Fría (**potencias, poderes, fuerzas**).

25. El pintor Miguel Ángel _____ su obra maestra, la Capilla Sixtina, en el siglo XVI (**darse cuenta de, realizar, caer en la cuenta de**).

26. Durante largos años, mi primo _____ terribles jaquecas por la tensión del trabajo (**pasar, doler, padecer**).

27. Los pasajeros del Titanic _____ una terrible catástrofe (**pasar, sufrir, padecer**).

28. Para asistir a la apertura del nuevo museo tuvimos que hacer un(a) _____ de cien dólares por persona (**dádiva, presente, donativo**).

29. Si quieres que te asciendan en esta compañía, tienes que hacer un _____ al jefe (**don, donativo, obsequio**).

30. El niño recibió muchos(as) _____ por su cumpleaños (**dádivas, regalos, dones**).

B Traduzca al español las frases siguientes empleando el vocabulario estudiado en este capítulo.

1. To see that movie, we had to stand in line for a long time.
2. The pedestrian did not hear the bell on my bicycle.
3. The student was so bright that he understood Neruda's poem the first time he heard it.
4. They were about to leave when we arrived.
5. The bus ran over the couple as they were crossing the street.
6. They put so many books in the suitcase that they couldn't lift it afterwards.
7. It is said that no one ever escaped from Alcatraz.
8. Russia is no longer a great military power.
9. The football player said that his knees ached.
10. Mozart had a great gift for music, and Salieri suffered when he realized that he lacked Mozart's talent.

Temas a escoger

Temas relacionados con la selección literaria

1. ¿Por qué cree Ud. que Arenas escoge un narrador en primera persona como protagonista de ese cuento?
2. ¿Qué ocurrió el día que tía Ángela tuvo que irse a Oriente?
3. Describa Ud. las experiencias del niño en la dulcería.

Temas sugeridos por la selección literaria

1. ¿Cree Ud. en el poder de la imaginación? ¿Por qué sí o no?
2. Describa Ud. alguna experiencia en la que, por no prestar atención, recibió Ud. algún daño físico o material.
3. ¿Cree Ud. que los niños pueden ser crueles? Describa Ud. alguna situación en la que haya visto un acto de crueldad por parte de algún(os) niño(s).

◈ Repaso gramatical ◈

The Subjunctive Mood (Part III)

The Subjunctive in Adjective Clauses

An adjective is a word that modifies a noun or a pronoun by describing its qualities or attributes. Likewise, an adjective clause is a clause that functions as an adjective by modifying a noun or a pronoun in the main clause.

*I bought the **new** book.*

*I bought the book **that was just published**.*

In the first sentence above, *new* is an adjective that modifies *book* by describing it and distinguishing it from other books. Similarly, *that was just published* is a clause that functions as an adjective because it also describes *book* and distinguishes it from other books.

In Spanish, the verb in an adjective clause is subjunctive when the referent of the adjective clause (i.e., the noun or pronoun to which it refers in the main clause) is: 1) negative, 2) indefinite, or 3) hypothetical. An adjective clause modifying a noun or pronoun referent that doesn't exist or whose existence is problematical requires a subjunctive verb to reflect the nature of that referent.

Negative Referent

No tengo ningún libro que **explique** cómo reparar ese coche.

*I don't have any book that **explains** how to repair that car.*

No me mostraron ningún traje que me **gustara**.

*They didn't show me any suit that I **liked**.*

En España no hay nadie que **cene** a las seis de la tarde.

*In Spain there isn't anyone who **eats** dinner at 6:00 in the evening.*

En su clase no aprendimos nada que **valiera** la pena.

*In his class we didn't learn anything that **was** worthwhile.*

No había otro mecánico en el taller que **fuese** mejor que Juan.

*There wasn't any other mechanic in the shop who **was** better than Juan.*

Indefinite Referent

In this construction, a future (or a conditional) in the main clause introduces a subjunctive in the subordinate adjective clause. In these cases, the adjective clause with the subjunctive refers to something that has not yet happened, is unknown, or has not yet been revealed. The adjective clause with a subjunctive (in contrast to one with an indicative) verb, often modifies the referent so as to give it the force of English *whatever, whoever, wherever*, and so forth.

Tomaré el tren que Ud. **dice**.

*I shall take the train that you **say**.*

Tomaré el tren que Ud. **diga**.

*I shall take the (**whatever, any**) train that you **say**.*

The antecedent in the first of the two previous examples is known and definite. In the second example, the train has not yet been identified. Consequently, the referent is indefinite and this requires that the verb in the adjective clause be in the subjunctive.

The following examples illustrate the contrastive use of subjunctive and indicative verbs in adjective clauses whose antecedent is the pronoun **lo.** Whenever the referent of **lo** is indefinite or unknown, the verb in the adjective clause is subjunctive. When the referent is definite and known, the verb is indicative.

Dijo que haría lo que **mandaron.**	*He said he would do what **they ordered.***
Dijo que haría lo que **mandaran.**	*He said he would do **whatever they ordered.***

The above example with the indicative **mandaron** expresses willingness to comply with a known order. The subjunctive **mandaran**, however, indicates that the nature of the command was still unknown and that the order would be carried out whatever it was.

Sometimes the adjective **cualquier,** *any* or *whatsoever,* is used before the indefinite noun antecedent to strengthen the idea of *any at all* or *whatever* that is already suggested by the use of the subjunctive mood.

Tomaré **cualquier** tren que Ud. **diga.**	*I shall take **any** train (whatsoever) that you **say.***
Haría **cualquier** cosa que Ud. **dijera.**	*He would do **any**thing (whatever, whatsoever) that you **said.***

The following are more examples of adjective clauses with both definite pronoun antecedents (with the verb in the indicative) and indefinite pronoun antecedents (with the verb in the subjunctive).

Págale lo que **creas** justo.	*Pay him what(ever) **you think** fair.*
Le pagué lo que **creí** justo.	*I paid him what **I thought** was fair.*
La recibiré lo mejor que **pueda.**	*I shall receive her as best **I can.***
La recibí lo mejor que **pude.**	*I received her as best **I could.***
Haremos lo que **podamos.**	*We shall do what(ever) **we can.***
Hacemos lo que **podemos.**	*We do what **we can.***
Haríamos lo que **pudiéramos.**	*We would do whatever **we could.***

Hicimos lo que **pudimos**.	*We did what **we could**.*
Contaré en mi novela lo que **vea** en París.	*I shall relate in my novel what(ever) **I see** in Paris.*
Conté en mi novela lo que **vi** en París.	*I related in my novel what **I saw** in Paris.*

Hypothetical Referent

The verb in the main clause usually indicates some type of seeking, searching, desiring, needing, asking, and so forth. When the object of the seeking (i.e., the referent of the adjective clause) is hypothetical, the verb in the adjective clause is subjunctive since the existence of the referent is a supposition.

¿Hay alquien aquí que no **esté** conforme?	*Is there someone here who **isn't** in agreement?*
Tráeme media docena de huevos que **estén** bien frescos.	*Bring me half a dozen eggs that **are** nice and fresh.*
Querían algo viejo que ya no **sirviera** para otra cosa.	*They wanted something old that **was** no longer **good** for anything else.*
Necesito alquilar un piso que no **cueste** más de quinientos dólares.	*I need to rent an apartment that doesn't **cost** more than $500.*

Observe, however, that when the referent is definite, the indicative is used in the adjective clause, as in the second sentence below.

Busco un coche que **sea** barato.	*I am looking for a (any) car that **is** cheap. (I do not know from experience that it actually exists.)*
Busco el coche que **es** barato.	*I am looking for the (specific) car that (I know from experience) **is** cheap.*

The Subjunctive in Adverb Clauses

An adverb is a word that modifies a verb, adjective, or other adverb. It is often used to indicate degree, manner, place, time, and so forth. An adverb clause is a clause that functions as an adverb.

*The man ran **quickly**.*

*The thief ran **so that the policeman wouldn't catch him**.*

In the first of the previous examples, *quickly* is an adverb that modifies *ran*. In the second sentence, the clause beginning *so that...* is an adverb clause that also modifies the verb *ran*. Adverb clauses in Spanish may be divided into two groups: 1) those introduced by conjunctions that are always followed by the subjunctive and 2) those introduced by conjunctions that may be followed by the subjunctive or the indicative, depending on whether they signal *intent* or *result* (respectively).

A. In any adverb clause introduced by certain conjunctions (such as those in the following list), the conjugated verb must always be in the subjunctive.

para que **a fin de que**	*in order that (to), so that*
con tal (de) que	*provided that*
antes (de) que	*before*
sin que	*without*
en caso de que	*in case*
a menos que **a no ser que**	*unless*

The time of the verb after these conjunctions is normally future when compared to that of the verb in the main clause, and most of the sentences with an adverb clause indicate an anticipated event or the dependence of one event on another. This future contingency (it is possible that an indicated action may never be realized) accounts for the subjunctive mood. However, unlike most kinds of noun and adjective clauses, where the use of either the subjunctive or indicative presents the possibility of mood contrast, no such contrast is possible in this first type of adverb clause, for it *always* requires the subjunctive. (The preposition **de** in certain conjunctions listed above is often omitted in actual use, since **que**, introducing the conjunction, replaces the conjunction function of **de**.)

It is important to bear in mind, however, the difference between a preposition-infinitive construction and a subordinate adverb clause. In the latter case there is a change of subject from the verb in the main clause. The pairs of sentences below illustrate the difference between preposition-infinitive constructions and adverb clauses.

Trabaja mucho para **pagar** el coche.	*He works hard (in order) **to pay for** the car.* (he)
Trabaja mucho para que su hijo **tenga** coche.	*He works hard in order that (so that) his son **may have** a car.* (he—son)

Comimos antes de **salir**.	*We ate before **leaving**.* (we)
Comimos antes (de) que **salieran**.	*We ate before **they left**.* (we—they)
Entré sin **verlos**.	*I entered without **seeing them**.* (I)
Entré sin que me **vieran**.	*I entered without **them (their) seeing** me.* (I—they)

Other conjunctions sometimes replace the commonly used conjunction **para que**, *in order that*. **A que** is used after verbs of motion. **Porque** emphasizes the strong purpose behind an action as well as a more uncertain outcome. **De modo (manera) que** may replace **para que** to stress both purpose and the particular means by which something is achieved. (**De modo [manera] que** is not, however, always a subordinating conjunction. It is followed by the indicative when used as a locution introducing an independent clause.)

Ha venido a que el médico le **reconozca**.	*He has come so that the doctor **may (will) examine** him.*
Todos los días su madre rezaba porque **volviese** pronto.	*Every day his mother prayed so that **he would return** soon.*
Haz todo lo posible porque nos **veamos** hoy.	*Do everything possible so that **we can see** each other today.*
Hágalo Ud. de modo que nadie **se entere**.	*Do it so (in such a way) that nobody **finds out**.*
¿De manera que **estás** dispuesto a hacer el viaje con nosotros?	*So (that) **you are** agreeable to taking the trip with us?*
No pasaba un solo día sin que Pedro **riñera** con los vecinos.	*Not a single day passed without Pedro's **quarreling** with his neighbors.*
Envió solicitudes a muchas universidades a fin de que le **admitieran** por lo menos en una.	*He sent applications to many universities so that **they would admit** him in at least one.*
En caso (de) que aún no **hayan llegado** mis amigos, espéralos en la estación.	*In case my friends **haven't arrived** yet, wait for them at the station.*
Puedes acompañarnos con tal (de) que **te portes** bien.	*You may accompany us provided **you behave** well.*
Te veremos antes de que **salgas** para México.	*We shall see you before **you leave** for Mexico.*

Te van a suspender a no ser que **estudies** más.	*You are going to fail unless **you study** harder.*
No le hablaré a menos que me **pida** perdón.	*I will not speak to him unless **he asks** me to forgive him.*

B. The verb in the adverb clauses introduced by a different set of conjunctions (such as those listed below) may be either in the subjunctive or indicative mood. When the verb signals intention (i.e., refers to the future or something that may never happen), it is in the subjunctive. But when the verb after the conjunction signals result (i.e., past or present time), it is in the indicative. In other words, the following conjunctions take a subjunctive verb to indicate an unfulfilled event or unattained time, but take the indicative to indicate a fulfilled event or attained time.

en cuanto ⎫ **tan pronto como** ⎬ *as soon as*	**una vez que** *once* **hasta que** *until*
cuando *when*	**mientras (que)** *as long as, while*
después (de) que *after*	

Paulina hablaba de irse a México cuando **obtuviera** el doctorado.	*Paulina used to speak of going to Mexico when **she received** her Ph.D.*
No te bañes hasta que **sepas** nadar.	*Don't go in the water until **you know how** to swim.*
Una vez que lo **hayas terminado**, avísame.	*Once **you have finished** it, let me know.*
Mientras le **dure** el dinero de la herencia, Martín no tendrá que trabajar.	*While (As long as) the money from the inheritance **lasts**, Martín won't have to work.*
Juanito murió en un bombardeo mientras **hacía** cola para comprar pan.	*Juanito died in a bombing while **he was waiting** in line to buy bread.*
Cerrarán las puertas en cuanto nos **vean**.	*They will shut the doors as soon as **they see** us.*
Cerraron las puertas en cuanto nos **vieron**.	*They shut the doors as soon as **they saw** us.*
Después que **termine**, vendrá a verme.	*After **he finishes**, he will come to see me.*

Después que **termina**, siempre viene a verme.	*After **he finishes**, he always comes to see me.*
Después que **terminó**, vino a verme.	*After **he finished**, he came to see me.*
Aguardará hasta que **devuelvan** el libro.	*He will wait until **they return** the book.*
Aguardó hasta que **devolvieron** el libro.	*He waited until **they returned** the book.*

As indicated above, **mientras (que)** may be followed by either the subjunctive or indicative. But this conjunction is also used with the meaning of *while at the same time* to indicate that two or more things are going on simultaneously. When used with this meaning, **mientras (que)** always takes the indicative.

Mientras mi mujer **trabajaba** en el banco, yo **cuidaba** a los niños.	*While my wife **worked** in the bank, I **took care** of the children.*

A que may replace not only **para que** (see p. 211) but also **hasta que**. In this latter case, it means *for* with a nuance of *until* and is used regularly after verbs indicating *to wait*. (In contrast, **hasta que** is used to stress the idea of *until* or *up to the moment when*.) Since **a que** always indicates purpose, it always takes the subjunctive.

Sin aguardar a que me **contestara**, corrí hacia la puerta.	*Without waiting for **him to answer** me, I ran towards the door.*
Esperó a que **llegaran**.	*He waited for **them to arrive**.*
Esperó hasta que **llegaron**.	*He waited until **they arrived**.*

Aunque, *although*, and **a pesar de que**, *in spite of the fact that*, take the subjunctive instead of the indicative when used to express doubt, to discount a statement, to indicate that something is not conceded to be a fact, and to indicate an emotional reaction to a fact.

Aunque Juan lo **ha hecho**, lo negará.	*Although Juan **has done** it, he will deny it.*
Aunque Juan lo **haya hecho**, lo negará.	*Although Juan **has (may have) done** it, he will deny it.*
Aunque Carlos **sea** brillante, a veces habla como un idiota.	*Although Carlos **is (may be)** brilliant, sometimes he talks like an idiot.*
A pesar de que Mario **es** listo, no logrará su propósito.	*In spite of the fact that Mario **is** clever, he will not achieve his goal.*

A pesar de que Mario **sea** listo, no logrará su propósito.	*In spite of the fact that Mario **is (may be)** clever, he will not achieve his goal.*

In the two examples with **a pesar de que**, the one with **es** asserts unemotionally that Mario is, indeed, clever. The example with **sea** indicates that his cleverness is discounted, not conceded to be a fact, or viewed as a fact but stressed emotionally by the speaker.

The Subjunctive in Conditional Sentences

The Indicative and Subjunctive Moods in "If" Clauses. There is little difference in meaning in the following three sentences.

Si **llueve**, nos mojamos (mojaremos).	*If **it rains**, we (will) get wet.*
Si **lloviera**, nos mojaríamos.	*If **it rained (were to rain)**, we would get wet.*
Si **hubiese llovido**, nos habríamos mojado.	*If **it had rained**, we would have gotten wet.*

Each sentence expresses a conditional relationship between rain and our getting wet. Nevertheless, the way of looking at the condition expressed in the subordinate clause (the one after *if* or **si**) is different in each sentence. The first sentence neither affirms nor denies that the event will take place; it simply indicates a causal relationship between the subordinate and the independent clause on those occasions that the event happens. In Spanish, this neutral type of condition requires an indicative verb after **si**. The second sentence views the rain as unlikely or at most as a possibility. The uncertainty involved in this type of conditional sentence requires that the verb after **si** be in the subjunctive. The third sentence illustrates a contrary-to-fact condition, since the clause following **si** indicates that it did not happen. Contrary-to-fact conditions require a subjunctive verb in the subordinate clause.

Si **vino** ayer, no lo sabíamos.	*If **he came** yesterday, we didn't know it.*
Si nos **ayudara**, podríamos ir.	*If **he helped (were to help)** us, we would be able to go.* (not probable or at most a possibility)
Si yo **fuera** Ud., no iría.	*If I **were** you, I wouldn't go.* (contrary to fact for I am not you)
Si Joaquín **se cortara** el pelo, estaría más guapo.	*If Joaquín **would cut** his hair, he would look more handsome.*

Si **hubiésemos pagado** la factura, no nos habrían cortado la luz.	*If **we had paid** the bill, they wouldn't have cut off the electricity.*

The following rule of thumb should prove useful. In Spanish, when the verb in the independent clause is in the conditional (or conditional perfect), the verb in the clause introduced by **si** must be in the subjunctive. But when the verb in the independent clause is in any other tense except the conditional, then the verb in the clause after **si** is in the indicative. The sequence of tenses (see pages 155–157) precludes the use of a present subjunctive after **si** when the verb in the main clause is conditional.

The Subjunctive Substitute for the Conditional. Instead of the usual conditional and imperfect subjunctive sequence in sentences with a **si** clause, native Spanish speakers sometimes replace the conditional with an imperfect subjunctive. This results in a sentence with both verbs in the imperfect subjunctive. The second verb, however, retains the meaning of a conditional. Some native speakers, however, frown on this construction with two imperfect subjunctives.

Si le **pidieras** dinero a tu padre, te lo **daría (diera)** en seguida.	*If **you asked** your father for money, **he would give** it to you right away.*
Si no lo **hubiera sospechado**, no **habría (hubiera) venido**.	*If **he had** not **suspected** it, **he would** not **have come**.*

Substitutes for the Subjunctive in Conditional Sentences. The preposition **de +** ***infinitive*** sometimes replaces the subjunctive (or indicative) in conditional sentences.

Sabía con certeza que **de olvidarlo**, todo estaría perdido.	*He knew for sure that **if he forgot it**, everything would be lost.*
De haber sido más inteligente, no habría depositado el dinero en ese banco.	*If **he had been** more intelligent, he wouldn't have deposited the money in that bank.*

Que may also replace the verb *to be* in the subjunctive.

Yo **que** Ud., no iría.	*If I **were** you, I wouldn't go.*

Substitute for the Conditional Tense

In colloquial or popular spoken Spanish, the imperfect indicative often replaces the conditional in contrary-to-fact sentences.

Yo, ahora mismo, si **tuviera** un millón de dólares, **dejaba de** trabajar y **me iba** a vivir a Costa Rica.	*Right now, if **I had** a million dollars, **I would stop** working and **I would go** live in Costa Rica.*

"Como si" and the Subjunctive Mood

Como si, *as if*, and its literary equivalent **cual si**, are always followed by a past (i.e., an imperfect or pluperfect) subjunctive.

Paca movía la cabeza como si **se negara** a dar crédito a sus oídos.

*Paca moved her head as if **she refused** to believe her ears.*

Carlos conducía como si **estuviera** borracho.

*Carlos drove as if **he were** drunk.*

En La Habana, Germán se sentaba en su café favorito cual si **fuera** un millonario.

*In Havana, Germán would sit down in his favorite café as if **he were** a millionaire.*

Trata a los obreros como si **fueran** esclavos.

*He treats the workers as if **they were** slaves.*

Other Uses of the Subjunctive

A. Clauses introduced by **el que, el hecho de que**, *the fact that*, and **de ahí que**, *hence, that is the reason that*, take the subjunctive.

El que ya no se **quieran** es motivo para que se divorcien.

*The fact that **they** don't **love** each other any more is reason for them to get divorced.*

De ahí que el profesor **llamara** españolas a las cuevas de Altamira.

*That is the reason the professor **called** the Caves of Altamira Spanish.*

B. Verbs expressing a stimulus to action (**alentar**, *to encourage, to cheer*, **animar**, *to encourage*, **incitar**, and **persuadir**) and verbs of invitation (**invitar, convidar**) are normally followed by the preposition **a** + *infinitive*. There is, however, an alternative construction with **a que** + *subjunctive*.

Invito al lector **a meditar (a que medite)** sobre este problema.

*I invite the reader **to think** about this problem.*

Rosa animó a su hija **a cantar (a que cantara)**.

*Rosa encouraged her daughter **to sing.***

◈ Práctica

A En cada una de las siguientes frases, sustituya el infinitivo entre paréntesis por la forma correcta del subjuntivo o del indicativo.

1. Nunca he conocido antes a nadie que _____ turco (**hablar**).
2. Hace mucho calor hoy. No cierres ninguna ventana que _____ al mar (**dar**).
3. No había nadie que _____ la existencia de esa terrible enfermedad (**ignorar**).
4. El soldado tenía órdenes de disparar contra el primero que _____ del edificio (**salir**).
5. Emilia tiene muy buen gusto y yo comería en cualquier restaurante que ella _____ (**recomendar**).
6. Haz lo que _____ necesario para resolver el problema (**ser**).
7. En aquel momento necesitaba a alguien que me _____ con mi trabajo (**ayudar**).
8. ¿Conoces algún mesón donde _____ buenas tapas (**tener**)?
9. Me gustaría comprar un televisor que _____ menos de trescientos dólares (**costar**).
10. Buscábamos al dependiente que nos _____ la semana pasada (**atender**).
11. Te apuntaré su número de teléfono para que no se te _____ (**olvidar**).
12. Es una foto de su mujer de antes (de) que ellos _____ (**casarse**).
13. En caso de que tu hijo no _____ a casa pronto, debes llamar a la policía (**volver**).
14. ¿Cómo has llegado hasta aquí sin que nadie te _____ (**ver**)?
15. Después (de) que _____ los invitados, tuvimos que limpiar la casa (**irse**).

B Rellene los espacios en blanco usando la forma apropiada del verbo entre paréntesis. Recuerde lo estudiado en los capítulos 6, 7 y 8.

Mi padre acaba de decirme que si no _____ (estar) (1) lloviendo, él y yo _____ (salir) (2) a pasear. Ya _____ (estar) (3) paseando ayer, así que le _____ (decir) (4) a mi padre que yo prefería que _____ (ir) (5) al Museo Lázaro Galdiano. No hay otro museo que _____ (ser) (6) más bonito —bueno, al menos lo es para mí— en Madrid. Mi padre me acaba de decir que _____ (ir) (7) a dónde yo

_____ (querer) (8), al fin y al cabo él no quiere que _____ (discutir) (9) por algo que no vale la pena. ¡Vamos, como si _____ (haber) (10) algo que _____ (valer) (11) la pena! Nos llevamos muy bien, y siempre _____ (evitar) (12) hacer todo aquello que _____ (poder) (13) molestar al otro. Yo _____ (querer) (14) que mi padre _____ (estar) (15) contento conmigo, así que yo _____ (tratar) (16) de hacer todo lo posible para que no se _____ (disgustar) (17) conmigo. Esta tarde, cuando _____ (salir) (18) tal vez no _____ (estar) (19) lloviendo, así que, tal vez _____ (ir) (20) a visitar el Jardín Botánico, y también _____ (darse) (21) una vuelta por el Museo la Reina Sofía. ¡Cómo me _____ (gustar) (22) que aún _____ (tener) (23) esa exposición de fotografías que _____ (hacer) (24) Robert Capa de la guerra civil! ¡Es una pena que muchos jóvenes de ahora no _____ (saber) (25) nada sobre lo que _____ (ocurrir) (26) en esa guerra!

C **Traduzca al español las siguientes frases usando el subjuntivo o indicativo, según sea apropiado.**

1. There is nothing that tastes better than fresh grilled fish.
2. For Sunday buy a turkey that weighs between ten and twelve pounds.
3. He waited for the envelope to dry.
4. They are looking for a driver who knows three languages.
5. If [use **de**] I had known it, I would not have come.
6. As long as there isn't a good library at this university, it will be difficult to do research.
7. I don't believe there is anyone in this class who knows how to write well.
8. The day she disappears, I don't know what we will do.
9. If you have a problem, let me know.
10. If we didn't have children, perhaps we would do it.

D **Cada una de las frases siguientes contiene un error. Teniendo en cuenta la gramática estudiada en este capítulo, identifique Ud. cuál es el error y corríjalo.**

1. Buscábamos un guía que conocía bien Boston.
2. En caso de que vienen los padres de David, no les diremos nada.
3. —Papá, cuéntame un cuento que es muy largo —dijo sonriendo Luisito.
4. Si Maribel había pagado la factura del hotel, no le habrían quitado la maleta.
5. Cuatro siglos después de que Cervantes moría, su genial novela está más viva que nunca.

6. El seguro de su coche costará un 30% menos si Ud. sea un buen conductor y no tiene accidentes.

7. Cuando nuestro equipo de baloncesto gana el campeonato universitario, estaremos muy contentos.

8. No debes tratar así a tus amigos, como si no sabes lo buenos que son contigo.

9. El otro escándalo financiero ocurrió antes de que estalló el de ENRON en Texas.

10. Si yo tenía poder suficiente, acabaría con toda clase de violencia, la doméstica y la de la calle.

ENFOQUE A Description

Describing a scene or an event should engage as many of the reader's senses as possible: sight, hearing, smell, taste, and touch. The good writer conveys through words impressions of a sensorial and emotional nature to his readers.

To describe anything, you should apply the same principles used when writing a narrative; that is, focus, select, and define. Imagine you are moving in front of whatever you want to describe with a video camcorder. Your machine will gather the sights and sounds, you—with carefully selected words—must add tonalities, smells, tastes, and textures. You must make it come alive.

A good description is never reached by accident; it represents a conscious, artistically elaborated effect created by the writer. The writer should carefully select each noun, verb, adverb, and adjective employed in the description. While writing description, keep in mind what it is you want to communicate and to whom. Once you know this with certainty, you will have to choose which details (from among the many you may have gathered in your notes) will best transmit your impressions to the selected reader.

Avoid vague and superficial descriptions. Carefully select words and details so what you write will be *alive* and *vibrant*. It is better to use few—but revealing—details than to give a long list of them and risk losing your readers in the process. A good description implies that you must be a careful observer of life—and just as careful in selecting the words you employ while writing. A description has no power if it is merely an embellishment within the narration. To be effective, it must convey the necessary details to create the desired outcome. Remember that to make the readers experience what you want them to experience, you should employ as many of the senses as possible.

Avoid using abstract notions and generalizations; be as concrete and specific as you possibly can so the images or scenes you create will be effective. Do not excessively use adjectives and adverbs. Learn to use nouns properly and to be exact with verbs. When possible, use onomatopoeia—words that represent sounds. Familiarize yourself with the connotations and derivations of the words you choose in your descriptions—a good dictionary and thesaurus are always useful.

CAPÍTULO

9

Como agua para chocolate
LAURA ESQUIVEL

Repaso gramatical
- *Adjectives and Adjective Position*

COMO AGUA PARA CHOCOLATE
LAURA ESQUIVEL

La mexicana Laura Esquivel (1950–   ) inicia su carrera literaria como guionista cine-matográfica. En 1989, publica en México la novela Como agua para chocolate *que ya en 1990 se convierte en un "best-seller". Poco después, se estrena la película del mismo título, con guión escrito por Laura Esquivel, que recibe una acogida pública y crítica muy favorable. La película recibe 10 premios Ariel de la Academia Mexicana de Ciencias y Artes Cinematográficas. Entre estos premios se halla el concedido al mejor guión del año. El éxito de la película hace que aumente aun más el interés por la novela. Gracias a esta obra, Laura Esquivel es ahora reconocida como una de las más frescas e innovadoras voces de la literatura hispanoamericana.*

    Como agua para chocolate *es una novela que, en un principio, nos sorprende y confunde porque no sabemos si es un libro de memorias, una colección de recetas de cocina o una novela. Al terminar su lectura, no podemos sino concluir que, en efecto, es una muy bien desarrollada novela en la que su autora ha sabido mezclar elementos de las otras categorías.*

    La novela, con obvias raíces en el realismo mágico, es una obra donde las emociones evocan un intenso romanticismo. En ella, las circunstancias vividas por sus personajes pueden dejarnos un sabor dulce o amargo (sugerido tal vez por las suculentas recetas culinarias que acompañan estas circunstancias). En todo momento, hemos seguido las actividades de estos protagonistas maravillados por la magia de las cosas que les ocurren y seducidos por la sensualidad de los actos en que se ven envueltos. El título de la novela se refiere a la temperatura necesaria para disolver el chocolate en el agua.

Tita, la protagonista, nace en una familia matriarcal dirigida con mano de hierro por Mamá Elena. Desde niña, Tita encuentra refugio en la cocina de su casa. Allí, bajo la protección de Nacha, la cocinera de la familia, Tita descubre, mientras prepara las comidas, el camino que la lleva a manifestar su espíritu de independencia. Desde un principio, Tita se opone a la absurda tradición que la condena a quedar soltera por ser la hija menor de la familia, para así poder dedicar su vida a cuidar de Mamá Elena. Por eso, cuando Pedro, un joven enamorado de Tita, y al cual ésta corresponde, quiere casarse con ella, Mamá Elena dice que la boda no puede celebrarse ya que Tita debe permanecer soltera porque así lo manda la tradición. Pedro, para poder al menos estar cerca de Tita, acepta casarse con Rosaura, una hermana mayor. Cuando muere Mamá Elena, un joven doctor norteamericano se enamora de Tita y quiere casarse con ella.

En la selección que sigue, Tita se halla en la cocina pensando en su futura boda con John (el médico). Pedro se presenta allí y trata de convencerla de que su matrimonio con ese hombre es un error. Tita rechaza las sugerencias de Pedro y se envuelve en la preparación de una sabrosa comida al final de la cual John va a pedir oficialmente la mano de Tita.

Tita se sentó en un **escalón**[1] con la cabeza entre las manos para tomar aire. Se había levantado desde las cinco de la mañana para que las carreras no se apoderaran de ella y todo había sido en vano. Ahora tenía que preparar nuevamente el mole.

Pedro no podía haber elegido peor momento para hablar con Tita, pero aprovechando que la encontró en las escaleras, aparentemente tomando un descanso, se le acercó con la intención de convencerla de que no se casara con John.

—Tita, quisiera decirle que considero un lamentable error de su parte la idea que tiene de casarse con John. Aún está a tiempo de no cometer esa equivocación, ¡no acepte ese matrimonio por favor!

—Pedro, usted no es nadie para decirme lo que tengo que hacer, o no. Cuando usted se casó yo no le pedí que no lo hiciera, a pesar de que esa boda me destrozó. Usted hizo su vida, ¡ahora déjeme hacer la mía en paz!

—Precisamente por esa decisión que tomé y de la cual estoy completamente arrepentido, le pido que **recapacite**[2]. Usted sabe muy bien cuál fue el motivo que

15 me unió a su hermana, pero resultó un acto inútil que no funcionó, ahora pienso
    que lo mejor hubiera sido huir con usted.

    —Pues lo piensa demasiado tarde. Ahora ya no hay remedio. Y le **suplico**[3] que
    nunca más en la vida me vuelva a molestar, ni se atreva a repetir lo que me acaba de
    decir, mi hermana lo podría escuchar y no tiene por qué haber otra persona infeliz
20 en esta casa. ¡Con permiso! ...Ah, y le sugiero que para la próxima vez que se ena-
    more, ¡no sea tan cobarde!

    Tita, tomando la olla con furia se encaminó hacia la cocina. Terminó el mole
    entre masculleos y aventones de trastes y mientras éste se **cocía**[4] siguió con la
    preparación del champandongo.

25 Cuando la carne se empieza a dorar, se le agregan el jitomate picado junto con
    el acitrón, las **nueces**[5] y las almendras partidas en trozos pequeños.

    El **calor**[6] del vapor de la **olla**[7] se confundía con el que se desprendía del cuerpo
    de Tita. El enojo que sentía por dentro actuaba como la levadura con la masa del
    pan. Lo sentía crecer atropelladamente, inundando hasta el último resquicio que su
30 cuerpo podía contener y como levadura en un traste diminuto, se desbordaba hacia
    el exterior, saliendo en forma de vapor por los oídos, la nariz y todos los poros de su
    cuerpo.

    Este desmesurado enojo era causado en una mínima parte por la discusión con
    Pedro, en otra parte por los incidentes y el trabajo de la cocina y en una gran parte
35 por las palabras que Rosaura había pronunciado unos días antes. Estaban reunidos
    en la recámara de su hermana, Tita, John y Alex. John había llevado a su hijo a la
    visita médica, pues el niño extrañaba mucho la presencia de Tita en su casa y la
    quería ver nuevamente. El niño se asomó a la cuna para conocer a Esperanza y
    quedó muy impresionado con la belleza de la niña. Y como todos los niños de esa
40 edad que no se andan con tapujos, dijo en voz alta:

    —Oye papi, yo quiero casarme también, así como tú. Pero yo con esta niñita.

    Todos rieron por la graciosa **ocurrencia**[8] pero cuando Rosaura le explicó a Alex
    que eso no podía ser pues esa niñita estaba destinada a cuidarla hasta el día de su
    muerte, Tita sintió que los cabellos se le erizaban. Sólo a Rosaura se le podía ocurrir
45 semejante horror, perpetuar una tradición por demás inhumana.

    ¡Ojalá que a Rosaura la boca se le hiciera chicharrón! Y que nunca hubiera
    dejado escapar esas repugnantes, malolientes, incoherentes, pestilentes, inde-
    centes y repelentes palabras. Más valía que se las hubiera tragado y guardado en el
    fondo de sus entrañas hasta que se le pudrieran y agusanaran. Y ojalá que ella
50 viviera lo suficiente como para impedir que su hermana llevara a cabo tan nefas-
    tas intenciones.

    En fin, no sabía por qué tenía que pensar en esas cosas tan desagradables en
    estos momentos que deberían ser para ella los más felices de su vida, ni sabía por qué
    estaba tan molesta. Tal vez Pedro la había contagiado su mal humor. Desde que
55 regresaron del rancho y se enteró que Tita se pensaba casar con John andaba de un

humor de los mil demonios. Ni siquiera se le podía dirigir la palabra. **Procuraba**[9] salirse muy temprano y recorrer el rancho a galope en su caballo. Regresaba por la noche justo a tiempo para la cena y se encerraba en su recámara inmediatamente después.

60   Nadie se explicaba este comportamiento, algunos creían que era porque le había afectado profundamente la idea de no volver a tener más hijos. Por lo que fuera, pero tal parecía que la ira dominaba los pensamientos y las acciones de todos en la casa. Tita literalmente estaba como «agua para chocolate». Se sentía de lo más irritable. Hasta el canturreo tan querido de las palomas, que ya se habían reinstalado en

65   el techo de la casa y que el día de su regreso le había **proporcionado**[10] tanto placer, en este momento le molestaba. Sentía que la cabeza le iba a estallar como roseta de maíz. Tratando de impedirlo se la apretó fuertemente con las dos manos. Un tímido golpe que sintió en el hombro la hizo reaccionar sobresaltada, con ganas de golpear a quien fuera el que lo hizo, que de seguro venía a quitarle más el tiempo. Pero cuál

70   no sería su sorpresa al ver a Chencha frente a ella. La misma Chencha de siempre, sonriente y feliz. Nunca en la vida le había dado tanto gusto verla, ni siquiera cuando la había visitado en casa de John. Como siempre Chencha llegaba caída del cielo, en el momento en que Tita más lo necesitaba.

Era asombroso observar lo **repuesta**[11] que se encontraba Chencha, después de

75   haberla visto irse en el estado de angustia y desesperación en que lo hizo.

Ni rastro quedaba del trauma que había sufrido. El hombre que había logrado borrarlo estaba a su lado, luciendo una sincera y amplia sonrisa. A leguas se veía que se trataba de un hombre honrado y callado, bueno, eso quién sabe, porque lo que pasaba era que Chencha no le permitió abrir la boca más que para decirle a Tita:

80   «Jesús Martínez para servirle a usted». Después Chencha, como siempre, **acaparó**[12] por completo la plática y rompiendo record de velocidad, en sólo dos minutos logró poner a Tita al día en los **acontecimientos**[13] de su vida:

Jesús había sido su primer novio y nunca la había olvidado. Los papás de Chencha se habían opuesto terminantemente a esos amores y de no haber sido porque

85   Chencha regresó a su pueblo y él la volvió a ver nunca hubiera sabido dónde buscarla. Por supuesto no le importó que Chencha no fuera virgen y se casó inmediatamente con ella. Regresaban juntos al rancho con la idea de empezar una nueva vida ahora que Mamá Elena había muerto, y pensaban tener muchos hijos y ser muy felices por los siglos de los siglos...

90   Chencha se detuvo para tomar aire pues se estaba poniendo morada y Tita aprovechó la interrupción para decirle, no tan rápido como ella, pero casi, que estaba encantada de su regreso al rancho, que mañana hablarían de la contratación de Jesús, que hoy venían a pedir su mano, que pronto se casaría, que aún no terminaba la cena y le pidió que ella la hiciera para poderse dar un calmante baño de

95   agua helada y de esta manera estar presentable cuando John llegara, que sería de un momento a otro.

Chencha prácticamente la echó de la cocina y de inmediato tomó el mando. El champandongo lo podía hacer, según ella, con los ojos tapados y las manos amarradas.

100   Cuando la carne ya está cocida y seca, lo que procede es freír las tortillas en aceite, no mucho para que no se endurezcan. Después, en el traste que vamos a meter al horno se pone primero una capa de crema para que no se pegue el platillo, encima una capa de tortillas, sobre ellas una capa de picadillo y por último el mole, cubriéndolo con el queso en rebanadas, y la crema. Se repite esta operación cuantas
105   veces sea necesario hasta rellenar el molde. Se mete al horno y se **saca**[14] cuando el queso ya se derritió y las tortillas se ablandaron. Se sirve acompañado de arroz y frijoles.

    Qué tranquilidad le daba a Tita saber que Chencha estaba en la cocina. Ahora sólo se tenía que preocupar por su arreglo personal. Cruzó el patio como ráfaga de
110   viento y se metió a bañar. Contaba con tan sólo 10 minutos, para bañarse, vestirse, perfumarse y peinarse adecuadamente. Tenía tal apuro que ni siquiera vio a Pedro, en el otro extremo del patio trasero, pateando piedras.

Cuestionario

Contenido

1. ¿Por qué se había levantado Tita a las cinco de la mañana?
2. ¿Por qué no quiere Pedro que Tita se case con John?
3. ¿Cómo afectó la boda de Pedro a Tita?
4. ¿Qué sugiere Tita a Pedro para la próxima vez que éste se enamore?
5. ¿Qué causa el desmesurado enojo de Tita?
6. ¿Por qué se le erizan los cabellos a Tita?
7. ¿Quién golpea suavemente a Tita en el hombro?
8. ¿Qué quiere Tita que haga Chencha? ¿Por qué?

Interpretación y estilo

1. ¿Qué nos sugiere la conversación entre Tita y Pedro?
2. ¿Por qué llama Tita "cobarde" a Pedro?
3. Explique la imagen "el enojo que sentía por dentro actuaba como la levadura con la masa del pan".
4. ¿Por qué es "graciosa" la ocurrencia del hijo de John?
5. ¿Qué inhumana tradición quería perpetuar Rosaura?
6. ¿Por qué se pasa Pedro el día recorriendo el rancho al galope?
7. ¿Qué cree usted que significa la imagen "como agua para chocolate"?
8. ¿Cómo es el hombre con el que se ha casado Chencha?

Léxico: opciones

---

el escalón *step*
el peldaño *step*
la escalinata *steps, stairway*
la escalera *stairs, stairway, staircase, ladder*
la escalera mecánica *escalator*

Escalón and **peldaño** are virtually synonymous, except that **escalón** is of higher frequency. **Escalinata**, used in the singular, refers to a series of broad masonry or concrete steps usually located on the outside of a building and serving as its entrance. Sometimes an **escalinata** is found in the vestibule of buildings (government buildings, opera houses, etc.), and leads to the upper floors. **Escalera**, a generic term for any kind of stairway connecting different floors of a building, also means *ladder*.

Se llega a la pequeña plaza subiendo tres **escalones (peldaños)** de piedra.	*One reaches the little square by going up three stone **steps**.*
Te espero en la **escalinata** del museo.	*I'll wait for you on the **steps** of the museum.*
Por el apagón, tuvimos que subir a pie por la **escalera** a nuestra habitación en el hotel.	*Because of the power outage, we had to walk up the **stairs** to our hotel room.*
Para pintar el techo de nuestra sala necesitamos una **escalera.**	*To paint the ceiling of our living room, we need a **ladder**.*

---

recapacitar *to think over, reconsider*
reflexionar *to reflect (upon), ponder*
reconsiderar *to reconsider*
meditar *to meditate, contemplate*

Recapacitar and **reflexionar** are synonyms. Both words mean *to ponder*, but **recapacitar** normally implies a more laborious mental review of something already said or done, while **reflexionar** more often indicates consideration of a new idea or ideas. Although **reflexionar** and **meditar** are also partial synonyms of **pensar**, **meditar** is often used in religious and philosophical contexts.

El Presidente, ante la oposición del Congreso, **recapacitó** sobre el plan de reforma sanitaria.

*The President, in view of the opposition in Congress, **reconsidered (rethought)** the health plan reform.*

Las ideas del físico inglés Steven Hawking me hicieron **reflexionar** sobre la creación del universo.

*The ideas of the English physicist Steven Hawking made me **ponder (reflect upon)** the creation of the universe.*

Thomas Merton se hizo monje trapense para poder **meditar** en soledad.

*Thomas Merton became a Trappist monk in order to **meditate** in solitude.*

suplicar *to ask (for), implore*
rogar *to ask (for), beg, pray*
solicitar *to ask (for), request, apply for*
pedir *to ask (for), request*

The terms above are synonyms in their basic meaning of *asking for* or *seeking to be given something*. **Suplicar** implies a humbleness or servility on the part of the person making the request; **suplicar** is also the term used in official documents submitted to any government agency by an individual. Although **rogar** is a close synonym of **suplicar**, it suggests a lesser degree of humbleness in requesting something from someone; **rogar** is sometimes used in a religious context. **Solicitar** is a synonym of **pedir**, but it indicates respect or formality in making the request. **Solicitar** also renders English *to apply for*. **Pedir**, of course, is the standard word for *to ask for* or *to request*.

La familia del condenado a pena de muerte **suplicó** al gobernador que le conmutara la sentencia a cadena perpetua.

*The family of the man sentenced to die **implored** the governor to commute the sentence to life imprisonment.*

Los campesinos **rogaron** a la Virgen de Guadalupe para que lloviese.

*The farmers **prayed** to **(begged)** the Virgin of Guadalupe for rain.*

Mi hijo **ha solicitado** un empleo en el ayuntamiento.

*My son **has applied for** a job in City Hall.*

Le **pedí (rogué)** a Armida que ella diese la conferencia sobre Borges.

*I **asked (begged)** Armida to give the lecture on Borges.*

cocer *to boil, cook*
hervir *to boil*
cocinar *to cook*
guisar *to cook, stew*

asar *to roast, broil, grill*
freír *to fry*
cocer (cocinar) al horno *to bake*

Cocer, as used in the text, means *to cook* and along with **cocinar** and **guisar** is one of three general terms for *to cook*. **Hervir** is the word used to indicate the boiling of liquids by themselves such as water, milk, coffee, etc. **Guisar** is also used to refer to the making of any kind of stew. **Asar**, whose primary meaning is *to roast*, has a secondary meaning of *to broil* or *to grill*. **Freír** is *to fry* food in oil, butter, or fat. *To bake* is to cook in the oven (el **horno**) in Spanish, with a preference in Spain for **cocer al horno** and in Spanish America for **cocinar al horno**.

Para preparar este plato se **cuecen** los guisantes con 100 gramos de jamón.	*To prepare this dish, you **cook** the peas with 100 grams of ham.*
—¿A quién le toca **cocinar** esta noche? —preguntó mi hermano.	*"Whose turn is it **to cook** tonight?," asked my brother.*
En Segovia, el mejor cordero **asado** lo sirven en el Mesón de Cándido.	*In Segovia, the best **roast** lamb is served at the Mesón de Cándido.*
En el norte de España se pueden comer sardinas **asadas** en casi cualquier restaurante de la costa.	*In the north of Spain, you can eat **grilled** sardines in almost any restaurant along the coast.*
Para hacer la pizza, hay que **cocerla al horno** a una temperatura alta.	*To make pizza, you have to **bake it** at a high temperature.*

la nuez *walnut*
el cacahuete *peanut*
el anacardo *cashew (nut)*
la castaña *chestnut*

el pistacho *pistachio*
la avellana *hazelnut (filbert)*
la almendra *almond*

In English, *nut* is a generic term for a variety of hard-shelled seeds or fruits with a usually edible inner kernel. In Spanish, there is no single term that corresponds to the generic concept of *nut* in English. Indeed, each type of nut has a different name in Spanish, whereas in English the corresponding term includes the word *nut* in it. While in Spain the term for *peanut* is **cacahuete**, in Mexico it is **cacahuate**, and in much of the rest of Spanish America it is **maní**. Of all the words listed above, **almendra**, *almond*, although a nut, is the only one that lacks the word *nut* in its English designation.

El **cacahuete (cacahuate, maní)** fue uno de los muchos alimentos que fueron de América a Europa.

*The **peanut** was one of the many foods that went from America to Europe.*

En el supermercado tienen helados con sabor a **pistacho**, **avellana** y **almendra**.

*The supermarket has ice cream with **pistachio**, **hazelnut**, and **almond** flavors.*

el calor *heat*
caliente *hot*
cálido *warm, hot*
caluroso *warm, hot*

The three adjectives **caliente**, **cálido**, and **caluroso** are synonymous but tend to be used in different contexts. Of the three, **caliente** is the term used to indicate the high temperature of a physical object. **Cálido** and **caluroso** are close synonyms, but the latter is the higher frequency term. Of the two, **cálido** is the more learned term, while **caluroso** can be the more affective or emotional in its register. Sometimes **caluroso**, when applied to weather, indicates a kind of oppressive heat, a connotation lacking in its synonym.

El **calor** del desierto no es tan molesto porque es seco.

*The **heat** of the desert is not so bothersome because it is [a] dry [heat].*

—Para afeitarme bien, dijo mi padre, —necesito agua **caliente.**

*"For a good shave," said my father, "I need **hot** water."*

El público dio una **calurosa** ovación a Monserrat Caballé.

*The crowd gave a **warm** ovation to Monserrat Caballé.*

Me gusta mucho el clima **cálido** de las Islas Canarias, pero no el **caluroso** de Santo Domingo.

*I very much like the **warm** weather of the Canary Islands, but not the **hot** weather of Santo Domingo.*

la olla *pot, kettle*
la olla a presión *pressure cooker*
la cacerola *pan, pot*
la cazuela *earthenware casserole*

la sartén *frying pan, skillet*
el perol *kettle, pot*
el puchero *pot*
el cazo *pot*

Olla is a standard word for a concave-shaped *pot* or *kettle* of any size. **Cacerola** is a *pan* or a *pot* with straight sides and a round shape that tends to be higher than it is wide; it may be made of metal, earthenware, or ceramic glass. **Cazuela** indicates a *casserole* made only of earthenware. **Perol** is a metal *pot* or *kettle* made in the form of a hemisphere. **Puchero** is a small metal or earthenware receptacle that may contain a single serving of food. **El cazo** is the basic or generic word for a metal pot.

Como éramos muchos en la familia, mi madre tenía que usar una **olla** muy grande para preparar la comida.	*Since we were a large family, my mother had to use a large **pot** (kettle) to prepare the meals.*
Para hacer la salsa de los espaguetis, la **cacerola** es mejor que la **olla.**	*To make spaghetti sauce, a (sauce) **pan** is better than a **pot.***
El menudo es un plato mexicano que se prepara en una **cazuela.**	*Menudo is a Mexican dish cooked in an earthenware **casserole.***
Hace muchos años, los obreros llevaban su comida en un **puchero** al trabajo.	*Many years ago, workers carried their lunch to work in a **pot.***
Caliéntame leche para el café en ese pequeño **cazo.**	*Heat me some milk for my coffee in that small **pot.***

la ocurrencia *spontaneous remark*	**ocurrente** *witty*
la salida *surprising idea*	**ingenioso** *witty, sharp*
la gracia *witty remark*	**gracioso** *witty, amusing*
el ingenio *wit*	

Ocurrencia indicates a sudden idea that a person expresses and which surprises someone else because of its unusualness. **Salida** is a synonym of **ocurrencia** but refers to either an action or comment. **Gracia**, whose primary meaning is *grace*, is also a synonym of **salida** in the sense of witty or amusing remark. **Ingenio**, although partially synonymous with the previous three nouns, differs from them in that it indicates a more profound innate talent for perceiving and expressing the humorous aspects of life. The adjectives **ocurrente**, **ingenioso**, and **gracioso** reflect the distinctions existing in the corresponding nouns.

¡Qué **ocurrencia** decir que Colón y Vasco da Gama eran hermanos!	*What a **crazy idea** to say that Columbus and Vasco da Gama were brothers!*
La gente todavía se ríe con las **salidas** de Groucho Marx en la televisión.	*The public still laughs at the **hilarious comments** and **behavior** of Groucho Marx on TV.*

En su programa, Johnny Carson se expresaba con mucha **gracia**.	*In his program, Johnny Carson expressed himself with a great deal of **wit**.*
El **ingenio** de Cervantes es patente en el *Quijote*.	*Cervantes **wit** is obvious in Don Quixote.*
El método de mi hermano para ganar dinero en Las Vegas es muy **ingenioso**.	*My brother's system for winning money in Las Vegas is very **clever (ingenious)**.*
Lucille Ball era tan **ocurrente (graciosa)** que llegó a ser la reina de la comedia.	*Lucille Ball was so **witty (funny)** that she became the queen of comedy.*

procurar *to try*
intentar *to try, attempt*
tratar de *to try, attempt*
probar(se) *to try (on)*
ensayar *to try out, rehearse*

Procurar, **intentar**, and **tratar de** can be followed by an infinitive to indicate making an effort to do something. **Tratar de** is by far the most common of the three verbs, and it is the normal way to express English *to try*. **Procurar** implies making a special effort to do something and achieving the desired goal. **Intentar** suggests the initiation of an attempt to do something but with no indication of reaching or accomplishing one's aim. In the preterit, **intentar** implies the failure to do what was attempted. **Probar**, used reflexively, is to *try on* clothing. **Ensayar** is to *try out* in the sense of practicing something before its presentation.

Para conseguir una buena nota, el estudiante **procuró** estudiar más.	*To get a good grade, the student **tried** to study more.*
Intentaron (Trataron de) llegar antes de que comenzara la ópera, pero el tráfico se lo impidió.	***They tried** to arrive before the opera began, but traffic prevented them from getting there on time.*
Julia compró el primer par de zapatos que **se probó**.	*Julia bought the first pair of shoes that she **tried on**.*
La representante **ensayó** su discurso antes de presentarlo en la Cámara del Congreso.	*The congresswoman **tried out (rehearsed)** her speech before reading it in Congress.*

—————————— ◆**10**◆ ——————————

proporcionar *to provide, supply*
proveer *to provide, supply*
suministrar *to supply*
surtir *to supply, stock*
abastecer *to provide, supply, stock*

Although some of the above verbs are used interchangeably, in certain contexts only one (or two of them) is (are) appropriate. **Proporcionar** and **proveer** mean *to provide* or *to supply* a person or institution with what is needed. **Suministrar** and **surtir** also indicate *to supply* but often on a commercial, organizational, or large-scale basis. **Abastecer**, however, indicates *supplying* or *providing* basic needs such as fuel, water, utilities, and foodstuffs.

La huerta nos **provee** de todos los tomates y lechugas que necesitamos.	*The garden **provides (supplies)** us with all the tomatoes and lettuce we need.*
Mi padre me **ha proporcionado** un empleo en la fábrica.	*My father **has provided** me with a job at the factory.*
La bibliotecaria me **suministró (proporcionó)** los datos que yo necesitaba para mi libro.	*The librarian **provided** me with the facts that I needed for my book.*
Mi suegro me **surte** de carbón para todo el año.	*My father-in-law **supplies (provides)** me with coal for the entire year.*

—————————— ◆**11**◆ ——————————

repuesto *recovered*
reponer *to recover, replace*
recuperar *to recuperate, recover*
recobrar *to get back, recover*
restablecer *to reestablish, recover*

The participial adjective for **reponer**, *to recover*, is **repuesto**. **Reponer**, **recuperar**, and **recobrar** are all commonly used to indicate the regaining of strength or health after an illness. **Reponer** is also used to indicate the replacement of something that has been sold, used, lost, or broken. **Recuperar** and **recobrar** may both be used to indicate the recovery of material things that may have been lost. For nontangible things, such as reputation, honor, etc., only **recuperar** is appropriate. The primary meaning of **restablecer** is *to reestablish* something, but this Spanish verb is also a less frequent synonym of **recuperar** and **recobrar** with reference to health.

Para **reponerse (recuperarse)** de la
pulmonía, Pedro tuvo que guardar cama
una semana.

*To **recover (recuperate)** from
pneumonia, Pedro had to stay in bed
for a week.*

Después de las Navidades, tuvimos que
reponer la mercadería en la tienda.

*After Christmas, we had to **replace** the
stock in the store.*

El tesoro del galeón español *Virgen
de Atocha* fue **recuperado** en la costa
de la Florida.

*The treasure aboard the Spanish galleon
Virgen de Atocha was **recovered** off
the Florida coast.*

Para **restablecer** su salud, Paco se fue
a vivir a los Pirineos.

*To **recover** his health, Paco went
to live in the Pyrenees.*

12

acaparar *to monopolize, corner the market, buy up*
monopolizar *to monopolize*
apoderarse de *to take possession of, seize*
acopiar *to gather, amass*

Acaparar, as used in the text, means *monopolizing* in the sense of dominating the conversation. More often, **acaparar** is used in the material sense of *buying or cornering the
market in some commodity or product.* **Monopolizar** is a close synonym of **acaparar,** but
it implies an absolute or total control of something through the exclusion of others.
Apoderarse de indicates only *taking possession of* something but without any suggestion of monopolistic intent. **Acopiar** is simply *to gather* or *to accumulate* a quantity or
amount of something sufficient for a particular purpose.

La multinacional **acaparó** la cosecha
de café para poder subir los precios.

*The multinational corporation
bought up the coffee crop in order
to raise the prices.*

Durante muchos años, Pemex **ha
monopolizado** la producción y venta
de petróleo en México.

*For many years, Pemex **has
monopolized** the production and
sale of petroleum in Mexico.*

La urbanización costera quiere
monopolizar el acceso a la playa.

*The coastal community wants **to
monopolize** access to the beach.*

El general, por la fuerza de las armas,
se apoderó del gobierno.

*The general, by force of arms, **seized
(took over)** the government.*

Tuve que **acopiar** muchos datos para mi
informe sobre la economía nacional.

*I had **to gather** much data for my
report on the national economy.*

--- **13** ---

el acontecimiento *event, happening*
el evento *event*
el suceso *event*
el acaecimiento *event, happening*
suceder, acontecer, acaecer *to happen*

Acontecimiento indicates something especially important or unforgettable in history, or in the life of a person. **Evento**, *a sudden or unexpected event*, was originally an Anglicism that has gained acceptance in Spanish America and to a lesser extent in Spain. **Suceso**, the most common word for *event*, may refer to something of little or of great significance. It is also preferred when referring to something unfortunate. **Acaecimiento** has a decidedly literary flavor and is uncommon in spoken Spanish.

El primer viaje a la luna fue un **acontecimiento** de importancia mundial.	*The first trip to the moon was an **event** of worldwide importance.*
La restauración de la democracia en 1975 en España fue un **evento (acontecimiento)** de gran importancia.	*The restoration of democracy in 1975 in Spain was an **event** of great importance.*
El trágico **suceso** trastornó los planes de la familia.	*The tragic **event** upset the family's plans.*
Las elecciones constituyeron el **suceso** más importante del año.	*The elections were the most important **event** of the year.*
Durante todo el verano no **ha acontecido (sucedido)** nada que merezca la pena contarte.	*During the whole summer, nothing worth telling you **has happened**.*

--- **14** ---

sacar *to take out, obtain*
arrancar *to pull out (up); to root out*
quitar *to remove, take away (off)*
extraer *to take out, extract*
meter *to put, insert*

Sacar implies the normal removal of something from within something else. In colloquial usage, **sacar** is a common substitute for **conseguir** or **obtener**, *to get* or *to obtain* with reference to tickets for travel or admission to an event. **Arrancar** means the same as **sacar**, but stresses the force or violence needed to remove something.

Quitar means *to remove* in the sense of taking something away from someone (including oneself) or from something to which it is attached. **Extraer**, a somewhat literary term, indicates the removal of something which is inside, and placing it outside. **Meter**, an antonym for all the preceding verbs, is used to indicate the *placing* or *putting* of something inside something else.

Mi abuela **sacó** del bolso un puñado de caramelos.	*My grandmother **took** a handful of hard candy out of her purse.*
El dentista le **sacó (arrancó)** dos muelas.	*The dentist **took (pulled) out** two of his molars.*
Nos costó mucho trabajo **arrancar** las raíces del árbol que habíamos cortado.	*It took a great deal of effort to **pull out** the roots of the tree we had cut down.*
En el metro me **quitaron** la cartera y no me di cuenta.	*In the subway someone **took** my wallet, and I did not notice.*
¡Mamá! Carlos me **ha quitado** la bicicleta.	*Mama! Carlos **has taken** my bike **away** from me.*
Pablo **se quitó** los zapatos antes de entrar en casa.	*Pablo **took off (removed)** his shoes before entering his house.*
Los mineros **extraían** el carbón de la mina con grandes dificultades.	*The miners **extracted** the coal from the mine with great difficulty.*
Mete el pavo en el horno y **sácalo** después de tres horas.	*__Put__ the turkey in the oven and **take it out** after three hours.*

◈ Práctica

A **Para cada una de las frases siguientes, elija Ud. la palabra o expresión que complete el sentido. En caso de que haya dos respuestas correctas, elija la más apropiada. Haga también cualquier cambio necesario en la palabra elegida para que la frase quede gramaticalmente correcta.**

1. Ayer, cuando fui a casa de Pablo, casi me caí porque no había luz y la _____ estaba rota (**escalinata, escalera mecánica, escalera**).

2. En el aeropuerto tuvimos que subir al segundo piso a pie porque la _____ no funcionaba (**escalera, escalera mecánica, escalinata**).

3. Dentro de la Ópera de París hay una preciosa _____ de mármol (**escalinata, escalera mecánica, escalera**).

4. Después de ver su equivocación, el senador _____ sobre su oposición a la nueva ley (**meditar, reflexionar, recapacitar**).

5. A Sócrates le gustaba _____ sobre la naturaleza del ser humano (**reflexionar, reconsiderar, meditar**).

6. El vagabundo _____ con toda humildad que le dieran de comer porque tenía mucha hambre (**pedir, solicitar, suplicar**).

7. La senadora _____ al Presidente que la recibiera (**suplicar, solicitar, rogar**).

8. Cuando fuimos a Fátima, Pablo le _____ a la Virgen que le consiguiese un empleo (**rogar, pedir, solicitar**).

9. Mi padre puso a _____ el pavo en el horno (**freír, asar, hervir**).

10. Antonio no sabe cómo _____ unas patatas con carne (**hervir, asar, cocinar**).

11. El agua que había en la olla pronto comenzó a _____ (**hervir, cocinar, guisar**).

12. —¿Tú sabes cómo se llama el cacahuete en Cuba? —Sí, se llama _____ (**castaña, almendra, maní**).

13. No toques esa olla porque está muy _____ (**cálido, caluroso, caliente**).

14. En el verano, el clima de Veracruz es muy _____ (**cálido, caluroso, caliente**).

15. Cuando estuve en el ejército, me tocaba limpiar todos(as) los (las) _____ de la cocina (**perol, cazo, puchero**).

16. Para freír un par de huevos necesitas una _____ (**cazuela, cacerola, sartén**).

17. Como no tengo mucho tiempo para preparar la comida, voy a usar una _____ (**sartén, olla a presión, cazuela**).

18. Cuando el estudiante dijo que la capital de la Argentina era Caracas, todo el mundo dijo: ¡qué _____ (**gracia, ingenio, ocurrencia**)!

19. Sin pensarlo, el niño se puso a bailar y todo el mundo le rió la _____ (**ocurrencia, salida, gracia**).

20. Me interesaba mucho conseguir el empleo, así que _____ hacer lo mejor posible para conseguirlo (**procurar, ensayar, probar**).

21. Ayer _____ ir a ver esa película pero no pudimos (**procurar, ensayar, intentar**).

22. Los actores _____ los papeles para la nueva comedia (**ensayar, intentar, probar**).

23. Mi padre tiene un buen negocio porque es quien _____ toda la fruta a las cafeterías de la universidad (**proporcionar, abastecer, proveer**).

24. En mi casa no tenemos ningún lujo, pero no nos falta nada porque mi madre nos _____ de todo lo necesario (**abastecer, proporcionar, suministrar**).

25. Mi hermano dijo que yo tenía que _____ el disco compacto (CD) que le había roto (**recuperar, reponer, restablecer**).

26. Después que le insultaron, Alejandro tuvo que _____ su buen nombre (**reponer, recobrar, recuperar**).

27. Para controlar el precio del pescado, la compañía _____ todo lo que los pescadores habían capturado (**acaparar, acopiar, apoderarse de**).

28. Los montañeros _____ lo necesario para la escalada del Chimborazo en los Andes (**monopolizar, acaparar, acopiar**).

29. El accidente en el que murió James Dean fue un _____ muy triste (**acaecimiento, suceso, acontecimiento**).

30. Mi padre me dijo que me _____ las manos de los bolsillos para hacer el trabajo (**quitar, arrancar, sacar**).

B Traduzca al español las siguientes frases empleando el vocabulario estudiado en este capítulo.

1. To reach the attic, you must go up twelve steps.
2. You should reconsider what you have just said.
3. "I would like to apply for that job in the Senate," said my niece.
4. Do not ask me for anything more!
5. We went to France to learn how to cook.
6. When I touched the steering wheel, it was so hot I burned my hands.
7. After the warm reception, the soprano thanked the public.
8. He provided us with strawberries from his garden.
9. It took him six weeks to recover from his fall in Lisbon.
10. You must agree that the discovery of the transistor was a very important event.

Temas a escoger

Temas relacionados con la selección literaria

1. Imagínese Ud. el encuentro en que Tita informa a su madre (de) que quiere casarse con Pedro y en el que ésta se opone a ello.

2. Relate Ud. cómo serían las relaciones entre Chencha y Jesús Martínez desde que se conocieron hasta el momento descrito en la selección literaria.

3. Escriba Ud. un ensayo en el que compare el carácter de Tita con el de Pedro.

Temas sugeridos por la selección literaria

1. Relate Ud. cómo una amiga o un amigo, al no poder casarse con quien quería, se casó con otro(a), y las consecuencias de su enlace.

2. Escriba Ud. sobre el conflicto que puede existir entre la necesidad u obligación de los hijos de cuidar de sus padres en la vejez y el derecho que todos tenemos de ser libres.

3. En un ensayo explique Ud., paso a paso, cómo se prepara uno de sus platos favoritos.

◈ Repaso gramatical ◈

Adjectives and Adjective Position

Adjectives

An adjective is a word that modifies a noun or a pronoun by limiting or qualifying its meaning in some way. A major difference between adjectives in English and in Spanish is that English adjectives never change their form. For instance, the adjective *good* is invariable in form no matter what the natural gender and number of its referents are.

the ***good*** boy

the ***good*** girl

the ***good*** boys

the ***good*** girls

In Spanish, however, an adjective agrees in both grammatical gender and number with the noun or pronoun it modifies.

el muchacho **bueno**

la muchacha **buena**

los muchachos **buenos**

las muchachas **buenas**

A number of adjectives (most notably **pobre, grande, feliz, gris, cortés**) have a common masculine and feminine form. Obviously, these adjectives can agree with the nouns they modify in number only.

> un(a) estudiante **cortés**

> unos (as) estudiantes **corteses**

There is another group of Spanish adjectives that are invariable in both gender and number. These words, which include **hembra**, *female*, **macho**, *male*, **modelo**, **sport**, and **color + *word indicative of some color*,** are in fact nouns being used adjectivally. However, if used as nouns, these words will vary in number.

En el laboratorio tenía veinte ratones **hembra.**	*In his laboratory, he had twenty **female** mice.*
El preso estaba en la cárcel **modelo.**	*The prisoner was in the **model** jail.*
Juan compró un nuevo coche **sport.**	*Juan bought a new **sports** car.*
María tenía un Ferrari **color limón.**	*María had a **lemon-colored** Ferrari.*
La niña llevaba pantalones **color naranja.**	*The girl was wearing **orange** slacks.*

Many compound adjectives are hyphenated in both Spanish and English. In Spanish, however, only the second adjective agrees grammatically with the word it modifies. The first adjective of the compound is always masculine singular in form.

Es una compañía **hispano-suiza.**	*It's a **Spanish-Swiss** company.*
Luis tenía teorías **socioeconómicas** muy raras.	*Luis had very strange **socioeconomic** theories.*

When rendering the adjective into Spanish in expressions which also involve a *preposition + noun qualifier*, care should be used to ensure that the adjective agrees with the correct noun.

Compramos una mesa de pino **barata.**	*We bought a **cheap** pine table.*
Sólo usan aceite de oliva **puro.**	*They use only **pure** olive oil.*

Limiting Adjectives

It is convenient to divide adjectives into two main classes: limiting and descriptive. Limiting adjectives tell, point out, or ask *which, how many*, or *whose*, but they do not describe. In Spanish, they always precede the noun they modify.

dos subastas	*two* auctions
tu colega	*your* colleague
muchos (algunos) baúles	*many (some)* trunks
este andén	*this* platform
la **primera** lección	the *first* lesson

Some limiting adjectives (possessives, demonstratives, ordinals) may also follow the word they modify for purposes of emphasis or sharper differentiation. When they are so used in post-position, these adjectives require a preceding article. Note, too, from the second example below, that the possessive adjective has a different (longer) form when it follows the noun it modifies.

el tipo **ese**	*that* guy (pejorative)
un colega **tuyo**	*a colleague of yours* (as opposed to one of mine or someone else's)
la lección **primera**	the *(very) first* lesson (in a series)

Descriptive Adjectives

A descriptive adjective indicates something about the nature of the noun it qualifies, such as its shape, size, color, condition, or affiliation with some group or class. Whereas limiting adjectives in Spanish (with some exceptions) immediately precede the noun they modify, descriptive adjectives are flexible as to position. When a descriptive adjective immediately follows a noun, it differentiates the noun in some way from others of its class or category. If, however, an adjective indicates a quality we expect a given noun to have, or one we know is characteristic of that noun because it has been mentioned or stressed earlier, the adjective then functions as an enhancer or intensifier of that quality; in this role, it precedes the noun. This pre-position of adjectives is often used for poetic effect.

las **doradas** naranjas de California	the *golden* oranges of California
las **verdes** palmeras de Jamaica	the *green* palm trees of Jamaica

The differentiating or post-position of the Spanish adjective often corresponds to heavy stress or pause (or both) in English.

el equipo **bueno** de Chicago	*the **"good"** team from Chicago*
el **buen** equipo de Chicago	*the **good** team from Chicago*

The first example immediately above implies the existence of a second, less accomplished team. Post-position of the adjective avoids the possibility of confusion by making the referent clear. Pre-position of the adjective in the second example would imply either that Chicago had only one team (hence no differentiation is possible) or that the speaker prefers to ignore the existence of the second team and not use it as background for purposes of differentiation. Pre-position thus serves to enhance the well-known characteristic or quality conveyed by the adjective. Note that when we state that descriptive adjectives may immediately precede or follow the noun they modify, we are excluding predicate adjectives. These adjectives always follow some form of the verb *to be* or other linking verb. This verb both separates them from and links them to the noun they modify. Predicate adjectives should be considered as a separate group, and their position presents no problem, for both in English and Spanish they always follow the verb *to be* or other linking verb.

María es **lista.**	*María is **clever.***
Estos libros son **caros.**	*These books are **expensive.***

Descriptive Adjectives with Unique Entities

An adjective that follows a noun indicates some degree, however slight, of contrast or comparison. But if a noun indicates a unique entity, the only one of its class, such differentiation is impossible. For this reason, descriptive adjectives almost always precede nouns that indicate unique entities.

la **hermosa** casa del general	*the general's **beautiful** house*
la **amigable** rectora de nuestra universidad	*our university's **friendly** president*
la **negra** silueta del guardia	*the guard's **black** silhouette*

Post-position of the adjectives above might make the general the owner of two houses and suggest that our university has two presidents and that the guard has more than one silhouette.

Change in Meaning According to Position

Certain descriptive adjectives that retain their literal meaning when they follow the noun (i.e., when they are in normal position) often have a different or more figurative meaning when they precede it.

ADJECTIVE	FOLLOWING	PRECEDING
antiguo	*old, ancient*	*former, ancient*
bajo	*short, low*	*low, common, vile*
gran(de)	*large, big; adult* (col.)	*great*
medio	*average*	*half*
mismo	*(one)self, itself*	*same; very* (emphatic)
nuevo	*(brand) new*	*new* (different, another)
pobre	*poor* (without money)	*poor* (unfortunate, wretched)
puro	*pure* (clean, unadulterated)	*sheer, total, absolute*
único	*unique* (one of a kind)	*only*
viejo	*old* (age in years)	*old* (relatively, affectionately)

Tengo **media** libra de caramelos.	*I have **half** a pound of hard candy.*
El hombre **medio** ignora lo que ha pasado.	*The **average** man is unaware of what has happened.*
Vamos a beber agua **pura** del manantial.	*We are going to drink **pure** water from the spring.*
Es **pura** mentira.	*It's an **absolute** lie.*

The Relative Importance of Noun and Adjective

The position of a descriptive adjective is often determined by one or more of several factors. The adjective is in a stronger position when it follows the noun, for then it does more work. Its appeal is mainly to the intellect, since it differentiates or contrasts in some degree by setting the noun apart from others of its kind. Thus, adjectives used in a scientific or technical way (and others, such as those of nationality) almost always follow because they are used in a differentiating, specifying way. When the adjective precedes the noun, however, there is a greater appeal to our emotional or poetic sense and any differentiating force inherent in the adjective is greatly diminished. Consequently, a descriptive adjective may be used to enhance a known characteristic more or less in isolation. And an adjective used emotionally, rather than as a differentiator, will precede the noun it modifies.

Position, then, depends largely on whether the speaker wishes emotion or intellect to predominate. When a quality is to be taken for granted or is considered inherent in the noun, the adjective precedes the noun. But if the noun is not to be taken in its usual sense and some degree of distinction is to be indicated or emphasized, the adjective follows the noun. The adjective in **la blanca nieve**, for instance, merely enhances a quality that is part of the normal concept of snow: **blanca** is used as an epithet and is largely ornamental, as are the needless adjectives in such English expressions as *unexpected surprise* and *true facts*. **Blanca** does little more than highlight the well-known characteristic of normal snow. Within a given context, we may refer to an old judge or an old building in a similar way, although the words *judge* and *building* obviously do not suggest age in the same way that *snow* suggests whiteness. Nonetheless, a context in which readers or listeners were familiar with the age of the judge or building in question could justify preposition. It is possible, for instance, to begin a discussion or description with an adjective in post-position and to shift to pre-position when the reader or listener is deemed to be sufficiently well-informed regarding a given characteristic.

In summary, an adjective in post-position is more *neutral* in tone and reflects a more objective, impersonal observation about the noun it modifies. In pre-position, the adjective reflects a more personal, emotive, or poetic evaluation of the noun. When the adjective precedes the noun, it does not distinguish it from others of its kind; when it follows, it does distinguish it from others. The affective force of adjectival pre-position explains its heavy use in poetic, emotional language, and its frequent abuse in rhetorical and propagandistic language, and in advertising. Nonetheless, no rules can indicate where a descriptive adjective should be placed in every circumstance. Position is often influenced by ineffable, rhythmic considerations on the part of the native speaker, and the distinction between poetic and differentiating intent is indeed at times a very personal and subtle one.

Explain adjective position in the following sentences:

El mecánico **joven** repara los coches **alemanes**.

*The **young** mechanic repairs **German** cars.*

La **joven** mujer cuidaba el **enorme** elefante.

*The **young** woman took care of the **enormous** elephant.*

El poeta adoraba los ojos **azules.**

*The poet adored **blue** eyes.*

El poeta adoraba los **azules** ojos de su novia.

*The poet adored his girlfriend's **blue** eyes.*

Odio estas **malditas** hormigas.

*I hate these **damned** ants.*

Murió el **joven** presidente en un **trágico** accidente.

*The **young** president died in a **tragic** accident.*

Tengo una chaqueta **gruesa** para el invierno y otra **fina** para el verano.

*I have a **heavy** jacket for the winter and another **light one** for the summer.*

◈ Práctica

A **Para cada una de las siguientes frases, indique Ud. la posición y la forma correcta del adjetivo o adjetivos que aparece(n) entre paréntesis. Esté preparado(a) para explicar su respuesta.**

1. Juan está recuperándose de las _____ heridas _____ que le causó la explosión (**grave**).
2. Nunca me ha gustado hablar de mi _____ vida _____ (**privado**).
3. Al ver las _____ bayonetas _____ de los soldados, María se puso a gritar contra ellos (**agudo**).
4. Durante nuestra luna de miel, visitamos seis _____ ciudades _____ (**extranjero**).
5. Han introducido un _____ límite _____ de velocidad en las carreteras y autopistas (**nuevo**).
6. Han traído para ti dos botellas de _____ cerveza _____ (**fresco**).
7. En la película figura la _____ pareja _____ de Ginger Rogers y Fred Astaire (**legendario**).
8. Nuestra _____ vida _____ ha cambiado mucho (**político-cultural / política-cultural**).
9. El domador estaba al lado de un _____ leopardo _____ que mostraba sus _____ colmillos _____ (**hermoso; terrible**).
10. Tenemos un _____ afecto _____ por nuestro tío Joaquín (**enorme**).

11. Guillermo volvió a los brazos de su _____ esposa _____ (**amante**).

12. Había una _____ niebla _____ la noche de nuestra llegada a Londres (**espeso**).

13. Juan es un _____ miembro _____ del partido republicano (**antiguo**).

14. ¡Cómo envidiaba yo el _____ calor _____ de aquella casa (**íntimo y dulce**)!

15. Roberto trabajaba para la _____ compañía de tabacos _____ (**filipina / filipinos**).

B **Coloque el adjetivo entre paréntesis en el lugar que le corresponda. Haga cualquier cambio necesario en el adjetivo.**

Era una _____ casa _____ (antigua) (1), había sido construida en el siglo XVI y ahora vivían en ella unos _____ profesores _____ (antiguo) (2) de mis padres. Tenían que vivir en la _____ planta _____ (bajo) (3) porque los _____ pisos _____ (superior) (4) eran inhabitables. Uno de esos _____ profesores _____ (viejo) (5) era muy conocido porque había escrito _____ libros _____ (grande) (6); eran obras importantes que habían servido para cambiar la forma de pensar del _____ ciudadano _____ (medio) (7). Yo, que soy un _____ estudiante _____ (nuevo) (8) en esta universidad, no soy el _____ estudiante _____ (único) (9) que no ha tenido la _____ oportunidad _____ (mismo) (10) que tuvieron otros que estudiaron bajo esos _____ profesores _____ (viejo) (11). A pesar de todo, sé que soy uno de los _____ estudiantes _____ (mejor) (12); algunos dicen que recibir _____ notas _____ (bueno) (13) es cuestión de _____ suerte _____ (puro) (14). ¿Qué creen ustedes?

C **Traduzca al español las siguientes frases. Algunas de ellas admiten o la pre-posición o la pos-posición del adjetivo.**

1. Have you heard about the lamentable event that occurred in Los Angeles?

2. He returned to the village of Isaba to live among those he considered his old and close friends.

3. Among the affectionate words of farewell, we noticed an occasional ironic phrase.

4. The drought has had serious consequences for the cotton crop [use **el cultivo**].

5. The new Italian film has won important prizes.

6. I met his charming wife when I was in Naples.

7. Don't send me the green book but the thick red one.

8. A violent day [use **jornada**] of protest concluded with the death of three persons.

9. In spite of his bad reputation, he is a good man.

10. I don't trust "that" guy.

D **Cada una de las frases siguientes contiene un error. Teniendo en cuenta la gramática estudiada en este capítulo, identifique Ud. cuál es el error y corríjalo.**

1. Ella decía que su hermano era muy cortés con las visitas y que ella trataba también de ser cortesa.

2. El presidente de los EE.UU. cobra 400.000 dólares libre de impuestos anuales.

3. Ese político es un miembro viejo del partido que ahora está en el poder.

4. El medio ciudadano nunca sabe qué pasa en realidad en las decisiones que toma su gobierno.

5. A pesar de sus muchos millones, es un hombre pobre que nunca disfruta de nada.

6. Mi hermana buscaba otra programa de televisión que no tuviera tantas escenas violentas.

7. Juan tiene cuarenta años; es un dependiente antiguo de los almacenes Macy's.

8. Me parece una sensata política reanudar las relaciones diplomáticas con ese país.

9. Me gustan las librerías de mediano tamaño, ni demasiado grandes ni demasiado pequeñas.

10. Temperaturas de hasta 20 grados centígrados bajo cero han helado la rusa capital.

ENFOQUE Writing a Summary

A synopsis is the summary or condensation, in a few lines or paragraphs, of a report, an essay, or a book. The synopsis must retain the essential and most meaningful elements of the material condensed.

If you learn to write a good synopsis, you can improve the quality of the notes you take in class, and make a good summary of any book or movie. Often in life, you will find it necessary to summarize.

Your goal in preparing a synopsis is to select the principal ideas from the pages you wish to condense. Your summary will be best when it presents in a clear and concise manner the essential material. Of course, the length of your synopsis may vary depending on what you want to summarize. Try not to use the author's words (except to stress a point); use your own vocabulary and style. Before preparing a synopsis, carefully read what you want to summarize. Do not include opinions or commentaries on what the author has written—the function of a synopsis is merely to reproduce in an abbreviated form the report, essay, or book.

As with any other type of writing, make sure you have presented the summarized material accurately, in a logical order, and that you have included the ideas you want to transmit to your readers.

CAPÍTULO

10

Maldito amor
ROSARIO FERRÉ

Repaso gramatical
• *Pronouns*

MALDITO AMOR
"EL DESENGAÑO"
ROSARIO FERRÉ

Rosario Ferré (Puerto Rico, 1941–) se educa y reside hasta los 20 años de edad en Ponce, ciudad comercial al sur de la isla, cuyo ambiente servirá a la autora para documentar su novela Maldito Amor, *que publica en 1986.*

Rosario Ferré comienza a escribir para dar permanencia a un mundo que ve desaparecer; quiere, por medio de las páginas de sus obras, dar continuidad a este mundo.

Ferré obtiene el título, Maldito Amor, *de una danza cuyo autor es un popular músico del siglo XIX. La acción de la novela ocurre precisamente durante los años que siguen a la guerra entre España y los EE.UU. (1898), en la cual España pierde los últimos restos de su antiguo imperio colonial. Las páginas de esta obra nos presentan los cambios en una sociedad feudal y agrícola que ahora tiene que ceder a la democratización. En una u otra forma, estos cambios introducen la industrialización y las nuevas fuerzas económicas traídas por los poderosos vecinos del norte.*

Ferré, muy acertadamente, recoge en esta novela los serios problemas socioeconómicos de Puerto Rico. Vemos aquí las conflictivas fuerzas que aquejan a la sociedad de la isla ya que se enfrentan la tradicional clase social (representada por los hacendados criollos o inmigrantes, de ideología conservadora y tal vez arcaica), y el nuevo grupo representado

247

por los banqueros, industriales y comerciantes, que acoge los intereses norteamericanos al reconocer en ellos la base del poder y de la riqueza. Ferré refleja aquí también la búsqueda de una identidad nacional autónoma—identidad que quiere dejar atrás a la vieja España y que no quiere pasar a ser norteamericana. Vemos también en estas páginas el conflicto entre el materialismo introducido por los nuevos residentes en la isla, y el resentimiento de los isleños ya que ven pasar el poder a manos de los nuevos residentes.

En la selección que sigue, el protagonista, don Julio Font, un antiguo emigrante español que hizo fortuna en la isla y quien ha visto desaparecer esta fortuna ante la competición presentada por los norteamericanos, se despide de uno de sus compatriotas. Éste, don Rodobaldo Ramírez, vencido por las nuevas circunstancias, regresa a España.

Los norteamericanos, que dominan la vida comercial de la isla, comienzan también a dominar la vida social. Para celebrar la inauguración de una nueva fábrica de azúcar (fábrica cuya producción excede la de todas las otras fábricas de la región) cuyos dueños son los hacendados locales, los norteamericanos organizan una gran fiesta e invitan a todos a ella. Don Julio asiste a la fiesta y ve de paso la nueva maquinaria de la fábrica. No puede menos que contrastar esta nueva maquinaria con la anticuada y poco productiva de las viejas fábricas. Poco después, Don Julio se encuentra con Mr. Durham, el presidente de la nueva fábrica, y con Mr. Irving, el banquero que rige ahora—por medio de los préstamos que concede o niega—el destino económico de la región.

Luego de la muerte de doña Elvira, don Julio Font, el padre de Ubaldino De la Valle, nuestro prócer, sólo tuvo problemas y más problemas. La nueva banca norteamericana, cuyos imponentes palacetes de granito rojo con portales flanqueados de leones de yeso recién abría por aquel entonces sus puertas en la plaza del
5   pueblo, financiaba sin dificultad a las corporaciones de los centralistas norteamericanos, pero desconfiaba de la iniciativa isleña. Era por ello que la Toa, la Cambalache y la Eureka, cuyos títulos habían relumbrado hacía poco sobre las frentes de los Portalini, de los Plazuela y de los Iturbide como diademas de ducados o marquesados, habían rodado recientemente por los abismos de la ruina. Don Julio se había
10 **rehusado**[1] venderles a los extranjeros un solo tablón de caña.

Como don Julio había sido en una época comerciante y almacenista, tenía muchos amigos entre los refaccionistas españoles de la Capital. Estos indianos, fundadores de la Banca Española de la Metrópoli, habían subvencionado en el pasado los préstamos de la Justicia, pero al llegar los norteamericanos se habían visto obliga
15 dos a cerrar sus bancos y muchos se disponían a abandonar definitivamente la isla. Durante los últimos años, don Julio había sobrevivido financiándose heroicamente a sí mismo, conciente [sic] de que sus amigos no podían ayudarlo. Un día, sin embargo, cuando los talegos de oro que había logrado hacinar en los sótanos de su casa ya se habían esfumado, le hizo una visita a su amigo, don Rodobaldo Ramírez,
20 antiguo presidente del extinto Banco de Bilbao. Lo encontró desmontando su casa

y vendiendo consolas y espejos al mejor postor, preparándose para abandonar la isla en compañía de su familia.

—Son todos unos traidores, gachupines de mala liendre—le dijo medio en **broma**[2] y medio en serio, mientras lo ayudaba a cargar sus **bártulos**[3] sobre el
25 carguero Borinquen—. Lo que Dios unió en el cielo, jamás lo separe el hombre en la tierra, y nuestro destino estará **ligado**[4] para siempre al de esta pobre isla.

Don Rodobaldo lo miró con tristeza, bajo los alacranes canosos de sus cejas. Habían nacido en el mismo pueblo y juntos habían hecho la travesía hasta América, compartiendo luego innumerables cazuelas de callos a la vizcaína y de bacalao al pil
30 pil, mientras evocaban los trigales dorados de Lérida.

—Lo siento, amigo Chano—le respondió, empleando el **sobrenombre**[5] que le había conocido en la niñez—. Ya sabes que moro viejo, mal cristiano. No quiero que a mi familia y a mí nos vuelvan orgánicamente diferentes. —Don Rodobaldo se **refería**[6] a la campaña furibunda que había montado el nuevo gobernador de la
35 isla para americanizar a los habitantes, sólo unos meses antes de pronunciarse el Acta Jones.

—Siempre hay tiempo para arrepentirse—insistió don Julio—. Te quedas, me prestas el dinero que necesito para la siembra de este año, y en cuanto se restablezcan nuestras Cámaras Legislativas, se resolverán nuestros problemas.— Podrán nombrar
40 isleños al Senado y a la Cámara—dijo—pero eso no **cambiará**[7] nada. Aquí, aunque los puertorriqueños gobiernen, los norteamericanos mandan, y yo ya estoy demasiado viejo para dejarme hacer gringo a la fuerza.

El Borinquen partió aquella misma tarde, alejándose como una pequeña ciudad de luces blancas por la boca del Morro. Cabizbajo y taciturno, don Julio regresó al
45 otro día a Guamaní, convencido de que ya no le quedaba un solo amigo en el mundo. A los pocos días de aquella visita funesta, descubrió que a sus preocupaciones económicas se sumaban otras más graves: acababa de recibir la invitación a la inauguración de la central Ejemplo, la supercentral que los extranjeros llevaban ya varios meses construyendo sobre el llano.

50 Por el valle de Guamaní se había corrido la voz de que los norteamericanos habían declarado una tregua en el combate centralista, y que se encontraban ahora ansiosos de ayudar a los hacendados criollos y de compartir con ellos sus maravillosos inventos. Enterado de aquellos rumores, don Julio creyó ver el cielo abierto, y se dispuso a asistir a aquellas celebraciones, convencido de que en el curso de las mis-
55 mas podría llevar a cabo el plan que se había fraguado con respecto a los **dueños**[8] de la central Ejemplo.

El día de la inauguración amaneció espléndido. Por el cielo salpicado de nubes que corrían como guajanas revueltas, empujadas por los vientos alisios, se desplazaba en silencio desde el amanecer un enorme zepelín plateado que parecía supervisar
60 desde su altura la febril actividad que se desenvolvía en el llano. Contratado por el Comité de Inauguración llevaba y traía sobre las vegas sus banderolas enlistadas de rojo, azul y blanco. 'April 15, 1918, —Follow our Example' proclamaba la cola

tricolor que chorreaba tras él, cada vez que apuntaba hacia la central con su enorme nariz roma.

65   El globo señalaba el camino de las celebraciones a los numerosos invitados que se esperaban aquel día en el valle de Ensenada Honda. El Comité Ejecutivo de la Inauguración había telegrafiado a todas las haciendas vecinas, con el objeto de que mandaran delegaciones que pudieran disfrutar de los convites, y entre éstas se encontraba don Julio, representando a la central Justicia. Montado en su zaino,

70   se había unido aquella mañana a la caravana de quitrines, calesas y berlinas que se dirigían hacia la Ejemplo, picado, como todo el mundo, por la curiosidad, y con el corazón lleno de esperanzas de que aquél habría de ser un gran día para la Justicia. El ambiente de feria, las caras sonrientes de los hacendados que se dirigían como él por el camino de la central, habían hecho que el temor que lo había perseguido durante

75   aquellos meses casi se desvaneciera, y se sentía contento.

        Al llegar a la Ejemplo, se abrió paso por entre el hervor de la **muchedumbre**[9], pasando por alto las miradas de odio de sus antiguos amigos, los hacendados del pueblo, que le habían retirado la palabra luego de la muerte de doña Elvira. Caminaba muy erguido, sacando el pecho y moviendo con orgullo los hombros

80   para destacar mejor su enorme altura.

        Los entretenimientos de la tarde se encontraban a cargo de los infantes de la Marina Norteamericana. Vestidos de gabardina añil con polainas y gorras relucientes de paño blanco, soplaban tubos y redoblaban tambores, estallaban platillos y resonaban clarines desde lo alto de la tarima de la banda, pasaban bandejas de pisco-

85   labis y refrescos entre los invitados, y hasta convidaban a las hijas de los hacendados a bailar el vals. Don Julio, con los ojos como un dos de oro, se paseó un rato por el edificio de máquinas admirando todo lo que veía y finalmente se acercó a la mesa donde se servían los refrigerios. El mozo le acercó una bandeja y bebió, haciendo un gran esfuerzo, una taza de punch color malva.

90   Con la taza en la mano se paseó un rato por el edificio. Las maquinarias de la central, recién pulidas y engrasadas, relucían sobre sus tarimas como insectos maravillosos: en lugar de los antiguos molinos verticales de vapor, provistos de lentas volantas y balancines, que él tenía en la central, y había importado con tantas dificultades de Francia, allí sólo había molinos horizontales de compactas volantas

95   modernas y velocísimos cigüeñales; en lugar de toscas bateas de madera, donde los peones **escurrían**[10] pacientemente la miel con palas, allí sólo había veloces centrífugas; y su rudimentario tren jamaiquino, en cuyas pailas de fondo se había hervido la cochura del guarapo durante siglos, le parecía ahora una antigüedad de coleccionista, junto a aquellas evaporadoras múltiples y aquellos milagrosos tachos al

100   vacío, que operaban prácticamente solos y cuya asombrosa eficiencia estaba de más supervisar. Con la boca abierta por el asombro, **presenció**[11] cómo se alcanzaba en ellos la densidad indicada del melao en cuestión de segundos: sólo era necesario introducir un puñado de cristales en sus entrañas, para que los enormes cilindros borbolleantes de líquido quedaran instantáneamente repletos de azúcar.

105   Don Julio **divisó**[12] por fin a lo lejos a Mr. Durham, el presidente de la Ejemplo, que hablaba con Mr. Irving, el presidente del National City Bank, sentado en la tarima de honor, y se encaminó a ellos para saludarlos. Al acercarse escuchó sin querer lo que Mr. Durham le decía en aquel momento a Mr. Irving. —Con esta maquinaria, la Ejemplo llegará a producir hasta sesenta mil toneladas al año, mucho
110 más de lo que producen juntos todos los ingenios criollos—pero se hizo el desentendido y **se detuvo**[13] ante ellos sonriendo—. Soy su vecino, don Julio Font —le dijo a Mr. Durham—. He venido a ponerme a sus órdenes, por si en algo puedo ayudarlos. —Mr. Durham parpadeó varias veces sin reconocerlo.

    —¡Ah sí, ya recuerdo!—dijo al fin—. ¡Don Julio, el de los cañaverales incom-
115 prables!—Pero a pesar del comentario irónico, lo saludó cordialmente.

    —Quizá haya cambiado de parecer—intervino Mr. Irving, saludando a su vez a don Julio, a quien conocía de vista—. Necesitaremos toda la ayuda de los **nativos**[14] para llegar a hacer de esta empresa un ejemplo. Y no sólo para el Caribe, sino para el mundo entero. —Mr. Irving era un hombre mayor, de sienes encanecidas, y tenía
120 una manera de ser afable, que contrastaba con los modales gélidos de Mr. Durham.

Cuestionario

Contenido

1. ¿Por qué se habían arruinado la Toa, la Cambalache y la Eureka?
2. ¿Quién es don Julio Font?
3. ¿Cómo encuentra don Julio a su amigo don Rodobaldo?
4. ¿Por qué mira don Rodobaldo con tristeza a don Julio?
5. Según don Rodobaldo ¿quién manda en la isla?
6. ¿Qué hace, y por qué, el Comité Ejecutivo de la Inauguración?
7. ¿Cómo son y qué hacen los infantes de la Marina Norteamericana en la fiesta?
8. ¿Qué contraste hay entre la antigua maquinaria de la central y la maquinaria moderna?

Interpretación y estilo

1. ¿Cuál es la causa de los problemas que tienen los dueños de los ingenios de la isla?
2. ¿Qué efectos tiene la llegada de los norteamericanos a la isla?
3. ¿Por qué cree Ud. que don Rodobaldo se va de la isla?
4. ¿Qué significa la imagen "con los ojos como un dos de oro"?
5. ¿Por qué cree Ud. que los dueños de la Toa, la Cambalache y la Eureka no podían competir con la nueva central?
6. ¿Qué actitud adopta don Julio ante la presencia de los norteamericanos?
7. ¿Qué cree Ud. que Rosario Ferré está discutiendo en esta selección de su novela?

Léxico: opciones

rehusar *to decline, turn down, refuse*
rechazar *to reject*
negarse a *to refuse to*
no querer *to refuse*

Rehusar indicates *to decline something offered* or *to refuse to do something requested*. It can be followed by either a verb or a noun. **Rehusar** indicates a more polite non-acceptance or refusal to do something than **rechazar**. **Rehusar** is normally used without the reflexive pronoun shown in the text, which is an illustration of the "dative of interest" or "**forma espontánea**," a usage that is quite common in some Spanish-American countries. **Negarse a + *infinitive*** indicates a strong refusal or unwillingness to do something. **Rechazar**, although a synonym of **rehusar**, indicates a more direct and emphatic rejection. The preterit of **no querer + *infinitive*** conveys an absolute refusal to do something.

El senador **rehusó** el nombramiento al Tribunal Supremo.

*The senator **refused (declined)** the nomination to the Supreme Court.*

Ellos **rehusaron** viajar por ese país debido al terrorismo.

***They refused** to travel in that country because of terrorism.*

María **rechazó** varios modelos antes de elegir uno más sencillo.

*María **rejected** several designs before choosing a simpler one.*

El acusado **se negó a (no quiso)** declarar ante la juez.

*The defendant **refused** to testify before the judge.*

Rosa **no quiso (se negó a)** pagar la factura.

*Rosa **refused** to pay the bill.*

la broma *joke, trick*
la broma pesada *practical joke*
gastar una broma *to play a trick*
bromear *to tease, kid*
tomar el pelo a alguien *to tease, pull one's leg*
el chiste *joke, verbal witticism*

Broma indicates something humorous (usually good-natured) that is said or done. In contrast, **broma pesada** indicates a nasty or practical joke played on someone. **Bromear,**

like the idiom **tomar el pelo a alguien,** means *to tease* or *to joke with*. **Tomar el pelo a alguien** is the idiomatic equivalent of the English *to pull someone's leg*. **Chiste** indicates a story or an anecdote told to amuse or entertain.

Mi padre no está para **bromas**.	*My father is in no mood for **jokes.***
La iniciación en su fraternidad requería una **broma pesada**.	*Initiation in his [college] fraternity required a **practical joke.***
A mi hermano le gusta gastar **bromas** a todo el mundo.	*My brother likes to play **jokes (tricks)** on everyone.*
Mariano, deja de **tomarle el pelo** a tu hermano.	*Mariano, stop **pulling your** brother's **leg.***
Luisa sabe contar muy buenos **chistes**.	*Luisa knows how to tell very good **jokes.***

los bártulos *stuff, personal possessions and things*
el equipaje *luggage, baggage*
los enseres *furnishings or property*
las herramientas *tools*
los utensilios *utensils, equipment*
los bienes *possessions, assets, personal wealth*

Bártulos is often used as a synonym for **cosas** in the sense of *possessions* or *stuff*. In the text example, Rosario Ferré uses **bártulos** as a synonym for the personal possessions and luggage being loaded on a ship. English *luggage* or *baggage* is rendered in Spanish by **equipaje**. **Enseres** refers to furnishings or belongings inside a house or business establishment. **Herramientas** indicates a tool used by certain artisans or those engaged in certain manual trades such as carpentry or plumbing, etc. **Utensilio,** although sometimes used as a synonym for **herramienta,** has a broader meaning. It is most often used in the plural to indicate the totality of tools or equipment used in a trade or profession. **Bienes** is used to indicate personal possessions, especially in the economic sense of assets or wealth.

Cuando termines, no te olvides de recoger todos tus **bártulos**.	*When you finish, do not forget to pick up all your **things (stuff).***
Me gusta viajar con poco **equipaje**.	*I like to travel with very little **luggage.***

Al mudarse de casa descubrieron que todos los **enseres** no cabían en el camión.

*When they moved, they found out that all their **belongings** didn't fit in the truck.*

Antes de ir a la boda, el fotógrafo revisó todos sus **utensilios.**

*Before going to the wedding, the photographer checked all his **equipment.***

No tengo más **herramientas** que un martillo y un destornillador.

*The only **tools** I have are a hammer and a screwdriver.*

El millonario dejó todos sus **bienes** al Ejército de Salvación.

*The millionaire left all his **wealth** to the Salvation Army.*

ligar *to tie, bind*
atar *to tie, bind*
amarrar *to tie (up), moor*
trabar *to join, unite, connect, tie up*
unir *to unite, join, bind*
liar *to tie up, bundle up*

Although **ligar** and **atar** are synonyms, **atar** is the more common of the two. **Ligar** is used more often in a figurative and metaphorical sense than **atar. Amarrar** is *to tie* when a heavy rope or cable is used; its meanings include those of tying up a boat to a dock or mooring a ship. **Trabar** most often indicates the tying of animals to prevent their movement. **Unir,** which means *to unite* or *to join [together],* is *to tie* or *to bind* mostly in a figurative sense. Among its many meanings, **liar** can mean *to tie up* in the sense of making a bundle or package of something.

A los dos jubilados les **ligaba** una profunda amistad.

*The two retirees were **united** by a deep friendship.*

Diana **ligó (ató)** el paquete con un bramante fuerte para que no se abriese.

*Diana **tied** the package with a strong twine so it would not open.*

El policía **ató** las manos del prisionero.

*The police officer **tied** the hands of the prisoner.*

Trabaron al doberman para que no molestase a los visitantes.

*They **tied (up)** the Doberman so it would not bother the visitors.*

Voy a **liar** mi ropa en un bulto antes de ir de excursión.

*I'm going **to tie up** my clothes in a bundle before going hiking.*

el sobrenombre *nickname*
el apellido *family name, last name, surname*
el nombre *name*
el nombre (de pila) *given name, first name*
el apodo *nickname*
el mote *nickname*
poner nombre a *to name, give a name*
nombrar *to name, appoint, nominate*

Although Rosario Ferré refers to "Chano" as a **sobrenombre,** a term which in Spanish designates an epithet, such as the adjective in "Alfonso X el Sabio," "Chano" is in reality an **apodo. Apellido** designates a family name or surname. English *first name* is normally **nombre (de pila),** an allusion to the christening at the baptismal font where Spanish infants originally received their names. **Apodo** and **mote** both designate English *nickname*; **apodo** normally is a popular substitute for a first name, such as "Pancho" for Francisco, or "Maribel" for María Isabel. **Mote,** however, is a nickname which is often humorous or which alludes to a particular characteristic of a person.

Juana de América era el **sobrenombre** de Juana de Ibarbourou, la famosa poetisa uruguaya.	*Juana de América was the **nickname** of Juana de Ibarbourou, the famous Uruguayan poet.*
Lincoln es el **apellido** de un gran presidente norteamericano.	*Lincoln is the **family name** of a great American president.*
El **nombre** de ese presidente es Abraham.	*The **name** of that president is Abraham.*
"Mi **nombre de pila** es Arantxa", dijo la tenista.	*"My **given name** is Arantxa," said the tennis player.*
Un famoso criminal norteamericano tenía de **mote** "Scarface".	*A famous American criminal had "Scarface" as a **nickname.***
A la niña **le pusieron el nombre** de Mónica.	*The little girl **was named** Mónica.*
El presidente **nombra** a los jueces federales.	*The President **nominates (appoints)** the federal judges.*

referirse a *to refer to*
referir *to tell, relate*
contar *to narrate, relate*
aludir a *to allude to, mention*
relatar *to narrate, tell*

English *to refer to* in the sense of *to mention* or *to pertain* is **referirse a** in Spanish. But **referir**, by itself, without the pronoun **se**, means *to tell* or *to relate*; it is a synonym of the more common **contar** and **relatar.** Spanish **aludir a,** as with its English equivalent *to allude*, indicates an indirect reference to something.

La senadora **se refirió a** la ley aprobada el año anterior.	*The senator **referred to** the law approved the previous year.*
Voy a **referir (contar, relatar)** lo que nos pasó el verano pasado.	*I am going **to relate (to tell)** what happened to us last summer.*
El poema épico español, *Cantar de mío Cid*, **relata** los hechos heroicos de Rodrigo Díaz de Bivar.	*The Spanish epic poem*, Cantar de mío Cid, ***narrates** the heroic deeds of Rodrigo Díaz de Bivar.*
Al hablar de la economía, el presidente **aludía** al desempleo.	*When speaking on the economy, the president **alluded** to unemployment.*

cambiar *to change, exchange*
mudar *to change*
trocar *to exchange, barter*
canjear *to exchange*

English *to change* in the sense of *to make something different* or *to become different* is **cambiar** in Spanish. When *change* refers to the appearance of living beings, or to the character or nature of people, **mudar** sometimes replaces **cambiar. Cambiar** also means *to exchange* in the sense of *to give* or *to trade* one thing for another. **Trocar** and **canjear** are synonyms of **cambiar** in its meaning of *to exchange,* but each has a limited semantic field; **trocar** is *to barter* and **canjear** *to exchange* money or prisoners.

La economía mexicana **ha cambiado** mucho en años recientes.	*The Mexican economy **has changed** a great deal in recent years.*

Queremos **cambiar** las plantas del jardín.	*We want **to change** the plants in the garden.*
Las serpientes, al crecer, **mudan** de piel.	*Snakes, as they grow, **change (shed)** their skins.*
Los sufrimientos le **mudaron** el carácter a Ricardo.	*Suffering **changed** Ricardo's character.*
El campesino **trocó** tres cerdos por una vaca.	*The farmer **bartered (traded)** three pigs for a cow.*
Me **canjearon (cambiaron)** los cheques de viajero por pesos.	***They exchanged** my traveler's checks for pesos.*
Los dos gobiernos van a **canjear** prisioneros de guerra.	*The two governments are going to **exchange** prisoners of war.*

--- ◈ 8 ◈ ---

el dueño *owner, proprietor*
el propietario *owner, proprietor*
el amo *owner, master*
el casero *landlord, owner*
el patrón *owner, boss*

The words **dueño** and **propietario** are synonyms, but **propietario** is more formal or elevated in tone than **dueño**. In legalistic language, **propietario** is preferred to **dueño**. **Amo** is sometimes used to indicate an owner who exercises direct control over something or someone; its meaning and its context is often that of *master*. **Casero** is the owner of a house or apartment(s) rented to someone else. **Patrón**, whose primary meaning is *boss*, is often used to indicate the owner of a small business or enterprise.

¿Quién es el **dueño** de este coche?	*Who is the **owner** of this car?*
Una compañía de seguros es **propietaria** de la emisora.	*An insurance company is the **owner** of the radio station.*
Paco es el **amo** del perro.	*Paco is the dog's **owner**.*
El **casero** de nuestro piso se niega a reparar las goteras del techo.	*Our **landlord** refuses to repair the leaks in the ceiling.*
Yo quise hablar con el **patrón** de la carpintería.	*I wanted to speak to the **owner** **(boss)** of the carpentry shop.*

la muchedumbre *crowd, mob*
la multitud *crowd*
la aglomeración *crowd*
el gentío *crowd, mob*
la chusma *mob or rabble*

The above nouns all indicate a large group or throng of people gathered close together. **Muchedumbre** and **gentío** can indicate either a normal *crowd* or an unruly one, i.e., *a mob*; the neutral meaning of **multitud** and **aglomeración** cannot be extended to indicate *mob*. **Chusma,** however, always has a negative connotation, for it refers to an unruly and offensive group of people.

El policía se abrió paso entre la **muchedumbre** (la **multitud,** el **gentío**) para llegar al accidente.

*The police officer forced his way through the **crowd** to get to the accident.*

En Teherán, la **chusma** invadió la embajada norteamericana.

*In Teheran, the **rabble (mob)** invaded the American Embassy.*

El ruido del **gentío** no nos dejaba oír la música en el concierto de rock.

*The noise of the **mob (crowd)** did not let us hear the music at the rock concert.*

10

escurrir *to drain, wring (as in clothes)*
escurrirse *to slip (out, through, from, away)*
resbalar *to slip, slide*
deslizar *to let slip; to slide*
patinar *to skid, slip; to skate*

In the literary selection, Ferré uses **escurrir,** *to drain,* in the sense of wiping away or making the molasses slip down the sides of the cauldron; more commonly, however, **escurrirse** is used reflexively for things that slip out of someone's hands or for people who slip away from the company of others. **Resbalar** indicates *to slip or slide* on a smooth surface. **Resbalar,** which is sometimes used reflexively, implies some loss of balance. **Deslizar** has two main meanings: 1) to deliberately slide something over a smooth surface or to surreptitiously slip it into something else such as a pocket or a conversation; 2) to unintentionally slip or slide on a smooth or wet surface. In this second meaning, **deslizar** is a synonym of **resbalar. Patinar,** whose primary meaning is *to skate,* means *to skid* when said of motor vehicles.

Se me **escurrió** el pez de las manos.	*The fish **slipped** out of my hands.*
El peso **escurrido** de este bote de guisantes es 300 gramos.	*The **drained** weight of this can of peas is 300 grams.*
El turista **resbaló** en la acera mojada.	*The tourist **slipped** on the wet sidewalk.*
Teresa **deslizaba** la mano sobre la superficie del cuadro.	*Teresa **slid** her hand over the surface of the painting.*
El presidente **deslizó** en la conversación algunas alusiones a su mujer.	*The President **slipped** several allusions to his wife into the conversation.*
Margarita estaba nerviosa al ver que los días **se deslizaban** sin recibir noticias de su hijo.	*Margarita was nervous seeing that the days **were slipping by** without receiving news from her son.*
La carretera estaba húmeda y al frenar Pablo, el coche **patinó**.	*The highway was wet and when Pablo applied (put on) the brakes, the car **skidded**.*

◆ **11** ◆

---

presenciar *to witness, see*
atestiguar *to attest, call to witness*
declarar *to testify, make a statement*
testificar *to testify, give witness*
testimoniar *to bear witness, attest*

Presenciar is *to witness* in the sense of having direct, or firsthand, knowledge of something seen or observed. **Atestiguar, testificar,** and **testimoniar** share the meaning of providing evidence in a legal context; however, **testimoniar** is more commonly used to indicate the idea of witnessing with one's signature an observed event, such as a wedding. **Declarar** does not necessarily imply being a witness to an event.

Presenciamos la inauguración de los Juegos Olímpicos en Barcelona.	*We **witnessed** the inauguration of the Olympic Games in Barcelona.*
Durante el juicio, Esteban **testificó** (**atestiguó, declaró**) que no **había presenciado** el asesinato.	*During the trial, Esteban **testified** that he **had** not **seen** the murder.*
Testimoniamos la boda de nuestra sobrina.	*We were **witnesses** at our niece's wedding.*

--- **12** ---

divisar *to make out, perceive indistinctly*
contemplar *to contemplate*
observar *to observe*
atisbar *to see with difficulty, glimpse*
vislumbrar *to glimpse, catch a glimpse of*
escudriñar *to scrutinize*
otear *to see, observe (from a high place)*

Divisar is *to perceive something vaguely* because of its distance. The other verbs indicate different kinds of visual perception. **Atisbar** suggests the blurry or indistinct perception of something or someone. **Vislumbrar** shares this meaning, but may stress the confused perception of that which is seen. **Escudriñar**, like English *to scrutinize*, means to observe something or someone attentively in search of detailed information. **Otear** is *to observe from a high vantage point* that which is below or far away.

Divisamos unas nubes negras que traían lluvia.	We **saw (could make out)** some black clouds that were bringing rain.
Desde el tren, **atisbaron** un accidente en la autopista.	From the train, **they caught a glimpse of an accident** on the freeway.
Se **vislumbraban** las murallas de Ávila entre los árboles.	**You could make out** the walls of Avila through the trees.
Desde la colina, el pastor **oteaba** las ovejas.	From the hill, the shepherd **looked down** upon his sheep.

--- **13** ---

detener(se) *to stop*
parar(se) *to stop*
dejar de + infinitive *to stop + gerund*
cesar de + infinitive *to stop + gerund*

When a person stops himself or herself, **detener** is used with the reflexive pronoun; **detener** alone means *to stop* or *to halt* someone else's motion or to cause something to stop moving. Unlike **detener,** its more common synonym, **parar,** may omit the reflexive pronoun to indicate a halting of a person's own motion. Both **parar** and **detener** may be used as reflexives to indicate the cessation of motion of something that moves by itself or has moving parts. **Parar** alone should be used for *to stop over* or *to stop* on reaching one's destination. **Dejar de** and the more literary **cesar de + infinitive** are used mostly to indicate the cessation of some kind of activity or motion.

Nos **detuvieron** en la frontera pero pronto nos dejaron pasar.	*They stopped us at the border but soon let us cross.*
Elcano **se detuvo** un momento y aspiró el aire que venía del mar.	*Elcano stopped for a moment and inhaled the air coming from the ocean.*
Joaquín **paró** cuando me oyó llamarle.	*Joaquín stopped when he heard me call him.*
Tuvieron que **parar** la pelea en el tercer asalto.	*They had to stop the fight in the third round.*
Por el accidente, el tráfico **se paró** en la autopista.	*On account of the accident, traffic stopped on the freeway.*
El reloj de la cocina **se paró** a las cuatro y media.	*The kitchen clock stopped at 4:30.*
Esta noche vamos a **parar** en ese motel.	*Tonight we are going to stop at that motel.*
Si acaricias al perro, **dejará de** ladrar.	*If you pet the dog, he'll stop barking.*
Al amanecer **dejó (cesó) de** llover.	*It stopped raining at dawn.*

14

nativo *native*
natural *native*
indígena *native, indigenous*
oriundo *native, to come from*

Although **nativo** and **natural** are synonyms that indicate birth or origin in a specified place (country, region, city), **natural** is by far the more commonly used word. **Nativo**, as an adjective, does not carry the negative connotation of *backward* or *primitive* as does **nativo** used as a noun. **Indígena**, like English *indigenous*, is a more learned word to designate people, plants, and things that are native to a given geographic area. **Oriundo** indicates native origin by birth or geography, or by family descent.

El colonialismo oprimió a los **nativos** de muchas partes del mundo.	*Colonialism oppressed the **natives** in many parts of the world.*
Una de las lenguas **nativas (indígenas)** de las Islas Filipinas es el tagalo.	*One of the **native** tongues of the Philippine Islands is Tagalog.*

Benito Juárez era **natural (oriundo)** de México.

Benito Juárez hailed from Mexico.

Los araucanos son **indígenas** de Chile.

The Araucanians are indigenous to Chile.

Aunque ella nació en Boston, Patricia es **oriunda** de Irlanda por sus padres.

*Though she was born in Boston, Patricia is **of Irish stock** on her father and mother's side.*

❖ Práctica

A **Para cada una de las frases siguientes, elija Ud. la palabra o expresión que complete el sentido. En caso de que haya dos respuestas correctas, elija la más apropiada. Haga también cualquier cambio necesario en la palabra elegida para que la frase quede gramaticalmente correcta.**

1. Ayer, Margarita amablemente _____ la oferta de un nuevo trabajo (**rechazar, rehusar, no querer**).

2. Con gran indignación, Cándido _____ la botella de vino avinagrado (**rehusar, negarse a, rechazar**).

3. Cuando oímos _____ que contó María, nos reímos mucho todos (**el chiste, la broma, la broma pesada**).

4. La rotura de la pierna de Juan es el resultado de _____ (**un chiste, una broma, una broma pesada**).

5. Aquella artista de cine siempre viaja con un exceso de _____ (**utensilios, herramientas, equipaje**).

6. En el taller del pintor vimos los _____ que él usaba para pintar sus cuadros (**enseres, utensilios, bártulos**).

7. Dicen que es una persona muy rica; tiene muchos _____ (**enseres, bienes, utensilios**).

8. Los dos novios _____ sus vidas en una ceremonia religiosa ortodoxa (**ligar, atar, trabar**).

9. El vaquero _____ el caballo a la entrada del bar (**ligar, unir, trabar**).

10. El marinero _____ todas sus posesiones y se dispuso a embarcar (**ligar, liar, unir**).

11. El Greco es el _____ de un famoso pintor (**mote, apellido, sobrenombre**).

12. Abe era el _____ con el que cariñosamente nos referíamos a Lincoln (**nombre, sobrenombre, apodo**).

13. —¿Sabes tú de qué habló el profesor ayer? —No, pero _____ los incidentes del último escándalo en el senado (**narrar, relatar, aludir a**).

14. Al decir esto, nosotros _____ lo que sin querer presenciamos ayer (**contar, referirse a, relatar**).

15. Cuando visitábamos Marruecos, oímos _____ historias muy interesantes en las plazas públicas (**referir, aludir, contar**).

16. ¡Hay que ver cómo ha _____ la universidad en los últimos años (**cambiar, trocar, canjear**)!

17. Los dos niños _____ estampas de béisbol entre ellos (**mudar, trocar, cambiar**).

18. Juan Jacobo Astor inició su fortuna _____ licor por pieles (**cambiar, trocar, canjear**).

19. El abogado dijo que el _____ de los grandes almacenes no era responsable del accidente (**propietario, amo, patrón**).

20. —Cuando yo sea grande—dijo el niño—quiero ser el _____ de mi propio negocio (**casero, patrón, dueño**).

21. Vivimos en una casa de ocho pisos donde el _____ nos causa muchos problemas porque no quiere arreglar nada (**amo, patrón, casero**).

22. Una silenciosa _____ se agolpaba a las puertas de la catedral de Burgos (**chusma, muchedumbre, aglomeración**).

23. Como estaba a disgusto en la fiesta, Antonio _____ por la puerta trasera y se fue a su casa (**deslizar, resbalar, escurrirse**).

24. El turista _____ unos billetes en el cajón de la mesa del aduanero (**patinar, deslizar, escurrir**).

25. No tuvimos más remedio que _____ la discusión entre los dos políticos que vinieron a visitar nuestra clase (**testificar, declarar, presenciar**).

26. Como yo había visto el accidente, me llamaron a _____ durante el juicio (**presenciar, testificar, testimoniar**).

27. Colón, preocupado, _____ el horizonte buscando tierra (**escudriñar, contemplar, vislumbrar**).

28. Desde el torreón de Medina del Campo, nosotros _____ los grandes pinares de la provincia de Soria (**observar, otear, vislumbrar**).

29. Jorge se vio obligado a _____ el coche porque el semáforo estaba en rojo y el policía estaba observándole (**dejar de, parar, pararse**).

30. El senador por Nevada era _____ del País Vasco porque sus padres nacieron allí (**indígena, oriundo, nativo**).

B **Traduzca al español las frases siguientes empleando el vocabulario estudiado en este capítulo.**

1. Offended by his bribe, the police officer refused it.
2. Benjamin liked to pull everyone's leg.
3. The amount of stuff we have accumulated is extraordinary.
4. When we arrived at the pier, my father tied the boat up to a piling.
5. My shirt was very dirty, and my mother told me to change it.
6. I did not have proper identification, and the teller refused to cash my check at the bank.
7. When the dictator appeared on the balcony, the mob protested.
8. Be careful not to slip; we have just waxed the floor!
9. In the laboratory, we observed carefully the growth of the virus.
10. Ágata could not stop working and became very tired.

Temas a escoger

Temas relacionados con la selección literaria

1. Describa Ud. lo que le ocurre a don Julio en la narración.
2. Describa Ud. qué ocurre el día de la inauguración de la Ejemplo.
3. ¿Por qué cree Ud. que los demás hacendados le habían retirado la palabra a don Julio?

Temas sugeridos por la selección literaria

1. Los efectos de la llegada de una cultura económicamente superior al lugar donde hay otra no tan fuerte.
2. ¿Por qué cree Ud. que algunas personas no pueden aceptar en el lugar donde viven la presencia de una cultura extraña?
3. ¿Cree Ud. que la industrialización es beneficiosa para una cultura tradicional? ¿Por qué sí o no? Escriba sobre el caso de algún país conocido en el mundo moderno.

❖ Repaso gramatical ❖

Pronouns

Basic Statement

A pronoun is commonly defined as a word that replaces a noun or some other word used as a noun. Pronouns are normally used to refer to someone or something that has already been mentioned: people, things, places, concepts, thoughts, and so on. The specific word, clause, or phrase that a pronoun replaces is called its antecedent. Examine the following sentences:

Antonio has a bike.

Antonio rides his bike every day.

It would be natural to replace *Antonio* in the second sentence with the pronoun *he*, in which case Antonio becomes the antecedent of *he*.

Antonio has a bike.

He rides his bike every day.

Just like nouns, pronouns can serve as subjects and objects of other words, and their form normally changes according to their grammatical function. Traditionally, pronouns in Spanish have been divided into the following number of subclasses.

1) subject (personal) pronouns

2) reflexive pronouns

3) prepositional pronouns

4) demonstrative pronouns

5) possessive pronouns

6) interrogative pronouns

7) indefinite pronouns

8) relative pronouns

In this chapter, we review the forms and uses of the first seven subclasses of pronouns listed above. In Chapter 11. we complete the review of pronouns by examining subclass 8, the important category of relative pronouns in Spanish. For pronoun forms, see the table on p. 266. It lists all the forms covered in this chapter according to their grammatical function in a sentence.

In Spanish, these pronouns indicate person (first, second, or third), number (singular or plural), and in some cases grammatical gender (masculine or feminine). Here we subdivide personal pronouns into subject pronouns, indirect, and direct object pronouns. We also discuss the phenomenon of **loísmo, leísmo,** and **laísmo.**

Pronoun Forms

SINGULAR

Person	Subject	Object Indirect	Object Direct	Prepositional	Reflexive
1	yo	me	me	mí	me
2	tú	te	te	ti	te
3	él	le	le, lo	él ⎫	se
	ella	le	la	ella ⎬ sí	se
	usted	le	le, lo, la	usted ⎭	se

PLURAL

Person	Subject	Object Indirect	Object Direct	Prepositional	Reflexive
1	nosotros(as)	nos	nos	nosotros(as)	nos
2	vosotros(as)	os	os	vosotros(as)	os
3	ellos	les	les, los	ellos ⎫	se
	ellas	les	las	ellas ⎬ sí	se
	ustedes	les	les, los, las	ustedes ⎭	se

Subject Pronouns

Because the endings of the first- and second-person verbs clearly indicate the subject, these personal pronouns are normally omitted. They may be added, however, for emphasis. Since the third-person verb endings may refer to any one of three possible subjects—**él, ella, usted** (singular) and **ellos, ellas, ustedes** (plural)—the personal pronoun is included whenever needed for clarity or emphasis. Even when the referent is clear, **Ud.** and **Uds.** are sometimes repeated in normal conversation to show courtesy or respect.

¿Dónde está el libro que encontraste?	*Where is the book **you** found?*
Yo pago el taxi si **tú** sacas las entradas.	*I'll pay the taxi if **you'll** buy the tickets.*
Ud. tiene derecho a quejarse.	*You have a right to complain.*

Indirect Object Pronouns

When an action results in some advantage or disadvantage to a person, an indirect object pronoun is the appropriate pronoun to use. Often the English equivalent of the Spanish indirect object pronoun is preceded by the proposition *to* or *for*. In Spanish, indirect object pronouns precede all verbal forms except infinitives, gerunds, and affirmative commands, which they follow and to which they are attached. When an infinitive or gerund is used with a conjugated verb, the indirect object pronoun may either precede the conjugated verb or be attached to the infinitive or gerund.

Le leía su cuento favorito.
Estaba leyéndo**le** su cuento favorito.   }   *I was reading **him** his favorite story.*
Le estaba leyendo su cuento favorito.

Cómpre**me** una docena de huevos.   *Buy **me** a dozen eggs.*

No **me** compre una docena de huevos.   *Don't buy **me** a dozen eggs.*

Since **le** and **les** each has three possible antecedents, **él**, **ella**, **Ud.** and **ellos**, **ellas**, **Uds.**, respectively, a qualifier with **a + *pronoun*** may be used to avoid ambiguity. This qualifier normally follows the verb but occasionally precedes it for greater emphasis.

Le hablé ayer.   *I spoke **to him (her, you)** yesterday.*

Le hablé **a ella** ayer.   *I spoke **to her** yesterday.*

Ayer **le** hablé **a ella**.   *Yesterday I spoke **to her**.*

A ella le hablé ayer.   *I spoke **to "her"** yesterday.*

In the first example above, a qualifier would be omitted whenever the context made clear that the pronoun **le** referred to him, her, or you. The inclusion of the qualifier in the other examples is for clarity or to avoid ambiguity, or both. In the final example above, the initial position of the qualifier is used for emphasis as well as clarity.

Direct Object Pronouns

A direct object pronoun stands for the person or thing that receives the action of a verb directly, whereas the indirect object pronoun stands for the person to or for whom something is said, given, or done. In Spanish, when an indirect object pronoun and a direct object pronoun both depend on the same verb, they appear together and the indirect comes first. Furthermore, if both pronouns are in the third person (i.e., both begin with the letter **l**), the first, the indirect **le** or **les**, is changed to **se**. (This **se** is etymologically a form of the indirect object pronoun and should not be confused with the reflexive **se**.) Lastly, verbs of saying or telling regularly take both a direct and an indirect object pronoun in Spanish, even though English often omits the direct object pronoun, as seen in the four examples that follow.

Nos los mandaron.	*They sent **them to us.***
Se lo presté.	*I lent **it to her (him, you).***
Mañana **te lo** digo.	*I'll tell **(it to) you** tomorrow.*
Ha prometido contár**selo**.	*He has promised to tell **(it to) him.***

Loísmo, leísmo, laísmo

A. In Spanish America and some parts of Spain, the third-person forms of the indirect and direct object pronouns are always different. **Le** (**Les**) is always indirect and **lo**, **la** (**los**, **las**) are always direct and therefore used both for people and for things. This use is known as **loísmo** because the direct object pronouns for things (**lo** and **los**) are also used for persons. From a practical point of view for a foreign learner of Spanish, this usage has the obvious advantage of simplicity.

Lo encontré en el café.	*I found **it (him, you)** in the café.*
Los vimos entrar en el cine.	*We saw **them (you)** enter the movies.*

B. While **loísmo** distinguishes only between direct and indirect object pronouns, **leísmo** reflects an understandable desire to also differentiate people from things by using a different direct object pronoun for each. Thus **leísmo** is the use of **le** (**les**) as the direct object pronoun for masculine persons (he, you, them). **Leísmo**, which is standard in most of Spain, is accepted by the Real Academia Española de la Lengua, as is **loísmo**.

Le vi en el cine.	*I saw **you (him)** at the movies.*
Lo vi en el cine.	*I saw **it** at the movies.*

C. **Laísmo** is the use of **la**, the direct object pronoun, instead of the correct indirect object pronoun **le** when referring to women. Although many persons condemn this usage (**leísmo** and **loísmo** are both accepted by the Real Academia, but **laísmo** is not), **laísmo** is nonetheless standard in Madrid and other parts of Spain. It is found in both spoken and written Spanish and probably arose from a desire to distinguish between the masculine and feminine forms of the indirect object pronoun. The following examples, taken from the works of Spanish novelists, illustrate **laísmo**, the use of the direct for the indirect object pronoun when referring to women.

Sí, la he visto y **la** he hablado. (Pío Baroja)	*Yes, I've seen her and I've spoken **to her.***
A Juani **la** dije que cada martes me mandaban un ramo de flores. (Luis Romero)	*I told Juani that each Tuesday they sent me a bunch of flowers.*

> ... y ahora su madre!, ¿qué **la** decimos a su madre, Daniel? (Rafael Sánchez Ferlosio)

> *... And now her mother! What are we going to say to her mother, Daniel?*

Reflexive Pronouns

Reflexive pronouns are used with certain verbs to indicate that an action is reflected back on the subject of the verb. In these reflexive constructions, the performer of an action (rather than someone else) receives its effect or impact.

The barber shaved Bill.

*Bill shaved **himself.***

In the first example above, Bill is the direct object of an action by the barber. In the second sentence, with the reflexive pronoun *himself*, Bill is the object of his own action. In Spanish, the reflexive pronouns (**me**, **te**, **se**; **nos**, **os**, **se**) precede any other object pronouns with which they are used. In most cases, Spanish reflexive verbs function much as do their English equivalents. However, there are a few verbs in English that are used reflexively, but whose form omits the normal construction of a verb followed by one of the reflexive pronouns *myself, yourself, himself*, and so on. For instance, English utterances such as the following are clearly reflexive in meaning even though they lack the reflexive pronoun:

*John never **shaves** on Sunday.*

***Wash** before going to bed.*

*He **hid** behind the garage.*

In Spanish, such sentences as the above must always include the reflexive pronoun.

Juan nunca **se afeita** los domingos.

Lávate antes de ir a la cama.

Se escondió detrás del garaje.

In most cases, Spanish and English verbs are flexible enough to allow their being used transitively with a noun or pronoun direct object, or with a reflexive pronoun.

Pablo cortó **el pan. Lo** cortó con un cuchillo.	*Pablo cut **the bread.** He cut **it** with a knife.*
Pablo **se** cortó esta mañana.	*Pablo cut **himself** this morning.*
Vi al **policía** en la esquina.	*I saw the **policeman** on the corner.*

Me vi en el espejo.   *I saw **myself** in the mirror.*

Reflexive pronouns are also used as *intensifiers* in Spanish to show a subject's increased emotional concern with, or his/her degree of participation in, some action. Obviously not a true reflexive meaning, this use is very common in colloquial speech. The English equivalents of such constructions are rarely able to capture the feeling conveyed by this use of the reflexive pronouns.

Oye, **tómate** un café con nosotros.   *Listen, **have** a cup of coffee with us.*

El chico **se comió** todo lo que   *The boy **ate (up)** everything we had*
teníamos en la nevera.   *in the refrigerator.*

No **me** lo **creo**.   *I don't **believe** it.*

Pero **me** lo **sé** de memoria.   *But **I know** it by heart.*

Finally, Spanish often uses reflexive pronouns to render English constructions with the possessive adjectives. Just as the indirect object pronoun is used in Spanish along with the definite article to render the English possessive adjective (as in the first example below), the reflexive pronoun is also used with the definite article instead of the possessive adjective when a person does something for himself or in his own interest (as in the third and sixth examples). This is a common way in Spanish to render the English possessive adjective with reference to clothing or parts of the body.

Le tapé **la** boca para que no hablara   *I covered **his** mouth so he wouldn't*
durante la misa.   *speak during mass.*

Nos pintaron **la** casa en agosto.   *They painted **our** house in August.*

Me tapé **los** oídos para no oír el ruido *I covered **my** ears in order not to hear*
del tren.   *the noise of the train.*

No digas eso; **me** parte **el** corazón.   *Don't say that; it breaks **my** heart.*

Le vacié **los** zapatos de arena.   *I emptied the sand out of **his** shoes.*

Ella **se** vaciaba **los** zapatos de arena.   *She was emptying the sand out of **her***
                                                (own) shoes.

Prepositional Pronouns

These pronouns follow prepositions and are most frequently used 1) in the redundant construction after the preposition **a**, 2) with verbs that require a preposition when followed by an object, or 3) to replace the indirect object pronoun when the verb is omitted.

1) A **ti** ya te expliqué lo que queríamos.

*I already explained to **you** what we wanted.*

2) No se queja de **mí**, sino de **Uds**.

*She doesn't complain about **me** but about **you.***

3) ¿A quién mirabas? ¿A **él** o a **ella**?

*Whom were you looking at? At **him** or at **her**?*

Although **entre** is a preposition, it takes subject pronouns rather than prepositional pronouns. Note also the special forms of **conmigo**, **contigo**, and **consigo**. Since the third-person form **consigo** is a bit formal, it is often replaced by **con él**, **con ella**, **con Ud.**, etc.

Es un secreto entre mi hermano y **yo**.

*It's a secret between my brother and **me.***

Antonio dijo para **sí** que no volvería.

*Antonio said to **himself** that he wouldn't return.*

Salieron con **ella** ayer.

*They went out with **her** yesterday.*

No creo que Mario tenga el dinero con **él (consigo)**.

*I don't believe that Mario has the money with **him.***

Juan le suplicó a Marcos que llevase a Jaime con **él**, pero Marcos no quiso.

*Juan begged Marcos to take Jaime with **him**, but Marcos refused.*

Other Pronouns (not listed in the table of Pronoun Forms)

Demonstratives. The written accent distinguishes the demonstrative pronouns from the demonstrative adjectives. The Real Academia Española recommends that the accent be retained only in the few cases where the pronoun could be mistaken for the adjective, but this norm is little followed. The neuter demonstrative pronouns **esto**, **eso**, and **aquello** correspond to no adjective forms and therefore bear no accent. These neuter words ending in **-o** refer to concepts or ideas, but not to specific words that have a definite gender and number.

Esta mesa y **aquélla**.

*This table and **that one**.*

Sí, **éstos** son los libros a que me refiero.

*Yes, **these** are the books I am referring to.*

Todo **eso** me parece poco convincente.

*All **that** seems unconvincing to me.*

When a noun is implied rather than explicit in Spanish, its definite article is often retained and followed by an adjective or a prepositional modifier. This construction renders the pronoun *one* in English.

Me quedo con este traje y **el** (traje) **gris**.   *I'll take this suit and the gray **one**.*

Esta silla y **la** (silla) **de mimbre** son   *This chair and the wicker **one** are*
baratas.   *cheap.*

Possessives. The possessive pronouns are the long forms of the possessive adjectives and are generally used with the article: **el, la, los, las**, and with **lo**. Like adjectives, the pronouns agree with the thing(s) possessed.

el mío, la mía, los míos, las mías *mine*
el tuyo, la tuya, los tuyos, las tuyas *yours*
el suyo, la suya, los suyos, las suyas *his, hers, yours*
el nuestro, la nuestra, los nuestros, las nuestras *ours*
el vuestro, la vuestra, los vuestros, las vuestras *yours*
el suyo, la suya, los suyos, las suyas *theirs, yours*

The article is regularly omitted after **ser**, but it may be included to distinguish between objects rather than possessors. Clearly, the dividing line between whether a word is being used as a possessive adjective or possessive pronoun is often unclear in this context. Notice that only the third-person forms (**el suyo**, etc.) can be ambiguous; they may be replaced when necessary by **el** (**la, los, las**) **de él** (**ella, Ud., ellos, ellas, Uds.**), and so on.

Tengo mi libro y **el de ella** (or **el suyo**   *I have my book and **hers**.*
if referent is clear).

Éste es **(el) tuyo**.   *This one is **yours**.*

Tenemos **las nuestras**, pero ¿dónde   *We have **ours**, but where is **yours**?*
está **la de Ud.**?

Interrogatives. The interrogative pronouns are:

quién, quiénes *who?, whom?* (identity of persons)

qué *what?* (identity of things or persons)

cuál, cuáles *which? what?* (implies selection from a group or class)

cuánto, -a, -os, -as *how much?, how many?*

Although it is considered better form to use **cuál** and **cuáles**, which grammatically are pronouns, exclusively as pronouns, they are sometimes used as synonyms of the interrogative adjective **qué**, as in the fourth example below.

¿**Cuál** de los libros prefiere Ud.?	***Which** of the books do you prefer?*
¿**Cuál** es el libro que prefiere Ud.?	***Which (one)** is the book you prefer?*
¿**Qué** libro prefiere Ud.?	***What (Which)** book do you prefer?*
¿**Cuál** libro prefiere Ud.? (use of interrogative pronoun as an interrogative adjective)	***Which (What)** book do you prefer?*

Indefinites Indefinite pronouns are used for persons or things that the speaker is unable to or prefers not to identify more specifically: **alguien, nadie, algo, nada, quienquiera**. They also include the following words when they are used as pronouns: **uno (-a, -os, -as)**, **alguno (-a, -os, -as)**, and so on. They further include the following words in their various forms: **mucho, poco, bastante, demasiado**, and **varios**.

Algunos fueron a la reunión.	***Some** went to the meeting.*
Compré **varios** en la tienda.	*I bought **several** in the store.*

◈ Práctica

A **Para cada una de las frases siguientes, escriba en el espacio en blanco una forma apropiada del pronombre que falta.**

1. Dejamos nuestra maleta un momento cerca de la puerta de la estación y ahora no _____ encontramos.
2. A los niños _____ asusta quedarse solos en casa.
3. Teodoro parece preocupado pero no _____ está.
4. Yo no quiero bañar_____ en el agua de esta playa porque está sucia.
5. No me gusta esta casa blanca sino _____ al otro lado de la calle.
6. ¿Quién puede decirme _____ es la capital de Holanda?
7. Yo tengo mi abrigo, pero ¿dónde está _____, Mario?
8. A todos nos gusta el español y seguiremos estudiando_____ el año próximo.
9. "Juanita, lava_____ bien las manos antes de sentarte a la mesa".
10. No sé a _____ has visto en el parque.
11. A Carmen el dinero _____ devolveré cuando _____ vea.

12. Ricardo, si quieres mi diccionario otra vez, puedo prestar_____ ahora.

13. El jardinero regaba las flores esta tarde; yo _____ vi regar_____.

14. El guardia no _____ permitió a Carlos entrar en el cuartel.

15. Mi hijo bebe demasiado; ayer él _____ bebió seis botellas de cerveza.

B Escriba en los espacios en blanco el pronombre o el artículo adecuado al contexto.

A mis sobrinos _____ (1) gustaba mucho que yo _____ (2) leyera algunos de _____ (3) libros de aventuras que yo leía cuando era niño. Personalmente, a _____ (4) me encantaban _____ (5) novelas de Emilio Salgari —un autor ahora desconocido para muchos. Mi hermana, _____ (6) madre de los niños, decía que a _____ (7) no _____ (8) convenía oír tales fantasías, porque _____ (9) llenaban _____ (10) cabeza de cosas absurdas. Yo, que _____ (11) había criado creyendo en hadas, dragones y caballeros encantados, no veía por qué a _____ (12), mi hermana, quien era sólo un año mayor que yo, no _____ (13) caían bien esas lecturas. Para evitar conflictos, mis sobrinos y _____ (14) nos encontrábamos a escondidas en _____ (15) desván que hay antes de salir a _____ (16) azotea. Allí descubrimos también _____ (17) grandes obras de Alejandro Dumas, así como _____ (18) dramas de Echegaray, que a mis sobrinos _____ (19) encantaban por lo absurdo de sus argumentos. También _____ (20) leía _____ (21) poemas de algunos de _____ (22) grandes poetas del Siglo de Oro, entre otros. Creo que, con esas lecturas, aprendieron a desarrollar _____ (23) imaginación; por lo menos, no _____ (24) pasaban tantas horas viendo _____ (25) programas de _____ (26) televisión, y esto siempre es bueno.

C Traduzca al español las siguientes frases, empleando las formas pronominales estudiadas en este capítulo.

1. Paco, be [use **tener**] patient and wait [use reflexive pronoun] a moment.
2. Enrique removed his glasses and put them in their case.
3. "I've turned [do not use **volver**] as red as a crab," said María on looking at her sunburnt shoulders.
4. The police tried to catch him, but he slipped away from them.
5. At four o'clock, Juanita's fiancé is coming to pick her up [use pronoun in two positions].
6. The teacher let us leave early, but not them.

7. What are your ideas on this subject?

8. What he said is so fascinating that I'm still thinking about it.

9. I found the blue pencil, but I still don't know where the red one is.

10. The fisherman took off his cap and scratched his head.

D **Cada una de las frases siguientes contiene un error. Teniendo en cuenta la gramática estudiada en este capítulo, identifique Ud. cuál es el error y corríjalo.**

1. Desde que se casaron hace cinco años, Luis y María no han separado ni un minuto.

2. La policía lo preguntó a Roberto si había visto el accidente.

3. —Carmen, te entregaré los libros cuando les reciba —dijo Juanjo.

4. Vete a verlo; es la mejor película que hemos visto este año.

5. He aguantado tus quejas durante muchos años, pero no los soportaré más.

6. No te preocupes, Paco. No le lo contaré a tu novia.

7. Había tanto ruido en la biblioteca que los estudiantes no podían concentrar.

8. ¿Qué, de entre todas las novelas, es la que más te gusta?

9. Juana es tan neurótica que no puede vivir con ella mismo.

10. Encanta a mí desayunar en la cama los domingos.

ENFOQUE Making Comparisons and Contrasts

Comparisons and contrasts in an essay help to point out the likenesses and differences of two ideas, situations, or objects of similar, but not identical forms. This technique is widely used in much academic writing. When writing an essay that uses this approach, the writer's aim may be to determine and define the ideas under consideration; the writer can also develop this technique to try to convince the reader of the superiority of an idea, situation, or object. Whatever the goal, the procedure is the same.

To write a "comparing and contrasting" essay, the student must choose two elements. With more than two elements, this type of essay cannot be written effectively. The two elements should have enough differences to make the essay worthwhile. It is necessary that these elements be comparable, for only then will the contrast work. Since the elements are to be compared, the writer should use a similar approach towards them with regard to tone, vocabulary, and style. If a particular detail is mentioned in one of the elements, the writer should mention a similar detail in the other.

A "comparing and contrasting" essay should reveal the writer's capacity for good judgment. The essay can be serious or amusing. It may be used to explain or to convince the reader of a particular idea. The writer may use descriptions and anecdotes, as well as a personal tone to strengthen the essay.

CAPÍTULO

11

La tabla de Flandes
ARTURO PÉREZ-REVERTE

Repaso gramatical
- *Relative Pronouns*

LA TABLAª DE FLANDES
ARTURO PÉREZ-REVERTE

Arturo Pérez-Reverte es actualmente el escritor más publicado y leído en España y, junto a Ken Follett, el más leído en Europa. Sus novelas se han traducido a 25 idiomas. Nacido en Cartagena, España, en 1951, Pérez-Reverte se dedica ahora exclusivamente a la literatura, pero no sin antes haber trabajado durante 21 años (1973–1994) como reportero de prensa, radio y televisión. Como tal, cubrió activamente los conflictos internacionales que tuvieron lugar durante ese periodo (Líbano, Chipre, Eritrea, las Malvinas, el Salvador, Nicaragua, Chad, Angola, Mozambique y Bosnia).

Pérez-Reverte ha recibido importantes premios literarios: en 1993 el Grand Prix de literatura policíaca en Francia, donde la revista Lire *le proclama uno de los diez mejores novelistas extranjeros por su novela* La tabla de Flandes *(1990), de la que hemos sacado la selección para este capítulo. En 1994 recibe de la Academia Sueca de la novela detectivesca, el premio a la mejor novela extranjera en traducción. En 1995 la revista* Elle *(Francia) le concede el premio al mejor libro de ficción por la novela* La piel del tambor, *que recibe también el premio Jean Monnet de literatura europea en 1997.*

ªTabla, *board*, se usa comúnmente para designar una pintura hecha sobre madera, en lugar de sobre lienzo; por lo tanto, **tabla** es sinónimo de **cuadro**.

La lectura de esta novela es recomendada a sus lectores por el New York Times Book Review, *y un año más tarde sería aclamada por la revista* Time *como una de las novelas más destacadas en los Estados Unidos, bajo el título de* The Seville Communion.

Pérez-Reverte es, además de novelista, un conocido periodista y articulista. En "El Semanal", suplemento dominical distribuido por 22 diarios españoles, escribe agudos y certeros comentarios sobre la vida y la cultura españolas. Recibe reconocimiento oficial como escritor al ser admitido, en enero de 2003, en la prestigiosa Real Academia Española de la Lengua.

Sus novelas más conocidas incluyen El maestro de esgrima *(1988),* La tabla de Flandes *(1990),* El club Dumas *(1993) y* Un asunto de honor *(1995). Todas han sido adaptadas a la pantalla grande, y la adaptación cinematográfica de* El maestro de esgrima *fue finalista a la mejor película extranjera en los premios Oscar de 1992.*

Algún crítico ha dicho que los personajes de Pérez-Reverte reflejan con exactitud la naturaleza humana: egoísmo, crueldad, amor, avaricia, etc. Y es por eso que estos personajes nos resultan tan familiares y convincentes. El autor aprendió a conocer a los hombres en los campos de batalla donde comenzó su carrera, y es allí donde mostramos lo mejor, y lo peor, que todos llevamos dentro.

En La tabla de Flandes, *Pérez-Reverte nos mete de lleno en el misterio encerrado en un cuadro flamenco del siglo XV que va a ser subastado. En él aparecen dos figuras históricas, el duque de Flandes y uno de sus caballeros, ambos absortos en la partida de ajedrez que tienen ante ellos. En el fondo del cuadro hay una dama vestida de negro leyendo un libro. Julia, protagonista de la novela, es una experta restauradora de obras de arte que ha sido comisionada para restaurar el cuadro antes de su venta en la subasta. Mientras hace su trabajo, descubre, bajo las capas de barniz que recubren la pintura, una inscripción con una pregunta: "¿Quién mató al caballero?". Julia, obsesionada por esta pregunta, se dedica, acompañada por toda una galería de tipos fascinantes, a tratar de resolver el misterio contenido en el cuadro. Y, con la ayuda de Muñoz, un experto jugador de ajedrez, lo consigue cuando éste reconstruye la partida de ajedrez reflejada en el cuadro, resolviendo así el misterio de "quién mató al caballero".*

Estaba de pie frente a ella, con las manos en los bolsillos de la **gabardina**[1], su nuez prominente sobre el **cuello**[2] desabrochado de la camisa y **precisando**[3] un buen **afeitado**[4], la cabeza algo inclinada hacia la izquierda, como si reflexionase sobre lo que acababa de oír. Pero ya no parecía desconcertado.

5   —Ya veo —dijo, e hizo un gesto con el mentón, dando a entender que se hacía cargo, aunque Julia no lograba entender exactamente de qué. Después miró detrás de ella, como si esperase que alguien le trajese una palabra olvidada. Y entonces hizo

algo que la joven **recordaría**[5] siempre con estupor. Allí mismo, en un instante, con
sólo media docena de frases, tan desapasionado y frío como si se estuviera refiriendo
10   a una tercera persona, le resumió su vida, o Julia creyó que así lo hacía. Ocurrió, para
estupefacción de la joven, en un instante, sin pausas ni reflexiones, con la misma
precisión que Muñoz utilizaba para comentar los movimientos de **ajedrez**[6]. Y
cuando terminó, **quedando**[7] de nuevo en silencio, y sólo entonces, la vaga sonrisa
retornó a sus labios como si aquel gesto implicara una suave burla para sí mismo,
15   para el hombre descrito segundos antes y hacia el que, en el fondo, el jugador de
ajedrez no sentía ni compasión ni desdén, sino una especie de solidaridad desen-
gañada y comprensiva. Y Julia se quedó allí, frente a él, sin saber qué decir durante
un largo rato, preguntándose cómo diablos aquel hombre poco aficionado a las palabras había sido capaz de explicárselo todo con tanta nitidez. Y así supo de un niño
20   que jugaba mentalmente al ajedrez en el techo de su dormitorio cuando el padre lo
castigaba por descuidar sus estudios; y supo de mujeres capaces de desmontar con
minuciosidad de relojero los resortes que mueven a un hombre; y supo de la soledad
venida al socaire del fracaso y la ausencia de esperanza. Todo aquello lo vio Julia de
golpe, sin tiempo para considerarlo siquiera, al final que resultó ser casi el principio,
25   no estaba muy segura de qué parte de todo aquello le había sido contada por él, y
qué parte por ella misma. Suponiendo, después de todo, que Muñoz hubiese hecho
algo más que hundir un poco la cabeza entre los hombros y sonreír como el gladia-
dor cansado, indiferente a la dirección, arriba o abajo, cuando se mueve el pulgar
que **decidirá**[8] su suerte. Y cuando el jugador de ajedrez dejó de hablar por fin, si es
30   que alguna vez lo hizo, y la luz grisácea del amanecer le aclaraba la mitad del **rostro**[9]
dejando la otra mitad en sombras, Julia supo con exactitud perfecta lo que signifi-
caba para aquel hombre el pequeño rincón de sesenta y cuatro escaques [*cuadros*]
blancos y negros: el campo de batalla en miniatura donde se desarrollaba el misterio
mismo de la vida, del éxito y del fracaso, de las fuerzas terribles y ocultas que go-
35   biernan el destino de los hombres.

En menos de un minuto supo todo eso. Y también el significado de aquella
sonrisa que nunca terminaba por asentarse del todo en sus labios. E inclinó despacio la cabeza, porque era una joven inteligente y había comprendido; y él miró al
cielo y dijo que hacía mucho frío. Después ella sacó el paquete de cigarrillos, ofre-
40   ciéndole uno, y él aceptó, y esa fue la primera y penúltima vez que vio a Muñoz
fumar. Entonces echaron a andar de nuevo para acercarse a la puerta de Julia.
Estaba decidido que aquel era el punto donde el ajedrecista saldría de la historia,
así que alargó una mano para estrechar la suya y decir adiós. Pero en ese momento
la joven miró el interfono y vio un pequeño sobre, como el de una **tarjeta**[10] de
45   visita, doblado en la rejilla junto a su timbre. Y cuando lo abrió y extrajo la tarjeta
de cartulina que había dentro, supo que Muñoz no podía marcharse aún. Y que
iban a ocurrir unas cuantas cosas, ninguna de ellas buena, antes de que le
permitieran hacerlo.

[*Julia y Muñoz van a ver a César, el anticuario, para enseñarle lo que han visto en*
50 *la tarjeta.*]

—No me gusta —dijo César, y Julia percibió un temblor en los dedos que
sostenían la boquilla de marfil—. No me gusta nada que un loco ande suelto por
ahí, jugando conmigo a Fantomas[b].

Pareció que las palabras del anticuario fueran **señal**[11] para que todos los relojes
55 de la tienda diesen, uno tras otro o simultáneamente, en diversos tonos que iban
desde el suave murmullo hasta los graves acordes de los pesados relojes de pared, los
cuatro cuartos y las nueve campanadas. Pero la coincidencia no hizo sonreír a Julia.
Miraba la Lucinda de Bustelli, inmóvil dentro de su urna de cristal, y **se sentía**[12] tan
frágil como ella.

60 —A mí tampoco me gusta. Pero no estoy segura de que podamos elegir.

Apartó los ojos de la porcelana para dirigirlos a la mesa de estilo Regencia sobre
la que Muñoz había desplegado su pequeño tablero de ajedrez, reproduciendo en él,
una vez más, la posición de las piezas en la partida del Van Huys.

—Ojalá cayese en mis manos ese canalla —murmuraba César, dirigiéndole una
65 nueva ojeada suspicaz a la tarjeta que Muñoz sostenía por un ángulo, como si se
tratara de un peón que no sabía dónde situar—. Como broma rebasa lo ridículo...

—No es una broma —objetó Julia—. ¿Olvidas al pobre Álvaro?

—¿Olvidarlo? —el anticuario se llevó la boquilla a los labios, exhalando el
humo con nerviosa brusquedad—. ¡Qué más quisiera yo!

70 —Y, sin embargo, tiene sentido —dijo Muñoz.

Se lo quedaron mirando. Ajeno al efecto de sus palabras, el ajedrecista seguía con
la tarjeta entre los dedos, y se apoyaba en la mesa, sobre el tablero. Aún no se había
quitado la gabardina y la luz que entraba por la **vidriera**[13] emplomada daba un tono
azul a su mentón sin afeitar, resaltando los cercos de insomnio bajo los ojos cansados.

75 —Amigo mío —le dijo César, a medio camino entre la incredulidad cortés y
cierto irónico respeto—. Celebro que sea capaz de encontrarle sentido a todo esto.

Muñoz se encogió de hombros, sin prestarle atención al anticuario. Era evidente
que se centraba en el nuevo problema, en el jeroglífico de la pequeña tarjeta:

$$Tb3?... Pd7{-}d5{+}$$

80 Todavía durante un momento Muñoz observó las cifras, cotejándolas con la
posición de las piezas en el tablero. Después alzó los ojos hacia César para terminar
posándolos[14] en Julia.

---

[b]Fantômas, conocido como el "Señor del terror" y el "Genio del mal", es el antihéroe que protagoniza una serie
de 32 novelas escritas por Pierre Souvetre y Marcel Allain durante la década de 1930.

Cuestionario

Contenido

1. Haga Ud. una descripción física de Muñoz.
2. ¿Cómo se entera Julia de la vida de Muñoz?
3. ¿Qué aprende Julia de la vida de Muñoz?
4. ¿Qué significa para Muñoz el tablero de ajedrez?
5. ¿Por qué no se marcha Muñoz de la casa de Julia?
6. ¿Qué contiene la tarjeta de visita que Julia encuentra en la rejilla del interfono de la entrada de su casa?
7. ¿Qué opina César de la habilidad de Muñoz para resolver el misterio del cuadro?

Interpretación y estilo

1. ¿Qué tipo de narrador usa el autor en este fragmento? ¿Testigo? ¿Tercera persona? ¿Omnisciente? Explique.
2. ¿Qué es lo que Muñoz hace que Julia "recordaría siempre con estupor"?
3. Explique la frase: "... y supo de mujeres capaces de desmontar con minuciosidad de relojero los resortes que mueven a un hombre ...".
4. ¿Qué significa la frase "... al final que resultó ser casi el principio ..."? Explique.
5. ¿Por qué cree Ud. que Julia "supo que Muñoz no podía marcharse aún"? ¿Qué ha ocurrido para que ella sepa eso?
6. ¿Qué ha ocurrido para que César diga: "—Amigo mío ... Celebro que sea capaz de encontrarle sentido a todo esto"?
7. ¿Por qué cree Ud. que Julia se siente tan "frágil" como la Lucinda de Bustelli?

Léxico: opciones

la **gabardina** *topcoat; trenchcoat; gabardine*
el **abrigo** *overcoat; shelter*
el **impermeable** *raincoat; waterproof (adj.)*
el **sobretodo** *topcoat*
la **chaqueta** *jacket*
la **americana** *jacket*
la **cazadora** *jacket (zippered); bomber jacket*

Observe that some Spanish words for outerwear have other primary meanings. For example, **gabardina** also indicates a heavy, usually beige or gray, water-resistant fabric, as well as a long coat made with that or similar fabric. The primary meaning of **abrigo** is *shelter* or *refuge* from wind, cold, etc. And **impermeable**, *raincoat,* is also the adjective for *waterproof*. A **sobretodo** is lighter and less protective than an **abrigo**. **Chaqueta** is the basic word for a *short coat* or *jacket* and is applicable to different types of garments. Sometimes, to refer to a man's sport- or blazer-like jacket with buttons, **americana** can substitute for **chaqueta**. In Spanish America, **saco** is often used for both **americana** and **chaqueta**. **Cazadora**, which is the feminine adjective for *hunting*, also indicates a short jacket with a zipper, often snug around the waist, similar to a pilot's jacket. In parts of Spanish America, it is called a **chamarra**.

El detective Columbo siempre llevaba la misma **gabardina**.	*The detective Columbo always wore the same **gabardine topcoat.***
Los esquiadores buscaban un **abrigo** donde protegerse de la nevisca.	*The skiers were looking for a **shelter** in which to protect themselves from the blizzard.*
Por razones ecológicas, ya no se venden tantos **abrigos (chaquetas)** de pieles como antes.	*For ecological reasons, not as many fur **coats (jackets)** are sold as before.*
Llovía a mares y Adela salió de casa llevando su **impermeable** y un nuevo paraguas.	*It was pouring rain, and Adela left the house wearing her **raincoat** and carrying a new umbrella.*
El motociclista llevaba una **cazadora** de piel negra.	*The motorcyclist was wearing a black leather **jacket.***

2

el cuello *neck; collar*	**el cogote** *back of the neck*
el pescuezo *neck, back of the neck*	**la nuca** *back of the neck*

Cuello, *collar* in the literary selection, is the anatomical term for that narrow part of the body that joins the head and the trunk of humans and some animals. **Pescuezo** is the word normally used for the neck of animals, but along with **cogote** and **nuca** can also refer to the *back*, *nape*, or *scruff* of the human neck. This use tends to be pejorative, however.

Cuando hace mucho frío, siempre llevo una bufanda de lana alrededor del **cuello.**	*When it is very cold, I always wear a wool scarf around my **neck.***
Tiene el **cuello** de la camisa sucio.	*The **collar** of his shirt is dirty.*

La jirafa tiene el **cuello** muy largo y la cabeza pequeña.

*The giraffe has a very long **neck** and a small head.*

El minero se frotaba el **pescuezo** con una esponja y mucho jabón.

*The miner scrubbed the **back of his neck** with a sponge and lots of soap.*

El maestro cogió al muchacho por el **cogote (la nuca)** y lo llevó a la dirección.

*The teacher grabbed the boy by the **back (scruff of the neck)** and took him to the principal's office.*

precisar *to need; to specify, pinpoint*
necesitar *to need*
hacer falta *to need, be necessary*

es preciso (necesario) *it's necessary*
es menester *it's necessary*

Precisar, when followed by the preposition **de + *object***, is a synonym of the much higher frequency verb **necesitar**. The use of **precisar**, without **de**, to mean *to specify, pinpoint, put one's finger on,* is much more common. **Hacer falta**, *to lack, not to have,* can also convey the idea of *to be necessary*, as shown in its use as an impersonal expression below. The adjectives **preciso** and **necesario** are both common in impersonal expressions to indicate need and necessity. The use of **menester** in such expressions is mostly restricted to written and literary Spanish.

Necesitamos (Precisamos de) (Nos hace falta) su apoyo económico para nuestro proyecto.

***We need** his economic support for our project.*

No podían **precisar** la causa del desastre.

*They couldn't **pinpoint (specify)** the cause of the disaster.*

Era **necesario (preciso, menester)** pagar la deuda inmediatamente.

*It was **necessary** to pay the debt immediately.*

el afeitado *shave*
el lavado *wash*
el peinado *hairdo*
el alumbrado *lighting*

el asfaltado *asphalted surface, asphalt*
el profesorado *faculty, group of professors*
el alumnado *student body*

The suffix **-ado**, used with certain verb stems, forms nouns indicating the resulting action of these verbs (**afeitar**–*to shave*; **peinar**–*to comb*; **lavar**–*to wash*; **alumbrar**–*to light, illuminate*; **asfaltar**–*to asphalt*, etc.). The ending **-ado** also combines with some nouns (such as **profesor, alumno**, etc.) to indicate collectivity.

He dejado el **lavado** sobre la mesa.	*I have left the **wash** on the table.*
Ayer empezaron el **asfaltado** de la calle.	*Yesterday they began the **asphalting** of the street.*
Ahora mismo el rector de la universidad está reunido con el **profesorado**.	*Right now the president of the university is meeting with the **faculty.***

recordar *to remember, recall; to remind*	**acordar** *to agree*
acordarse (**de**) *to remember*	**rememorar** *to recall, evoke*

Recordar and **acordarse** (**de**) are synonyms in their basic meaning of *to remember*. But only **recordar** also means *to remind (of)*. Both verbs may be followed by a noun object, a subordinate clause, or an infinitive. Notice that **acordar** without the pronoun **se** means *to agree*, not *to remember*. Finally, **rememorar** is a literary and slightly archaic word that suggests an emotional or nostalgic recalling or evoking of things past.

Recuerdo el (**Me acuerdo del**) verano que pasamos en Málaga.	*I remember the summer we spent in Málaga.*
Recuérdele a Isabel que mañana es mi cumpleaños.	*Remind Isabel that tomorrow is my birthday.*
Esa chica nos **recuerda** a su madre.	*That girl **reminds** us of her mother.*
No **me acuerdo** de nombres ni de fechas.	*I can't (don't) **remember** names or dates.*
Carlos **recordó** traer el dinero para pagar las cuentas.	*Carlos **remembered** to bring money to pay the bills.*
Acordaron trabajar juntos.	*They **agreed** to work together.*
Los viejos amigos **rememoraban** los días cuando los Esquivadores jugaban en Brooklyn.	*The old friends **recalled** (**evoked**) the days when the Dodgers played in Brooklyn.*

el ajedrez *chess*	**los naipes** *cards*
el parchís *Parcheesi*	**las cartas** *cards*
las damas *checkers*	**la baraja** *deck (of cards)*
los dados *dice*	**el tablero** *board*
jugar a *to play*	**el partido** *game, match; political party*
el juego *game*	**la partida** *game*

The above words include names of some table games that are popular in Hispanic countries and the United States. **Tablero** is the *board* required to play many of them. **Naipes** is now used much less than **cartas** to indicate *playing cards*. While both **juego** and **partida** render English *game*, **juego** often indicates the activity in a more abstract sense as organized by rules, whereas **partida** always indicates an actual physical instance of the game as played by two or more persons. Note, too, that **partido** is used for most games of an athletic nature, especially team sports. **Partida**, however, is the term used in the context of the above-mentioned table games and athletic contexts such as tennis, as well as other games with fewer than five players on a side.

El solitario es un **juego** de cartas para una sola persona.	*Solitaire is a card **game** for one person.*
El niño le ganó cuatro **partidas** de parchís a su padre.	*The boy beat his father in four **games** of Parcheesi.*
Con el **partido** de fútbol de ayer, el Real Madrid ganó otra copa nacional.	*With yesterday's soccer **match**, the Real Madrid team won another National Cup.*

quedar *to remain, be left*	**permanecer** *to remain, stay*
quedarse *to remain, stay*	**durar** *to last, remain*

As the Pérez-Reverte text example reveals, **quedar** indicates *remaining* or *being left* in a particular state or place because of some external action or circumstance. Nonetheless, when this resulting state is an emotional one, the reflexive pronoun is often added as an intensifier. **Quedarse**, however, normally indicates *to stay or remain* in a place or a situation because the subject decides or wills it. **Permanecer** is a synonym of **quedarse** but usually indicates continuing in a state one is already in for a specific period of time. **Durar**, *to last* or *to endure* sometimes renders English *to remain*, especially when the implication is that a person will not remain in a given place because of some unfavorable situation.

Durante el mes de agosto, Madrid **queda** medio desierto.	*During the month of August, Madrid **remains (is left, is)** half empty.* [*because people have gone on vacation*]
Pensaba **quedarse** poco tiempo en Barcelona, pero **permaneció** allí toda la vida.	*He intended **to stay** a short time in Barcelona but **remained** there his entire life.*
No creo que el nuevo jefe **dure** seis meses en su puesto.	*I don't think the new boss will **last** six months at his job.*

───────────◆ 8 ◆───────────

decidir *to decide*
decidirse a *to decide to, resolve to*
aprovechar *to make good use of, profit from, take advantage of*
aprovecharse de *to take advantage of*

Certain Spanish verbs, when used with the reflexive pronoun and a preposition, suggest a greater degree of personal involvement in an action than do the verbs alone. For instance, the use of **decidirse a** rather than **decidir** implies a more weighty decision, an initial hesitation followed by greater determination to carry out a decision. Likewise, **aprovecharse de** (as opposed to **aprovechar**) has negative connotations suggesting totally selfish or exploitative behavior.

José Luis **decidió** ir al cine con su novia.	*José Luis **decided** to go to the movies with his girlfriend.*
Después de examinar el asunto detenidamente, María **se decidió a** estudiar informática.	*After examining the matter thoroughly, María **decided (made up her mind)** to study computer science.*
Debes **aprovechar** mejor tu tiempo.	*You oughl lo **make better use of** your time.*
El general **se aprovechó del** caos político para asumir el poder.	*The general **took advantage of** the political chaos to assume command.*
Enrique es un **aprovechado** que ha decepcionado a muchos amigos con su conducta.	*Enrique is a **real opportunist** who has disappointed many of his friends with his behavior.*

────────────────◆ 9 ◆────────────────

el rostro *face*
la cara *face*
la faz *face, appearance*
tener buena (mala) cara *(not) to look well*
el caradura *shameless or brazen person*
tener la cara dura *to be shameless, have a lot of cheek*
tener mucha cara *to have a lot of nerve or cheek*

Cara is the standard word for the face of human beings and some animals. **Rostro** is used only for people and substitutes for **cara** more in written than in spoken Spanish. **Rostro** is often used when there is an indication of emotion or feeling. **Faz** is used figuratively in written and literary Spanish as a substitute for both **cara** and **rostro**. The other idiomatic expressions with **cara** are all of high frequency use in Spanish.

En su **rostro** veíamos el temor a la muerte.	We saw the fear of death in his **face**.
Me corté la **cara** al afeitarme.	I cut my **face** while shaving.
La contaminación está cambiando la **faz** de la tierra.	Pollution is changing the **face** of the Earth.
—El enfermo **tiene buena cara** hoy —dijo el médico.	"The patient **looks well** today," said the doctor.
Ese joven senador **tiene la cara muy dura** (es un **caradura**).	That young senator is **shameless** (**has no shame**).

────────────────◆ 10 ◆────────────────

la tarjeta *card*   **la carta** *card*
la ficha *(index) card*   **el carné** *card*

By far the most common Spanish translation equivalent of *card* is **tarjeta**. It applies to a broad range of items such as credit, greeting, business, Christmas, and post(al) cards. **Cartas** are *playing cards*, as indicated earlier in note 6. *Index cards*, however, are **fichas**, a word which also indicates *tokens* such as those still used to pay fares on some vehicles of public transportation. **Carné** is most often used for cards certifying identity or attesting membership in or belonging to a profession or group.

Mi hijo paga casi todo con su **tarjeta** de crédito.	My son pays for almost everything with his credit **card**.

María había resumido sus notas de clase en ciento veinte **fichas.**

*María had summarized her class notes on 120 **index cards.***

Con el **carné** oficial de estudiante, la entrada en muchos museos europeos es gratuita.

*With the official student **identity card,** admission to many European museums is free.*

la señal sign, signal
la seña sign; identifying mark
el signo sign, symbol

el letrero sign, notice
el indicio indication, sign
el anuncio sign, advertisement

English *sign* may indicate anything that suggests or points to the existence of some happening, situation, quality, etc. *Sign* can also designate a gesture indicative of attitude or desire, or even a graphic display of directions, instructions, advertising, etc. *Signal* is a synonym of *sign*, but is generally more restricted in meaning to the area of communications or as an indication or incitement to action. In Spanish, too, words indicating *sign*, *signal*, etc., overlap in meaning and are sometimes interchangeable. Nonetheless, there are certain areas where Spanish usage clearly prefers one word over another. For instance, **señal** often "suggests," whereas **signo** "signifies" with a fixed, conventional, and often arbitrary meaning. Thus **signo** is preferred in the realm of mathematics, science, and language. **Seña** is also a synonym of **señal**, but refers especially to non-verbal communication, such as gestures. **Señas** (pl.) is used to indicate identifying signs or marks, such as where we live, and thus renders *address*. It is therefore a synonym of **dirección** in Spanish. **Indicio**, also frequently used in the plural, is a close synonym of **señal** in its sense of that which suggests or indicates something else. Finally, **letrero** is normally a *printed sign* bearing directions, commands, regulations, etc., and **anuncio** is commonly used for *commercial signs*, advertising, or announcements.

Hay **señales** (**indicios**) de que el primer ministro ha mentido sobre el coste de la guerra.

*There are **signs** that the prime minister has lied about the cost of the war.*

En esta calle hay **señales** de tráfico (semáforos) en cada esquina.

*On this street there are traffic **lights** on every corner.*

El **signo** de tráfico universalmente reconocido es el stop o el alto.

*The universally recognized traffic **sign** is the stop sign.*

Los sordos se comunican con un lenguaje de **signos.**

*Deaf people communicate through **sign** language.*

Mi **signo** del zodiaco es Escorpión.

*My astrological **sign** is Scorpio.*

Mi mujer me hizo una **seña** con el dedo para que me callara.	*My wife made me a **sign** with her finger to be quiet.*
Te mandaré una postal desde Valencia si me das tus **señas**.	*I'll send you a postcard from Valencia if you give me your **address.***
Esta carretera está llena de **letreros (anuncios)** luminosos.	*This road is full of neon **signs.***

───────────── **12** ─────────────

sentirse *to feel*
sentir *to feel, regret; to be sorry; to hear*

Sentirse, as shown in the Pérez-Reverte example, is always followed by an adjective or word used with adjectival force. **Sentir**, however, is a transitive verb and requires an object. It is therefore either preceded by an object pronoun or followed by a clause introduced by **que** or by a noun. Note, too, that this high-frequency verb, in addition to meaning *to feel*, also means *to regret, be sorry,* and *to hear*. In this last sense, it indicates perceiving less clearly distinguishable sounds such as noises, vibrations, etc., but not comprehensible conversation.

Mi tía no **se sentía** bien ayer.	*My aunt **didn't feel** well yesterday.*
Ya no **me siento** amigo de Carlos.	*I no longer **feel myself** (to be) Carlos's friend.*
Los estudiantes **sienten** que están progresando mucho en español.	*The students **feel** they are making good progress in Spanish.*
Siento mucho que tu perro haya muerto.	***I'm** very **sorry** that your dog died.*
¿**Sentiste** el terremoto anoche?	***Did you feel** the earthquake last night?*
Sentíamos las voces de los vecinos pero no entendíamos nada de lo que decían.	***We heard** our neighbors' voices, but we didn't understand anything they were saying.*

───────────── **13** ─────────────

la vidriera *very large window*
la ventana *window*
la ventanilla *window*

el ventanal *large window*
el escaparate *store window*

Vidriera, related to the word **vidrio**, *glass*, refers to windows, usually made up of smaller leaded panes. It is most often used to refer to large stained-glass windows found in many churches and cathedrals. **Ventana** refers to the standard *windows* in most houses and buildings. **Ventanilla** renders English *window* when speaking of *windows with counters* where the public is served, such as in some banks, at ticket windows, etc. **Ventanilla** is also normally used for *windows in trains, cars, planes*, etc. **Ventanal** may refer to any large window such as a picture window. **Escaparate** indicates a *store window* facing the street where merchandise is displayed for promotional purposes.

Las **vidrieras** de la Catedral de Notre Dame de París son una maravilla artística.	*The **stained-glass windows** of the Cathedral of Notre Dame in Paris are an artistic marvel.*
El inmigrante entregó sus documentos en la **ventanilla** que tiene en correos el Departamento de Inmigración.	*The immigrant turned in his documents at the **window** that the Department of Immigration has in the post office.*
Los dos **ventanales** del comedor permiten ver toda la costa hasta la frontera con Italia.	*The two very **large windows** in the dining room permit one to see the entire coast as far as the Italian border.*
Carlos y María salieron a ver los **escaparates** de las tiendas.	*Carlos and María went out **window-shopping**.*

14

---

posar *to put, rest; to pose; to alight (reflexive)*
descansar *to rest*
reposar *to rest; to sleep; to let rest*

Posar has numerous meanings, only a few of which will be covered here. First, it is partially synonymous with **colocar**, *to place, put*, but emphasizes the gentleness with which something is placed or made to rest on something else. The reflexive verb, **posarse**, means *to alight*, that gentle coming to rest of a bird or insect, for instance, after ceasing flight. **Posar** also indicates *to pose*, a model's holding a certain fixed position for a portrait or sculpture. **Descansar**, too, means *to rest*, primarily in the sense of *not to work* or *to sleep*. Less frequently, **descansar**, *to rest*, is a synonym of **apoyar**, *to lean* on something else for support. **Reposar** is a synonym of **posar** and **descansar**, and can be used with or without an object.

La madre **posaba** la mano sobre la frente de su niño para ver si tenía fiebre.	*The mother gently **placed (rested)** her hand on her child's forehead to see if he had a fever.*

Un gorrión **se ha posado** en una ramita del cerezo.

*A sparrow **has alighted (settled, come to rest)** on a small branch of the cherry tree.*

Si quieres **descansar, reposa** la cabeza en mi hombro.

*If you wish **to rest, lean (lay, rest)** your head on my shoulder.*

Descansa tus pies sobre este cojín.

***Rest** your feet on this cushion (hassock).*

Vamos a dejar **reposar** la paella unos minutos antes de comerla.

*We are going to let the paella **sit (rest)** a few minutes before eating it.*

◈ Práctica

A **Para cada una de las frases siguientes, elija Ud. la palabra o expresión que complete el sentido. En caso de que haya dos respuestas correctas, elija la más apropiada. Haga también cualquier cambio necesario para que la frase quede gramaticalmente correcta.**

1. Cuando vayas a San Sebastián, no olvides llevar _____ porque allí llueve casi todos los días (**un abrigo, una cazadora, un impermeable**).

2. Para andar por los montes, preferimos llevar _____ (**un abrigo, un impermeable, una cazadora**).

3. Cuando subimos al monte, tuvimos que buscar _____ entre las piedras porque se puso a nevar mucho (**abrigo, chaqueta, gabardina**).

4. La leona agarró con la boca a su cachorro por _____ y se lo llevó a un sitio más seguro (**la nuca, el cuello, el pescuezo**).

5. Como éramos muy pobres, mi padre aprendió a remendar _____ de sus camisas (**los pescuezos, los cogotes, los cuellos**).

6. Un funcionario de Correos nos dijo que ya no era _____ usar sellos aéreos para el correo interno (**menester, precisar, hacer falta**).

7. Para un _____ más suave, recomendamos este nuevo gel de Gillette (**secar, afeitar, lavar**).

8. El _____ de la universidad se declaró en huelga por el fuerte aumento del coste de la matrícula (**profesorado, alumnado, secretariado**).

9. El _____ de las calles es tan malo que no se ven los números de las casas de noche (**asfaltar, alumbrar, lavar**).

10. Yo le _____ a Pablo que tenía que ir a ver esa película (**rememorar, acordar, recordar**).

11. Esa mujer me _____ a alguien (**rememorar, recordar, acordar**).

12. Esta tarde vamos a ver _____ de baloncesto; conocemos a los cinco jugadores del equipo (**una partida, un juego, un partido**).

13. El *bridge* es _____ de cartas que se practica en casi todo el mundo (**un juego, una partida, un partido**).

14. El ajedrez sólo requiere dos jugadores para cada _____ (**partido, juego, partida**).

15. Después de oír las malas noticias, mi padre _____ muy impresionado (**durar, quedarse, permanecer**).

16. Devolvemos el dinero a los clientes que no _____ satisfechos con su compra (**permanecer, quedar, quedarse**).

17. El trabajo que me han ofrecido en Berlín me hará _____ allí por lo menos dos años (**durar, quedar, permanecer**).

18. Las condiciones en el contrato que me ofrecieron eran tan buenas que _____ ir a Buenos Aires (**decidir, decidirse a, aprovechar**).

19. Juan rechazó muchísimos diseños antes de _____ aceptar el más costoso (**decidirse a, decidir, quedar**).

20. Su _____ mostraba que no se sentía muy bien después de su larga enfermedad (**buena cara, caradura, mala cara**).

21. Después de haber estado ausente tantos años, no pude contenerme al ver su _____ y me puse a llorar como un niño (**faz, rostro, cara**).

22. Descubrimos que nos habíamos quedado sin dinero, así que tuvimos que pagar la cuenta con una _____ de crédito (**carta, tarjeta, ficha**).

23. En el casino en Las Vegas, cambiamos mil dólares por _____ para poder jugar a los dados (**ficha, carta, tarjeta**).

24. No se puede conducir un coche sin tener _____ de conducir (**una ficha, un carné, una carta**).

25. Tenemos cada vez más _____ de que los políticos nos mienten continuamente (**signos, señas, indicios**).

26. Con las manos, hice _____ al jugador que en ese momento tenía el balón para que me lo pasara a mí (**signo, seña, indicio**).

27. Por haber trabajado tanto y tan bien, Carlos _____ que le iban a subir el sueldo (**sentirse, sentir, aprovechar**).

28. Yo nunca _____ culpable de lo que nos pasó en Filadelfia (**sentir, sentirme, permanecer**).

29. Tuvimos que hacer cola durante dos horas antes de llegar a _____ donde se piden los pasaportes (**la ventana, la ventanilla, el ventanal**).

30. Cuando estuvimos en Madrid, nos encantaba pasear por la calle Serrano, en el barrio de Salamanca, para ver _____ de las elegantes tiendas que allí hay (**las ventanas, las vidrieras, los escaparates**).

B Traduzca al español las siguientes frases empleando elementos del vocabulario estudiado en este capítulo.

1. Since it was raining very hard, he put all the papers in the pockets of his raincoat.
2. Because the famous actress was wearing a fur coat, the protesters sprayed her with paint.
3. The employee at the window in the office looked very unfriendly and told me to return another day.
4. The dove alighted on my daughter's arm to eat the grains of corn she held in her hand.
5. The damage caused by the earthquake was very great, and the authorities couldn't specify how much money would be needed for repairs.
6. My last hairdo at the beauty parlor left me looking like Frankenstein's bride.
7. The washing of our car revealed a few scratches and a dent on the door.
8. The chessboard my mother gave me for my birthday had been given to her by my grandfather.
9. The ladies of the club liked to play bridge every afternoon.
10. When I was crossing the border between France and Spain, the policeman insisted on seeing my driver's license.

❖ Repaso gramatical ❖

Relative Pronouns

Basic Statement

In both English and Spanish, relative pronouns introduce subordinate clauses. A subordinate clause is a group of words with a subject and verb of its own. This subject and verb are independent of those of the main clause on which the subordinate (sometimes called the relative clause) depends. Nonetheless, the subordinate clause is not a complete sentence that can stand alone. In the second sentence below, the relative pronoun *who* introduces the subordinate clause by joining it to its antecedent *man* in the preceding main clause, on which it depends.

I see a tall man. He is talking with a student.

I see a tall man (main clause) ***who*** *is talking with a student* (subordinate clause).

Forms

In English, the most common relative pronouns are *who, which*, and *that*. The antecedent of *who* (*whose* for the possessive and *whom* for the objective) is a person. *Which* refers to things and situations but not to persons. *Which*, however, may refer to collective nouns indicating groups of persons (orchestra, army, etc.). The pronoun *that* may refer either to persons or things.

> *Mary is the student* **who** *volunteered to do the work.*

> *This is the chair* **which (that)** *my grandparents gave us.*

> *The Board of Regents,* **which** *met yesterday, voted to raise tuition.*

> *Here is the book* **that** *I mentioned.*

> *Jean was the student* **that (who)** *raised her hand.*

Sometimes the relative pronoun is omitted in informal English, but it is *never* omitted in Spanish.

Ése es el coche **que** Elisa compró la semana pasada.	*That is the car* (**that**) *Elisa bought last week.*

In Spanish, the relative pronouns are:

que *that, which, who*
quien, quienes *who, whom*
cuyo (-a, -os, -as) *whose*
el cual, la cual, los cuales, las cuales ⎫
el que, la que, los que, las que ⎭ *which, who, whom*

Choice of Appropriate Relative Pronoun

Que. The most frequently used relative pronoun, **que**, refers to persons or things in either gender and in both singular and plural. It is the relative pronoun to use when the connection between the antecedent and the dependent clause is natural, simple, and clear.

Has traído un libro **que** no sirve.	*You have brought a book* **that** *is no good.*
José Luis es una persona **que** ayuda a sus amigos.	*José Luis is a person* **who** *helps his friends.*

Quien. In present-day Spanish, **quien** and its plural **quienes** refer only to people and are used largely in relative clauses that are *nonrestrictive*. A nonrestrictive clause, as opposed to a restrictive one, adds accessory information but does not give information that the writer or speaker considers essential to the meaning of the main clause. A restrictive clause, however, provides information about something in the main clause that the writer or speaker does consider essential to the meaning he or she intends.

When a clause is restrictive, there is no pause between it and the rest of the sentence. There is a pause, whether heavy or light, at the beginning of a nonrestrictive clause, for which reason it is set off by a comma or commas in Spanish and in English. When a relative clause in English begins with *that*, it is always restrictive (i.e., essential to the meaning). *Which* in most cases introduces nonrestrictive clauses in English, but it occasionally introduces a restrictive clause as well.

> *I broke a vase **that** was expensive.* (restrictive)

> *This novel, **which** has beautiful illustrations, is a bestseller.* (nonrestrictive)

> *This is the bad news **which (that)** we had been expecting.* (restrictive)

In Spanish, **que** is normally used to refer to people in restrictive clauses. In nonrestrictive clauses, however, **quien** tends to replace **que**, especially in careful speech, to refer to people.

Muchos de los soldados **que** murieron en aquella batalla fueron enterrados aquí.	*Many of the soldiers **who** died in that battle were buried here.* (restrictive)
Marta, **quien (que)** fue alumna mía, ha ganado un premio literario.	*Marta, **who** was a student of mine, has won a literary prize.* (nonrestrictive)

El que (El cual). In general, **el que** and **el cual** are the strongest relative pronouns. **Quien** is weaker than these long forms of the pronoun, but is stronger than **que**. When the connection established by a relative pronoun is strong (i.e., obvious and clear), the weak pronoun **que** suffices. When the connection is weaker, signaled by a pause between the clauses or by considerable intervening information that separates the antecedent from the relative pronoun, a stronger pronoun such as **el que** or **el cual** is required. Preference for **que**, **quien**, **el que**, **el cual**, etc., in many cases depends on the intent of the writer or speaker. Like **quien**, **el que** and **el cual** are always used in nonrestrictive clauses. Forms of **el que** are more common than those of **el cual**, for the latter are typical of a more formal Spanish. Nonetheless, **el cual** is strongly preferred in relative clauses after **según**, prepositions of two or more syllables, and prepositional phrases.

Hay muchas personas **que** votan como yo.	*There are many persons **who** vote as I do.*
Es un estudiante **que** siempre ha trabajado mucho.	*He's a student **who** has always worked hard.*

Ése es el coche **que** yo quería comprar.	*That is the car **that** I wanted to buy.*
Asistimos a la conferencia del profesor sobre los bosques, **quien** era gran amante de la naturaleza.	*We attended the lecture about forests by the professor, **who** was a great lover of nature.*
El otro era un viejo, a **quien** llamaban Paco, **el que (cual)** ayudaba a la criada con sus quehaceres.	*The other one was an old man, **whom (that)** they called Paco, (and) **who** helped the maid with the chores.*
Ésta es la teoría según **la cual** el ser humano está llamado a desaparecer.	*This is the theory according to **which** human beings are destined to disappear.*
Ésta es la esquina desde **la cual** vimos el accidente.	*This is the corner from **which** we saw the accident.*

Relative Pronouns After Prepositions

Because relative pronouns are used so frequently after prepositions in Spanish, it is useful to provide at this point a summary of guidelines on the choice of the appropriate pronoun in different circumstances involving prepositions.

A. To refer to *people* after short (one-syllable) prepositions (**con**, **de**, **en**) and **a**, when it is not the personal **a**, the pronoun **quien** is regularly used.

| El amigo de **quien** te hablé viene hoy. | *The friend of **whom** I spoke is coming today.* |
| Los hermanos con **quienes** fuimos a Nueva York son gemelos. | *The brothers with **whom** we went to New York are twins.* |

B. To refer to *things* after short prepositions, **que** is generally used.

| El juguete con **que** juega es peligroso. | *The toy with **which** he is playing is dangerous.* |
| La película **a que** me refiero es italiana. | *The film (to **which**) I am referring to is Italian.* |

C. To refer to *people* or *things* after longer (two-syllable or more) prepositions, and especially after prepositional phrases, a longer form of the relative pronoun is required. Forms of **el cual** are most often used, but those of **el que** are not infrequent in this circumstance.

| La muchacha, detrás de **la cual** estaba sentado, me ha invitado a su casa. | *The girl, behind **whom** I was sitting, has invited me to her house.* |

La caja fuerte, dentro de **la cual (la que)**   *The strongbox, in(side of)* **which** *we*
guardamos las joyas, está en el banco.   *keep the jewels, is in the bank.*

Even though **sin**, **por**, and **tras** are short prepositions, long forms (almost always **el cual**), and not **que**, are used with them to refer to things. For the first two prepositions, this usage avoids confusion with the conjunctions **sin que** and **porque**.

Los consejos, sin **los cuales**...   *The advice, without* **which**...

La razón por **la cual** rechacé la oferta...   *The reason for* **which** *I rejected the offer*...

Las rocas tras **las cuales**   *The rocks behind* **which** *they*
desaparecieron...   *disappeared*...

D. After such expressions as **la mayor parte de**, **la mayoría de**, **algunos de**, **pocos de**, and so on, forms of the long pronoun **el cual** are always used.

Compramos un cesto de manzanas,   *We bought a basket of apples,*
la mayor parte de **las cuales** estaban   *most of* **which** *were rotten.*
podridas.

Los ciudadanos, muchos de **los cuales**   *The citizens, many of* **whom** *were*
votaban por primera vez, estaban   *voting for the first time, were jubilant.*
jubilosos.

E. The relative pronoun **lo que** or **lo cual** is used after a preposition referring to a previous clause or phrase, rather than to an antecedent that is a person or thing.

Hablamos con ellos, después de **lo que**   *We spoke to them, after* **which** *we*
(cual) nos dirigimos a casa.   *went home.*

Cuyo (cuya, cuyos, cuyas), whose, is a relative possessive pronoun used mainly to refer to people. It is not used to ask a question. Instead, **¿De quién...?** renders the English interrogative pronoun *Whose...?*. **Cuyo** must agree in gender and number with the thing possessed.

Es un señor **cuyos** conocimientos de   *He's a gentleman* **whose** *knowledge*
España son enormes.   *of Spain is enormous.*

¿De quién son estos libros?   ***Whose*** *books are these?*

Final Observations

It must be emphasized that the previous comments on the relative pronouns are intended as general guidelines only. In actual use, one will encounter exceptions to what has been said, especially with regard to the use of **el cual** and **el que**, with the latter form tending to encroach more and more on the terrain of the former, particularly on the colloquial level, but also in written Spanish. It should be pointed out that there are other words in Spanish which also introduce relative clauses and thus function as relative pronouns. The most common of the words so used are **cuando**, **como**, and **donde**.

Era el verano **cuando (en que)** conocí a Verónica.	*It was the summer **when (in which)** I met Verónica.*
Íbamos a la esquina **donde (en que)** había un nuevo café.	*We were going to the corner **where (on which)** there was a new café.*

◈ Práctica

A **En cada una de las siguientes frases, llene el espacio en blanco con una forma apropiada de uno de los pronombres relativos.**

1. Dijeron que habían preparado una modesta cena, _____ Julio aceptó por no parecer descortés.
2. Si nuestro partido triunfa, _____ no es probable, cambiará mucho la política exterior del país.
3. Ésta es la universidad en _____ aulas han estudiado todos mis hijos.
4. Yo gano muy poco, y no podríamos vivir sin _____ gana mi mujer también.
5. En general, los coches _____ son grandes gastan más gasolina que _____ son pequeños.
6. Es un lago enorme, en _____ se elevan, en días de tempestad, olas altas como las del mar.
7. Quiero conocer a su hermano, de _____ todos me han hablado muy bien.
8. Todo _____ le diga sobre el escándalo es poco.
9. Conocimos al joven artista, _____ cuadros vimos en el museo de la Universidad.
10. Éste es el libro sin _____ no habría podido aprobar el examen.

11. Montserrat Caballé es una cantante famosa, a _____ todos conocen.

12. Buscábamos un lugar _____ fuera tranquilo en _____ pasar las vacaciones.

13. Era un viejo actor _____ edad todos ignoraban.

14. ¿A _____ dirigiste la carta en _____ te quejas del servicio del hotel?

15. No conozco a nadie _____ hable francés mejor que Pierre.

B **Rellene los espacios en blanco usando la forma apropiada del pronombre, adjetivo o del verbo que aparece entre paréntesis.**

Ayer, mi hermana _____ (1) (llegar) a casa con _____ (2) amigas suyas. Una de _____ (3) _____ (4) (decir) a mí que ella _____ (5) (tener) un familiar _____ (6) conocimientos de _____ (7) matemáticas _____ (ser) (8) impresionantes. Al día siguiente me trajo un libro _____ (9) creía iba a serme útil para mis clases y, en efecto, yo _____ (10) estoy usando ahora mismo porque mañana tengo un examen sobre trigonometría. Otra amiga, a _____ (11) mi hermana llamaba Puri, me dijo que _____ (12) podría ayudarme si yo _____ (13) necesitaba. A mí no _____ (14) hace gracia que otros sepan _____ (15) torpe que soy en esa materia, así que he _____ (16) (hablar) con mi hermana, y le he _____ (decir) (17) que no quiero que _____ (hacer) (18) algo así nunca más. Me ha _____ (contestar) (19) que la razón por _____ (20) lo ha _____ (hacer) (21) no es otra sino _____ (22) deseaba ayudarme. _____ (23) he _____ (dar) (24) las gracias, y _____ (25) he convidado al cine.

C **Traduzca al español las siguientes frases, usando las formas pronominales estudiadas en este capítulo.**

1. The island, whose strategic importance is great, is poorly defended.

2. Ricardo is an intelligent man who understands the situation but who, nevertheless, refuses to do his part of the work.

3. David finished the task on time, which surprised us very much.

4. The friend in whom I have most confidence is Vicente.

5. A woman suddenly appeared with a child, whom she was accompanying to school.

6. We climbed the mountain from whose summit we saw the coast.

7. This country is entering a period in which the national income will double in ten years.

8. Ignacio is a talented artist who has many friends, but who refuses to work.

9. I saw that the table that I liked to sit at was occupied by a man whose face I didn't recognize.

10. They spent three days in the city, during which absolutely nothing happened.

D **Cada una de las frases siguientes contiene un error. Teniendo en cuenta la gramática estudiada en este capítulo, identifique Ud. cuál es el error y corríjalo.**

1. En esa foto, a la izquierda, hay un turco quien está haciendo una alfombra de nudos.

2. Julio es un buen amigo, de quien los consejos me ayudan mucho en momentos difíciles.

3. Nuestro abuelo nos dio dinero, sin que no habríamos podido ir a Disneylandia.

4. ¿Cuyos son esos magníficos autos deportivos estacionados delante del club?

5. El chico para que has comprado ese regalo no te lo va a agradecer.

6. No me siento querido en esta casa, por que he decidido marcharme a vivir solo.

7. Ésa es la razón por cual decidí no llamarte anoche.

8. Los ciudadanos, muchos de lo que no votan nunca, por alguna razón ayer lo hicieron en masa.

9. Los gansos del Canadá, quienes antes nos visitaban todos los años, ahora no pasan por aquí.

10. Son los mismos compañeros de equipo con que yo jugaba al béisbol el verano pasado.

ENFOQUE Writing Critical Reviews

A critique is the evaluation of something under consideration such as a book, play, movie, musical performance, painting, and so on. It implies discussing in an objective manner its virtues as well as its defects. The critique of a work of art is one of the most difficult tasks anyone can attempt. As a student, you will have to write critiques for some of your courses. One you may be frequently asked to do is the "review" essay for your courses in literature.

A review essay requires a presentation and an interpretation of the facts and opinions in a book. The essay should indicate the information contained in it, while at the same time present a critical judgment of that information. The review essay has three functions: 1) to define the book and its goals; 2) to condense the book's contents; and 3) to give an evaluation of the book. Of these three functions, perhaps the most important is the third one. You should combine facts and judgments in your evaluation to strengthen your critique.

TIPS

1. Explain the type of book you are reviewing.
2. Summarize in a clear and logical fashion its contents.
3. Write your own review—do not use other people's opinions.
4. Consider only the book's contents and do not introduce opinions that are not related to these contents.
5. Mention the strengths and weaknesses of the work you are reviewing. Include your interpretation of them.
6. Use quotations judiciously to support your comments.
7. Make the language you use direct, natural, and clear. Avoid being too subjective.
8. Discuss the appropriateness of the author's style.
9. Avoid generalizations and abstractions.

CAPÍTULO

12

La casa de Asterión
JORGE LUIS BORGES

Repaso gramatical
* *Prepositions*

❖

LA CASA DE ASTERIÓN
JORGE LUIS BORGES

El argentino Jorge Luis Borges (1899–1986) es uno de los más conocidos escritores modernos en lengua española. Ha escrito poesía y ensayos, pero es como cuentista que ha adquirido fama internacional. Sus cuentos, recogidos en colecciones como El jardín de senderos que se bifurcan *(1942),* Ficciones *(1944) y* El aleph *(1949), muestran la extraordinaria capacidad de Borges como creador de situaciones y de personajes. Son, además, relatos de extraordinaria elaboración intelectual que revelan la gran imaginación de su autor. En ellos, Borges trata de expresar, de manera a veces enigmática, la crisis espiritual del siglo XX.*

Aunque Borges nunca escribió novelas, su impacto sobre la novela hispanoamericana moderna ha sido "revolucionario", según nos dice el gran novelista mexicano Carlos Fuentes. Afirma Fuentes que Borges es responsable de "una profunda revolución que equipara la libertad con la imaginación, y con ambas constituye un nuevo lenguaje hispanoamericano". Borges consigue esto al reivindicar la literatura imaginativa y fantástica, y liberarla de la tradición del realismo social y psicológico anterior.

El tema central en muchos cuentos de Borges es el laberinto (representado por una multiplicidad de imágenes). En nuestra selección, "La casa de Asterión", Borges recrea,

*desde una perspectiva muy original, el mito clásico del minotauro y el laberinto.
Seguimos las actividades del narrador con gran interés, sin saber hasta el final quién
puede ser éste. Este narrador, al igual que la persona de todos los tiempos, espera el
cumplimiento de su destino y su liberación de una, aparentemente, absurda existencia.*

Y la reina **dio a luz**[1]
un hijo que se llamó
Asterión.

Apolodoro: Biblioteca, III, I.

Sé que me acusan de **soberbia**[2], y tal vez de misantropía, y tal vez de **locura**[3]. Tales
acusaciones (que yo castigaré a su debido tiempo) son irrisorias. Es verdad que no
salgo de mi casa, pero también es verdad que sus puertas (cuyo número es infinito)*
están abiertas día y noche a los hombres y también a los animales. Que entre el que
5   quiera. No hallará pompas mujeriles aquí ni el bizarro aparato de los palacios pero sí
la quietud y la soledad. Asimismo hallará una casa como no hay otra en la faz de la
tierra. (Mienten los que declaran que en Egipto hay una parecida.) Hasta mis
detractores admiten que no hay *un solo mueble* en la casa. Otra especie ridícula es
que yo, Asterión, soy un **prisionero**[4]. ¿Repetiré que no hay una puerta cerrada,
10 **añadiré**[5] que no hay una cerradura? Por lo demás, algún atardecer he pisado la calle;
si antes de la noche volví, lo hice por el temor que me infundieron las caras de la
plebe, caras descoloridas y aplanadas, como la mano abierta. Ya se había puesto el
sol, pero el desvalido llanto de un niño y las toscas plegarias de la grey dijeron que
me habían reconocido. La gente oraba, **huía**[6], se prosternaba; unos se encaramaban
15 al estilóbato del templo de las Hachas, otros juntaban piedras. Alguno, creo, se
ocultó bajo el mar. No **en vano**[7] fue una reina mi madre; no puedo confundirme
con el vulgo, aunque mi modestia lo quiera.

El **hecho**[8] es que soy único. No me interesa lo que un hombre pueda transmitir
a otros hombres; como el filósofo, pienso que nada es comunicable por el arte de la
20 escritura. Las enojosas y triviales minucias no tienen cabida en mi espíritu, que está
capacitado para lo grande; jamás he retenido la diferencia entre una letra y otra.
Cierta impaciencia generosa no **ha consentido**[9] que yo aprendiera a leer. A veces lo
deploro, porque las noches y los días son largos.

Claro que no me faltan distracciones. Semejante al carnero que va a **embestir**[10],
25 corro por las galerías de piedra hasta rodar al suelo, mareado. Me agazapo a la

---

*El original dice *catorce,* pero sobran motivos para inferir que, en boca de Asterión, ese adjetivo numeral vale por
infinitos.

sombra de un aljibe o a la vuelta de un corredor y **juego**[11] a que me buscan. Hay **azoteas**[12] desde las que me dejo caer, hasta ensangrentarme. A cualquier hora puedo jugar a estar dormido, con los ojos cerrados y la respiración poderosa. (A veces me duermo realmente, y a veces ha cambiado el color del día cuando he abierto los
30 ojos.) Pero de tantos juegos el que prefiero es el de otro Asterión. Finjo que viene a visitarme y que yo le muestro la casa. Con grandes reverencias le digo: *Ahora volvemos a la encrucijada anterior o Ahora desembocamos en otro patio o Bien decía yo que te gustaría la canaleta o Ahora verás una cisterna que se llenó de arena o Ya verás cómo el sótano se bifurca.* A veces me equivoco y nos reímos buenamente los dos.

35 No sólo he imaginado estos juegos; también he meditado sobre la casa. Todas las partes de la casa están muchas veces, cualquier lugar es otro lugar. No hay un aljibe, un patio, un abrevadero, un pesebre; son catorce [son infinitos] los pesebres, abrevaderos, patios, aljibes. La casa es del **tamaño**[13] del mundo; mejor dicho, es el mundo. Sin embargo, a fuerza de fatigar patios con un aljibe y polvorientas galerías
40 de piedra gris he alcanzado la calle y he visto el templo de las Hachas y el mar. Esto no lo entendí hasta que una visión de la noche me reveló que también son catorce [son infinitos] los mares y los templos. Todo está muchas veces, catorce veces, pero hay dos cosas en el mundo que parecen estar una sola vez: arriba el intricado sol; abajo, Asterión. Quizá yo he creado las estrellas y el sol y la enorme casa, pero ya no
45 me acuerdo.

Cada nueve años entran en la casa nueve hombres para que yo los **libere**[14] de todo mal. Oigo sus pasos o su voz en el fondo de las galerías de piedra y corro alegremente a buscarlos. La ceremonia dura pocos minutos. Uno tras otro caen sin que yo me ensangriente las manos. Donde cayeron quedan, y los cadáveres ayudan a
50 distinguir una galería de las otras. Ignoro quiénes son, pero sé que uno de ellos pro- fetizó, en la hora de su muerte, que alguna vez llegaría mi redentor. Desde entonces no me duele la soledad, porque sé que vive mi redentor y al fin se levantará sobre el polvo. Si mi oído alcanzara todos los **rumores**[15] del mundo, yo percibiría sus pasos. Ojalá me lleve a un lugar con menos galerías y menos puertas. ¿Cómo será mi
55 redentor?, me pregunto. ¿Será tal vez un toro con cara de hombre? ¿O será como yo?

El sol de la mañana reverberó en la espada de bronce. Ya no quedaba ni un vestigio de sangre.

—¿Lo creerás, Ariadna? —dijo Teseo—. El minotauro apenas se defendió.

A Marta Mosquera Eastman

Cuestionario

Contenido

1. ¿Quién es el narrador?
2. ¿De qué acusan al narrador?
3. Describa la casa del narrador.

4. ¿Qué distracciones tiene el narrador?

5. ¿Quiénes visitan periódicamente al narrador?

6. ¿Qué ocurre a los visitantes?

7. ¿Cómo termina el narrador?

Interpretación y estilo

1. ¿Qué concepto tiene de sí mismo el narrador?

2. ¿Por qué vive en soledad?

3. ¿Por qué reza la gente al reconocer al narrador en la calle?

4. ¿Por qué cree que es "único" el narrador?

5. ¿Qué "ceremonia" tiene lugar entre el narrador y los visitantes?

6. ¿Por qué espera Asterión a su redentor?

7. ¿Qué significa la última frase de este cuento: "El minotauro apenas se defendió"?

Léxico: opciones

dar a luz *to give birth*	**nacer** *to be born*
alumbrar *to illuminate; to give birth*	**el nacimiento** *birth*
parir *to give birth*	**el parto** *birth, delivery*

Dar a luz is a common euphemism, and **alumbrar** a less common one, for **parir**, *to give birth*. In modern Spanish, **parir** is used almost exclusively to indicate animal birth. **Nacimiento** and **parto** both render *birth*. But while **nacimiento** refers to the fact of being born, **parto** refers to the act of giving birth to a child.

Mi hermana **dio a luz (alumbró)** un niño de cuatro kilos.	*My sister **gave birth** to a baby weighing four kilos.*
La gata **parió** cuatro gatitos.	*The cat **had** four kittens.*
El **nacimiento** de Valentín tuvo lugar en un hospital de San Diego.	*The **birth** of Valentín took place in a hospital in San Diego.*
El último **parto** de Elena duró dos horas.	*Elena's last **delivery** took (lasted) two hours.*

━━━━━━━━━━━━━━━━━━━━ **2** ━━━━━━━━━━━━━━━━━━━━

la soberbia *pride, haughtiness*	**engreído** *conceited, vain*
soberbio *proud, haughty*	**altivo** *haughty, proud*
orgulloso *proud, haughty*	**arrogante** *arrogant, proud*

Soberbio and **engreído** are synonyms of **orgulloso**, the most common adjective for *proud*. **Orgulloso**, like English *proud*, may be used in the positive sense of self-worth or legitimate pride in something accomplished. It may also indicate an excessively high opinion of one's own worth and disdain for others. **Soberbio** and **engreído** are always used in this latter sense. **Altivo** and **arrogante** also render *proud, haughty, arrogant*, but refer primarily to the bearing, gestures, and words with which a person manifests his or her excessive pride.

Ricardo III de Inglaterra era un rey muy **soberbio**.	*Richard III of England was an excessively **proud** king.*
Los padres de Paquito están **orgullosos** de sus excelentes calificaciones.	*Paquito's parents are **proud** of his excellent grades.*
Roberto es tan **engreído** que no tiene amigos.	*Roberto is so **conceited (stuck up)** that he has no friends.*
El jefe era **altivo (arrogante)** y despreciaba a los empleados.	*The boss was **haughty (arrogant)** and looked down on his employees.*

━━━━━━━━━━━━━━━━━━━━ **3** ━━━━━━━━━━━━━━━━━━━━

loco *insane, crazy, mad*	**la sanidad** *health*
la locura *insanity, craziness, madness*	**chiflado** *nutty, crazy*
la cordura *sanity*	**chalado** *nutty, crazy*
cuerdo *sane*	**ido** *crazy*
sano *healthy*	

Locura and **loco** may indicate a variety of mental conditions or states ranging from a diseased or abnormal mind (i.e., clinically insane) to various lesser degrees of mental perturbation. As is true with the English *crazy*, **loco** and its synonyms may be used in either a literal or figurative sense. **Cordura** and **cuerdo** are the antonyms of **locura** and **loco**. Note that **sano**, *healthy*, and **sanidad**, *health, sanitation*, are false cognates of English *sane* and *sanity*. Among the more common synonyms of **loco** are **chiflado**, **chalado**, and **ido**. They are used at a familiar or popular level, sometimes with humorous intent and most often signal behavior that is strange, obsessive, or eccentric, but not genuinely insane.

Cuando Juan se volvió **loco**, su familia tuvo que meterlo en un manicomio.	*When Juan became (went) **crazy**, his family had to commit him to an insane asylum.*

Víctor estaba **loco** por la nueva chica
en la clase.

*Víctor was **crazy** about the new girl
in class.*

Sancho dudaba que Don Quijote
estuviese **cuerdo.**

*Sancho doubted that Don Quijote
was **sane.***

El médico le dijo que estaba más **sano**
que nunca.

*The doctor told him he was **healthier**
than ever.*

No hagas caso a Leandro; está algo
chiflado.

*Don't pay attention to Leandro; he is
somewhat **crazy.***

Isabel está un poco **ida** desde que
murió su hijo.

*Isabel has been a bit **crazy**
(**disturbed**) since her son died.*

el prisionero *prisoner*
el preso *prisoner, convict*
el recluso *inmate, prisoner*

el encarcelado *prisoner, jailed person*
el reo *criminal, defendant, prisoner*

English *prisoner* and Spanish **prisionero** may refer to a captured person or one who has
been locked up. **Preso** stresses the aspect of confinement of a prisoner and **encarcelado**
the place where he is confined (**la cárcel** = *jail*). **Recluso**, *inmate* or *prisoner*, stresses the
idea of a confinement within an institution (prison, jail, penitentiary). **Reo** is a term
used for a person who is on trial, awaits trial, or has been recently sentenced. **Reo** is
sometimes also rendered by English *criminal* or *defendant,* as well as *prisoner.*

Mi hermano fue **prisionero** de guerra
en Alemania en 1945.

*My brother was a **prisoner** of war
in Germany in 1945.*

Al Capone fue un **preso** en un penal
federal.

*Al Capone was a **prisoner** in a
federal prison.*

Los **encarcelados** alborotaron para
protestar las malas condiciones en
la cárcel.

*The **jailed men** rioted to protest the
bad conditions at the jail.*

Los **reclusos** de la prisión declararon
una huelga de hambre.

*The **inmates** at the prison went on
a hunger strike.*

El **reo** miraba con curiosidad al jurado.

*The **criminal (defendant, prisoner)**
looked with curiosity at the jury.*

añadir *to add*
agregar *to add*
sumar *to add (up)*

Of the two synonyms **añadir** and **agregar**, the former is the word of higher frequency. **Agregar** in very careful usage may imply that in a mixture obtained by adding one material to another the individual components retain their distinctive characteristics. In most cases, however, **agregar** and **añadir** are synonymous, and their use implies that the final result is a homogeneous entity. **Sumar**, *to add* or *to add up*, is primarily a term of arithmetic to indicate adding one quantity to another.

Pablo **añadió** otra moneda romana a su colección.	*Pablo **added** another Roman coin to his collection.*
Mamá **agregó** más patatas al estofado.	*Mama **added** more potatoes to the stew.*
Los niños pequeños aprenden a **sumar** usando los dedos.	*Small children learn **to add** using their fingers.*
Repasé la cuenta del restaurante para ver si la **habían sumado** bien.	*I went over the bill at the restaurant to see if **they had added** it up correctly.*

huir *to flee, escape*
escaparse *to escape, flee, run away*

fugarse *to escape, run away*
largarse *to go away, "beat it"*

Huir, the most frequently used of the verbs above, indicates a certain speed and sense of urgency in fleeing some place either out of fear or to avoid danger. **Escaparse** and **fugarse** are close synonyms, but **fugarse**, unlike **escaparse**, always implies escaping while being under guard or close vigilance. **Largarse**, used colloquially, indicates *to go away* or *to leave a place* out of dissatisfaction or disappointment.

"Papillon" consiguió **fugarse (huir)** de la Isla del Diablo.	*"Papillon" succeeded in **escaping (fleeing)** from Devil's Island.*
El muchacho **se escapó** de casa y se fue a Hollywood.	*The boy **ran away** from home and went to Hollywood.*
En la reunión, Pablo se enfadó y **se largó**.	*At the meeting, Pablo became angry and **walked out.***

—**Lárgate**— me dijo mi padre cuando
le pedí el coche otra vez.

Beat it (Get out of here!)— *my
father said when I asked him for the
car again.*

en vano *in vain*
en balde *in vain*
a propósito *on purpose, deliberately*
adrede *on purpose, deliberately*

a posta *on purpose*
a prisa *quickly, hurriedly*
de prisa *quickly, hurriedly*

En vano and **en balde** are indistinguishable in meaning, usage, and frequency. Among the three adverbial expressions above for *on purpose*, **a posta** is colloquial and particularly common in the language of children. Both **a propósito** and **adrede** are high-frequency words and may be used interchangeably. Similarly, **de prisa** and **a prisa** are used without any distinction made between them.

Tenemos que hacer todo de nuevo.
Hemos trabajado **en vano (en balde)**.

*We'll have to do everything again.
We have worked **in vain**.*

Estoy enojado con Andrés porque lo
hizo **a propósito (adrede)**.

*I'm angry with Andrés because
he did it **on purpose**.*

Mi hermano dijo que yo le había roto
el juguete **a posta**.

*My brother said I had broken his toy
on purpose.*

Los estudiantes fueron a la universidad
de prisa (a prisa) para no llegar tarde
al examen.

*The students went to the university
quickly in order not to be late for
the exam.*

el hecho *fact, deed*
el dato *fact*
los antecedentes *record, facts on record*
el historial *record, dossier*
la estadística *statistics*

Hecho and **dato** render English *fact*, but **hecho** refers to something that has been done or that has taken place. **Dato** indicates information from which some inference can be drawn. **Antecedente**, when used in the plural, indicates the record of any person or any institution kept in an archive or office file. **Historial** differs from **antecedentes** in that it refers to the official written document summarizing the information provided in the **antecedentes**. In Spanish, **estadística** in the singular may refer to a single item of numerical information or to the science of statistics. Unlike English, where the plural *statistics* is the more common form, in Spanish the singular **estadística** is of greater frequency.

Cuando se quiere a una persona, se demuestra con **hechos** y no sólo con bellas palabras.

*When you love someone, you show it with **deeds** and not only with beautiful words.*

De hecho, la boda de mi hermano fue un sábado y no un domingo.

In fact, my brother's wedding took place on a Saturday and not on a Sunday.

El físico organizó todos los **datos** de su experimento.

*The physicist organized all the **data** (facts) from his experiment.*

Para concederme ese empleo, me pidieron mis **antecedentes** laborales.

*In order to give me that job, they asked me for my work **record.***

El ladrón tenía un largo **historial** con la policía.

*The thief had a long police **record.***

En casi todos los países, los políticos manipulan la(s) **estadística(s)** a su favor.

*In almost all countries, politicians manipulate **statistics** to their own advantage.*

consentir *to permit, tolerate; to pamper, spoil*
permitir *to permit, allow*
dejar *to let, allow*
tolerar *to tolerate*
autorizar *to authorize, permit*

The above verbs share the common meaning of *allowing* or *permitting* something to be done. However, there are nuances that differentiate them and the way in which they are used. In Borges's short story, **consentir** refers to the protagonist who as a child was *spoiled* by allowing him to go undisciplined. **Consentir** most often indicates acquiescence in a situation or to something being done. **Dejar** and **permitir** are very close synonyms, but **dejar** is colloquial and **permitir** more formal in register. **Tolerar** means *to put up with* or *to accept* some situation or condition that one doesn't necessarily approve of. **Autorizar** is more common in Spanish than is its cognate *to authorize* in English. It indicates granting permission, legal or otherwise, for something to be done.

No **consiento** que me hables de esa manera.

*I will not **permit (tolerate)** your talking to me that way.*

Mi padre **consiente** que mi hermano haga lo que quiera.	*My father **permits** my brother to do whatever he pleases.*
El jefe **permitió** que los obreros se fueran a casa temprano por el calor.	*The boss **let** the workers go home early on account of the heat wave.*
¡Mamá! Juanito no me **deja** jugar con su balón.	*Mama! Juanito won't **let** me play with his soccer ball.*
No **tolero** que nadie fume en nuestra casa.	*I won't **tolerate (permit)** anybody's smoking in our house.*
El gobierno **autorizó** que se estableciera una playa para nudistas.	*The government **authorized** the establishment of a nudist beach.*

— ◈ **10** ◈ —

embestir *to attack, charge*
atacar *to attack*

acometer *to attack, assault, charge*
arremeter *to attack, rush forth, assail*

All the verbs above share the idea of an offensive or hostile action against someone or something, and normally stress the initial aspect of this action. **Atacar**, the most common of the verbs above, can be used in almost any situation. **Embestir** stresses the charge or the forward violent rush of the attack. Used often with regard to large animals such as bulls, elephants, and rhinos, it is used figuratively for people as well. **Acometer**, occasionally followed by the preposition **contra**, indicates a more premeditated action than **embestir**. The object of **acometer** may be either people or things. **Acometer** is often used in the figurative sense of *to undertake* or *to start working* at some task, problem, or job. **Arremeter**, used also with the preposition **contra**, suggests a more spontaneous, impetuous attack than **acometer**. It is frequently used in a figurative sense in the context of attacking ideas.

El toro **embistió** el rojo capote del torero.	*The bull **charged (attacked)** the bullfighter's red cape.*
Atacamos al enemigo durante la madrugada.	*We **attacked** the enemy during the early dawn.*
Los soldados **acometieron** la fortaleza.	*The soldiers **attacked (charged)** the fortress.*
Cándido es muy enérgico y capaz de **acometer** cualquier tarea.	*Cándido is very energetic and capable of **undertaking (attacking)** any task.*
El senador **arremetió** contra el último discurso del presidente.	*The senator **attacked** the president's last speech.*

— 11 —

jugar *to play, gamble*
juguetear *to play, fool around*

tocar *to touch, play*
tañer *to play, ring*

Jugar means to engage in some activity for the purpose of enjoying oneself or having fun. It also renders English *to gamble*, to wage money on a contest or game of chance. **Juguetear** also renders *to play* when no specific game is involved, and it often corresponds to English *to play* or *to fool around*. **Tocar**, *to touch*, also means *to play a musical instrument*. **Tañer** means primarily *to play a stringed instrument* or *to ring bells*, and is found largely in literary Spanish.

A muchos californianos les gusta ir a **jugar** a Las Vegas.	*Many Californians like to go to Las Vegas **to gamble**.*
El niño **jugueteaba** con la comida.	*The little boy **was playing (fooling around)** with his food.*
Quiero aprender a **tocar** la guitarra.	*I want to learn **to play** the guitar.*
El sacristán de la iglesia **tañía** las campanas para la misa del alba.	*The sexton at the church **was ringing** the bells for the early mass.*

— 12 —

la azotea *roof*
la teja *roof tile*
el tejado *roof, tile roof*

el techo *ceiling*
la baldosa *(floor) tile*
el azulejo *ceramic tile*

Azotea is a flat roof whose surface has many uses such as drying clothes or relaxing with friends. **Teja**, the classic Spanish roof tile, has given rise to the word **tejado**, originally a tile roof, but now accepted for any kind of roof except the **azotea**. **Techo** is *ceiling*, the upper surface of a room. **Baldosa** indicates a *floor tile*, normally of baked clay, but sometimes made of other materials. **Baldosas** of smaller size are referred to as **baldosines**. Finally, **azulejo** indicates a *glazed ceramic tile*, plain or with a design, used primarily for covering walls, floors, and so forth.

Los vecinos salieron a tomar el sol en la **azotea**.	*The neighbors went out to enjoy the sun on the **roof**.*
El granizo ha roto algunas **tejas** del **tejado**.	*The hail has broken some **tiles** on the **roof**.*
Había una araña colgada del **techo** del dormitorio.	*There was a spider hanging from the **ceiling** of the bedroom.*

Al caer la sartén, se rompió una
baldosa de la cocina.

*When the frying pan fell, it broke a
kitchen **tile**.*

Los **azulejos** de Valencia son conocidos
por todo el mundo.

*Valencian **ceramic tiles** are known
throughout the world.*

13

el tamaño *size*
la dimensión *dimension, size, area*
la talla *size*

la medida *measurement, size*
número *shoe size*

Size, in the sense of the measurement(s) of something, is most often **tamaño** in Spanish.
Dimensión and **dimensiones** are frequently used to indicate *size* when referring to something in terms of its spatial, linear dimensions. **Talla** is the equivalent of English *size*
when referring to most articles of clothing. **Medida**, *measurement*, is a word that sometimes renders English *size*, but with reference to a small number of items of clothing such
as hats and gloves, although **talla** and **número** are also used in this context.

Compra una botella de champú de
tamaño grande.

*Buy a large-**size** bottle of shampoo.*

Mi padre quería una casa de grandes
dimensiones.

*My father wanted a large-**sized** house.*

En zapatos, el **número** (la **talla**) diez y
medio en los Estados Unidos es el
número (la **talla**) cuarenta y cuatro
en España.

*In shoes, **size** ten and a half in
the United States is **size** forty-four
in Spain.*

Querían comprarle un traje al niño pero
no sabían su **medida (talla)**.

*They wanted to buy the boy a suit, but
they didn't know his **size.***

14

liberar *to free*
librar *to free*

soltar *to let loose (go), set free*
libertar(se) *to free oneself*

Liberar is the most common equivalent of English *to liberate* and is often used in the
sense of freeing someone from confinement, a nation from military occupation or political domination. **Librar**, a synonym of **liberar**, is frequently used in the context of
becoming free of some obligation or responsibility. **Libertar** in most cases suggests
direct participation in the act of freeing someone. **Soltar** means *to free* or *to set free* by
untying or loosening whatever it was that bounded or restricted a person or thing.

El presidente Lincoln **liberó** a los esclavos.	*President Lincoln **freed** the slaves.*
Su viaje a Londres les **libró** de estar en California durante el terremoto.	*Their trip to London **freed** them from being in California during the earthquake.*
Los electrodomésticos nos **han librado** de muchos trabajos pesados en el hogar.	*Electric appliances have **freed** us from a lot of hard housework.*
Pedro fue al especialista para **librarse** de los constantes dolores de cabeza.	*Pedro went to the specialist **to get rid of (to free himself from)** his constant headaches.*
Simón Bolívar **libertó** a muchas colonias de la dominación española.	*Simón Bolívar **freed (liberated)** many colonies from Spanish domination.*
Julián **soltó (liberó)** el canario de la jaula.	*Julián **let loose (freed)** the canary from the cage.*

───────────── **15** ─────────────

el rumor *rumor; murmur; noise*	**el barullo** *uproar, loud noise*
el ruido *noise*	**el alboroto** *loud noise*
el murmullo *murmur, whisper*	**el bullicio** *bustle, rumble*

Rumor is used by Borges to mean *unsubstantiated comment* or *hearsay*. **Rumor** may also be used to indicate a soft noise caused by indistinguishable voices or by other soft or weak sounds. **Ruido** is a general term for *noise*. **Murmullo** indicates a soft indistinct noise, often pleasant, produced by human voices or by elements of nature. **Barullo** indicates a loud noise accompanied by much confusion and disorder. **Alboroto**, like **barullo**, is a loud noise, often produced by several persons who are talking or laughing, or even shouting or fighting. **Bullicio** most often indicates the noise produced by the normal movement and activity of people living their everyday lives.

Había un **rumor** de que iban a subir los impuestos.	*There was a **rumor** that taxes were going to be raised.*
El **ruido** de la discoteca no dejaba dormir a los vecinos.	*The **noise** from the discotheque kept the neighbors from sleeping.*
Los estudiantes armaron un **barullo** (**alboroto**) exigiendo la eliminación de los exámenes.	*The students created an **uproar** demanding the elimination of exams.*
Luis escapó del **bullicio** de Madrid y fue a vivir a una aldea.	*Luis fled the **noise** of Madrid and went to live in a village.*

◈ Práctica

A Para cada una de las frases siguientes, elija Ud. la palabra o expresión que complete el sentido. En caso de que haya dos respuestas correctas, elija la más apropiada. Haga también cualquier cambio necesario en la palabra elegida para que la frase quede gramaticalmente correcta.

1. La vaca _____ un ternero ayer (**alumbrar, parir, dar a luz**).

2. Esta mañana su esposa _____ una hermosa niña (**parir, dar a luz, nacer**).

3. El anciano _____ porque había podido terminar el maratón de Boston (**era altivo, estaba orgulloso, era soberbio**).

4. El adolescente quedó _____ por la nueva estudiante (**chiflado, ido, cuerdo**).

5. Hoy día se pueden curar con medicamentos algunos tipos de _____ (**cordura, soberbia, locura**).

6. Mientras escribía su libro, el autor fue un _____ en su casa (**preso, recluso, encarcelado**).

7. La cocinera _____ más especias al arroz (**sumar, añadir, soltar**).

8. Los niños chinos antes aprendían a _____ con el ábaco (**añadir, sumar, agregar**).

9. El soldado _____ ante la superioridad del enemigo (**largarse, escaparse, huir**).

10. Los presos _____ de la cárcel anteayer (**largarse, fugarse, huir**).

11. Algunas leyes de tráfico fueron aprobadas _____ porque los conductores no las obedecen (**en vano, adrede, a prisa**).

12. Pasó _____ por el despacho para hablar con el jefe que no estaba (**adrede, en balde, a propósito**).

13. En aquel país el que tiene _____ criminal(es) no puede votar en las elecciones (**un historial, unos datos, unas estadísticas**).

14. Es un(a) _____ histórico(a) que San Martín se reunió con Bolívar (**hecho, antecedente, estadística**).

15. La policía pidió _____ del criminal a la Interpol (**el hecho, la estadística, los antecedentes**).

16. Para terminar mi informe para la clase de historia, busqué los (las) _____ que me faltaban en la biblioteca (**hechos, datos, estadísticas**).

17. Era un niño mimado porque los abuelos le _____ todo (**autorizar, dejar, consentir**).

18. El ayuntamiento de nuestra ciudad va a _____ fuegos artificiales el 4 de julio (**tolerar, autorizar, dejar**).

19. El bisonte herido _____ contra el cazador (**acometer, embestir, atacar**).

20. El explorador Magallanes _____ la primera vuelta al mundo pero nunca la terminó (**atacar, acometer, embestir**).

21. Pablo Casals _____ maravillosamente el violoncelo (**jugar, juguetear, tocar**).

22. En lugar de prestar atención al maestro, el niño estaba _____ con el papel y el lápiz (**tañer, tocar, juguetear**).

23. Bo Jackson _____ al fútbol y al béisbol (**tañer, juguetear, jugar**).

24. Los pájaros hicieron el nido en el _____ de la casa (**tejado, techo, azulejo**).

25. Había una mancha de humedad en el (la) _____ de mi alcoba (**tejado, techo, azotea**).

26. Cubrieron lo más alto de la casa con _____ (**azulejos, baldosas, tejas**).

27. Necesito un sombrero de una _____ más grande (**dimensión, talla, medida**).

28. Abrí la perrera y _____ al perro (**liberar, libertar, soltar**).

29. Nos despertó el _____ de los truenos (**rumor, ruido, alboroto**).

30. Cuando se apagó la luz en el cine, se armó un _____ espantoso (**murmullo, bullicio, alboroto**).

B Traduzca al español las siguientes frases empleando el vocabulario estudiado en este capítulo.

1. The queen gave birth [do two ways] to a male heir.
2. Our dog had [do not use **tener**] three puppies.
3. The psychiatrist testified that the defendant was sane.
4. The government added new taxes to those we were already paying.
5. He needs to gather more data before writing his book.
6. My father will not [use present indicative] tolerate [do three ways] loud noise.
7. The elephant charged the photographer when he got too close [use **acercarse**].
8. The minstrel played [do not use **tocar**] the lute to entertain the court.
9. She bought her boyfriend a shirt that turned out to be two sizes larger than it should have been.
10. If you take these pills, you'll be free of (i.e., you'll free yourself from) your back pains.

Temas a escoger

Temas relacionados con la selección literaria

1. Escriba sobre el mito que Borges recrea en este cuento.
2. Escriba sobre la actitud de Asterión en cuanto a la sociedad en la que vive.
3. Explique la psicología del personaje Asterión.

Temas sugeridos por la selección literaria

1. Con respecto a cada uno de nosotros, ¿qué significa el mito de Asterión?
2. Escriba un ensayo relacionando el mito de Asterión con su propia vida.
3. Escriba sobre la importancia de la imaginación en su propia vida.

❖ Repaso gramatical ❖

Prepositions

Basic Statement

Every language has categories of words that establish relationships between the elements of discourse. Prepositions are one such category of relater words. They relate one word (a noun or pronoun) to another word (a noun, verb, or adjective) in the same sentence. The relationships that prepositions establish are most often those of position, direction, time, and means (mode). The following sentences illustrate how prepositions can establish these four relationships.

> John left his bike **in** the street. (position)

> Mary always goes **to** church on Sunday. (direction)

> The baseball game begins **at** 7:30. (time)

> He wrote the letter **with** great care. (means)

A *preposition* + *noun* together constitute a prepositional phrase, which in turn may function as an adverb, adjective, or noun. At times, the meaning of a preposition is fixed semantically, but more often it also takes on shades of meaning from its context. Different languages have different inventories of prepositions, and these help to determine how their speakers see the relationships between themselves and the world, and between and among other people and entities.

English and Spanish sometimes use synonymous prepositions in the same way. None-theless, semantically equivalent expressions frequently use different prepositions in the two languages:

pensar **en**	*to think **about***
depender **de**	*to depend **on***
soñar **con**	*to dream **of***

In both English and Spanish, most prepositions are single words of one or two syllables. Sometimes, however, shorter prepositions combine among themselves and with other words to form compound prepositions of one, two, or three words: *into, upon, because of, as for, by means of;* **debajo de**, **frente a**, **con motivo de**. The total number of prepositions is considerably smaller in Spanish than in English, and therefore some Spanish prepositions have developed many meanings to express a broad variety of relationships, both physical and figurative. As in English, the choice of a preposition in Spanish is determined by the way one sees an entity, whether he/she sees it as: 1) a point in space, 2) a line, 3) a surface, 4) an area, 5) a volume.

The Real Academia Española accepts, rather restrictively, only the following 19 words as prepositions:

a	**hacia**
ante	**hasta**
bajo	**para**
cabe	**por**
con	**según**
contra	**sin**
de	**so**
desde	**sobre**
en	**tras**
entre	

Most grammarians, however, expand the above list by adding to it, among others, **debajo de**, **delante de**, **dentro de**, **durante**, **encima de**, **excepto**, **frente a**, **incluso**, **mediante**, **por medio de**, **salvo**, as well as words like the gerund **incluyendo**, when it is used prepositionally. In this chapter we review the function of many of the Spanish prepositions mentioned on the preceding page, giving most attention to those that have the broadest range of meanings and have traditionally proven most troublesome to native speakers of English. These include the very common prepositions **a**, **en**, and **de**, and a number of prepositions that are functionally and semantically related to them: **hacia**, **hasta**, **sobre**, **encima de**, **dentro de**, and **desde**.

The Preposition "a"

The preposition **a** *(to, at, in)* expresses direction or motion towards some place or goal, and it normally follows verbs of motion whenever an object is expressed.

Fuimos **al** cine muy tarde.	*We went **to** the movies very late.*
Han hecho un viaje **a** México.	*They have taken a trip **to** Mexico.*
Estoy enseñándole **a** leer.	*I'm teaching him **to** read.* (implied motion towards a goal)

For the native speaker of Spanish, there exists a basic opposition between the preposition **a** (with its inherent implication of motion or direction) and the preposition **en** (which implies a static situation or a stationary or fixed position). This sometimes creates problems for the speaker of English because, depending on circumstances, both **a** and **en** may render English *at*. However, only when English *at* indicates or suggests movement or motion should it be rendered by **a** in Spanish. In most cases (as we shall see when reviewing **en**), English *at*, when indicating position, corresponds to Spanish **en**, not **a**.

Tiró la pelota **a** la ventana.	*He threw the ball **at** the window.*
Claudia fue **a** Madrid **a** estudiar **a** la Universidad.	*Claudia went **to** Madrid **to** study **at** the University.*
Llegamos **al** aeropuerto por la mañana.	*We arrived **at** (got **to**) the airport in the morning.*

Although **a** regularly follows verbs of motion, **para**, *in order to*, sometimes replaces **a** before an infinitive to stress purpose or the idea of uncertainty regarding the outcome.

Corrió **a** alcanzarlos.	
Corrió **para** alcanzarlos.	*He ran **to** catch up with them.*
Ha venido **a** verte.	*He has come **to** see you.*
Ha venido **para** verte.	*He has come **to** see you.* (for the specific purpose of or in the hope of seeing you)

Notwithstanding what has been said about **a** only infrequently rendering English *at* or *in* with reference to position or location, there are a number of high-frequency expressions which require **a** in Spanish and whose English translation equivalent is often *at* or *in*, such as expressions indicating time, hour, age, or distance:

El tren llega **a** medianoche.

*The train arrives **at** midnight.*

Abrimos la tienda **a** las nueve.

*We open the store **at** nine.*

Nuestro hijo se casó **a** los diecisiete años.

*Our son got married **at** seventeen.*

Mi ciudad natal está **a** cien millas de Nueva York.

*My hometown is 100 miles **from** New York.*

Hay una farmacia **a** una manzana de nuestra casa.

*There is a pharmacy one block **from** our house.*

In certain situations that indicate close proximity to something, **a** is preferred to **en** even though no motion is implied. This preference may partly reflect the fact that **en** could be taken to mean *on* or *on top of*.

El senador estaba sentado **a** la mesa. (**en** is also possible)

*The senator was seated **at** the table.*

Tomamos una cerveza **a** la barra y salimos. (**en** is also possible)

*We had a beer **at** the bar and left.*

Pasé la semana pasada sentado **a** la computadora.

*I spent last week seated **at** the computer.*

Estábamos **a** la derecha (izquierda) del alcalde.

*We were **at (to)** the right (left) of the mayor.*

Cuando vamos al estadio, siempre nos sentamos **al** sol (**a** la sombra).

*When we go to the stadium, we always sit **in** the sun (shade).*

It should be noted, too, that formerly the common verb of motion **entrar** was always followed by **a**. In Spain, however, **en** came to replace **a** after **entrar**. In most of Spanish America, however, **entrar a** continues to be used, and **a** is also used, after semantically related verbs such as **ingresar** and **penetrar**.

El ejército entró **a (en)** la ciudad de noche.

*The army entered **(in)** the city at night.*

A is also used to express means, method, or instrument:

La carta está escrita **a** mano.	*The letter is written **by** hand.*
Prepararon la carne **a** la parrilla.	*They prepared the meat **on** the grill.*
Lo echaron de la tienda **a** patadas.	*They kicked him out of the store.*
Mi marido está **a** dieta otra vez.	*My husband is **on** a diet again.*
Las verduras están **a** punto ya.	*The vegetables are done now.*

The so-called *personal* **a** is used before a direct object when that object is a specific person. **A** is also used when the speaker personifies an animal or thing that is a direct object. When the direct object is an indefinite or unspecified person, however, **a** is omitted. Despite their indefinite nature, indefinite personal pronouns always take the personal **a** as a sign of their accusative form when used as direct objects.

Esta mañana vi **a** tu tío.	*This morning I saw your uncle.*
Mataron **a** mi gato.	*They killed my cat.*
Ellos temen **a** la muerte.	*They fear death.*
El caballero necesitaba un escudero. (indefinite)	*The knight needed a squire.*
Buscamos una nueva criada. (indefinite)	*We are looking for a new maid.*
Encontramos **a** una criada muy buena. (definite)	*We found a very good maid.*
No vi **a** nadie ayer.	*I didn't see anyone yesterday.*
¿Reconociste **a** alguien en la fiesta?	*Did you recognize anyone (someone) at the party?*

When the direct object is a person or persons, the use or omission of the personal **a** also depends on the degree to which the noun employed as the direct object is particularized or individualized by the speaker. The use of **a** with collective nouns, for instance, reflects the action more directly in its effect on the individuals composing the group than on the group as a whole. The omission of **a** indicates that the group is seen more as a mass or entity rather than as composed of specific individuals.

Daniel no ha tenido que trabajar ni mantener un hijo.	*Daniel hasn't had to work nor support a child.*

Algunos dicen que eres caritativo y otros que mantienes borrachos.	*Some say you are charitable and others that you support drunkards.*
Vimos (**a**) muchos turistas en la playa.	*We saw many tourists on the beach.*
Vamos a contratar (**a**) cien empleados este año.	*We are going to hire one hundred employees this year.*
Vimos **a** varios turistas que llevaban sombrero de paja.	*We saw several tourists who were wearing straw hats.*
Sólo un mal padre abandona **a** su mujer y **a** sus hijos.	*Only a bad father abandons his wife and children.*

The Prepositions "hacia" and "hasta"

Like **a**, the prepositions **hacia** *(toward[s])* and **hasta** *(until, till, as far as)* may also indicate motion in some direction. **Hacia**, the equivalent of the English *toward(s)*, is directionally much vaguer than **a**; it indicates *in the general direction of*, but it does not specify a precise destination or even any need to reach a location or goal. **Hasta** is much more precise directionwise, for it specifies destination and indicates the given point (the absolute limit) one may reach but beyond which he/she cannot proceed. **Hacia** may be used for time expressions as well as those of position. **Hasta**, when used in temporal expressions, indicates either *up to the time that* or *before a specified time*.

Viajábamos **hacia** el sur.	*We were traveling **towards** the south.*
Al oír el ruido, volvió la cabeza **hacia** la puerta.	*On hearing the noise, he turned his head **towards** the door.*
¿Por qué no vienes **hacia** las siete?	*Why don't you come **about (towards)** seven o'clock?*
Caminaremos **hasta** la gasolinera y luego volveremos.	*We'll walk **to (as far as)** the gas station and then we'll come back.*
Trabajamos **hasta** las cinco de la tarde.	*We worked **until (till)** 5:00 P.M. (but not beyond)*
No lo tendrán listo **hasta** el miércoles.	*They won't have it ready **until (before)** Wednesday.*

The Prepositions "en," "sobre," "encima de," and "dentro de"

The preposition **en** *(in, on, at)*, as its most common English translation equivalents suggest, may indicate different positional relationships. Context often suffices to indicate which one is intended. But when ambiguity is a problem or greater emphasis is desired, **en**, when it indicates position on a flat, often horizontal surface, may be replaced by **sobre** *(on, upon, over, above)*, or less commonly by **encima de** *(on, upon, on top of, over, above)*. Similarly, when **en** indicates *inside of* or *within*, it is sometimes replaced by **dentro de** *(in, inside of, within)*. If it is clear from the context which of its various positional senses is implied, there is no need to replace **en** with another preposition. **Encima de** indicates location even more precisely than **en** and **sobre**, and may be used when and only if its English equivalent is *on top of*. Likewise, **dentro de** may disambiguate **en** and show that interiority, rather than surface location, is implied.

Pasaron toda la mañana **en** el mercado.	*They spent the entire morning **at (in)** the market.*
Mi hijo está ahora **en** el colegio.	*My son is now **at (in)** school.*
Todos durmieron **en** el hotel.	*Everyone slept **in (at)** the hotel.*
Tus nuevas camisas están **en** el cajón de abajo.	*Your new shirts are **in** the bottom drawer.*
Dejé el dinero **en** el escritorio.	*I left the money **on (in)** the desk.*
Dejé el dinero **sobre** el **(encima del)** escritorio.	*I left the money **on (on top of)** the desk.*
Dejé el dinero **dentro del** escritorio.	*I left the money **in(side)** the desk.*
Los miembros de la pandilla escribieron sus nombres **en (sobre)** las paredes de la estación del metro.	*The members of the gang wrote their names **on** the walls of the subway station.*
Mi reloj está **encima de** aquel libro.	*My watch is **on top of** that book.*

Sobre and **encima de** are also equivalents of English *over* and *above*. In English, *above* simply indicates that one object is higher than another. *Over* shares this meaning but has many others. It may also suggest a direct vertical relationship or nearness, even to the degree of physical contact. *Over* can also indicate that something covers something else by going from one side to another.

*A police helicopter was hovering **over (above)** our heads.*

*He placed a blanket **over** the sleeping boy.*

*The bridge **over** the river is closed.*

In Spanish, **sobre** and **encima de** may overlap in a few cases, as do *over* and *above*. In general, however, the uses of **sobre** parallel those of *over*, and **encima de** those of *above* in English. Nevertheless, in Spanish, a third form, **por encima de**, often replaces **encima de** in figurative or metaphorical uses.

Los aviones volaron **sobre** la ciudad.	*The planes flew **over (above)** the city.*
Desde febrero nadie vive en el piso **sobre** nosotros.	*Since February, nobody has been living in the apartment right **above** us.*
Carmen se echó un jersey **sobre** los hombros.	*Carmen threw a sweater **over** her shoulders.*
El futuro de la patria debe estar **por encima de** los intereses particulares.	*The future of the country must be **above** private interests.*

The Prepositions "de" and "desde"

De *(of, from; with)*, when indicating belonging or possession, normally is translated into English by utilizing the apostrophe followed by *s* (i.e., *'s*) or by using the preposition *of*.

¿**De** quién es el coche aparcado delante de la casa?	*Whose car is parked in front of the house?*
La casa **de** mi hermano es muy vieja.	*My brother**'s** house is very old.*
La catedral **de** Burgos es gótica.	*The cathedral **of** Burgos (Burgos**'s** cathedral) is Gothic.*

De is also used to indicate origin and the material or substance of which something consists or is made.

¿**De** dónde es Ud.?	*Where are you **from**?*
Kazumi es **del** Japón.	*Kazumi comes (is) **from** Japan.*
Su suéter es **de** lana.	*His sweater is (made **of**) wool.*
Mi marido tiene una voluntad **de** hierro.	*My husband has a will **of** iron.*

De sometimes renders English *with* 1) to indicate final state as opposed to the means or agent leading to that state and 2) to identify a person or thing by means of a prepositional phrase indicating some distinctive characteristic. **Con** would be incorrect to render *with* in such sentences since it indicates accompaniment and that the identifying feature is somehow separate from the person or things it characterizes.

Las montañas estaban cubiertas **de** nieve.	*The mountains were covered **with** snow.*
Cubrieron al enfermo **con** una manta.	*They covered the patient **with** a blanket.*
La mujer **del** sombrero gris es mi prima.	*The woman **with** the gray hat is my cousin.*
El perro **de** la pata rota es de los vecinos.	*The dog **with** the broken paw belongs to the neighbors.*
Viven en la casa **del** tejado rojo.	*They live in the house **with** the red roof.*

In most cases, English *from* is rendered by Spanish **de**. However, certain words such as **sustraer**, **quitar** *(to take away)*, **robar** *(to steal)*, and **comprar**, use the preposition **a** rather than **de** to separate the direct and the indirect objects of these verbs. Therefore in these cases, English *from* is rendered by **a** rather than the expected **de**. Were **de** to be used in the following examples, it would be the equivalent of English ownership or possession rather than separation.

Le quitaron el juguete **al** niño.	*They took the toy away **from** the child.*
En el metro le robaron la billetera **a** Juan.	*On the subway they stole Juan's billfold **from** him.*
Le pedí prestados cinco dólares **a** María.	*I borrowed five dollars **from** María.*
¿**A** quién has comprado este coche tan viejo?	***From** whom did you buy this very old car?*

Finally, **desde** *(from, since)* occasionally replaces **de**, just as **hasta** sometimes replaces **a**. **Desde** emphasizes the starting point, or point of origin in space, from which some distance is measured or some motion or action is realized. **Desde** is similarly used with time expressions and renders *since*.

Hay cinco millas **desde** aquí al río.	*It's five miles **from** here to the river.*
Desde el faro tenemos una vista sobre toda la costa.	***From** the lighthouse we have a view of the entire coast.*

> **Desde** el martes no he visto a nadie.   *I've not seen anyone **since** Tuesday.*

> **Desde** la muerte de su esposa, siempre   ***Since** his wife's death, he's always*
> está triste.   *(been) sad.*

The correlatives *from...to* may be rendered either by **desde...hasta** or **de...a**, or by both, depending on the context and the emphasis one wishes to convey.

> Hemos ido en coche **de (desde)** Madrid   *We have gone **from** Madrid **to** Moscow*
> **a (hasta)** Moscú.   *by car.*

◈ Práctica

A Use una o más de las preposiciones estudiadas en este capítulo (*a, hacia, hasta, en, sobre, encima de, por encima de, dentro de, de, desde*) para completar cada una de las siguientes frases. En las frases que tienen más de una respuesta correcta, explique la diferencia entre ellas. En el caso de la *a* personal, también es posible su omisión en alguna frase.

1. No te sientes _____ la cama; acabo de hacerla.

2. Eso ocurrió cuando fueron a estudiar _____ Londres.

3. El rey amaba al pueblo _____ todo.

4. David subió _____ el tejado para reparar la antena de la televisión.

5. El jubilado tiene buena salud y quiere vivir _____ los cien años.

6. Los jóvenes partieron _____ el sur, pero sin rumbo fijo.

7. La piscina estaba llena _____ agua _____ el borde.

8. Nuestras clases no comienzan _____ las tres de la tarde.

9. Como tenía mucho que hacer, Rafa no podía acompañarme _____ la estación de autobuses.

10. Los alpinistas subieron _____ el pico más alto de la cordillera.

11. Ayer Enrique y yo conocimos _____ dos chicas muy simpáticas de Bogotá.

12. Nuestro jefe está buscando _____ el empleado nuevo.

13. Nuestro jefe está buscando _____ un empleado nuevo.

14. Había demasiados estudiantes en el aula y algunos tuvieron que sentarse _____ el suelo.

15. Felipe quiere ponerse moreno y pasa el día tumbado _____ sol en la playa.

B Rellene los espacios en blanco usando la preposición apropiada, el pronombre apropiado o la forma correcta del verbo entre paréntesis.

El amigo de _____ (1) hablé ayer no es el mismo que _____ (ir) (2) _____ (3) la fiesta del domingo pasado. Creo que ya te he _____ (decir) (4) en otras ocasiones que no debemos esperar _____ (5) el último momento _____ (6) comprar billetes, porque eso es lo que le _____ (ocurrir) (7) a él: al llegar al cine, _____ (haber) (8) una larga cola, y mi amigo y su acompañante, una hermosa muchacha _____ (9) unos veinte años, _____ (pensar) (10) _____ (11) comprar los billetes _____ (12) la reventa, pero allí ya se les _____ (haber) (13) acabado. Estaba lloviendo a cántaros, así que _____ (faltar) (14) paraguas, y _____ (15) lo tanto mojándose, _____ (irse) (16) caminando _____ (17) la lluvia. Mi amigo no estaba molesto _____ (18) la lluvia, es más, le gustaba, pero _____ (19) la lluvia y la falta _____ (20) paraguas, acabó agarrando un gran catarro que le _____ (tener) (21) tres días _____ (22) la cama. Acabo de hablar _____ (23) él _____ (24) teléfono, y _____ (25) lo que él me ha dicho, ya está bien del todo.

C Traduzca al español las siguientes frases, usando las preposiciones estudiadas en este capítulo.

1. They will build a new bridge over the Tajo River.
2. Only by stealing hours from his [use **el**] sleep, was he able to finish the report on time.
3. You forget that I have a family to support.
4. On top of the dictionary there was an envelope with my name on it.
5. The doctor bought a newspaper from the small boy.
6. The plane flew above the clouds to avoid the storm.
7. We left the key on a small ledge over the garage door.
8. I would like to be a bird and fly over the treetops.
9. He put his hand in the water to see what the temperature was.
10. Unfortunately, this highway doesn't go as far as Medina.

D Cada una de las frases siguientes contiene un error. Teniendo en cuenta la gramática estudiada en este capítulo, identifique Ud. cuál es el error y corríjalo.

1. El niño sueña de las vacaciones de verano en la playa.
2. Estoy luchando para un ideal, ¿no lo entiendes?

3. La mujer con los zapatos amarillos es mi hermana.

4. Nuestra nueva casa está junto del mar.

5. Necesitas practicar más por mejorar tu español.

6. El viajero salió de la ciudad por el puente encima del río Tajo.

7. Le robaron el bolso de María en el Metro.

8. Un buen traductor nunca traduciría "actually" para "actualmente".

9. No estaré mucho tiempo en Nueva York; en unos días volveré.

10. Me enfadé y dije que me iba de allí por siempre.

ENFOQUE Writing Personal Experiences

When we write essays about personal experiences, we try to subjectively involve the reader. The transmission of information, or the proving or disproving of a particular idea, may not necessarily be a goal. In this type of essay, it is more important to employ artistic devices—figures of speech, idiomatic expressions, images, and metaphors—than in the other types of writing we have so far considered.

The "personal" essay can be defined as being casual, subjective, familiar, light, and even superficial. It is casual in its development and its goal. It is subjective in that it reveals not only the experiences, attitudes, feelings, or opinions of the writer, but the writer's personality as well. It is familiar in tone, for the writer approaches the readers as if they were friends with whom some thoughts are going to be shared. Usually, the theme may appear to be superficial, whimsical, or even funny. When dealing with profound or provocative thoughts, the personal essay does it with a light touch.

This type of essay is easy yet difficult to write. It is easy in that it offers an extraordinary choice of personal variations as to theme, approach, style, interpretation, and conclusion. It is difficult in that no matter what approach the writer chooses, it has to be pleasing and entertaining. The theme can be anything within the human experience; approach and style can be whatever the writer believes adequate for the theme. As for interpretations and conclusions, the writer is free to express ideas or opinions in a personal manner.

Even though this type of essay can be considered casual, it should not show carelessness on the writer's part; the same attention that is given to more formal essays should also be reflected in the personal one.

Vocabulario Español-Inglés

This vocabulary has been compiled to provide the English meaning of Spanish words in the exercises and literary selections. Gender is indicated only when it is not clear from the noun itself.

A

a tientas gropingly
ábaco abacus
abalanzarse to hurl oneself, rush
abandonar to leave
abarcar to include, cover
abatir to knock down
abeja bee
abismo abyss
ablandarse to soften
abogado lawyer
abrevadero drinking trough, watering place
absorto absorbed, entranced
aburrido bored, tiresome, boring
abusar to go too far, take advantage
　~ de to abuse
acabar de to have just
acariciar to caress
acatamiento reverence, awe
acentuar to accent, accentuate, emphasize
acera sidewalk
acertado right fit, sure
achacoso sickly, ailing
aciano bluebottle, cornflower
acitrón candied citron
aclamar to acclaim, applaud
acoger to receive
acogida reception
acompasado rhythmic, regular, slow
acongojar to grieve, afflict, distress
aconsejable advisable
acorralar to corral
acosar to pursue, hound

actualmente at present
acudir to come up
　~ a + *infinitive* to come to + *infinitive*
acuerdo accord, agreement
acusado accused; marked
adivinar to prophesy, guess
aduanero customhouse officer
aducir to adduce
advertencia warning
aéreo (pertaining to) air
afán (*m.*) anxiety, worry, zeal, eagerness
afectivo affective
afecto emotion, affection
afeitado shave, shaving
afeitar(se) to shave (oneself)
afición (*f.*) fondness, liking, taste
aficionado a fond of
agacharse to crouch, squat
agarrotamiento binding, jamming, stiffness
agarrotar to bind with ropes, squeeze hard, pinch, garrote
agasajar to treat affectionately, shower with attentions
agazaparse to hide, crouch, squat
agitar to agitate, shake, wave
agobiado weighed down, bent over
agolpar to crowd together
agotado out of print, exhausted
agraciado attractive, graceful
agradable agreeable

agrario agrarian
agresivo aggressive, offensive
agudo acute, sharp, keen
aguileño aquiline
ahogarse to drown
ahogo oppression, constriction, shortness of breath
ahorro economy
　~s savings
aire (*m.*) air
　al ~ libre in the open air
aislamiento isolation, insulation
ajeno a indifferent to, beyond
ala wing
alacrán (*m.*) scorpion
alargar to lengthen, extend, stretch
　~ la mano to offer one's hand
alboroto uproar
alcance (*m.*) reach, range
　al ~ de within reach of, within range of
alcanzar to reach, perceive
alcoba bedroom
aldea village
alegrarse to be glad, rejoice
alegre glad, joyful, cheerful
alegría joy, cheer
alejarse to move aside, move away
aletear to flutter
alfombra carpet, rug
algarabía din
alicantino (pertaining to) Alicante
alivio alleviation

aljibe (*m.*)   cistern

almacén (*m.*)   store, department store

almacenar   to store, store up, hoard

alpinista (*m./f.*)   mountain climber

alrededor de   around, about

alternar   to alternate, vary, take turns

altura   height, altitude

alumbrar   to light, illuminate

amanecer (*m.*)   dawn

amante   fond, loving, lover

amapola   poppy

amargar   to make bitter, embitter, spoil

amargura   bitterness, sorrow, grief

amarillento   yellowish

amarrar   to tie, moor

amistad (*f.*)   friendship

amo   master

amplio   ample, full, roomy

anciano   old, aged, old man

andaluz   Andalusian

andanza   fate, fortune, act, happening

andén (*m.*)   sidewalk (Colombia), railway platform

angustia   anguish, distress, affliction

anhelar   to desire eagerly, crave

anillo   ring

aniversario   anniversary

anoche   last night

ansiar   to long for, yearn, covet

anteayer   day before yesterday

antes   before
~ (de) que   before (*in time*)

anticuario   antique dealer

antropófago   cannibalistic

anudar   to knot, tie, fasten, join

anular   to annul, nullify, revoke

anzuelo   fishhook

apacible   peaceful, mild, gentle

apagón (*m.*)   power failure, blackout

aparato   display, ostentation

apartado   separated, distant, remote

apartamiento   separation, withdrawal

apartarse   to separate, move away, withdraw

aperitivo   apéritif, appetizer

apertura   opening, beginning

apiñar   to bunch, squeeze together, crowd, jam

aplanar   to smooth, make even

aplastar   to flatten, smash

aplicar   to apply

apoderarse de   to seize

apostar   to wage, bet

apoyo   support

apresurar   to hasten

apretar   to tighten

aprobar   to approve, pass

aproximarse   to come near or nearer, approach, approximate, come closer

apuntar   to note, jot down

aquejar   to trouble, bother

araña   spider

arañazo   scratch

arcaizante   old-fashioned

arco iris (*m.*)   rainbow

arduamente   arduously

arena   sand

arenal   sandy ground, desert

armada   fleet, armada, navy
Armada Invencible   Invincible Armada

armarse   to start, break out, arm

arrasar   to level, demolish

arrastrarse   to drag oneself

arrebatado   carried away

arquitecto   architect

arrecife (*m.*)   stone-paved road, stone ditch, dike, reef

arriba   up, upward, above

arroyo   stream, brook

arrugar   to wrinkle, crease

artesa   trough

asado   roast

asamblea   assembly

ascender   to promote, be promoted, be advanced

ascenso   ascent, promotion

asediar   to besiege

asesino   murderous; assassin, murderer

asiento   seat

asistir   to assist, aid, help, attend

asomar   to appear

asombroso   astonishing

aspirar   to inhale

Asterión   Asterius, the son of Pasiphaë by a sacred bull; the Minotaur's name

asunto   subject, matter

asustar   to scare, frighten

atadura   tying, binding, bond, union, shackle

ataque (*m.*)   attack

atar   to tie, fasten, lace

atardecer (*m.*)   late afternoon

atareado   busy

atender   to attend to, pay attention to, take care of

atento   attentive, kind

atestar   to attest

atreverse a   to dare to

atropelladamente   hastily

atuendo   pomp, dress, show, adornment

auditorio   audience, auditorium

aullar   to howl

aumento   raise

aunque   although, even though

ausencia   absence

ausente   absent

autopista   freeway, turnpike

aventón (*m.*)   push

autoridad (*f.*)   authority

avergonzado   embarrassed, ashamed

averío   flock of birds

aviaos   form of **aviados** from the verb **aviar**
estar aviado   to be in a mess or jam

avinagrar   to sour

avión (*m.*)   airplane

avisar   to advise

axila   axilla, armpit

ayuntamiento   city hall

azafata   stewardess, air hostess

azúcar   sugar
caña de ~   sugar cane

azulejo   glazed colored tile

B

bacalao codfish
bajar to descend, go down
bajeza lowness, lowliness, meanness, vileness
balancín balance beam
bananero (pertaining to) banana
bancarrota bankruptcy
bandada flock
bandeja tray
bandera flag, banner
banderola banderole
bañar(se) to bathe (oneself)
bañista (*m./f.*) bather
baranda railing
barato cheap
barrer to sweep
barril (*m.*) barrel
barro mud, clay
bastar to suffice, be enough
bata smock, dressing gown, wrapper, bathrobe
batea tray, trough
beca scholarship, fellowship
becario holder of a scholarship or fellowship
belleza beauty
beneficio benefit
beneficioso beneficial, profitable
berlina berlin (carriage)
biblioteca library
bienestar (*m.*) well-being
bifurcarse to fork, branch
billar (*m.*) billiards
billete (*m.*) ticket, note, bill
bisonte bison, buffalo
bizarro gallant, lofty, magnanimous
blanco (*m.*) target
blasfemia blasphemy, vile insult
bledo blite
    no importarle a uno un ~ to not matter in the least to a person
boda marriage, wedding
bocarriba face upward
bofetada slap in the face
bollo bun
bomba pump, bomb
bondad (*f.*) kindness, goodness, gentleness, favor

boquilla cigarette holder
borbollante bubbling
borde (*m.*) edge
borrar to erase
bostezo yawn
botón (*m.*) button, bud
    ~ de oro (*bot.*) creeping crowfoot, buttercup
brillar to shine, sparkle
brillo shine, brilliance, brightness, lustre, splendor
bromista (*m./f.*) joker
brusco brusque, sudden, rough
bruto brute, brutish, stupid
buitre (*m.*) vulture
bullicio bustle, rumble, brawl
burla ridicule, joke, trick, deception
burlarse to make fun of
busca search
    en ~ de in search of
búsqueda search, pursuit
butaca armchair, easy chair, orchestra seat

C

cabida space, room
cabizbajo crestfallen
cabra montés wild goat, mountain goat
cachivaches (*m. pl.*) trash, junk
cacique local political boss
cadena chain
cadencia cadence, cadenza
caer to fall, tumble
caja box, case, chest, safe
cajón (*m.*) drawer
caldo broth, bouillon
calesa horse-drawn coach
callar to silence, hush up
    ~se to be silent, keep silent, become silent, keep quiet
calleja side street, alley
callos (*m.pl.*) tripe
cámara chamber
cambiar to change, exchange
cambio change, exchange
caminante (*m./f.*) walker, traveler, passer-by
camino road, way, path

camión (*m.*) truck
campeón (*m.*) champion
campeonato championship
camposanto cemetery
canaleta wooden trough
canalla scoundrel, riffraff
canario canary
candil (*m.*) oil lamp
cansancio tiredness, weariness, fatigue
cañaveral (*m.*) canebrake
capacitar to enable, qualify
captar to capture
¡caray! darn
carbonizar to carbonize, char
carcamal (*m.*) infirm old person
cardo thistle
carga load, weight
cargo job, post, position
caridad (*f.*) charity
carnero sheep
carpa tent
carrera career, race
carretera highway
carro cart, wagon
cartulina fine cardboard
casar to marry, marry off
    ~se con to get married to
cascajo old and worn out, wreck
cascote (*m.*) debris
caso case, chance, event, happening
    en ~ de que in case of, in the event of
    hacer ~ de to pay attention to
castigar to punish, chastise
catarata cataract, waterfall
cátedra chair, professorship
cauteloso cautious, heedful, wary
caza chase, hunt
cazador (*m.*) hunter
cazuela casserole
cebolla onion
ceja eyebrow
célebre celebrated, famous
ceniza ash, ashes
centavo cent
central (*f.*) sugar refinery (*Sp. Am.*)
cera wax

cerca   near
  ~ de + *infinitive*   near +
    gerund
cerilla   match
cerradura   lock
certidumbre (*f.*)   certainty
cesar   to cease, stop
césped (*m.*)   lawn
cesta   basket
chaleco   vest, waistcoat
  ~ salvavidas   life
    preserver
chapuzarse   to dunk, duck
    (sudden dip under water)
chaqueta   jacket
charlar   to chat, talk
charro   Mexican horseman
chato   flat-nosed
chismorrear   to gossip
chispa   spark, sparkle, drop
chocar   to shock, collide,
    clash, crash
ciclista (*m./f.*)   cyclist,
    bicyclist
cierto   certain
ciervo   deer, stag
cima   top, summit
cine (*m.*)   movie, movies
circundar   to surround,
    encompass
ciruelo   plum tree
ciudadano   citizen
clarear   to brighten, light up,
    dawn, clear up
claridad (*f.*)   clarity, clearness
clavar   to nail
clavel (*m.*)   carnation
clavo   nail
cliente (*m./f.*)   client,
    customer
cobertizo   shed
cobre (*m.*)   copper
cocina   cooking
cocinar   to cook
coche (*m.*)   carriage, coach, car
cochura   cooking
colador   colander
colegio   school, college,
    academy
colgar   to hang
colmillo   eyetooth, canine
    tooth
collar (*m.*)   necklace, collar,
    dog collar
combatir   to combat, fight

comerciante   merchant,
    shopkeeper
comienzo   beginning, start
como   as, like, how
  ~ si   as if
cómoda   commode, bureau,
    chest of drawers
cómodo   convenient,
    comfortable
companage (*m.*)   cold cuts,
    cold dish
compañero   companion,
    mate, partner
  ~ de clase   classmate
comparecer   to appear
competencia   competition
cómplice (*m./f.*)   accomplice
componerse de   to be
    composed of
comportamiento
    comportment, behavior,
    deportment
compra   purchase, buy,
    shopping
comprador (*m.*)   buyer,
    purchaser, shopper
con creces   fully, amply
concluir   to conclude
concordancia   concordance,
    agreement
concretar   to make concrete
conducir   to drive
conductor (*m.*)   driver,
    motorist
conejo   rabbit
confeccionar   to make
confundirse   to mix up
congelar   to freeze, congeal
congoja   grief
conmovedor   moving,
    touching, stirring
consentir   to allow, permit
conserje   concierge
consignar   to confine
contabilidad (*f.*)   accounting
contaminación (*f.*)
    contamination, pollution
contar   to tell, count, rate,
    consider
contén (*m.*)   curb
continuo   continual,
    continuous
contra   against
contraer   to contract
  ~ nupcias   to marry

contrafuerte (*m.*)   stiffener
    for shoe (inner strip of
    leather)
contrariar   to oppose
contrario   contrary, opposite
contrarrestar   to resist, offset,
    counteract
convenir   to be suitable, agree
convincente   convincing
cónyuge (*m./f.*)   spouse,
    consort, mate
coqueteo   coquetting, flirting
coquetería   flirtation,
    coquetry
corazón   heart
  ataque al ~   heart attack
cordillera   mountain range,
    chain of mountains
corredor   hall, hallway
correr   to run, slide
corresponder   to return in
    kind (love, affection, etc.)
cortar   to cut
cortejo   cortege, entourage
cortina   curtain
corto   short, small
corzo   roe deer
cosecha   harvest, crop
coselete (*m.*)   corselet
costado   side
costra   crust, surface
costumbre (*f.*)   custom
cotidiano   daily
cotización (*f.*)   quotation (of
    a price), current price
creciente   growing, increasing
crespo   curled, crispy, curly
cretona   cretonne
criminalidad (*f.*)   criminality
cristal (*m.*)   crystal, crystal
    glass
cristalino   crystalline
crítica   criticism
cronista (*m./f.*)   chronicler,
    reporter
crudeza   rawness, crudeness
crueldad (*f.*)   cruelty
crujido   crackle, creak,
    chatter, clatter, rustle
cuadra   block
cuadrado   square
cuadro   picture, painting
cuanto   as much as, whatever
  en ~   as soon as, while,
    insofar as

cuartel (*m.*) quarters, barracks
cuchichear to whisper
cuclillas (en cuclillas) in squatting position
   ponerse en ~ to squat, crouch
cuenta bill, check, count, account
   tener en ~ to bear in mind, take into account
cueriza blow with leather belt
cuerno horn
cuesta hill
cuidado care, concern, worry
   con ~ carefully
cuidar to care for, take care of, watch over
cuita trouble, worry, sorrow
cuitado troubled, sad
cumpleaños (*m.*) birthday
cúmulo heap, cumulus, lot, great many
cupo quota, share
curar to heal, cure
curso course
   ~ académico academic year

D
daño hurt, damage, harm
   hacer ~ to hurt
dato fact, piece of information, basis
deber to owe
   ~ + *infinitive* must, have to, ought to
débil weak
debilidad (*f.*) weakness, debility
declive decline
decrepitud (*f.*) decrepitude
deforme deformed
deletrear to spell, decipher
delgado thin, slim, lean, slender
delito crime
demasiado too much
demostrativo demonstrative
denominar to name, indicate, denominate
dentado jagged, perforated
denunciar to denounce
dependiente (*m./f.*) clerk

deportivo (pertaining to) sport, sports
derecho right, straight, law
derrocar to oust
derrumbe (*m.*) cave-in
desabotonar to unbutton
desabrochado unbuttoned
desahogado comfortable, clear, free, in comfortable circumstances
desaliñado slovenly, dirty, careless
desaprobación (*f.*) disapproval
descalzar to take off (footwear)
descansar to rest
descender to lower, descend, go down
descentrado off-center, out of plumb
descoger to extend, spread, unfold
descolgar to take down
descolorido discolored, faded
desconcertado bewildered
desconfiado distrustful, suspicious
descortés discourteous, impolite
descubrimiento discovery
descuento discount
descuidado careless, negligent, dirty, slovenly
descuidar to neglect
desdoblar to unfold
desembocar to flow, empty
desencanto disenchantment, disillusionment
desenfreno licentiousness
desengaño disillusionment, disappointment
desenrollar to unroll, unwind, unreel, unfurl
desenterrar to unearth, disinter
desentonar to clash, be inappropriate
deseoso desirous
desesperar to make hopeless, deprive of hope, drive to despair
desgana lack of appetite
desgarbado graceless, ungainly, uncouth

desgracia misfortune, bad luck
desgraciado unfortunate, unhappy, wretched
deshielo thaw, thawing, defrosting
desierto desert
deslizar to slip away
desmandar to revoke
desmayarse to faint
desmenuzar to crumble, shred
desmesurado extreme
desmontar to tear down
desmoronarse to crumble
despachullar to smash
desparramar to spill
despedazar to break to pieces, tear to pieces
despiadado ruthless
desplazar to displace
desplegar to unfold, open up
desplomarse to collapse
desprenderse to give off, loosen
desprovisto unprovided, deprived, devoid
desquiciar to unhinge, upset, unsettle
destacado outstanding, distinguished
destacar to emphasize; to stand out
destilar to distill, filter
destreza skill
destrozar to destroy
destruir to destroy
desusado obsolete, out of use
desvaído dull, characterless
desvalido destitute, helpless
desvanecer to cause to vanish
desvelado wakeful, awake, sleepless
detractor disparaging
deuda debt
devolver to return, give back
diario daily (newspaper)
dibujar to draw, design
digno worthy, deserving, dignified
dilatado vast, extensive
dimisión resignation
diputación deputation, congress

diputado deputy, congressman

disco disk, record (of phonograph)

disculpa excuse, apology

diseño drawing, design

disgustar to displease

disminuir to diminish, decrease

disparar to shoot, throw

disponer to dispose, arrange

distracción distraction, diversion, amusement

doblar to fold, double, crease, bend, turn

dolido distressed, grieved, hurt

dolorido aching, painful, grieving

doloroso painful, pitiful, dolorous

domador (*m.*) tamer

dominio dominion, mastery

dorado gilded, golden

dormitorio bedroom

dorso back

ducado duchy

dudoso doubtful, dubious

dulce (*m.*) candy, sweet

dulcería sweet shop, bakery

E

economía economy

económico economic, economical

edad (*f.*) age

edificio building, edifice

efecto effect
 en ~ in effect, as a matter of fact

efectuar to effect, carry out

efímero ephemeral

ejecutor (*m.*) executive, executor

ejercer to practice

eléctrico electric, electrical

embajador (*m.*) ambassador

embellecer to embellish, beautify

emocionar to move, stir, touch

emotivo moving, emotional

empanada pie with meat, fish, or vegetable filling

empedrado paving, stone paving

empeñoso steadfast, persistent

empleado employee

emplear to employ, use

emplomado leaded

empresa company, firm

encaminarse a to set out for

encanecer to become gray

encanto variant of *encantamento* or *encantamiento*; spell, enchantment, charm

encarcelamiento imprisonment

encargado representative, person in charge, agent

encariñarse con to become fond of, become attached to

encerrarse to lock oneself in

encima de on, upon, above, over, on top of

encogerse to shrink, contract, cringe, be bashful or timid

encorvamiento bending, curving, curvature

encrucijada crossroads

encuentro meeting, encounter

enfadar to annoy, anger, bother

enfermedad (*f.*) sickness, illness, disease

enfermera nurse

enfermero male nurse

enfermo sick, ill, patient

enfrentar to confront, face

enfriamiento cold

enfriarse to cool off, turn cold

enfurecido enraged, infuriated

engañar to deceive

engrasar to grease

enjugar to wipe, wipe off

enmascarar to mask

enmohecer to make moldy, rust, cast aside, neglect

enojo anger

enojoso annoying, bothersome

ensalada salad
 ensaladilla rusa Spanish potato salad

ensangrentar to stain with blood, bathe in blood

ensayista (*m./f.*) essayist

ensayo essay, rehearsal

enseguida at once, immediately

enseñanza teaching, education, instruction

ensordecedor deafening

entablillar to splint

enteco sickly, weakly

entrañas entrails; heart, feeling

entregar to surrender, hand over, deliver

entremetido meddler, intruder, busybody

entrenador (*m.*) trainer, coach

entretenerse to amuse oneself

enunciar to enunciate, put forward

envejecimiento aging

envidiar to envy

envolver to wrap, wrap up

equipaje (*m.*) luggage

equipar to equip, fit out

equiparar to compare, equalize, make equal or like

equipo team, equipment

erizar to set on end

ermita hermitage

esbelto graceful, slender, svelte

escabeche (*m.*) pickle, pickled fish
 en ~ prepared in oil and vinegar solution

escalar to scale, climb

escama (fish) scale

escaño bench

escaparate (*m.*) show window

escaparse to escape

esclavo slave

escoger to choose

escolar (pertaining to) school, scholastic

escollera jetty, breakwater

escombros (*m.*) debris

escondrijo hiding place

escritor (*m.*) writer

escrutar to scrutinize

esfuerzo   effort, vigor, spirit
esfumar   to fade away
esgrima   fencing (sport)
eslabonar   to link, interlink
espada   sword
espalda   back
espantado   frightened
espantoso   frightful, fearful, astounding
esparadrapo   bandage, bandaid
especia   spice
especie (*f.*)   species, rumor, matter, objection, pretext
espeluznar   to raise the hair on
esperanza   hope, hopefulness
esperanzado   hopeful
espeso   thick, heavy
espía (*m./f.*)   spy
espiar   to spy on, spy
espino (*bot.*)   hawthorn
espíritu (*m.*)   spirit, ghost
esponjarse   to fluff up
esposa   wife
espuma   foam, spray
esquiador (*m.*)   skier
esquizofrénico   schizophrenic
establecer   to establish
estación   station, stop
estacionar   to park
estadía   stay
estado   state
Estados Unidos   United States
estallar   to burst, explode
estampa   print, stamp, engraving
estantería   shelving, shelves
estar   to be
   ~ a punto de   to be about to
estigma (*m.*)   stigma
estilóbato   stylobate (an architectural term for immediate foundation of a row of columns)
estimar   to esteem, like, be fond of
estirar   to stretch
estorbar   to hinder, obstruct, annoy
estrella   star
estrellarse   to crash
estremecer   to shake

estremecimiento   shaking, shiver, shivering
estrépito   noise, racket
estrujar   to squeeze, press, crush
estuco   stucco
estudiantil   (pertaining to a) student, college
estupendo   wonderful, stupendous
excursionista (*m./f.*)   excursionist, hiker
exigencia   exigency, requirement, demand
eximio   distinguished
éxito   success, outcome, result
experimentar   to experience
explicación (*f.*)   explanation, explication
explicar   to explain, expound
explorador (*m.*)   explorer, scout, boy scout
exponer   to expose, expound
expulsar   to expel, expulse
extraer   to extract, pull
extranjero   foreign, foreigner, foreign land
extraño   foreign, strange, extraneous
evitar   to avoid, shun

F

fábrica   factory
fácil   easy, probable, likely
faja   sash, girdle
falda   skirt
falta   lack, want, shortage, fault
faltar   to be missing, be lacking
   ~le a uno   to lack
falucho   felucca
familiar   familiar, (pertaining to the) family
fastuoso   vain, pompous, magnificent
fatídico   fatidic, fateful
fatigar   to fatigue, tire, harass
faz (*f.*)   face
felicidad (*f.*)   happiness
feliz   happy, lucky, felicitous
feo   ugly
fiebre (*f.*)   fever
fijo   fixed, fast, permanent
filántropo   philanthropist

filatelia   stamp collecting
filipino   Filipino or Philippine
fin (*m.*)   end, purpose
   a ~ de que   in order that, so that
finca   farm, ranch
fingirse   to feign to be, pretend to be
fino   thin, slender
firmar   to sign
firmeza   firmness, steadiness, constancy
física   physics
flamenco   Flamenco
Flandes   Flanders
flanquear   to (out)flank
flechazo   arrow shot, arrow wound
flirteo   flirting, flirtation
floristería   flower shop
fluidez (*f.*)   fluidity, fluency
forastero   stranger, outsider
forrar   to line, cover
forzar   to force
fosforecer   to phosphoresce
fósforo   match
foto (*f.*)   photo
fotografiar   to photograph
frac   dress coat
fraguar   to forge
franela   flannel
frasco   bottle, flask
frase (*f.*)   phrase, sentence
frenesí (*m.*)   frenzy
frente (*f.*)   brow, forehead
frente (*m.*)   front
fresa   strawberry
frustrar   to frustrate, thwart
fruta (*f.*)   fruit (e.g., apple, pear, etc.)
fruto (*m.*)   fruit (part containing seeds) (*bot.*) fruit (result, product) (*fig.*)
fuego   fire
fuera de   outside, outside of, away from
fugarse   to flee, run away, escape
fúlgido   bright, resplendent
fundar   to found, base
fúnebre   funeral, funereal
funesto   fatal
furibundo   furious

G

gabardina gabardine, raincoat (generally with belt)

gachupín (*m.*) Spaniard (pejorative in Sp. Am.)

galería gallery

gana desire
  de buena ~ willingly
  tener ~(s) de + *infinitive* to feel like + *gerund*

ganador (*m.*) winner, earner

ganar to carn, win

ganoso desirous

gañir to yelp, howl

garabatear to scribble

garganta throat, neck

gasto cost, expense, wear

gatear to creep, crawl, go on all fours

gatillo trigger, hammer, cock (of firearm)

gélido frigid

gemir to moan

genio temper, disposition, temperament, genius

gerente manager

gladíolo gladiolus

golfo scoundrel, street urchin, loafer

goloso sweet-toothed, gluttonous

golpe (*m.*) blow, hit
  de ~ suddenly, all at once

golpear to knock

gorrión (*m.*) sparrow

granito granite

granja grange, farm, dairy

grasa fat, grease

grasiento greasy

grey (*f.*) flock, people

grieta crack

gripe (*f.*) flu, grippe

gris gray, dull, gloomy

grúa crane, derrick

grueso thick

grumete (*m.*) cabin boy, ship's boy

guante (*m.*) glove

guarapo juice of sugar cane

guardar to guard, keep

guerra war, warfare

guión (*m.*) script

guionista scriptwriter

guiso dish, seasoning

gusano worm

gustar to please, be pleasing, like

gusto taste, flavor
  de buen ~ in good taste

gustoso tasty, pleasant, agreeable

H

hábito habit (custom, disposition acquired by repetition, dress)

hacendado ranchero

hacienda treasury
  Ministerio de Hacienda Department of Treasury

hacinar to pile (up)

halagar to cajole, flatter

hallar to find

hallazgo finding, discovery, find

hambre (*f.*) hunger, famine

hasta even, until
  ~ que until, till

hazmerreír (*m.*) joke, laughingstock

hectómetro hectometer

hecho fact, deed, act

herencia inheritance

herida injury, wound

herido injured person, wounded person

herir to hurt, injure, wound

heroicidad (*f.*) heroism

hervor (*m.*) boiling

hierro iron

hígado liver

hipotecar to mortgage

Holanda Holland

hombro shoulder

hongo mushroom

hora hour, time
  a la ~ de at the hour (time) for doing something

hormiga ant

horno oven

hortensia hydrangea

hosco dark, sullen, gloomy

hospicio hospice, orphan asylum, poorhouse

huelga strike

huella track, tread, footprint, trace

huérfano orphan

huerta garden, vegetable garden

huésped guest

huida flight, escape

humedad (*f.*) humidity, moisture, dampness

húmedo humid, moist, damp, wet

humo smoke

humildad (*f.*) humility, humbleness

hundir to sink, plunge

hurgar(se) to poke (around)

husmear to smell out

I

imagen (*f.*) image, picture

impedir to prevent

impermeable (*m.*) raincoat

imponente imposing

importar to matter, be worth

impregnar to impregnate, saturate

imprimir to print

improbable improbable, unlikely

inaguantable intolerable, insufferable

incapacidad (*f.*) incapacity, inability

incendio fire

incitar to incite

incomprable unpurchasable

incredulidad incredulity

increíble incredible

inculcar to inculcate

indemnización (*f.*) indemnification

indiano Sp. immigrant who returns enriched from Spanish America to live in Spain

indígena indigenous, native

inesperado unexpected, unforeseen

infortunio misfortune, mishap

infundir to infuse, instill

ingeniería engineering

ingenio sugar mill

ingresar to enter

iniciar to initiate

injusto unjust

inmóvil immovable, unmovable

inolvidable unforgettable

inopinadamente unexpectedly

insalubre unhealthy

insinuante insinuating, slick, crafty

insoportable unbearable

inspirar to inhale, breathe in, inspire

instalación (*f.*) installation

instalar to install

instintivo instinctive

integrar to integrate, form

intentar to try, attempt

interioridad (*f.*) inwardness, inside

intimar to intimate, become intimate or well acquainted

intromisión (*f.*) insertion, meddling

inútil useless

invencible invincible

invitado person invited, guest

Irlanda Ireland

irrespirable unbreathable

irrisorio ridiculous, derisory

isleño islander

J

jabón (*m.*) soap, cake of soap

jabonera soap dish

japonés (*m.*) Japanese (language), Japanese (man)

jaqueca headache

jardín (*m.*) garden

jardinero gardener

jaula cage

jinete (*m.*) horseman

jubilación (*f.*) retirement

jubilado retired person

judío (*m.*) Jew

juez (*m.*) judge

jugador (*m.*) player, gambler

juguete (*m.*) toy

juicio trial

junta meeting

junto joined, united

　~s together

justo just, exact, correct

juventud (*f.*) youth

L

laberinto labyrinth, maze

ladearse to lean

lado side

　al ~ de by the side of

ladrón (*m.*) thief

lago lake

lágrima tear

lamer to lick, lap

lancilla little lance

lanzador (*m.*) baseball pitcher

lápida gravestone

largo long

lastimero hurtful, injurious, pitiful, doleful

látigo whip

lavar to wash

lazo bow, knot, tie

lechero milkman

lejos far

　a lo ~ at a distance, in the distance

lentamente slowly

levadura yeast

leve light, slight, trivial, trifling

léxico lexicon, wordstock, vocabulary

ley (*f.*) law

libar to suck

librero bookseller

liendre (*f.*) nit

ligereza lightness, speed

limosna alms

linimento liniment

lino linen

liquidar to liquidate

lírico lyrical, lyric

lirismo lyricism

llama flame

llano plain

llanto weeping, crying

llanura plain

llegar to arrive

llover to rain

　~ a cántaros to rain cats and dogs

local (*m.*) premises, quarters, place

logrado successful

lomo back (of animal)

losa slab, flagstone, grave

lucha fight, struggle

luchar to fight, struggle

lugar (*m.*) place

　tener ~ to take place

lujoso luxurious

lupa magnifying glass

luz (*f.*) light

M

machetazo blow with a machete

madrugada early dawn

madurez (*f.*) maturity, ripeness

maduro ripe, mature

magia magic

mágico magic, magical

maíz (*m.*) maize, corn, Indian corn

majestuosidad (*f.*) majesty

mal (*m.*) evil

maledicencia slander, scandal, evil talk

malestar (*m.*) malaise, indisposition

maleta valise, suitcase

malicia evil, malice

maligno malign, malignant, evil

malva purple

mancebo youth, young man

mancha spot, stain

manchar to spot, stain

mandar to order, command, send

mando command

manejar to manage, to drive (*Sp. Am.*)

manga sleeve

manguera hose

manifestante (*m./f.*) demonstrator

manifestar to demonstrate

　~se to be manifest, become manifest

manta blanket

mantel (*m.*) tablecloth

mantener to maintain, keep

maravilloso wonderful, marvellous

marcar to mark, brand

marcha march

　en ~ in motion

mareado nauseated, lightheaded, seasick

marfil ivory

marido husband

marinero sailor, seaman

mariposa butterfly

marquesado marquisate

masa dough

mascullar to mumble

matricular to register, enroll

matutino matutinal, morning

medalla medal, medallion

media stocking, sock (*Sp. Am.*)

    Medias Rojas Red Sox

medicamento drug, medicine

médico doctor, physician

medida measure

medir to measure

mejillón (*m.*) mussel

mejorar to make better, improve

mellizos twins

memoria memory, memoir

menester (*m.*) want, lack, need

    ser ~ to be necessary

menesteroso needy person

mentalidad (*f.*) mentality, psychology

mentira lie

mentón chin

menudo small, slight

    a ~ often

mercado market

    Mercado Común Common Market

Mérida city in Spain famous for its Roman theater

mérito merit, worth, value

mermelada jam

mesilla nightstand

mesón (*m.*) inn, tavern

metáfora metaphor

meter to put, place, insert

metro subway

mexicano Mexican

mezquino mean, stingy, wretched

miel (*f.*) honey

    luna de ~ honeymoon

mientras while, whereas

milla mile

mimbre wicker

minero miner

minotauro Minotaur

mirada glance, look

mirar to look at, watch

mitad (*f.*) half, middle

mítico mythic, mythical

mitin meeting, rally

mito myth

mochila knapsack, backpack

modales (*m.pl.*) manners

modestia modesty

modista (*m./f.*) dressmaker, modiste

modo mode, manner, way

mojado wet, drenched, soaked

mole (*m.*) Mexican dish, thick sauce with chili peppers

moler to grind, mill

molestar to molest, disturb, annoy, bother

moneda coin, money

monte (*m.*) mount, mountain, woods, woodland

morder to bite, nibble

moribundo moribund, dying

moroso slow, tardy, dilatory

mostrador (*m.*) counter

motivo motive, reason

mozo youth, lad

mudarse to change clothing or underclothing, move

muerte (*f.*) death

mujer (*f.*) woman, wife

mujeril womanish, womanly

multa fine

mundo world

muñeca doll; wrist

murmullo murmur, ripple, rustle

muro wall, rampart

N

narrador (*m.*) narrator

narrar to narrate

narrativo narrative

natal natal, native

náufrago shipwrecked person

necesidad (*f.*) necessity, need

nefasto ill-fated

negar to deny, refuse

negarse a + *infinitive* to refuse to

negocio business, affair

nevera refrigerator, icebox

nido nest

niebla fog

niñez (*f.*) childhood, childishness

niño child

    de ~ as a child

    ~ mimado spoiled child, brat

nivel (*m.*) level

nombrar to name, appoint

nombre (*m.*) name

normalizar to normalize, standardize, regulate

Noruega Norway

noruego Norwegian (man), Norwegian (language)

noticia news

nube (*f.*) cloud

nudillo knuckle

nuez (*f.*) nut

O

obispo bishop

obituario obituary

obligar to obligate, oblige, force

obra work

obrero worker

obsequiar to give, present, flatter, pay attention to

obsequioso obsequious, obliging

ocasión (*f.*) occasion, opportunity, chance

ocultar to hide, conceal

oculto hidden, concealed, occult

ocurrente witty

odiar to hate

odre (*m.*) goat-skin wine bag

ofensivo offensive

    a la ofensiva on the offensive

oferta offer

oficio official letter; profession

ojeras rings under the eyes

ola wave

olmo elm

olvidar to forget

olvido forgetfulness, oblivion

    echar en ~ to cast into oblivion

opacidad (*f.*) opacity, sadness, gloominess

orden (*f.*) order (command) (religious)

orden (*m.*) order (methodical arrangement)

orear to air

oreja ear, outer ear

orgía orgy

orgullo haughtiness, pride

orilla   border, edge, shore
osar   to dare
oscuro   obscure, dark
ostentar   to show, display
oxidar   to oxidize, rust

P

paga   pay, payment
pago   payment
paila   large pan
paja   straw
palabrota   vulgar word
palacete (*m.*)   palace
pálido   pale, pallid
palo   pole
palo mayor   mainmast
pandilla   gang, faction, band
papeleo   looking through papers, paperwork, red tape
paquebote   packet-boat, mail-boat
para   to, for, towards
    ~ que   in order that, so that
parecer   to appear
pareja   pair, couple
pariente (*m.*)   relative
parpadear   to blink, wink, flicker
párpado   eyelid
párrafo   paragraph
partir   to divide, split
    a ~ de   beginning with
pasa   raisin
pasaje (*m.*)   passage
pasajero   passenger
pasarse de rosca   to go too far, overdo
paseo   walk, stroll, promenade
pasillo   passage, corridor
pasmado   stunned, astounded
paso   step, pace
pastilla   tablet
pastor (*m.*)   shepherd
patatín patatán   onomatopoeic remark for talking
patinar   to skate, skid
pato   duck, drake
patrón   owner
patrulla   patrol

paz (*f.*)   peace
pecho   chest, breast, bosom
pecoso   freckle-faced
pedrada   stoning
pegajoso   sticky
pelado   bare, hairless, peeled
pelambrera   mop (of hair)
pelea   fight, quarrel, struggle
peligro   danger, peril, risk
peligroso   dangerous, perilous
pelota   ball
peludo   hairy
pensión (*f.*)   pension, annuity, boarding house
peña   rock, boulder
peón   pawn (chess)
percal (*m.*)   percale
percibir   to perceive
pérdida   loss, waste
peregrino   pilgrim
pérfido   perfidious
periódico   newspaper, periodical
periodismo   newspaper work, journalism
período   period
perito   expert
perjuicio   harm, injury, damage, prejudice
permiso   permission, permit
    ~ de conducir   driver's license
perrera   doghouse, kennel
perro-guía   guide dog
persecución (*f.*)   pursuit, persecution
persiana   slatted shutter
personaje (*m.*)   personage, character
perspectiva   perspective, outlook, prospect
pertenencia   property
perturbar   to perturb, disturb
peruano   Peruvian
pervivencia   persistence, survival
pesadilla   nightmare
pesadumbre (*f.*)   sorrow, grief
pesar (*m.*)   sorrow, regret; to weigh
pesaroso   sorrowful, regretful
pescado   fish (that has been caught)

pescador (*m.*)   fisherman
pesebre (*m.*)   crib, rack, manger
peste (*f.*)   plague
petróleo   petroleum, oil
petrolero   (pertaining to) oil, petroleum
pez   fish (live)
picante   biting, piquant, highly seasoned
picar   to sting, bite
pico   peak
pie (*m.*)   foot
    a ~   on foot, walking
pimentón (*m.*)   paprika
pinar   pine grove
pinchazo   puncture, jab, flat tire
pintar   to paint
pintura   painting
pisar   to step (on), trample, tread on
    ~ la calle   to be out on the street
piscina   swimming pool
piscolabis (*m.*)   snack
pisotear   to trample
pista   track, trail, runway
planchar   to iron, press (clothing)
plastificado   encased in plastic
plata   silver
plátano   plantain, banana
plática   chat
plebe (*f.*)   common people
plegaria   prayer
población (*f.*)   population
pobreza   poverty
poderoso   powerful, mighty
podrido   rotten, putrid
poetisa   poetess
polaina   legging
política   politics, policy
    ~ exterior   foreign policy
político   politician
polvo   dust
polvoriento   dusty
ponerse   to become, put on (clothes)
poste (*m.*)   post, pillar, pole
postor (*m.*)   bidder
posguerra   postwar period
potencia   power

precipitarse to rush, throw oneself headlong, precipitate

preciso necessary, precise

premio reward, prize

presenciar to witness, be present at

presidir to preside over

preso prisoner, convict

prestado lent, loaned
  pedir ~ to borrow

préstamo loan

prestar to lend, loan

presumido conceited, vain

previsible foreseeable

prisa hurry, haste, urgency
  tener ~ to be in a hurry

privar to deprive, forbid

prócer hero, leader

proceso (legal) suit, lawsuit
  ~ judicial judicial suit

profetizar to prophesy

propinar to give, strike

propuesta proposal, proposition

prosternarse to prostrate oneself

protector protective, protector

proximidad (*f.*) proximity

próximo next

psiquiatra (*m./f.*) psychiatrist

pudrir to rot

puerta blindada shielded door, armored door

puerto port, harbor, mountain pass

puesto job, position

pulgar thumb

pulir to polish

pulpo octopus

punto point, dot
  en ~ sharp, on the dot, exactly
  ~ de vista point of view

pupila (*anat.*) pupil

Q

queja complaint

quemar to burn, scald

quietud (*f.*) quiet, stillness, calm

quitrín (*m.*) two-wheel carriage

R

rábano radish

ramal strand, branch

rambla boulevard, avenue
  Ramblas the name of important thoroughfare in Barcelona

rancho camp, ranch (*Sp. Am.*)

rapaz (*m.*) young boy, lad

rareza rarity, rareness

rascacielos (*m.*) skyscraper, highrise building

rasgar to tear, rip

raspar to scrape, scratch

rastro trace

ratero pickpocket, sneak thief

rato short time, short while

ratón (*m.*) mouse

rayo lightning

reaccionar to react

real royal, real

realista realistic

reanudar to renew, resume

receta recipe

rechazar to repel, repulse, reject

recién (*used only before past participle*) recently, just, newly

recio strong, robust

recomendable commendable

reconciliar to reconcile
  ~se to become reconciled

reconfortar to comfort, cheer, refresh

reconocer to examine, recognize

recrear to recreate

rectoral rectorial

recuerdo memory, remembrance

recuperarse to recuperate, recover

recurrir to resort, have recourse, revert

recurso resource, recourse

red (*f.*) net, grating

redentor redeemer

redicho affected, over-precise (in speech)

redondo round, straightforward

a la redonda around, roundabout

reemplazar to replace

refaccionista (*m./f.*) financial backer

refinamiento refinement

reflejar to reflect, show

refrescarse to refresh, cool off

refrigerio refreshment

refugiarse to take refuge

regalar to give, present

regalo gift, present

regañar to scold

regar to water, sprinkle

regatear to haggle over, bargain

regato puddle or pool left by a stream or creek

regazo lap

regocijar to cheer, delight, rejoice

regordete chubby, plump, dumpy

regreso return

rehuir to flee

rehusar to refuse

reja grate

rejilla grating

rejuvenecer to rejuvenate

relacionarse to relate, be or become related

relatar to relate, report

relato story

relinchar to neigh

reluciente shining, brilliant, flashing

relumbrar to shine

reojo askance
  de ~ out of the corner of one's eye

reparar to repair, mend

repentino sudden, unexpected

réplica answer, retort

reposado reposeful, grave, solemn

reposo rest, repose

reptar to crawl

resbaladizo slippery

rescatar to ransom

resguardar to defend, protect, shield
  ~se to take shelter, protect oneself

resignado   resigned
resistente   resistant, strong, firm
resolver   to resolve, decide on, solve
resorte (*m.*)   means, motive
respecto a   with respect to, with regard to
respetar   to respect
respirar   to breathe
respuesta   answer, response
resquicio   crack
restaño   stanching, stopping, stagnation
resuello   hard breathing
retal (*m.*)   scrap (piece) of cloth
retazo   remnant, piece, scrap
reticente   deceptive, misleading
retirarse de   to withdraw
retorcer   to twist
retozar   to frolic
retratar   to portray
retrato   portrait, photograph, description
reuma (*m./f.*)   rheumatism
reunión (*f.*)   gathering, meeting
reventar   to run to death
rezumar   to ooze (moisture), seep, leak
riesgo   risk, danger
risueño   smiling
roble (*m.*)   oak
roce (*m.*)   rubbing, contact
rodar   to roll
rodear   to surround
roer   to gnaw
romo   flat
ronco   hoarse
ropavieja   beef and vegetable dish
rosca   thread
     pasarse de ~   to go too far
rosetas   popcorn
roto   broken, torn
rotura   break, breakage
rozar   to rub
ruborizarse   to blush, flush
rudo   coarse, rough, rude
ruego   request, petition, entreaty
rugido   roar

ruidoso   noisy, loud
ruiseñor (*m.*)   nightingale
rumbo   course, direction, bearing
rumor (*m.*)   rumor, murmur, buzz, rumble

S

sábana   sheet
sacerdote (*m.*)   priest
saco   bag
sacudirse   to shake
saldo   bargain
salida   departure, exit, outlet
salpicar   to splash
salto   jump, leap, spring
     ~ de altura   high jump
salud (*f.*)   health
saludar   to greet
salvo   except, save
sandía   watermelon
sangre (*f.*)   blood
satisfacer   to satisfy
savia   sap
secarse   to dry, get dry, dry oneself
seco   dry, dried, dried up
seda   silk
seguir   to follow, continue
seguro   sure, certain, surely, safety, insurance
semáforo   traffic light
sembrado   cultivated field
semejante   like, similar
sencillez   simplicity
sencillo   simple, plain
sentido   sense, meaning
sentimiento   sentiment, feeling
seña   sign, mark
     hacer ~s   to motion
señal (*f.*)   sign, mark
serpiente (*f.*)   serpent, snake
seta   mushroom
severidad (*f.*)   severity, sternness
siembra   sowing
sien (*f.*)   temple (of head)
siglo   century
significado   meaning
significar   to signify, mean
signo   sign
símil (*m.*)   simile
simpatía   sympathy, liking, friendliness, congeniality
siniestro   sinister

sinsabor (*m.*)   displeasure, unpleasantness, anxiety, trouble, worry
sitio   place
soberbia   pride, haughtiness, arrogance, presumption
soberbio   proud, haughty, arrogant, presumptuous
soborno   bribery
sobremesa   sitting at table after eating
     de ~   at table after eating
sobrenatural   supernatural
sobresaltado   startled
sobrevivir   to survive
soga   rope, cord
solapa   lapel
soledad (*f.*)   solitude, loneliness
soler   to be accustomed to
solera   blend of sherry, old vintage sherry
soltar   to loosen
solucionar   to solve, resolve
sombra   shade, shadow
somero   brief, summary, superficial, shallow
sonriente   smiling
sonrisa   smile
soñoliento   sleepy, dozy, drowsy
soplo   blowing, puff, breath
sopor (*m.*)   sleepiness, drowsiness, stupor, lethargy
soportable   bearable, endurable, supportable
sordera   deafness
sorna   sly, sarcastic tone, cunning
sospecha   suspicion
sospechar   to suspect
sospechoso   suspicious, suspect
sótano   basement, cellar
sublevar   to revolt
subvencionar   to subsidize
sucio   dirty
sudor (*m.*)   sweat
sueldo   salary, pay
suelo   ground, soil, land
suerte (*f.*)   luck, fortune
sugerir   to suggest
Suiza   Switzerland
sumir   to sink

súplica   suppliance, supplication, petition

sutil   subtle

T

tacho   bucket or pan of sugar

tacón (*m.*)   heel

tal   such

talego   long sack

talón (*m.*)   heel

tambor (*m.*)   drum

tanteo   feeler, trial, test, comparison

tapas (*Sp.*)   snack or hors d'oeuvres (especially in a bar or tavern)

tapete (*m.*)   rug, runner

tapujo   concealment, deceit

tardar   to be late

tarima   stand, platform

tarjeta   card

techo   roof

teja   tile

tejado   roof, tile roof

televisor (*m.*)   television set

tembloroso   shaking

temeroso   timid, fearful

templado   temperate, moderate, lukewarm, medium

templar   to temper, soften, ease, dilute

tenacidad (*f.*)   tenacity

tendero   storekeeper, shopkeeper

tenderse   to stretch out

terminante   final, definitive

término   term; end, conclusion

ternero   calf

ternura   tenderness, fondness, love

terremoto   earthquake

terso   smooth, glossy, polished

tiempo   time, weather
   a ~   at the right time, early

tierno   tender

tierra   earth, ground, dirt, land, country

timbre   (door) bell

tintineo   clink, clinking, jingle, jingling

tipo   type, fellow, guy

tirante   tense, taut, tight

tiro   shot, throw

tirón (*m.*)   tug, pull

título   title, certificate, diploma, degree

tocino   bacon, salt pork

todavía   still, yet

tonto   foolish, stupid, fool

torcer   to twist, bend

torreón (*m.*)   turret

tosco   coarse, rough, uncouth

trabilla   small strap, clasp

trago   swallow, swig

trámite (*m.*)   step, stage

trancar   to bar

tranquilo   peaceful, tranquil, calm

transcurrir   to pass

translucir   to infer, guess, become evident
   ~se   to be translucent

trasero   back, rear (end)

trasfondo   background

trasladar   to transfer

trasmundo   afterlife, future life

trastos (*m. pl.*)   junk, useless things

tratado   treaty, agreement

travesía   crossing

travesura   prank, antic, mischief

traza   plan, design, scheme

tregua   truce

tremendista   adherent of the Spanish literary movement *tremendismo*

trenza   braid, plait, tress

tribu (*f.*)   tribe

tripulación (*f.*)   crew

tristeza   sadness

triunfar   to triumph

truchero   (pertaining to) trout

trueno   thunder

tumba   grave, tomb

tumbarse   to lie down, go to bed

turco   Turkish

U

último   last, latest

umbral (*m.*)   threshold, doorsill

untar   to anoint, smear

urgencia   urgency, emergency

V

vacío   empty

vagabundo   vagabond, tramp

vago   vague, wandering, roaming, vagabond

vaguada   stream bed

validez (*f.*)   validity, strength, vigor

valor (*m.*)   value, worth

valla   fence

vano   bay, opening in a wall

vaquero   cattle tender, cowhand, cowboy

vara   stick

varón (*m.*)   male, man

vecindad (*f.*)   neighborhood

vecino   neighbor

vega   plain

vejez (*f.*)   old age

vela   sail

velero   sailboat

velocidad (*f.*)   velocity, speed

veloz   swift, rapid, agile, quick

vencer   to conquer, vanquish, overcome

vendaval (*m.*)   strong wind

veneno   poison, venom

venenoso   poisonous, venomous

ventanilla   small window, window (of a car, of a train)

ventilador (*m.*)   fan

ventolera   strong blast of wind

vera   edge, border

veras (*f. pl.*)   truth, reality
   de ~   in truth, in earnest

vergonzoso   bashful or shy person

vergüenza   shame, bashfulness, shyness, embarrassment

vestigio   vestige

vez (*f.*)   time, turn
   tal ~   perhaps

viaje (*m.*)   trip

viajero   traveler, passenger

vidriera   (stained) glass window; shop window (*Sp. Am.*)
vientos alisios (*m.pl.*)   trade winds
vileza   vileness, infamy
violoncelo   cello
viscoso   viscous, thick
visillo   window curtain
visitante (*m./f.*)   visitor
vislumbrar   to glimpse
visón (*m.*)   mink
viveza   quickness, agility, briskness, sparkle (in the eyes)

volar   to fly, flutter
voluntad (*f.*)   will, love, fondness
volverse   to become
voz (*f.*)   voice
vuelo   flight
vuelta   turn, rotation, revolution, change, reverse
   dar una ~   to take a stroll or walk
   dar ~ a   to reverse, turn around

Y
yeso   plaster

Z
zafarrancho   ravage
zaino   chestnut-colored horse
zanahoria   carrot
zarcillo   earring
zorro   fox
zumbar   to buzz; to go away (*Sp. Am.*), throw (*Sp. Am.*)
zumbido   buzz, hum

Vocabulario Inglés-Español

This vocabulary has been compiled for all exercises from English into Spanish. Gender is indicated only when it is not clear from the noun itself.

A

above   sobre, encima de
accent   acento
    heavy ~   acento muy marcado
acclaim   aclamación; aclamar
accompany   acompañar, escoltar
act   acción (*f.*), acto; obrar, actuar
actress   actriz (*f.*)
advance   adelanto, anticipo; adelantar, anticipar
advantage   ventaja
    to take ~ of   aprovecharse de
advice   consejo
advisable   aconsejable
advise   aconsejar, asesorar, avisar
affair   asunto, negocio
afraid   asustado
    to be ~ of   temer, tener miedo a, tener miedo de
again   otra vez
against   contra
age   edad (*f.*)
alight   posarse
allow   dejar, permitir
already   ya
amaze   asombrar, maravillar
amount   cantidad (*f.*), importe (*m.*)
ancient   antiguo
anger   ira, enojo
angrily   airadamente
angry   enojado, airado, enfadado
    to become ~   enojarse, enfadarse
annoy   molestar

anthem   himno
anyway   de todos modos
apartment   piso, apartamento, departamento
apparent   aparente
appear   aparecer, comparecer
    to ~ at   asomarse a
appearance   apariencia, aspecto
apply for   solicitar
appointment   nombramiento, cita
approach   acercarse a, aproximarse a, arrimarse a
argue   argüir
armchair   butaca, sillón
army   ejército
arrange in line   alinear
arrive   llegar
arrow   flecha
article of clothing   prenda
as   como
    ~ far   hasta
    ~ if   como si
    ~ usual   como de costumbre
    ~ long as   mientras
    ~ soon as   tan pronto como
ashamed   avergonzado
    to be ~   tener vergüenza
Asian   asiático
ask   pedir, preguntar
    to ~ questions   hacer preguntas
ask for   solicitar, pedir
asleep   dormido
    to fall ~   dormirse, adormecerse, quedarse dormido

astonish   asombrar
astonishing   asombroso
attack   atacar
attic   ático, buharda
awaken   despertar
Aztec   azteca (*m./f.*)

B

baby   nene (*m.*), bebé (*m.*)
bachelor   soltero
    old ~   solterón
back   respaldar, apoyar
balcony   balcón (*m.*)
    ~ window   balcón (*m.*)
bald   calvo
ballpark   estadio de béisbol
bank   banco, banca
    savings ~   caja de ahorros
barrel   barril (*m.*)
basket   cesta, canasta
Basque   vasco
beach   playa
beast   bestia, fiera
beat   latir, batir, pegar, ganar
beautiful   hermoso, bello, lindo, guapo
become   quedarse, hacerse, ponerse, volverse, llegar a ser, resultar, convertirse en
    ~ of   ser de
bed   cama, lecho
    stay in ~   guardar cama
before   antes, antes de, antes que, antes de que
beggar   mendigo
believe   creer
belt   cinturón (*m.*), correa
    seat ~   cinturón de seguridad (*m.*)
beneficial   beneficioso

betray traicionar, delatar
between entre
bird pájaro, ave (*f.*)
birthday cumpleaños
bite morder
blind ciego
    become ~ quedarse ciego
block manzana, cuadra,
    bloque (*m.*)
blond rubio
blonde rubia
bloom florecer
blow golpe
    ~ with a machete
    machetazo
    ~ with the fist puñetazo
bodyguard guardaespaldas
    (*m.*)
boot bota
booth casilla, quiosco
    information ~ casilla de
    información, quiosco de
    información
border frontera, borde (*m.*);
    lindar, limitar
bore fastidio, cansar
    big ~ pelmazo
born nacido
    be ~ nacer
borrow pedir prestado
boss jefe
bother incomodar, molestar,
    molestarse
bottle embotellar
boyfriend novio
brat niño mimado
bread pan (*m.*)
    loaf of ~ pan (*m.*)
break romper, quebrar,
    quebrantar
    ~ down descomponerse
    ~ down and cry
    deshacerse en lágrimas
    ~ out estallar
bribe sobornar, cohechar
bride novia
bridegroom novio
bridge puente (*m.*)
bring traer
    ~ back devolver
broken roto
broom escoba
brush cepillo, brocha, pincel
    (*m.*)
    ~ stroke pincelada,
    brochada

build construir, edificar
building edificio,
    construcción
    ~ permit permiso de
    edificación
bully matón, valentón
burn quemar, arder
    ~ out fundirse
burrow madriguera
burst out romper a +
    infinitive
business negocio, comercio
butcher carnicero
butler mayordomo,
    despensero

C
cake tarta, bizcocho
call llamar
    ~ at hacer escala
camera cámara
can lata, bote (*m.*)
candy dulce (*m.*), caramelo,
    bonbon
cane bastón (*m.*)
car coche (*m.*), automóvil
    (*m.*)
care cuidado
    take ~ of cuidar, cuidar
    de
Caribbean caribe (*adj.*)
carrot zanahoria
case (*for eyeglasses*) estuche
    (*m.*)
catch coger, agarrar, pillar,
    asir, atrapar, pegársele a
    uno (*disease*)
    ~ a cold resfriarse
    ~ up to (*with*) alcanzar
cause causa; causar
ceiling techo
cell célula
century siglo
certificate certificado
    birth ~ acta de
    nacimiento, partida de
    nacimiento
chain cadena
championship campeonato
change cambiar
charming encantador
cheap barato
chessboard tablero de ajedrez
chicken pollo, gallina
chief principal
child niño

children niños, hijos
chimney chimenea
cigarette cigarrillo, pitillo
city ciudad
    ~ hall ayuntamiento
clever inteligente, listo,
    diestro
clipping recorte (*m.*)
closet armario
    clothes ~ ropero
closing cierre (*m.*), clausura
clothes ropa
    ~ line cuerda para
    tender la ropa
cloud nube
clumsy torpe
coast costa
coin moneda
colleague colega (*m.*)
collector coleccionador (*m.*),
    recaudador (*m.*)
    garbage ~ basurero
Colosseum Coliseo
companion compañero
company compañía
composer compositor (*m.*)
computer computadora,
    ordenador (*m., Sp.*)
conceive concebir
concentrate concentrarse
concert concierto
condemn condenar
condition condición (*f.*),
    estado
congressman congresista
    (*m./f.*), diputado
consulate consulado
contact ponerse en contacto
    con
contaminate contaminar
continual continuo
contract contrato; contraer
convention convención,
    asamblea, congreso
cool refrescar
corn maíz
corner rincón, esquina,
    ángulo, comisura
    street ~ esquina
    look out of the ~ of one's
    eye mirar con el rabillo
    del ojo
correct correcto; corregir
cotton algodón (*m.*)
cough tos (*f.*)
counter mostrador (*m.*)

country   campo, país (*m.*)
couple   pareja, matrimonio
    a ~ of   un par de
courageous   valiente
cowboy   vaquero
crab   cangrejo
cremate   incinerar, cremar
crime   crimen (*m.*), delito
criminal   criminal (*m.*), reo
critical   crítico
crop   cosecha, cultivo
cross   cruzar, atravesar
crowd   multitud (*f.*),
    muchedumbre (*f.*)
crown   coronar
cruise   crucero, viaje por mar
    ~ ship   crucero
cry   llorar
    ~ out   gritar
    ~ out publicly   vocear
curtain   cortina
customs   aduana
    ~ officer   aduanero
cut up   trocear
cyclist   ciclista (*m./f.*)

D

damage   estropear, dañar;
    daños
dampen   humedecer, mojar
dance   baile, danza; bailar,
    danzar
dangerous   peligroso
day   día (*m.*), jornada (*f.*)
deafening   ensordecedor
decide   decidir, decidirse a
decision   decisión
    make a ~   tomar una
    decisión
deed   acción (*f.*)
deep   hondo, profundo
deer   ciervo
defendant   reo, demandado,
    acusado
delay   demorar, retrasar,
    atrasar
demand   exigir. demandar,
    reclamar
dent   abolladura
departure   salida
depressing   deprimente
desert   desierto
deserve   merecer
despite   a pesar de
dessert   postre (*m.*)
development   desarrollo

die   morir, fallecer, perecer,
    expirar
difference   diferencia
    tell the ~   distinguir
    What ~ does it make?
    ¿Qué importa?, ¿Qué más
    da?
difficult   difícil
dig   cavar, excavar
discover   descubrir
discovery   descubrimiento
disguise   disfrazar, disimular
disobey   desobedecer
disregard   no hacer caso,
    hacer caso omiso, pasar
    por alto
district   distrito, barrio, zona
disturb   perturbar, disturbar
divorced   divorciado
    to get ~ from
    divorciarse de
dog   perro
    large ~   perrazo
door   puerta, portal (*m.*),
    portezuela
doorbell   timbre (*m.*)
doubt   duda
    without a ~   sin duda
dove   tórtola
doze off   dormitar
drag   arrastrar
dream   sueño, soñar
    ~ of   soñar con
dress   vestido, vestir, vestirse
driver   conductor
driver's license   permiso de
    conducir (manejar, *Sp.
    Am.*)
drop   dejar caer
drought   sequía
drowsiness   modorra
drowsy   soñoliento
drunk   borracho
dry   seco, secar
duchess   duquesa
duke   duque (*m.*)
Dutch   holandés
dying man   moribundo

E

earthquake   terremoto
easy   fácil
eat   comer, tomar + *name of
    meal*
edge   borde (*m.*)
efficiency   eficiencia, eficacia

effort   esfuerzo
egg   huevo
    ~ white   clara
elderly   anciano
electrician   electricista (*m./f.*)
elsewhere   en otra parte, a
    otra parte
emergency   emergencia,
    urgencia
employee   empleado
end   fin (*m.*); terminar, acabar
    ~ up   ir a parar
enemy   enemigo
enjoy   gozar de, disfrutar de
enough   bastante
enter   entrar en
envelope   sobre (*m.*)
environment   ambiente (*m.*),
    medioambiente (*m.*)
essay   ensayo
event   acontecimiento, suceso
evident   evidente
    to be ~   ser evidente
    to be self ~   saltar a la
    vista
execute   ejecutar
expense   gasto
    at the ~ of   a costa de
expensive   caro
expire   expirar
extract   extraer
eyeglasses   gafas, anteojos

F

face   cara, rostro, faz (*f.*);
    arrostrar, afrontar,
    encararse con
factory   fábrica
fail   suspender, faltar, quebrar,
    fracasar, fallar
    ~ to   dejar de
fall   caída; caer, caerse
fall in love   enamorarse
fallen   caído
falsify   falsificar
fan   aficionado
far   lejos
    as ~ as   hasta, hasta
    donde, tan lejos como
farewell   despedida
farmer   granjero, agricultor,
    labrador
farsighted   présbita
    to be ~   tener la vista
    cansada
fascinate   fascinar

fasten atar
fatigue fatigar
faucet grifo
fear temor, miedo, recelo; temer, recelar
feel sentir, sentirse, palpar
   ~ like tener ganas de
fencing esgrima
fiancé novio
fiancée novia
filthy immundo, sucio, cochino, puerco, asqueroso, mugriento
finally al fin, por fin, finalmente
find encontrar, hallar
   ~ out averiguar, saber, conocer, enterarse de
finger dedo
finish terminar, acabar
   ~ off rematar
fire fuego, incendio; despedir a, echar, disparar (*weapon*)
firewood leña
fish pez (*m.*), pescado; pescar
fisherman pescador
fist puño
fit arranque
flag bandera
flatten arrasar
flee huir
flight vuelo
flock rebaño
floor piso, planta, suelo
florist florista
   ~ shop floristería
fly mosca; volar
   ~ by pasar volando
fog niebla
food alimento, comida
foot pie (*m.*)
   at the ~ of al pie de
   on ~ a pie
   put one's ~ in it meter la pata
football fútbol (*game*), balón (*ball*)
force fuerza
forehead frente (*f.*)
forest bosque (*m.*)
former antiguo (*precedes noun*)
free gratis
freeway autopista
French francés

Frenchman francés
friend amigo
   boy~ novio
   girl~ novia
friendly amigable, amistoso
fright susto, terror (*m.*)
frighten asustar, atemorizar
frightened asustado, atemorizado
   to become ~ asustarse
from de, desde, de parte de, según
fulfill cumplir
full lleno, pleno
fur coat abrigo de pieles
furniture muebles (*m. pl.*)
   piece of ~ mueble

G

game partido, partida, juego
garbage basura
garden jardín (*m.*), huerta
   botanical ~ jardín botánico
gardener jardinero
get conseguir, lograr
   ~ along llevarse bien
   ~ around it darle vueltas
   ~ close arrimarse
   ~ up levantarse
   ~ up early madrugar
   You can't ~ around it. No hay que darle vueltas.
giant gigante, gigantesco
gift regalo
giraffe jirafa
give up abandonar, dejar
glad alegre
   be ~ of alegrarse de
glasses (*eyeglasses*) gafas, anteojos
globe globo
glove guante (*m.*)
go ir
   ~ around andar
   ~ down bajar
   ~ get ir a buscar, ir por
   ~ on seguir, continuar
   ~ out salir
   ~ through atravesar
   ~ too far pasarse de rosca
   ~ up subir
   ~ up to acercarse a
   let ~ of soltar
godson ahijado

goose ganso, oca
gothic gótico
   ~ quarter barrio gótico
grab agarrar
grape uva
grateful agradecido
   be ~ for agradecer
grave fosa
gravel grava
ground tierra
grow crecer, cultivar
   ~ up crecer
guard guarda, guardia, guardar
guest huésped (*m.*), invitado
guitar guitarra

H

hair pelo, cabello, vello
   gray ~ canas
hairdo peinado
hand mano (*f.*)
   by ~ a mano
   ~ in entregar
   shake ~s dar la mano, alargar la mano, estrechar la mano
handkerchief pañuelo
handle mango, asa, puño
handsome guapo
hang ahorcar, colgar, tender, pender
harass acosar
harbor puerto
hardly apenas
hard-working trabajador
have tener, contar con
   ~ a good time divertirse, pasarlo bien
   ~ it out with habérselas con
   ~ tea tomar té
   ~ to tener que
headache dolor de cabeza
health salud (*f.*)
healthy sano, saludable
hear oír, sentir
heart corazón (*m.*), entrañas
   by ~ de memoria
   in the ~ of en pleno + *noun*
   ~ attack ataque cardíaco, ataque al corazón
heaven cielo
   Good ~s ¡Válgame Dios!

height altura
heir heredero
help ayuda, socorro, auxilio;
  ayudar, socorrer, auxiliar
hidden oculto, escondido
high alto
  ~ part of lo alto de
highway carretera
hill cerro, colina, cuesta,
  loma
  down~ cuesta abajo
  up~ cuesta arriba
hillside ladera
hire alquilar, ajustar, emplear
hold tener, guardar
  ~ up atracar
hole agujero, orificio, hoyo,
  hoya, fosa
  animal ~ madriguera
  pot~ bache (*m.*)
hope esperanza
hot caliente
  be ~ estar caliente, tener
  calor, hacer calor
  become ~ calentarse,
  ponerse caliente
housing vivienda
hundreds centenares
Hungarian húngaro
hunger hambre (*f.*)
hurt hacer daño, dañar,
  lastimar

I
ice hielo
ice cream helado
idea idea
  not to have the slightest ~
  no tener la menor idea
ignorant ignorante
  be ~ ignorar
illness enfermedad (*f.*)
import importación (*f*)
income renta
  national ~ renta
  nacional
inconceivable inconcebible
incredible increíble
inform delatar, avisar,
  informar, enterar
injured lisiado, lesionado
insecticide insecticida
insist insistir en, empeñarse
  en
install instalar
invite invitar, convidar

island isla
  Canary ~s Islas
  Canarias

J
job trabajo, empleo, puesto
judge juez (*m.*); juzgar

K
keep guardar, mantener
kid chico
kill matar
  ~ oneself matarse
kilometer kilómetro
kind clase (*f.*), especie (*f.*),
  índole (*f.*)
kitten gatito
knoll colina
know saber, conocer
  ~ about enterarse de
  ~ how to do something
  saber + *infinitive*
  not to ~ ignorar

L
lack falta; faltarle a uno,
  carecer de
lacking in carente de
lamb cordero
  spring ~ cordero lechal
land tierra
landlord dueño, casero
landscape paisaje (*m.*)
language lengua (*f.*), idioma
  (*m.*), lenguaje (*m.*)
large grande
last último
late tarde
  to be ~ llegar con
  retraso
lead llevar, conducir, dirigir
leaf hoja
  ~ through hojear
leak gotera
least menos
  at ~ al menos, por lo
  menos
leather cuero, piel (*f.*)
leave dejar, salir, irse,
  abandonar, marcharse
  be left quedarle a uno
  ~ behind dejar atrás
  ~ for partir, salir para
  take ~ of despedirse de
lecturer conferenciante
  (*m./f.*)

ledge repisa
leg pierna, pata (animal)
  pull someone's ~
  tomarle el pelo a uno
leisure ocio
lend prestar
lens lente (*m./f.*)
  contact lenses lentes de
  contacto, lentillas
let dejar, permitir
  ~ go of soltar
  ~ know avisar, dejar
  saber
lettuce lechuga
  head of ~ lechuga
light luz (*f.*), señal (*f.*);
  ligero (*weight*), claro
  (*color*); encender
  bring to ~ sacar a la luz
loan empréstito, préstamo;
  prestar
lock bucle (*m.*), esclusa
  (*water*); cerrar con llave
  ~ up encerrar
longing añoranza, anhelo
look (at) mirar
  ~ for buscar
  ~ like parecerse a,
  parecer
  ~ out asomarse a, mirar
  por
  ~ up levantar la vista
  (los ojos)
loosen aflojar, soltar
lots of la mar de, un mar de
love amor (*m.*); amar, querer
lunch almuerzo; almorzar

M
magazine revista
maid criada
  old ~ solterona
mail echar al correo, enviar
  por correo
mailman cartero
major principal, mayor
male masculino, macho,
  varón
  ~ child hijo varón
man hombre
  large (*ungainly*) ~
  hombrazo
manage dirigir, administrar
marble mármol (*m.*)
mark marca, señal, huella,
  mancha

marry casar, casarse
    to get married casarse
mask máscara; enmascarar
master dominar, vencer,
    adiestrarse en
material material, materia,
    tela, género
mayor alcalde (*m.*)
meadow pradera, prado
meal comida
meaning significado,
    acepción, sentido
meeting reunión, junta,
    mitin (*m.*)
member miembro, socio
merchant comerciante,
    mercader
microbe microbio
middle medio
    about (*in*) **the ~ of** a
    mediados de (*time*
    expression)
    in the ~ of en medio
    de, en pleno + *noun*
migrate emigrar
minister pastor protestante
minstrel trovador, juglar
mirror espejo
miss extrañar, echar de
    menos, añorar, perder
monkey mono
month mes (*m.*)
morning mañana
    in the ~ por la mañana
mother madre
    wonderful ~ madraza
mountain climber alpinista
    (*m./f.*)
mountain range cordillera
move mover, conmover,
    mudarse
    ~ away from alejarse de
    ~ closer to acercarse a
    ~ up arrimar
movie(s) cine (*m.*)
mug asaltar
mule mula
murder crimen (*m.*), asesinato
murderer asesino
musician músico

N

naked desnudo
    to be stark ~ estar en
    cueros

nap siesta; dormitar
napkin servilleta
native natal, nativo,
    indígena
nearsighted miope
necessary necesario
    to be ~ ser necesario, ser
    preciso, ser menester
necklace collar (*m.*)
neck pescuezo, cuello
necrology necrología
need necesidad; necesitar,
    hacer falta a
needy necesitado, indigente
neighbor vecino
neighborhood barrio,
    vecindad, vecindario
nervous nervioso
New Testament Nuevo
    Testamento
newspaper periódico,
    diario
    ~ clipping recorte (*m.*)
    ~ office redacción (*f.*)
night noche (*f.*)
    at ~ de noche, por la
    noche
    last ~ anoche
noise ruido
noon mediodía (*m.*)
notice fijarse en, reparar en,
    notar
now ahora, ahora mismo
    from ~ on de ahora en
    adelante
nowadays actualidad (*f.*),
    hoy en día (*adv.*)
nudist nudista (*m./f.*),
    desnudista (*m./f.*)
number número
nursery criadero. semillero

O

obligatory obligatorio
obvious obvio
odor tufo, olor
offer oferta, ofrecimiento;
    ofrecer
office oficina, despacho,
    clínica, redacción,
    dirección, bufete,
    consultorio, consulta
officer oficial (*m.*)
often a menudo, muchas
    veces

old viejo, antiguo, anciano,
    vetusto, rancio
    ~ age vejez (*f.*),
    ancianidad (*f.*)
    ~ lady vieja, anciana
    ~ man viejo, anciano
    be . . . years ~
    tener . . . años
older mayor, más viejo
    to grow ~ envejecer
olive aceituna, oliva
    ~ grove olivar (*m.*)
    ~ tree olivo
only sólo, solamente, único
open abierto; abrir
order orden (*m.*)
    (*arrangement*), orden (*f.*)
    (*command*); mandar,
    ordenar
    follow ~s cumplir
    órdenes
    out of ~ descompuesto,
    no funciona, averiado
orifice orificio
orphan huérfano
other otro, otra
outlet salida
oven horno
    microwave ~ (horno)
    microondas
overnight toda la noche
    to stay ~ pasar la noche
overwhelm abrumar
owe deber
owner dueño, propietario

P

painful doloroso
paint pintura; pintar
painter pintor
painting pintura, cuadro
pair par
palace palacio
palisade acantilado
pan cacerola, cazuela, caldera
    frying ~ sartén (*f.*)
paper papel (*m.*), periódico
parade desfile (*m.*)
pardon perdonar, indultar
    (*criminals*)
part parte (*f.*), pieza
party fiesta
    political ~ partido
    político
pass aprobar, pasar

passenger   pasajero
patient   paciente (*m./f.*), enfermo
peak   cima, cumbre (*f.*), pico
   ~ **traffic**   afluencia máxima, movimiento máximo, tráfico intensivo, tráfico máximo
peanut   cacahuete (*m.*), maní (*m.*)
pear   pera
   ~ **tree**   peral (*m.*)
   ~ **orchard**   peraleda (*f.*)
pedestrian   peatón (*m.*)
people   gente (*f.*), pueblo, público
perfect   perfecto, cabal; perfeccionar
perhaps   tal vez, quizá
perish   perecer
permit   permiso
person   persona
   single ~   soltero
   married ~   casado
   divorced ~   divorciado
   very good (*kind*) ~   buenazo
Philadelphia   Filadelfia
photograph   fotografía, foto (*f.*); sacar una foto, fotografiar
   to have a ~ **taken**   retratarse
phrase   frase (*f.*)
physics   física
pickpocket   carterista (*m.*), ratero
picnic   jira, comida campestre
pie   pastel (*m.*), tarta
pier   muelle (*m.*)
pig   cerdo, puerco
pillow   almohada, almohadilla, almohadón (*m.*), cojín (*m.*)
piloting   pilotaje (*m.*)
pine tree   pino
pity   lástima
   to be a ~   ser una lástima
place   lugar (*m.*), sitio, paraje (*m.*), local (*m.*); poner, colocar
   set a ~   poner un cubierto
   take ~   tener lugar
plan   plan (*m.*), plano; planear

planet   planeta (*m.*)
plant   planta; plantar, sembrar
plate   plato
play   comedia, obra (pieza) teatral; jugar (*game*), tocar (*instrument*)
   ~ **a part**   hacer un papel
player   jugador
pleasure   placer (*m.*), gusto
poacher   cazador furtivo, pescador furtivo
pocket   bolsillo
poem   poema (*m.*)
police   policía (*f.*)
policeman   policía (*m.*)
polish   pulir, perfeccionar
polite   cortés
pollute   contaminar
pollution   contaminación, polución
port   puerto
portrait   cuadro
position   puesto, colocación (*f.*)
post office   casa de correos, correos
pot   cazo, cazuela
potato   patata, papa (*Sp. Am.*)
   ~ **salad**   ensaladilla rusa
pothole   bache (*m.*)
pound   libra
power   potencia, poder (*m.*), fuerza
pray   rezar, orar
present   presente, actual
presidency   presidencia
prince   príncipe
print   grabado, lámina
   to be out of ~   estar agotado
professor   profesor, catedrático
promise   promesa, prometer
property   propiedad (*f.*)
protestor   manifestante
prove   probar
psychiatrist   (p)siquíatra (*m./f.*), (p)siquiatra (*m./f.*)
publisher   editor (*m.*), (casa) editorial (*f.*)
pull up   arrancar, desarraigar
pump   bomba
punch   puñetazo

purchase   comprar
purpose   propósito, fin
purr   ronronear
put   poner
   ~ **in**   meter
   ~ **in order**   arreglar, poner en orden
   ~ **into**   meter, introducir
   ~ **out**   apagar

Q

quality   calidad, cualidad
queen   reina
question   pregunta, cuestión (*matter*)
   to ask ~**s**   hacer preguntas

R

racket   alboroto
   to make a ~   alborotar
rage   rabia
rain   lluvia
   ~ **hard**   llover a cántaros
   heavy ~**s**   aguacero, chubasco, chaparrón (*m.*)
raincoat   impermeable (*m.*)
raise   levantar, alzar, elevar, izar
   to ~ **up**   erguir
rancid   rancio
reach   alcanzar, llegar a
realize   realizar, caer en la cuenta de, darse cuenta de
recall   rememorar, recordar
receipt   recibo
refugee   refugiado
refuse   negarse a, rehusar
reject   rechazar
remark   observación
remember   recordar, acordarse de
remind   recordar
renovate   renovar, reformar
repair   reparar, arreglar
repairs   reparaciones
replace   reponer, reemplazar
report   informe (*m.*)
research   investigación (*f.*); investigar
resemble   parecerse a
resident   residente (*m.*)
residential   residencial
resignation   dimisión (*f.*)
respect   respetar

restore   restaurar
retire   retirarse, jubilarse, recogerse
return   volver, regresar, devolver
reveal   revelar
right   derecho
    to be ~   tener razón
    ~ now   ahora mismo
    to the ~ of   a la derecha de
ring   anillo, sortija; sonar, tocar
ripe   maduro
ripen   madurar
rise   subida; subir
risk   arriesgarse a
road   camino
    on the ~ to   camino de
Roman   romano
row   fila, hilera
royal   real
rub   frotar, fregar, restregar, rozar, friccionar
rubber   caucho, goma, hule
run   correr
    ~ across   tropezarse con
    ~ into   encontrarse con

S
saber   sable (*m.*)
sad   triste
    become ~   ponerse triste, entristecerse
sadness   tristeza
safe   caja fuerte
sandpaper   papel de lija (*m.*)
sane   cuerdo
sauce   salsa
save   salvar, guardar, ahorrar
scare   susto; asustar, atemorizar
scared   asustado, atemorizado
    become ~   asustarse
scene   escena
scent   olor; olfatear
scratch   arañar, rasguñar; arañazo
scream   gritar, chillar
scrub   fregar, restregar
sea   mar (*m./f.*)
    ~ wall   malecón (*m.*)
season   estación, temporada
seek   buscar
seem   parecer
seep   rezumar, filtrarse

sell   vender
senate   senado
senator   senador
separate   separar, apartar
servant   criado
set   cuajarse
    ~ out   ponerse en camino
    ~ out for   encaminarse a
shake   sacudir
shame   vergüenza, deshonra
shameless   desvergonzado, descarado
    to be ~   tener mucha cara, tener la cara dura
sheer   puro
sheet   sábana, lámina, hoja
shelter   amparo, amparar
sherbet   sorbete (*m.*)
shipwreck   naufragio
shock   sobresaltar, asustar
    to be ~ed   asustarse de
shoemaker   zapatero
short   corto, breve
shoulders   hombros
shovel   pala
shower   aguacero, chubasco, chaparrón (*m.*)
    to take a ~   ducharse
silent   silencioso
silver   plata
similarity   semejanza
sin   pecado, pecar
situate   situar
ski   esquí; esquiar
skin   piel (*f.*), cutis (*m.*), pellejo
    to save one's ~   salvar el pellejo
skip   saltar
slack   flojo
sleep   sueño, dormir
    to be ~y   tener sueño
    to fall a~   dormirse, quedarse dormido
sleepiness   sueño
sleepy   soñoliento
slip   escurrir, resbalar, deslizar
    ~ away   escurrirse
slope   ladera, cuesta
smell   olor (*m.*); olfatear, oler, oliscar
    bad ~   peste (*f.*)
    foul ~   tufo
    ~ bad   apestar
    ~ out   husmear

smiling   sonriente
smoke   humo; fumar
smoker   fumador (*m.*)
sniff   husmeo; olfatear, oler
    ~ around   husmear
snoop   oliscar
snowball   bola de nieve (*f.*)
so   tan
    ~ much   tanto
    ~ that   así que, para que, con tal de que
soldier   soldado
sole   suela, planta, lenguado (*fish*)
solicit   solicitar
son   hijo
    ~-in-law   yerno
soon   pronto
    as ~ as   tan pronto como
sorry   afligido, apenado
    be ~   sentir
speaker   conferenciante (*m./f.*), conferencista (*m./f.*)
specialist   especialista (*m./f.*)
specify   precisar
spend   pasar, gastar
spinster   solterona
spray   rociar
spring   muelle (*m.*), resorte (*m.*), primavera, manantial (*m.*)
squat   agazaparse
stage   escenario, escena
star   estrella
stay   quedar, quedarse, permanecer
steering wheel   volante (*m.*)
stench   hedor (*m.*)
still   todavía, aún
stink   peste (*f.*); apestar
stir   agitar
    ~ up   suscitar
storm   tempestad (*f.*), tormenta, temporal (*m.*), aguacero, chubasco
story   piso, planta
straight   derecho, recto
strategic   estratégico
strawberry   fresa
stray   callejero, vagabundo
stretch   extender
    ~ed out   tendido
strike   huelga; pegar, dar con, golpear
    ~ up   trabar

striker   huelguista (*m./f.*)
stroll   pasear
stun   pasmar
sudden   súbito, repentino
suffer   padecer, sufrir, pasar
suggest   sugerir
suitcase   maleta
   pack the ~   hacer la maleta
   unpack the ~   deshacer la maleta
support   apoyo; apoyar, sostener, mantener
sure   seguro
surprise   sorpresa; sorprender
   be ~d   sorprenderse, asombrarse, maravillarse
surprising   sorprendente
surround   rodear, cercar, asediar, sitiar
suspect   sospechoso; sospechar
suspicion   recelo
suspicious   sospechoso
sweat   sudor (*m.*); sudar
Swiss   suizo
swollen   hinchado

T

tablecloth   mantel (*m.*)
take   tomar, tardar (*time*), llevar (*somewhere*), coger
   ~ off   quitarse
   ~ out   sacar
talk back   replicar
target   blanco
task   tarea
taste   gusto, sabor; saber, probar
tasty   sabroso
tax   impuesto, contribución (*f.*)
   income ~   impuesto sobre la renta
   ~ -free   libre de impuestos
teacher   maestro, profesor (*m.*)
team   equipo
tease   embromar
teenager   adolescente (*m./f.*)
telephone   teléfono; telefonear
   ~ book (*directory*)   guía de teléfonos
   ~ call   llamada telefónica

teller   cajero
tenant   inquilino
tender   tierno
terrorize   aterrorizar
testify   testificar, atestiguar, declarar
theatre   teatro
thick   espeso, grueso
   ~headed   torpe
   ~set   grueso, denso
thief   ladrón (*m.*)
thievery   hurto
thing   cosa
   a foolish ~   majadería, tontería
throw   arrojar, tirar, echar, lanzar, botar
   ~ away   tirar, botar
thyme   tomillo
tie   corbata; amarrar, atar
tile   azulejo, baldosa
time   tiempo, hora, vez
   for the first ~   por primera vez
   at dinner ~   a la hora de cenar (la cena)
tire   fatigar, cansar, agotar, abrumar
toe   dedo del pie (*m.*)
tool   herramienta
toss   arrojar, echar
towards   hacia
town   población (*f.*), pueblo
toy   juguete (*m.*)
trade   comercio
   foreign ~   comercio exterior
travel   viajar
treetop   copa
trench   trinchera
trick   truco, travesura
trout   trucha
truck   camión (*m.*)
trunk   baúl (*m.*)
truth   verdad (*f.*)
turkey   pavo
turn   girar
tyrant   tirano

U

unbelievable   increíble
   it is ~   es increíble, parece mentira
undress   desnudarse, desvestirse

   to get ~ed   desnudarse, desvestirse
unexpected   inesperado
unfinished   sin terminar
unfortunately   desgraciadamente
unfriendly   poco amistoso
unhappiness   infelicidad (*f.*), desgracia
unhappy   infeliz, desdichado
university   universidad (*f.*), universitario
unjust   injusto
unless   a menos que, a no ser que
unlikely   difícil, inverosímil, improbable, poco probable
   it is ~   es improbable, es difícil
unsettled   sin resolver
untie   desatar
until   hasta
untrue   falso, mentira
   it is ~   es mentira
upstairs   arriba
use   uso, empleo; usar, emplear
   to make good ~ of   aprovechar
useless   inútil
utopian   utópico

V

vain   vano, vanidoso
veterinarian   veterinario
village   aldea
visa   visado, visa
voice   voz (*f.*)
vote   voto

W

wage war   hacer la guerra
wait for   esperar, aguardar
wake   despertar
   ~ up   despertarse
walk   andar, caminar, pasear
wall   pared, muro, muralla, tapia, tabique, malecón, paredón
walnut   nuez (*f.*)
want   querer, desear
war   guerra
   civil ~   guerra civil
warning   aviso, advertencia
wash   lavar, lavarse, lavado

washing   lavado
watch   reloj (*m.*); mirar
~ **over**   velar, vigilar
watt   vatio
wave   ola, onda, oleaje (*m.*);
agitar la mano, hacer
señales con la mano (el
pañuelo)
wax   encerar, dar cera a
way   vía, camino
on the ~ **to**   camino de,
rumbo a
weak   débil
weakness   debilidad (*f.*)
wear   llevar, usar, lucir
weary   abrumar
wedding   bodas, de boda,
nupcial
weekend   fin de semana
weigh   pesar
~ **down**   agobiar

well-being   bienestar (*m.*)
wheel   rueda
steering ~   volante
(*m.*)
at the ~   al volante
whenever   cuando, cuando
quiera que, siempre
que
whereabouts   paradero
wicker   mimbre
widow   viuda
widower   viudo
wild   silvestre, salvaje, fiero
win   ganar
window   ventana, ventanilla
~ **shop**   ver los
escaparates
~ **sill**   repisa de ventana,
alféizar (*m.*)

wipe   frotar para limpiar,
enjugar (la cara, el
sudor)
~ **away**   limpiar
witness   testigo
wolf   lobo
wooden   de madera, de palo
word   palabra
keep one's ~   cumplir la
palabra
work   trabajo
worker   trabajador, obrero
working   trabajador
world   mundo

Y

yawn   bostezar
young   joven
youthful   juvenil

Index